重庆综合经济研究文库

分析宏观形势 · 预测区域发展 · 提供决策服务 · 建设一流智库

成渝地区双城经济圈建设重大问题研究

重庆市综合经济研究院◎编著

中国经济出版社
CHINA ECONOMIC PUBLISHING HOUSE
北京

图书在版编目（CIP）数据

成渝地区双城经济圈建设重大问题研究 / 重庆市综合经济研究院编著. -- 北京：中国经济出版社，2024.1（2025.4 重印）
ISBN 978-7-5136-7599-4

Ⅰ.①成… Ⅱ.①重… Ⅲ.①区域经济发展-研究-成都 ②区域经济发展-研究-重庆 Ⅳ.①F127.711 ②F127.719

中国国家版本馆 CIP 数据核字（2023）第 228216 号

策划编辑　姜　静
责任编辑　郑　潇
责任印制　李　伟
封面设计　久品轩

出版发行　中国经济出版社
印 刷 者　北京艾普海德印刷有限公司
经 销 者　各地新华书店
开　　本　710mm×1000mm　1/16
印　　张　27
字　　数　390 千字
版　　次　2024 年 1 月第 1 版
印　　次　2025 年 4 月第 2 次
定　　价　98.00 元
广告经营许可证　京西工商广字第 8179 号

中国经济出版社 **网址** www.economyph.com **社址** 北京市东城区安定门外大街 58 号 **邮编** 100011
本版图书如存在印装质量问题，请与本社销售中心联系调换（联系电话：010-57512564）

编委会

序言

推动成渝地区双城经济圈建设，是习近平总书记亲自谋划、亲自部署、亲自推动的重大战略，是党中央交办给成渝地区的“国之大者”。2020 年 1 月 3 日，习近平总书记主持召开中央财经委员会第六次会议，作出推动成渝地区双城经济圈建设重大决策部署。2020 年 10 月 16 日，习近平总书记主持召开中央政治局会议，要求将成渝地区建设成为具有全国影响力的重要经济中心、科技创新中心、改革开放新高地、高品质生活宜居地，打造带动全国高质量发展的重要增长极和新的动力源。2020 年 11 月，党中央印发了《成渝地区双城经济圈建设规划纲要》，提出推动双城经济圈建设的九大重点任务。党的二十大报告又进一步将推动成渝地区双城经济圈建设写入区域重大战略板块，与千年大计雄安新区并列。2023 年新春伊始，习近平总书记明确要求“推动成渝地区双城经济圈建设走深走实”。充分体现了党中央在新形势下拓展回旋空间、完善区域发展布局、促进共同富裕的战略部署，充分体现了以习近平同志为核心的党中央对川渝两地的深切关怀和殷切期望，为川渝两省市把握新发展阶段、贯彻新发展理念、服务融入新发展格局提供了战略引领。

为进一步发挥综合高端智库咨政建言作用，提升辅助重庆市委市政府宏观决策能力，推动成渝地区双城经济圈建设九大任务高水平建设，构建政府与市场、中央与地方沟通交流的桥梁纽带，调动各方力量推动成渝地区双城经济圈一体化建设，2020 年 8 月，重庆市综合经济研究院增挂“推动成渝地区双城经济圈建设研究中心”牌子，围绕成渝地区双城经济圈建设，组织和开展了系列跨区域的政策性、前瞻性、合作性重大问题研究，形成了诸多重大研究成果，为川渝两省市宏观决策提供了有力支撑，逐步成为在全国具有一定影响力的理论研究平台和学术交流基地。

近年来，重庆市综合经济研究院围绕中心、突出重点，相继推出300余期《决策参考》成果，其中大多得到重庆市委市政府有关领导肯定性批示和市级部门采纳应用。我们优中选优，择其48篇结集成册，以期为更多关心双城经济圈发展、致力开展相关研究的社会各界人士提供参考借鉴。本书在体例编排上，分别围绕《成渝地区双城经济圈建设规划纲要》明确的九大任务展开，主要包括：强化重庆中心城区功能承载，加快推动成渝中部地区发展，发挥成渝地区中心城市辐射带动作用，加快万达开川渝统筹发展示范区等毗邻合作平台建设，着力构建和优化双城经济圈发展新格局；推动交通一体化建设运营，加快城市轨道交通等重点领域建设，合力建设现代基础设施网络，提升互联互通水平；优化完善双城经济圈产业链，提升园区和企业核心竞争力，强化高技术产业、消费品产业等合作，努力提升全球价值链地位，协同建设现代产业体系；高水平建设国家科技创新中心，推动成渝地区双城经济圈创新链与产业链融合，共建具有全国影响力的科技创新中心；加快建设巴蜀文化旅游走廊，建设国际消费中心城市、内陆国际会展名城，打造美食地标，共建富有巴蜀特色的国际消费目的地；强化流域合作和生态共建共保，推动“绿水青山”和“金山银山”双向转化，促进产业低碳转型发展，共筑长江上游生态屏障；立足服务新发展格局，深度融入“一带一路”、长江经济带，高水平建设开放平台，强化国内外区域合作，推动经济区与行政区适度分离改革、财税金融政策改革、绿色金融协同改革创新，联手打造内陆改革开放高地；推动新型城镇化与产业结构升级高效联动，促进城乡土地市场一体化建设和公共资源均衡配置，增强山区库区等区域产业发展内生动力，共同推动城乡融合发展；着力创新双城经济圈现代化治理方式，推动涉外事务互办互认和人力资源市场协同发展，促进毗邻地区公共服务一体化发展，不断提升公共服务共建共享质量和水平。

全书由重庆市综合经济研究院原院长易小光研究员统筹规划和总体把握，

全院大部分科研人员、工作人员参加了本系列研究，付出了大量的辛勤劳动，同时本书的出版还得到了重庆市内外专家的大力支持，也得益于中国经济出版社编审人员的不懈努力，在此对他们的辛勤付出致以诚挚谢意。由于时间紧迫，书中难免有错误和疏漏之处，敬请各位读者批评指正。

为了保持报告原貌，书中数据以研究时获取数据资料的截止时间为准。

编者

2023 年 11 月

目　录

第一部分

国土空间

从灯光数据看成渝地区双城经济圈城市空间格局优化的重点和建议

内容摘要：夜间灯光数据能探测到地球表面发出的亮光，能客观反映人口增长、区域建成区面积增长情况，已经成为研究城市空间形态与城镇布局的有效手段。基于中国科学院火石数据集，通过对比 2014 年与 2018 年成渝地区以及贵州省遵义市夜间灯光面积、亮度变化情况，发现成渝地区双城中心城区规模和拓展方向还存在差距，核心腹地枢纽和节点城市支撑不足，建议：一是进一步做大做强重庆都市区核心，推动重庆主城周边加快融入主城，强化“西进”战略；二是加快发展腹地枢纽节点城市，支持构建若干个枢纽、节点城市一体化发展的城镇密集区；三是加强重大交通基础设施规划建设，提速城际快速交通网建设；四是优化重大开发开放平台布局，加大成渝发展主轴重大平台布局。

2011 年，国务院出台《成渝经济区区域规划》，提出要把成渝地区建设成为西部地区重要经济中心。2016 年，《成渝城市群发展规划》提出培育发展成渝城市群，成为引领西部开发开放的国家级城市群。2020 年，中央财经委员会第六次会议明确提出，推动成渝地区双城经济圈建设，在西部形成高质量发展的重要增长极。成渝双城经济圈的建设，对长江经济带以及西部大开发等重大国家战略和“一带一路”倡议具有重要的支撑作用。夜间灯光数据客观反映了人口增长、区域建成区面积增长情况，分析 2014 年、2018 年成渝地区及贵州省遵义区域灯光数据演变，有利于落实国家对成渝地区城市空间格局规划的要求，找到发展差距和短板，助推成渝地区双城经济圈一体化发展，形成高质量发展合力。

一、成渝地区双城经济圈城市空间格局特征

（一）成渝双核中心加快向外扩张

2014—2018年，成渝双核保持稳定向外扩展态势。从夜间灯光面积上看，重庆主城核心小于成都核心，但五年来重庆主城核心增长10.2%，快于成都核心（5.8%）增长速度。从夜间灯光亮度上看，成渝双核均呈现持续增强趋势，重庆主城核心平均亮度值增长1.5%，也略快于成都核心平均亮度值增加率（1.2%）。从空间形态上看，成都城区与周边西向的都江堰、彭州、崇州、邛崃基本融为一体，“十一五”开始逐步实施向北、向南、向东拓展战略，北部广汉、南部眉山、东部简阳方向灯光面积明显增加、亮度明显增强。重庆主城核心向北扩展比较明显，两江新区灯光指数增长较快，西向璧山、江津和主城一体化发展进程加快，从夜间灯光上可以看出已基本全面融入主城。

（二）区域中心城市集聚水平有所提升

从夜间灯光指数来看，《成渝城市群发展规划》中明确的区域中心城市——万州、黔江、泸州、南充、宜宾、乐山、绵阳以及遵义城市规模均有所扩大，产业和人口集聚水平有所提升，但也存在一定分化。重庆主城都市区周边的遵义、黔江、泸州、南充、宜宾灯光面积增长较快，2014—2018年分别增长57.2%、45.2%、31.5%、27.1%、24.1%，其中，黔江灯光面积总量相对较小，仅为遵义、南充、宜宾的6%、11%、16%，近几年增长较快主要得益于机场周边的新城建设。成都周边的绵阳、乐山灯光面积规模基数较大，在规划的7个区域中心城市中居前列（见图1）。

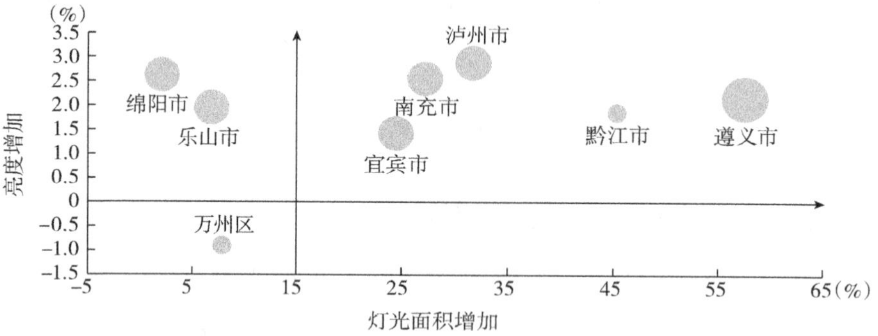

图 1　2014—2018 年区域中心城市灯光面积和亮度增加象限图

注：圆为 2018 年各地灯光面积提取值。

（三）重要节点城市支撑力逐步增强

从《成渝城市群发展规划》中明确的 17 个重要节点城市发展来看，部分节点城市实现了城市规模拓展和开发集约度同步提升，在重庆、成都都市圈中的支点作用逐步发挥。2014—2018 年，潼南、铜梁、江津、梁平、垫江、眉山、自贡灯光面积增长 20% 以上，且平均灯光亮度增长 1% 以上，表现出较强的城市扩张和集聚势头。大足、綦江、忠县、合川、永川、涪陵、开州、云阳、广安、内江灯光面积增长 10% 以上，但灯光亮度增长较少或略有下降，呈现出以城市规模扩张为主的发展势头。荣昌、璧山、达州、遂宁、雅安、德阳、资阳灯光面积增长较少甚至出现负增长，但灯光亮度显著增强，均在 2% 及以上，呈现集约节约发展的特征。与此同时，长寿、南川由于受到产业转型压力的影响，灯光亮度双双下降，分别为 -2.6%、-0.5%，其中长寿灯光面积增长仅为 4.2%，而南川灯光面积减少 17.1%，是唯一灯光面积、灯光亮度均为负增长的重要节点城市（见图 2）。

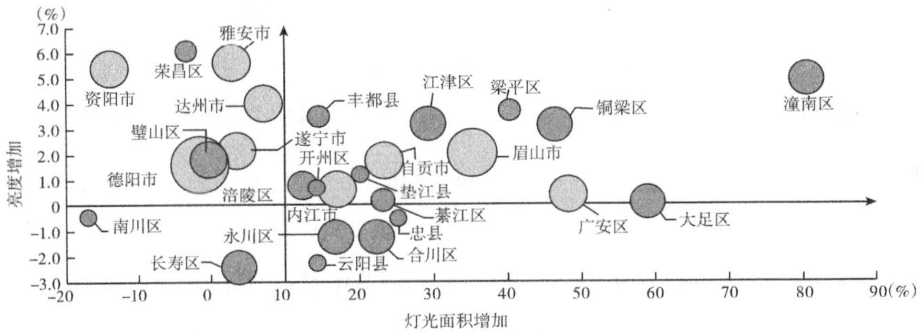

图 2　2014—2018 年重要节点城市灯光面积和亮度增加象限图

注：深灰色表示重庆域内重要节点城市，浅灰色表示四川域内重要节点城市。圆表征 2018 年各地灯光面积提取值。

（四）小城镇密集区沿交通干道不断涌现

从成渝地区双城经济圈小城市、小城镇灯光面积、灯光亮度变化情况来看，与主城都市区“中心—外围”发展特征不同，呈现较强的沿高速公路、高铁等交通干线拓延的“点—轴”特点。由于受到成渝高铁大足南站开通影响，大足邮亭镇区域灯光变强、范围扩大，基本与大足城区融为一体。江津四面山镇得益于江习高速开通，加之近年来“旅游＋”产业快速发展，夜间灯光指数明显变强，新型城镇化发展提质增效。南充营山、蓬安、仪陇、阆中等县毗邻沪蓉高速、银昆高速、成巴高速以及兰海高速，灯光指数增长较快。遵义东部银白高速、杭瑞高速沿线湄潭、正安、务川、道真灯光指数出现明显增加，西部沿蓉遵高速习水、赤水灯光面积和灯光强度也显著加强。乐山犍为、宜宾江安、达州大竹、绵阳三台等地因为境内多条高速相交相连，城市灯光指数均出现了较大增长。

二、优化城市空间格局需要关注的重点问题

（一）成渝双城中心城区规模和拓展方向存在差距

由于起步较晚，重庆主城区面积明显小于成都城区。且受自然地理条件、交通物流条件等约束，成渝双城空间发展战略缺乏充分对接，成渝双城相向

连绵拓展态势尚未形成。一是成渝中心城区扩展方向相对分散。成都西向拓展基本完成，从夜间灯光看，近年来成都中心城区南北向拓展较快，受龙泉山脉阻挡向成渝主轴线方向拓展不足，2017 年才明确提出“东进”战略。重庆随着两江新区快速发展，主城向北态势迅猛，西部片区开发一直不充分，2019 年随着高新区提档、科学城战略实施，向西发展才逐步进入快车道。二是重庆中心城区规模水平有待提升。从夜间灯光看，重庆中心城区规模小于成都，且周边的铜梁、合川、永川、长寿融入主城发展不足，重庆主城夜间灯光面积占成都中心城区的比重仅由 2014 年的 50.5% 上升到 2018 年的 52.6%，发展水平有待提升。

（二）成渝地区双城经济圈核心腹地枢纽和节点城市支撑不足

成渝发展主轴依托成渝北线、中线和南线综合运输通道，覆盖资阳、遂宁、内江、永川、大足、荣昌、潼南、铜梁、璧山等城市，是成渝地区双城经济圈的核心腹地，由于人口经济集聚能力不足，一定程度上制约了成渝地区双城经济圈一体化进程。一是“双核独大”现象较为突出。从夜间灯光看，成渝主轴线上呈现“两头大、中间小”的“杠铃式”结构，“点”效应明显，“带”效应较弱，“网”效应缺乏。2014—2018 年，重庆主城 9 个区、成都市（11 个城区①）常住人口分别增长 56 万人、190 万人（77 万人），两者合计是成渝地区其他市区总量的 1.79 倍。二是成渝核心腹地人口经济集聚水平不高。从常住人口、GDP 的密度分区来看，成渝发展主轴人口经济集聚水平要明显低于南充—广安城镇密集区、自贡—宜宾—泸州城镇密集区，尤其是资阳、遂宁传导接续成都中心城区经济外溢不足，而重庆外溢潼南、大足水平还不够高，核心腹地隆起不足。

（三）重大交通基础设施建设进度和布局不足

与京津冀、长三角、粤港澳大湾区等城市群相比，成渝多层次对外交通

① 11 个城区指锦江区、青羊区、金牛区、武侯区、成华区、龙泉驿区、青白江区、新都区、温江区、双流区、郫都区等 11 个区。

和城际交通网络仍不完善，基础设施互联互通程度还不高。一是陆路快速交通网有待完善。成渝既有及在建设计速度达250千米/小时以上的高铁仅2条、覆盖3个方向，相较周边的长沙、武汉、西安、贵阳等城市已覆盖4～5个方向的布局存在较大差距。成渝两地特别是交界地区在市域快线、城轨快线的布局上对接也不够。二是航空枢纽带动能力有待提升。成渝航空枢纽布局不平衡，重庆枢纽机场客货吞吐量与航线网均落后于成都，江北机场地理空间中心度偏弱，主城都市区西部缺少枢纽机场布局。与成都第二枢纽机场正在建设相比，重庆还未正式入规。三是沿江港口规划建设统筹力度不够。长江干流重庆港、宜宾港、泸州港功能分工不明晰，支流航道建设有待提升，空铁水公联运衔接体系有待完善，区域整体集货和转口能力还不足。

（四）重大开发开放平台布局有待优化

重大开发开放平台的布局对城市拓展、人口和经济集聚具有重要作用，平台布局不优对成渝地区双城经济圈发展产生一定制约。一是成渝发展主轴重大开发开放平台布局不足。国家级新区和国家级高新区、经开区、自贸区、综保区等重大开发、开放平台多聚集于两地城市核心，其中重庆50%集中于主城区，四川近1/3集中于成都。四川除成都以外的开发开放平台主要分布在成德绵乐城市带和内江—自贡—宜宾—泸州川南城镇密集区，成渝发展主轴、南充—遂宁—广安城镇密集区布局不足。重庆主城都市区西北方向开发开放平台布局不足。二是重庆开发开放平台竞争力有待提升。目前重庆高新区、重庆经开区产值①仅占成都高新区、经开区的25%和20%。两江新区集聚全球500强企业150余家，与天府新区超280家比较，竞争力有待提升。

---

① 根据统计数据，2018年成都高新区、经开区地区总产值分别为1877.75亿元、1302.78亿元，重庆高新区、经开区地区总产值分别为484.1亿元、286亿元。

三、优化城市空间格局的对策建议

（一）进一步做大做强重庆核心

推动重庆主城周边加快融入主城发展，同时进一步强化“西进”战略，实现与成都都市圈的一体化发展。一是推动重庆主城周边加快融入主城发展。以主城九区为骨架，适时推动将江津、璧山、长寿纳入主城，加快主城周边的铜梁、合川、永川、涪陵、綦江等融入主城发展的步伐，加快一体化进程，加快实现重庆主城扩容提质，进一步增强重庆核心在成渝地区双城经济圈中的地位和作用。二是进一步强化重庆“西进”战略。对接成都“东进”战略，在巩固重庆主城北向高端产业发展优势的基础上，进一步强化西向高新区、科学城创新引领，加密布局高水平大学、科研院所、研发机构，增强创新策源能力。发挥璧山工业制造、自然生态优势，推动创新链、产业链无缝整合，创造优美人居环境。

（二）加快发展腹地枢纽节点城市

在成渝地区双城经济圈腹地努力培育枢纽城市、节点城市，优化大、中、小城市紧密联系的空间发展格局，成为成渝一体化发展的重要支撑。一是加快培育具有区域辐射带动作用的枢纽城市。除做强万州、黔江之外，重庆在主城都市区西部要加快培育能与宜宾、南充、泸州比肩的枢纽城市，可以重点培育发展基础条件较好、地处成渝发展主轴的大足区，辐射带动成都都市圈资阳等相邻地区加快发展，传递重庆都市圈经济动能。二是支持构建若干个枢心、节点城市一体化发展的城镇密集区或密集带。重庆作为直辖市下辖的单个城市的体量要明显小于四川，可以通过构建城镇密集区或密集带的方式加强与四川的合作和联动。在重庆都市圈西部构建大足—荣昌—永川城镇密集区，加强与内江—自贡—宜宾—泸州川南城镇密集区的联动；在重庆都市圈北部构建铜梁—合川—潼南城镇密集区，加强与南充—遂宁—广安城镇密集区的联动。与此同时，通过支持东北部万开云—梁平、东部涪陵—丰都—黔江—忠县—垫江、南部綦江—南川城镇密集区加快发展，加强与四川达州、重庆渝东北和渝东南城镇群、贵州遵义地区的联动，进一步拓展重庆都市发展腹地。

（三）加强重大交通基础设施规划建设

成渝地区双城经济圈发展应加快构建多层次立体交互式综合交通运输网络，加强城市群网状连通能力。一是提速城际快速交通网建设。构建“高铁上的成渝地区双城经济圈”和“轨道上的都市区”，重点提速成渝中线高铁建设，支撑以大足、资阳为重点的成渝主轴建设。联合四川争取绵阳—遂宁350高铁线入规。加快渝昆高铁建设进度，争取渝贵高铁、渝西高铁、渝黔高铁早日开工建设，畅通重庆都市圈与周边城镇密集区的快速通道并进一步向外延伸联通东南亚、对内联通长江中游城镇群。与四川共同储备渝藏高铁、西蓉高铁项目，加强与西北、西南地区的联动。强化干线铁路、市域铁路、城市轨道交通等“轨网融合”，促进重庆主城与周边一体化地区包括江津、璧山、铜梁、合川、永川、长寿等实现城市轨道交通有效衔接。二是优化航空枢纽布局和沿江港口布局。积极构建干支结合的机场集群，在重庆都市圈西部加快重庆第二国际机场、货运枢纽机场规划建设。发展支线航空，新改建合川、万盛支线机场。整合重庆各港区功能，加强与泸州港、宜宾港合作力度和功能分工，开展空铁水公多式联运，提升重庆港集货能力和转口能力。

（四）优化重大开发开放平台布局

完善重大开发开放平台布局，协调推进平台间合作，充分发挥支撑城市人口和经济聚集的功能。一是优化成渝发展主轴重大平台布局。围绕成渝发展主轴，争取在重庆都市圈西北方向选择大足、铜梁、合川、潼南等地新增布局国家级开发开放平台，强化与四川的合作和联动。二是提升平台综合竞争力。统筹国家级新区和国家级高新区、经开区、自贸区、综保区等平台的政策合力，以创新、开放、宜居为重点，推动建立基于产业、科教优势的产学研融合平台，促进成渝双城形成合理的产业分工，提升产业配套能力。进一步改革完善营商环境，提高政府行政效能，加强与北、上、深等高端平台合作互动，积极引进专业化运管团队，提升平台市场化品牌化运营能力和高端企业机构聚集能力。以公园城市建设为导向，吸引更多高层次人才集聚，释放人才红利。

[重庆市综合经济研究院
主研：易小光　丁　瑶　邓兰燕　苏　凡　王志军　邱　婧
执笔：邓兰燕　苏　凡　王志军　邱　婧]

推动成渝中部地区加快发展的建议

内容摘要：促进成渝中部崛起是推动双城经济圈建设走深走实的重要突破口。亟须按照高质量一体化发展要求，发挥比较优势，着力破解综合经济实力不强、产业规模能级不高、重大基础设施及战略资源布局不足、毗邻合作平台支撑不强等矛盾问题，加快推动"重庆西扩、成都东进"，为两省市高质量发展注入新动能、拓展新空间。建议：一是构建"三横四纵"空间总体布局，建设国家战略大后方川渝合作先行区，促进城市特色化协同发展；二是共建先进制造业产业带、成渝高效特色农业带，打造国家战略产业备份基地、重要战略物资储备基地，夯实中部崛起的强支撑；三是构建互联互通综合交通网络，完善交通物流综合枢纽体系，提升物流网络服务水平，打造西部陆海新通道综合枢纽；四是探索建立高效管理体制，推进经济区与行政区适度分离改革，构建共建共享发展机制。

党的二十大将"推动成渝地区双城经济圈建设"作为重大任务，2023 年新春伊始，习近平总书记对重庆工作作出重要批示，明确要求"推动成渝地区双城经济圈建设走深走实"。重庆市委六届二次全会把促进成渝地区中部崛起作为推动成渝地区双城经济圈建设的战略抓手和重要举措，重庆四川党政联席会议第七次会议明确把成渝中部崛起作为推动双城经济圈建设走深走实的重要突破口，赋予成渝中部地区新的重大使命，加快推动"重庆西扩、成都东进"，为两省市高质量发展注入新动能、拓展新空间。

一、成渝中部地区的现实基础和差距短板

成渝中部地区资源禀赋突出、区位优势明显、产业基础较好、承载空间广阔、发展潜力巨大，是双城经济圈互动协作的主战场。重庆渝西地区的江津、合川、永川、大足、璧山、铜梁、潼南、荣昌等八区和川中自贡、内江、资阳、遂宁等四市处于成渝中部支撑地带，以川渝两省市6%的面积承载了15.5%的人口、创造了15.4%的GDP，是双城经济圈互动协作一体化发展的关键所在。推动成渝中部地区加快崛起，有利于建设成渝相向发展的联结门户枢纽，全面夯实成渝相向发展和“两翼”协同发展战略支撑，融入西部陆海新通道建设，加快构筑我国西北地区和西南地区畅通的经济联系主轴。但按照高质量一体化发展的要求，成渝中部地区仍面临几个方面的困难和问题。

（一）综合经济实力不强，中部“塌陷”格局仍未突破

一方面，受重庆中心城区、成都“双城”市场性极化效应、虹吸效应影响；另一方面，受过去发展战略规划、重大政策支撑不足影响，成渝中部地区与核心城市之间差距不断拉大，成渝中部“塌陷”问题较为突出。一是经济规模和密度较低。2022年成渝中部地区经济总量1.32万亿元，占双城经济圈的比重由2020年的17.5%下降至17%。与“双核”之间差距不断拉大，GDP仅为成都的63.6%，较2020年下降1.4个百分点；与重庆中心城区的比值由2020年的1.17倍缩小至1.15倍。人均GDP、地均GDP分别仅为7.4万元、0.38亿元，低于双城经济圈8万元、0.42亿元的平均水平，远低于“双核”，经济集聚水平较低。二是人口集聚能力不强。2021年成渝中部地区常住人口1803.6万人、户籍人口2260.7万人，人口净流出达457.1万人。常住人口城镇化率仅为57%，低于川渝两省市平均水平。常住人口密度525人/千米^2，仅约为重庆中心城区的27%、成都的35%，成渝主轴资阳、潼南人口密度明显低于周边南充、广安等市，成渝相向发展和“两翼”协同发展的城镇连绵发展态势尚未形成。三是开发和建设模式转型压力大。地方财政支撑转

弱、劳动适龄人口减少、人口老龄化现象突出，产业培育发展的支撑尚不足，过去传统的摊大饼、高负债开发模式难以为继，探索发展新路的难题与挑战严峻且紧迫。

（二）产业规模、能级不高，重要战略资源布局严重不足

成渝中部地区是川渝两省市传统的老工业基地，已经形成电子信息、装备制造、汽车、消费品、先进材料5个千亿级产业集群，国防工业完备，在武器、特种车辆、直升机、特种装备、特种工程材料等军品和汽车关键零部件、齿轮生产、增压机、发动机等民品领域具有较强基础。然而，产业发展仍面临诸多问题，规模化、集群化水平不高。一是优势产业规模不大。成渝中部地区各区市缺少产值规模超千亿的产业集群，仅永川、璧山分别拥有1个500亿级汽车产业集群，内江拥有1个超500亿级钒钛产业集群。优质企业偏少，尚无500亿级企业，重庆渝西地区100亿级企业仅3家、领军“链主”企业仅10家，占全市比重仅10%左右；四川制造业50强企业中，川中四市仅有7家。二是产业能级不高，转型升级不快。电子信息、汽车、装备制造等主导产业以零部件配套为主，缺乏总装集成产业，自主开发能力不强、产品附加值较低。新兴产业发展不足，重庆渝西地区战略性新兴产业占比不足20%，数字经济较为薄弱。创新支撑不强，2021年R&D经费投入强度仅为1.43%，低于双城经济圈（2.22%）、重庆（2.16%）和四川（2.26%）平均水平，合川、资阳均不足0.6%。三是重大基础设施、战略资源布局不足。对外通道依然不畅，仅建成成渝、绵遂高铁内泸段2条高铁，尚无出川出渝的高铁通道，铜梁至今未通铁路。水资源、能源供给设施布局不足，资源性缺水、水质性缺水、工程性缺水问题并存且较为突出。国家级开发开放平台布局有待强化，尚无航空、铁路、港口等口岸，国家级开发区数量（9个）仅占川渝两省市总和的25%，合川、大足、铜梁、潼南、资阳等区市尚无国家级开发区。2021年成渝中部地区主要创新指标情况见表1，成渝中部地区开发开放平台情况见表2。

表 1　2021 年成渝中部地区主要创新指标情况

区市	R&D 经费投入（亿元）	R&D 经费投入强度（%）
江津区	26.39	2.10
合川区	5.65	0.58
永川区	27.15	2.37
大足区	14.63	1.83
璧山区	27.15	3.10
铜梁区	14.36	2.04
潼南区	6.02	1.12
荣昌区	14.92	1.83
自贡市	16.9	1.05
内江市	16.2	1.01
资阳市	4.8	0.54
遂宁市	15.1	0.99
合计	189.27	1.43

数据来源：2021 年重庆市科技投入统计公报、2021 年四川省科技经费投入统计公报。

表 2　成渝中部地区开发开放平台情况

区市	开发开放平台	类型
江津区	江津综合保税区	国家级综保区
永川区	永川高新技术产业开发区	国家级高新区
	永川综合保税区	国家级综保区
璧山区	璧山高新技术产业开发区	国家级高新区
荣昌区	荣昌高新技术产业开发区	国家级高新区
合川区	合川工业园区	省级工业园区
大足区	大足高新技术产业开发区	省级高新区
	双桥工业园区	省级工业园区
铜梁区	铜梁高新技术产业开发区	省级高新区
潼南区	潼南高新技术产业开发区	省级高新区
自贡市	自贡高新技术产业开发区	国家级高新区
遂宁市	遂宁经济技术开发区	国家级开发区
内江市	内江经济技术开发区	国家级开发区
	内江高新技术产业开发区	国家级高新区
资阳市	资阳经济技术开发区	省级开发区

（三）毗邻合作平台能级不高，一体化发展机制建设较为滞后

自川渝两省市提出打造10个毗邻地区合作平台以来，地处成渝发展主轴的遂潼、资大、泸永江、内荣4个合作平台加快建设，11个双城经济圈产业合作示范园提速建设，经济区与行政区适度分离、区域市场一体化等改革事项稳步推进，但综合发展能级依然不高，对成渝中部地区崛起的支撑不足。一是综合实力不够强。4个合作平台总面积3.76万平方千米，占双城经济圈的20.3%，2022年经济规模总量约1.15万亿元，仅占双城经济圈的14.9%；人均GDP约6.74万元，低于全国8.57万元的平均水平，地均GDP约3073万元，低于双城经济圈4000万元的平均水平。除泸永江外，其余平台2021年均是常住人口净流出区域。二是缺少“主心骨”城市。4个合作平台缺少产业能级高、要素集聚强、带动力大的城市，承接成渝“双核”部分功能外溢和产业转移能力不足，传递辐射周边能力较弱。如泸永江平台中泸州、江津经济和人口规模高于永川，但人均GDP、地均GDP、人口密度均低于永川。三是一体化发展机制建设滞后，抱团发展不足。省、市级层面对产业布局、重大设施布局缺乏系统谋划和统筹考虑，奖惩机制不健全，区域间围绕优质产业项目、创新资源、人力资源等竞争依然激烈，存在各自为政、单打独斗、重复建设，未实现区域间协同、产业间赋能。成渝中部地区毗邻合作区域基本情况见表3。

表3　成渝中部地区毗邻合作区域基本情况

平台	GDP（亿元）	常住人口（万人）	常住人口净流入（万人）	人均GDP（万元）	地均GDP（万元）	人口密度（人/千米^2）
遂潼	**2172.98**	**347.24**	**-3.16**	**59303**	**2982**	**503**
#遂宁	1614.47	278.2	-3.3	54300	2856	523
潼南	558.51	69.04	0.14	78201	3407	436
资大	**1765.41**	**312.04**	**-2.57**	**54185**	**2355**	**435**
#资阳	948.20	228.4	-2.6	38989	1550	397
大足	817.21	83.64	0.03	95702	5573	582

续表

平台	GDP（亿元）	常住人口（万人）	常住人口净流入（万人）	人均 GDP（万元）	地均 GDP（万元）	人口密度（人/千米^2）
泸永江	**5134. 36**	**677. 10**	**0. 42**	**71011**	**2823**	**398**
#泸州	2601. 50	425. 9	0. 3	56560	1966	348
永川	1202. 84	114. 92	-0. 07	99532	7260	729
江津	1330. 02	136. 28	0. 19	92372	3931	426
内荣	**2474. 25**	**377. 40**	**-3. 72**	**64096**	**3744**	**584**
#内江	1656. 95	310. 4	-3. 8	51725	2981	576
荣昌	817. 30	67	0. 08	121485	7553	622

数据来源：GDP 为 2022 年数据，来源于重庆、四川 2022 年国民经济和社会发展统计公报；其余指标为 2021 年数据，来源于重庆、四川 2022 年统计年鉴。

二、推动成渝中部地区加快发展的建议

（一）构筑一体化发展空间布局，打造成渝中部地区发动机

加快构建集约紧凑、功能完善的网络化区域空间格局，合力打造现代化城市群协同发展样板区，成为成渝地区双城经济圈建设先行区。一是布局“横向”三大特色发展走廊。沿成渝综合运输通道集聚产业与城市功能，谋划北部合潼遂、中部璧大资、南部江永内三大横向特色发展走廊。合潼遂发展走廊，聚焦发展先进材料、清洁能源、资源再生利用、现代农业等产业，打造北部生态经济走廊；璧大资发展走廊，大力发展智能网联新能源汽车、智能装备及智能制造、软件信息服务、文化创意等产业，打造中部产业创新走廊；江永内发展走廊，提质发展新一代信息制造业、集成电路、人工智能、国防军工、食品及农产品加工、生物医药等产业，打造南部科技创新走廊。二是布局“纵向”四大特色发展带。依托长江黄金水道、三环高速、潼荣高速、沱江航道等交通优势，构建沿长江、合铜永、潼大荣、资内自四大纵向发展带。沿长江发展带，支持江津、永川联动泸州、宜宾，共建长江上游航运枢纽、铁公水空多式联运网络，打造西部陆海新通道综合枢纽主承载地。合铜永发展带，以重庆三环高速公路为纽带，打造南北串联川东北、川南、

黔北广阔腹地的融合发展带，有机衔接西部陆海新通道。潼大荣发展带，依托智能装备、集成电路、新材料等产业，深度参与全球产业链分工，共建融入全球产业链供应链的新平台。资内自发展带，加快内自同城化发展，联动资阳，打造为成渝地区现代产业配套基地、全国老工业城市转型发展引领示范区。三是打造国家战略大后方川渝合作先行区。借鉴长三角生态绿色一体化发展示范区建设经验，在重庆荣昌和四川内江隆昌毗邻地区规划打造约600平方公里跨区域协同先行启动区，以双昌大道为轴线建设60平方公里核心区，高水平承接东部产业转移，打造传统产业高质量发展示范区。深化经济区与行政区适度分离改革试验、产城景融合发展示范，率先探索从区域项目协同到区域一体化制度创新，探索在规划管理、生态管理、土地管理、投资管理、要素流动、财税分享、公共服务政策、公共信用管理等领域协调联动、托管建设、共同实施体制机制。四是促进城市特色化协同发展。构建“3+3+6”城市发展体系，做大做强永川、合川、内江，建设区域性中心城市，构建“反磁力中心”。推进江津、璧山与重庆中心城区以及资阳与成都同城化发展，分别建设成为重庆中心城区、成都的重要功能区。推进荣昌、潼南、铜梁、大足、遂宁、自贡放大优势，大力发展特色经济，建设成渝相向发展的支点城市。

（二）“四链”融合打造万亿产业集聚区，夯实中部崛起强支撑

聚焦重庆“33618”现代制造业集群体系和四川“3+4+4+N”现代制造业新体系，推动创新链、产业链、资金链、人才链“四链”融合，服务打造新时代战略大后方基地，增强先进制造业备份、战略物资储备运输、承接东部产业转移三大功能，构建万亿级优势产业体系，加快产业高端化、智能化、绿色化发展。一是打造先进制造业产业带。培育打造重庆永川智能网联新能源汽车、潼南油气新材料、铜梁高端装备、合川生物医药、大足特色消费品、荣昌新一代电子信息和自贡新能源、内江钒钛产业、资阳汽车制造、遂宁电子信息等为代表的1000亿级产业集群，构建“千亿级高新区、千亿级

产业集群、百亿级企业”先进制造业发展格局。瞄准未来科技革命和产业变革的趋势方向，培育生命科学、人工智能、量子通信等未来产业。二是建设国家战略产业备份基地。强化重点产业关键核心技术、产业链供应链、重大产业基础设施备份，争取国家战略科技力量在成渝中部地区设立分支机构、备份基地，打造关键产业链龙头企业和链主企业区域总部集中承载地，在通信、算力、金融与能源等领域，率先形成一批基础设施异地备份项目示范。三是建设重要战略物资储备基地。按照平战结合、有备无患、适度冗余的原则，加快建设长江中上游粮食储备基地、石油储备库、天然气储备基地、电煤储备基地，以及铁矿石、铜矿等战略性矿产资源储备基地。四是共建成渝高效特色农业带。打造新时代“鱼米之乡”实践样板，构建柠檬、蔬菜、生猪、特色水果、茶叶、火锅食材等具有川渝辨识度、全国影响力的优势特色产业集群。围绕“潼南绿”“荣昌猪”“铜梁柚”“合川鲜”“永川茶”“大足枇杷”“璧山兔”“江津花椒”“安岳柠檬”“内江甜城味”“遂宁鲜”“自然贡品”等，打造一批规模化、标准化、绿色化农产品加工基地。

（三）建设西部陆海新通道综合枢纽，扩大面向欧亚、东盟开放

以提升内联外通水平为导向，围绕“三横四纵”一体化发展空间格局，积极谋划加密补齐成渝中部地区“公—铁—空—水”交通基础设施短板，完善枢纽节点功能，强化枢纽协同联动，提升物流服务水平，大力发展枢纽经济。一是构建互联互通综合交通网络。围绕三大横向特色发展走廊建设，提速推进成渝中线高铁建设，研究论证渝自雅、渝遂城际等铁路，推进大内、铜安、永自、成渝高速扩能、渝遂高速扩能等高速公路项目建设，畅通涪江航道。围绕四大纵向特色发展带建设，提速推进渝昆高铁、渝西高铁建设，推动渝贵高铁开工建设，研究论证渝宜（宾）铁路，推进江泸北线高速公路建设，畅通长江、嘉陵江、沱江航道，推动珞璜港、宜宾港、泸州港、朱沱港等港口联动发展。二是完善成渝中部地区一体化交通物流综合枢纽体系。构建以重庆新机场为核心，以永川临江—朱沱港、江津珞璜港—小南垭—巴南南彭、合川渭沱港—黄泥坝为重点，以大足站、荣昌广顺场站、铜梁北站、潼南站等节点为支撑的“1+3+N”多层级一体化交通物流枢纽体系。强化遂宁、内江、自贡等区域性综合交通枢纽衔接带动作用。三是提升物流网络服务水平。优化加密班列班车开行，支持探索资源整合共享，提升物流数字化智能化水平，构建多式联运体系。加密开行江津中老、中欧及西部陆海新通道班列，结合市场需求开行永川、大足、合川、内江等地区的西部陆海新通道铁海联运班列和国际铁路联运班列，扩大班列覆盖范围。发挥自贡中欧班列川南组货中心和“蓉欧+”东盟国际班列自贡基地作用，加强货源组织，推动成渝中部地区优势产品“走出去”。四是规划布局现代枢纽经济。强化物流节点与产业融合发展，大力提升区域内国家高新区、国家经开区产业发展能级。推进资阳临空经济区建设，适度超前规划重庆新机场临空经济区，统筹考虑璧山、永川、江津城市空间协同布局临空经济区。

（四）创新一体化高效管理体制，构建共建共享发展机制

深化经济区与行政区适度分离改革，坚持立破并举、系统协同、畅通循环、共建共享原则，加大统筹协调力度，探索建立规则制度统一、市场设施联通、要素自由流动、共建共享发展的一体化政策体系与体制机制。一是探索建立高效管理体制。围绕促进成渝中部地区一体化发展，在四川重庆党政联席会议、四川重庆常务副省（市）长协调会议、成渝地区双城经济圈建设联合办公室等合作机制之下，探索建立成渝中部地区“联席会议+实体化运作办公室”运行机制，全面统筹协调成渝中部地区重大规划、重大政策、重大项目等重大事项。二是深入探索经济区与行政区适度分离改革。推进统一制定经济发展战略规划，统一开展产业招商引资，共同编制统一产业指导目录和产业地图，实现“规划一幅图、全域一张网”。探索统一生态环境标准、统一监测体系、统一监管执法的生态管理制度。探索建立跨区域统筹土地指标、盘活土地资源的管理机制。创新一体化统计标准体系，建立与之相适应的经济指标核算机制。探索跨区域成本共担、利益共享财税分享机制，探索共建产业园区模式。创新一体化公共服务政策，全面实现服务项目、事项内容、保障标准统一。

［重庆市综合经济研究院
主研：易小光　丁　瑶　邓兰燕　李　林　郑秋霞　王志军
邱　婧　简华球］

聚焦“强核提能级”做优做强中心城区的建议

内容摘要：聚焦“强核提能级”，做优做强中心城区，集聚高端“硬核”“强核”功能，加快提升发展能级和服务品质，推动主城都市区高质量发展和“一区两群”协调发展，不断增强重庆对成渝地区双城经济圈的引领、辐射、带动作用。建议：一是优化中心城区功能布局，推动高端要素集聚，提升“强核”整体效能；二是以长嘉汇大景区为重点，加强中心城区环境综合整治，提升“强核”功能品质；三是运用互联网、大数据等新思维、新技术，创新中心城区管理模式，提升“强核”治理水平；四是聚焦城市运行效率提升，完善中心城区交通体系，强化“强核”支撑能力。

中心城区既是主城都市区高端功能和要素集聚的主要承载地，也是引领“一区两群”协调发展的核心区，更是重庆推动成渝地区双城经济圈建设、形成西部高质量发展重要增长极的核心引擎。要尊重、把握和顺应城市发展客观规律，聚焦“强核提能级”发展要求，做优做强中心城区，集聚高端“硬核”功能，着力提升中心城区“强核”整体效能、功能配置、治理水平和支撑能力，推动主城都市区高质量发展和“一区两群”区域协调发展，引领和带动成渝地区双城经济圈加快建设成为西部高质量发展重要增长极。

一、优化城市功能布局，提升“强核”整体效能

围绕“中部历史母城、东部生态之城、西部科学之城、南部人文之城、北部智慧之城”，聚焦提升产业能级、创新能级、开放能级、服务能级，加快

集聚体现国际化水平的高端服务功能，推动中心城区全面高质量发展再上新台阶，提升“强核”整体效能。一是做优中部“历史母城”。瞄准国际化、绿色化、智能化、人文化的现代城市标准，强化国际交往、总部经济、国际金融、国际商务等核心功能，高标准建设具有国际影响力的城市地标、人文地标、旅游地标、标志性景观，全面展示历史与现代完美交融、文化与科技交相辉映、人文与山水相得益彰的国际都市风貌，打造集国际服务功能、高端产业集聚、时尚健康生活于一体的国际化大都市核心引领区。二是做美东部“生态之城”。以广阳岛为核心联动周边区域，聚焦大生态、大健康、大文旅、大数据，统筹布局长江生态保护展示、大河文明国际交流、巴渝文化传承创新、生态环保智慧应用、城乡融合发展示范等五大功能，精心策划一批特色鲜明、内涵丰富、影响力大的项目，积极探索生态产品价值实现的新路径、新模式、新机制，推动区域自然资本整体性增值，打造成为产业高度聚集、城市功能完善、生态环境优美的生态之城。三是做实西部“科学之城”。以服务先进制造业为导向，联动两江协同创新区、璧山科技创新小镇，着力在“壮主体、建平台、重创新、优环境”上下功夫，统筹布局重大科技基础设施、新型科研机构、产业创新转化平台、创新专业服务机构，形成完善的产业链、创新链和生态链，增强国际竞争力，打造成为全国创新人才最活跃、创新环境最优良、创新资源最集聚的创新策源地。四是做活南部“人文之城”。以九龙半岛和钓鱼嘴半岛为核心联动周边，统筹布局交响乐团音乐厅、国际舞蹈中心、国际影视中心、美术展览馆、历史博物馆等重大文化设施，高水准打造城市精神标识、文化地标、艺术地标，积极举办国际大型盛会，构建融创作、培训、展演、展示、消费于一体的全文化产业生态链，全力打造世界级的文化艺术中心、新兴文化产业高地。五是做强北部“智慧之城”。依托两江新区，前瞻布局以5G、人工智能、工业互联网、物联网等为代表的新型基础设施，构建“泛在连接、全域感知、智能融合、安全可靠”的数字基础设施体系，建设城市大脑。培育壮大数字经济、智能经济、共享经济等新业态，率先开展5G+工业互联网、5G+融媒体、5G+智慧港口、5G+智慧社区等应用场景试点示范，打造物联、数联、智联三位一体的泛在感知智慧城区。

二、加强城市环境整治，提升“强核”功能品质

以长嘉汇大景区为重点，重塑“两江四岸”天际线、山脊线、水岸线，着力提升城市规划建设管理水平，持续改善城市环境和功能品质，全面提升中心城区经济品质、人文品质、生态品质、生活品质。一是强化总体设计，构建中心城区空间秩序。实施控规与城市设计双控，严控建筑高度、建筑密度与建筑布局形态，提升来福士朝天扬帆、江北嘴国际金融中心等地标式建筑服务能级和水平，构建临江看有韵律、依山瞰有层次的城市地标体系。以两江四岸为核心，高标准、高品质规划建设城市景观台、瞭望塔，构建山水相融、错落有致、层次分明的观赏眺望体系。二是盘活文化资源，留住中心城区历史记忆。深入挖掘与传承传统文化，建设重庆航运博物馆、工业遗产历史博物馆等承载历史记忆的文化传承展示平台，重塑长嘉汇流、海棠烟雨、金碧流香、龙门浩月等十大自然人文景观，打造一批集历史文化、人文景观、自然风光于一体的城市文化地标，加快提升城市人文品质。三是做好山水文章，增添中心城区绿色气质。以绿量扩容、绿化提质为导向，打造滨江公园、山地公园、滨江生态景观带等绿化精品工程，实现分层蓄绿、垂直挂绿、码头还绿、崖壁增绿。依托得天独厚的江岸资源，建设亲水平台、亲水步道、滨江广场等临江景观工程，布局一批集运动、休闲、娱乐于一体的城市公共空间，建成国际一流滨水景观带。四是唱响城市品牌，扩大中心城区国际影响。立足深厚文化底蕴，精心打造国际人文山水城市品牌，提升城市软实力。推动一批国外领事馆、国际组织分支机构等入驻，完善多语种标识、国际社区等国际化服务设施布局，引进具有全球影响的国际会议、高端论坛、国际体育赛事，策划举办具有国际水准的音乐节、电影节、旅游节等重大文化活动。加快建设一批大型免税购物中心、进口商品展示交易中心。加快打造解放碑、观音桥等成为世界知名商圈，培育特色消费载体，营造高品质消费空

间、构建多元融合的消费业态，加快打造国际消费中心城市，建设富有重庆特色的国际消费目的地。

三、创新城市管理模式，提升“强核”治理水平

运用互联网、大数据等新思维和新技术，建设城市大脑，创新城市智慧化治理方式，全面提升中心城区现代化治理水平。一是强化系统集成共建共享，推动治理决策科学化。以大网络、大系统、大平台建设为导向，建设“城市大脑”，推动数据大融合、部门大协同、社会大合作，加快城市治理模式由“系统分建、数据分散、部门分治”向“系统共建、数据共享、部门共治”转变，形成以大数据驱动为核心的城市治理新方式，不断提升城市治理现代化效能。二是加速拓展数据应用场景，推动公共服务个性化。聚焦社会信用、医疗健康、普惠金融等领域，联合阿里、腾讯等，创建大数据创新应用实验室，推动公共数据与企业数据深度融合，形成一批更加智能贴心的便民服务应用场景，提升公共服务精准化、便利化，更好满足人民群众个性化需求。三是创新社区治理 O2O 模式，推动高效管理精细化。加快构建“社区云”平台，探索建设未来社区，推动智能化与社区治理融合，实现治理智能化、服务精准化。以社区和小区为单元，探索创新“楼委会”自治模式，打造“我爱我家”治理共同体，推进社区治理共建共享。

四、完善城市交通体系，提升“强核”支撑能力

统筹抓好城内与城外、地上与地下、当前与长远，完善中心城区路网结构，加强各种交通方式之间的衔接，进一步提升城市整体运行效率，更好地服务成渝地区双城经济圈建设。一是完善对外通道体系，提升中心城区区位势能。加快推进中心城区与主城新区快速通道、高速公路建设，优先实施射线高速扩能改造，积极推动都市快轨、市域铁路向主城新区延伸，实现城市内外交通顺畅衔接。加快开通中心城区到璧山、江津、长寿、南川 4 个同城化先行区城际公交，逐步实现主城新区全覆盖。高效利用国铁干线开行公交

化列车，扩大公交化开行范围，提高开行对数和服务频次，试点与地铁通票运行，助推与主城新区同城化发展。二是完善城市路网体系，提高中心城区出行效率。大力推行“窄马路、密路网”道路布局，加快城市支路建设，逐步推动小区道路有序开放，进一步完善城市慢行系统，丰富城市毛细血管，构建干支结合、快慢互通的道路网络，实现“社区微循环”“区域大循环”。强化地铁和公交在中心城区交通中的主体地位，统一规划建设“P＋R”停车换乘设施、公交专用道系统，加快推进连接重大交通枢纽、重点功能区、产业集聚区的地铁快线建设，开行跨区域、跨组团公交快线，提高公共交通服务水平和接驳换乘效率。

[重庆市综合经济研究院

主研：易小光　丁　瑶　邓兰燕　李　林　苏　凡　贾静涛

汪　婧　邱　婧　王志军　郑秋霞

执笔：贾静涛　邓兰燕　李　林]

发挥成渝地区中心城市协同辐射带动作用的建议

内容摘要： 充分有效发挥成渝地区中心城市协同辐射带动作用，是统筹成渝地区大中小城市和小城镇发展，优化双城经济圈协同发展格局的客观要求。针对目前客观存在的“双核”引领功能不强、次级中心城市发育不足、城际互联互通质量不高、协同机制不健全等问题，建议：一是加快提升国家中心城市发展能级，强化成渝“双城”龙头带动作用，促进形成中心城市协同辐射带动区域发展格局，夯实核心城市协同引领基础；二是促进都市圈互动发展，增强综合承载能力，提升都市圈辐射带动发展水平；三是加快培育“双百”城市，因地制宜培育中等城市和特色经济强镇，增强中心城市协同辐射带动内生动力；四是不断创新协同发展模式，加快构建和完善中心城市协同辐射带动区域发展的体制机制，全面提升区域发展活力。

中心城市是承载经济和人口等发展要素的主要空间形式，有效发挥其辐射带动作用是深入推进新型城镇化战略的关键所在。一般来说，中心城市人口规模在50万人以上，在一定地域范围内要素集中度和产业组织水平较高，是区域空间网络体系中的首位城市，承担着区域经济活动的组织传递和集聚辐射功能。

成渝地区是我国西部地区人口最密集、产业基础最雄厚、创新能力最强、市场空间最广阔、开放程度最高的区域，大中小城市和小城镇数量众多，每平方千米达到113个，远高于西部地区的12个和全国23个的平均水平。但受地理条件和既有发展惯性等因素影响，成渝两个特大城市、重庆区县城、四川市（州）中心城区或市州政府驻地等大中城市之间协同联动、辐射带动周边发展动力、水平和质量一直不高。因此，发挥政策指挥棒作用，以功能配置、空间体系和体制机制等为重点，积蓄放大成渝地区中心城市集聚效应、规模效应和范围效应，形成协同辐射带动合力，打造引领区域发展的增长极和动力源，就成为构建疏密有致、集约高效的空间格局，助力双城经济圈高质量发展的重要举措和关键抓手。

一、制约中心城市协同辐射带动作用发挥的主要问题

（一）“双核”引领功能依然不强

重庆主城都市区 GDP 占全市比重近 77%，与 2025 年达到 85% 的目标相比仍有较长的路要走，主城新区 12 区面积占主城都市区的 80% 以上，但 GDP 仅占主城都市区的 48.9%，空间布局、人口规模与其经济规模不相匹配，仍是主城都市区发展能级和引领能力提升的薄弱环节。成都都市圈以全省 6.8% 的面积集聚了 30.6% 的人口，创造了 46% 的地区生产总值，但都市圈建设总体还处于极核带动向协同建设转型的初级阶段。重庆主城都市区和成都都市圈产业带动能力、创新辐射能力、资源集成能力、公共服务能力等方面均相对较弱，亟须进一步优化功能布局，加快集聚人口，壮大经济规模，提升区域发展引领功能。

（二）次级中心城市发育依然不足

重庆 GDP 超过 2000 亿元的区县仅 1 个，超过 1000 亿元的区县仅 7 个，且均分布在主城都市区范围内（主城新区仅涪陵、江津、永川），80% 的区县不足 1000 亿元。四川省经济总量排名第 2 的绵阳城镇常住人口 251.51 万人、经济总量 3010.08 亿元，分别仅为成都的 15.2%、17%。成渝主轴中间地带存在明显断崖式落差，呈现“两头大、中间小”的“哑铃式”空间结构。重庆范围内缺乏建成区百平方千米、城区人口百万人的“双百”大城市，四川范围内缺乏常住人口 50 万人以上的中等城市和 20 万人以上的特大镇（市州

政府驻地除外)。川渝毗邻的10个区县，重庆范围仅江津GDP超过千亿元，而四川范围的达州、广安、遂宁、内江、泸州5个地级市均超过千亿元，毗邻地区重庆范围内的城市有陷入“虹吸弱势”的可能。

（三）城际综合交通联系依然不紧密

城际快速交通运输体系是中心城市与经济腹地以及与其他城市之间要素高频高效流动的基础支撑。“双核”之间仅“成渝高铁”1条真正意义上的高铁建成通车，成渝地区高铁密度不足长三角城市群的50%，区域联系强度和密度不够。连接核心城市及主要节点城市的城际交通网络体系尚不完善，尤其是跨省的城际轨道较为缺乏，城际轨道交通公交式运营的网络尚未建立，物理空间限制亟须突破。川渝毗邻地区部分区县城区之间高速公路直连直通水平较低，“断头路”和“瓶颈路”等问题仍然存在。

（四）城市协同发展机制依然不完善

近年来，特别是成渝地区双城经济圈发展战略提出以来，成渝地区中心城市之间已经初步形成了系列协同发展的制度安排，但在较高层面跨区域共建共享、共保共治协调机制仍不健全，中心城市协同发挥辐射带动作用缺乏具体“路线图”和“施工图”。阻碍区域经济社会一体化发展的行政壁垒仍未完全打破，资源配置、市场环境、公共服务、环境保护等仍存在不同程度体制机制障碍，统一开放的市场体系尚未形成。规划统筹、政策协同的制度衔接还需强化，全面深化改革还没有形成系统集成效应。成本投入分担机制、市场化投融资机制、利益分享机制和激励机制缺乏，一体化发展机制体制有待完善。

二、对策建议

发挥成渝地区中心城市协同辐射带动作用，要在遵循城市演变发展客观规律基础上，按照“研发在核心，生产在周边，关键环节在核心，一般链条在周边”的发展思路，从构筑城镇体系、优化空间格局、完善功能配置、强化机制保障等方面协同发力，形成中心城市协同发展合力、协同辐射动力、协同带动能力，更好地服务成渝地区双城经济圈高质量一体化发展大局。

（一）以提升成渝国家中心城市发展能级为主抓手，夯实核心城市协同引领基础

成渝两大国家中心城市既是引领带动双城经济圈发展的核心载体，也是成渝地区中心城市协同发展的龙头。必须以核心功能集聚和新兴功能导入为重点，提升城市发展能级，强化成渝国家中心城市龙头带动作用，促进形成中心城市协同辐射带动区域发展格局。一是完善国际化城市服务功能。围绕成都和重庆两大国家中心城市建设，聚焦国际化现代城市发展方向，强化综合枢纽、智造创新、要素集聚、国际交往、宜居宜业等核心功能，优化城市发展环境，进一步提升“双城”资源配置效率，提速发展“高精尖”经济，逐步将不符合核心城市部分功能和产业向周边地区有机有序疏解，增强双城经济圈整体参与国际分工和合作的能力。二是调整优化郊区新城城市功能。要着力提升郊区新城作为国家中心城市节点转换和功能缓冲职能，重点提升高端服务业的支撑功能、中高端制造生产功能、部分专业技术服务功能、研究与试验功能、教育医疗等公共服务功能。支持郊区新城依托制造业基础、创新成本较低、生态环境较好等优势，培育和增强科技创新、总部经济、文化创意等核心功能。三是全面提升城市综合治理水平。依托成都和重庆山水生态资源，合理布局国际化活动空间，建设高品质国际社区、高端人才集聚区和高端商务商贸设施，提升城市国际化配套服务功能。按照产业发展特征和要素资源保障支撑能力，构建与城市发展相适应的新型产业体系，不断降低“双城”产业的能源、资源消耗水平，建设绿色宜居城市环境。

（二）以促进成渝两大都市圈相向发展为突破口，提升都市圈带动周边发展能力

以重庆中心城区和成都市为核心，把握要素流动和产业分工规律，培育建设现代化都市圈，是构建双城经济圈发展新格局的关键举措。必须推动重庆中心城区与主城新区融合发展，推进成德眉资同城化发展，进一步提升极核功能和综合承载能力，促进两大都市圈相向发展，提升中心城市协同带动能力。一是提速建设现代化都市圈。梯次推进重庆中心城区与主城新区同城化发展，深化川渝、渝黔等区域合作，推动广安城区、邻水、武胜、岳池等融入重庆主城都市区发展，促进区域规划、基础设施、产业布局、生态环保、公共服务、政策协调等方面同城化建设、融合化发展，构建高端引领、成链配套的现代产业体系和统一开放、高效配置的区域市场体系，打造以轨道交通为骨干的1小时通勤圈，营造宜居宜业的高品质生活环境，建设现代化都市圈。二是夯实成渝主轴发展基础。因地制宜促进重庆主城新区和川东地区分层次、差异化发展，推动基础设施互联互通，提升城际交通联系紧密度，培育若干承接成都和重庆两大中心城市功能外溢、辐射带动周边的区域性中心城市、外围组团和卫星城市。以川渝毗邻地区功能平台建设为契机，深化川渝合作，强化重庆都市圈和成都都市圈互动。

（三）以培育建设“双百”中心城市为关键棋，增强中心城市内生发展动力

充分发挥成渝地区不同规模城市比较优势，共享发展环境、政策、资源、平台，实现生产要素自由流动，加快建成区百平方公里、城区人口百万人的“双百”大城市，因地制宜培育中等城市和特色经济强镇。一是打造具有鲜明特色的“双百”城市。结合“双核”以及都市圈功能布局，着力完善重要节点城市专业化、特色化服务功能，打造承接核心城市功能扩散、集聚发展要素、带动周边发展的特色化功能节点。如涪陵、綦江（含万盛）、广安城区要发挥要素双向中转、功能双向扩散的“中转站”和“承接地”作用，培育完善产业配套、人口转移、健康休闲等特色化功能；合川、永川要通过优化空间结构、提升发展能级、强化区域协作等路径，逐步完善开放合作、产业配套、枢纽经济等特色化功能；泸州、宜宾要着力强化辐射带动川南渝西融合发展试验区作用，加快提升物流枢纽、现代产业和绿色宜居等特色化功能。

二是推动中心城市联动发展。以山水、田园、绿带等生态空间为分割，以高速公路和城际铁路等交通走廊为纽带，按照区域合作、相对分割、产城融合、精明增长的原则，推动临近城市抱团联动发展，率先实现协同带动周边发展。如加快打造涪陵—丰都—武隆、内江—自贡—永川—荣昌—大足、綦江（万盛）—南川、合川—铜梁—潼南、泸州—永川—江津等中心城市组团，打造成渝主轴城市连绵带，成为疏解“双城”超大型城市部分功能，推动成渝地区双城经济圈发展的重要支撑。三是因地制宜培育特色经济强镇。中心镇、特色镇是发挥中心城市协同辐射带动作用的重要纽带，要按照“小而精、小而美、小而特”的建设思路，推动江津白沙、永川朱沱、铜梁侣俸、大足三驱等具有特色产业和发展潜力的镇建设成为补充中心城市功能、承载农村转移人口的载体。

（四）以建立完善协同发展机制为发力点，强化中心城市辐射带动保障

以推动成渝地区双城经济圈高质量发展为导向，不断创新协同发展模式，加快构建和完善中心城市协同辐射带动区域发展的体制机制，全面提升区域发展活力。一是加大省级层面统筹力度。全面贯彻国家区域发展的总体战略，在川渝两省市层面统筹，构建和完善中心城市间协调联动体制机制，以成渝两大国家中心城市、两大都市圈和若干“双百”城市为核心平台，联动周边地区，形成成渝地区中心城市协同发力局面，构建组织有序、保障有力、行动高效的城市合作协调体制与机制。二是统筹中心城市规划体系。推动川渝两地协同编制《成渝地区中心城市发展规划》，深化细化各中心城市战略定位、功能配置、生产力布局和成渝地区城镇体系与区域性战略规划、区域规划、专项规划对接融合。三是促进区域要素资源高效流动。鼓励通过开展跨区办学、跨校联合培养等方式促进地区间科技人才优势互补。建立各中心城市人才吸纳的协调机制，加强人才引进和继续教育，特别是优先引进有利于高新技术成果转化、符合产业结构调整方向的专业技术人才和高级管理人员。

建立区域人才自由流动机制，探索优化配置人力资源的市场化手段。运用互联网信息技术建立中心城市网络系统和网站，形成城市信息化网络，实现信息资源交流和共享、资金项目统一招投标、人才技术流通等。

［重庆市综合经济研究院
主研：易小光　丁　瑶　邓兰燕　李　林　汪　婧　郑秋霞
执笔：李　林］

推动万达开川渝统筹发展示范区建设的几点建议

内容摘要：创建万达开川渝统筹发展示范区是成渝地区双城经济圈建设的重要内容，也是带动和引领渝东北川东北高质量一体化发展的核心引擎和重要抓手。当前，“万达开”三地产业发展水平质量不高、要素资源流动不足、资源优势发挥不充分等问题依然严峻。应紧扣成渝地区双城经济圈建设要求，加快补短板破制约，加快创建万达开川渝统筹发展示范区，推动万州、达州、开州三地融合，建议：一是强化顶层设计，尽快出台示范区发展总体规划，凝聚发展共识；二是加大对优势资源的利用力度，促进资源优势转变为经济发展优势；三是着力打造万达开川渝统筹发展示范区现代产业体系，夯实产业支撑；四是有效促进要素资源的充分流动，强化三地经济联系。

《成渝地区双城经济圈建设规划纲要》明确提出“支持万州、达州、开州共建川渝统筹发展示范区”。为更好地服务万达开川渝统筹发展示范区建设，重庆市政协和重庆市综合经济研究院联合课题组深入万州、达州、开州开展调研，发现三地存在资源优势向经济优势转化不足、产业发展水平不高缺乏协同、资源要素流动不畅等问题，导致“万达开”区域整体经济基础薄弱，可持续发展能力不足，对周边地区的辐射带动能力不明显。应强化“一盘棋”思想，紧扣成渝地区双城经济圈建设要求，结合“万达开”三地发展实际，以高质量融合发展为主线，妥善解决当前问题和突出矛盾，加快产业提质升级，畅通要素自由流动渠道，强化资源保障支撑，着力构建“资源有效利用、产业高效集聚、要素自由流动”发展新格局，强化经济联系，构筑发展合力，促进万达开川渝统筹发展示范区高起点开局、高水平建设、高质量发展。

一、“万达开”发展存在的主要问题和突出矛盾

当前，“万达开”三地经济发展整体水平不高，成长动力不强，主要表现在产业发展不足、资源要素支撑不够等方面。

第一，资源优势尚未转化为经济发展优势。“万达开”三地生态、能源、文旅等资源富集，尤其是水能、天然气、矿产等战略性资源储量位居全国前列，资源优势较为突出，但由于对这些资源的开发利用缺乏自主支配权，地方资源不能充分地为本地发展所用。同时，“万达开”三地创新要素集聚较弱，域内 13 所大专院校创新能力不足，缺乏国家级科研平台、优质创新人才和研发投入，要素链产业链创新链之间链接能力不足，使得高效利用要素资源的产业集群和产业体系构建缓慢，资源优势未能高效转化为发展优势、竞争优势和经济优势。

第二，产业发展水平不高、实力不强、支撑不够。产业不强，是“万达开”三地发展的最大短板。主要体现在：产业结构层次不高，产业链互补性不强，产业体系整体竞争力和效率不高。龙头企业数量少、规模小，超过 50 亿元产值的工业企业仅 4 家，多数企业市场占有率不高、竞争能力弱、带动能力差。工业以传统的资源利用型、劳动密集型为主，战略性新兴产业占比低，产业创新能力弱。商贸业态低端，电子商务水平较低、文旅产业发展动力不强。同时，三地产业专业化分工协作不足、产业同构化程度较高，产业竞争优势不突出，对区域发展的支撑带动作用有限。

第三，要素资源相互流动不足、联系不够紧密。受行政壁垒、高山分割、交通薄弱等诸多因素制约，“万达开”三地彼此之间的经济往来不紧密，物资交流不频繁，要素流动不畅通。三地之间经济社会联动发展方式依然停留在自行协商阶段，相向发展、一体发展的体制机制还不健全，成本共担和利益共享机制、省市级和市（区县）级双层协调推进机制尚未建立，缺乏统一高效、严谨有力的政策依据、制度保障，制约了产业要素、发展要素在区域范

围内的自由流动和有效配置。

二、推动万达开川渝统筹发展示范区发展的几点建议

紧紧围绕成渝地区双城经济圈建设和重庆“一区两群”、四川“一干多支”协调发展要求，加快推动万州、达州、开州三地融合发展，高水平建设万达开川渝统筹发展示范区（以下简称示范区），着力构建“资源有效利用、产业高效集聚、要素自由流动”发展格局，不断提升“万达开”区域整体经济实力，更好引领带动渝东北川东北一体化发展，更好支撑成渝地区双城经济圈建设，打造西部欠发达地区跨省市合作范例。

（一）强化顶层设计凝聚思想共识

当前，示范区建设还处于“起步成势、聚势启航”阶段，建议基于万州、达州、开州三地及渝东北川东北发展现实条件和未来发展诉求，川渝两省市尽快启动编制出台《万达开川渝统筹发展示范区规划》，明确示范区定位目标和建设任务，统一思想和行动。由于万州、开州两区面积、人口总量不足达州的一半，经济总量仅为达州的70%，不利于政策的统筹设计和项目的统筹推动，不利于开展合作形成整体合力。同时，“万开云”板块历来是渝东北核心增长极，且城市功能互补、一体发展基础较好，可参考借鉴长三角城市观察制①，将云阳纳入示范区政策覆盖范围，将梁平区、城口县作为示范区拓展建设的观察城市，联动三峡新区、明月山绿色发展示范带、城宣万革命老区振兴发展示范区等平台，更好地传接主城都市区和重庆都市圈梯度辐射，带

① 长三角城市群的培育发展在很大程度上由1997年成立的长江三角洲城市经济协调会推动。该协调会是由长三角地区地级以上城市自发组建的市长级别区域城市合作组织，旨在突破行政区划壁垒，深化城际分工协作，推动区域一体化发展。最初只包括上海、无锡、宁波、舟山、苏州、扬州、杭州、绍兴、南京、南通、泰州、常州、湖州、嘉兴、镇江和台州等16个成员城市，2019年已全面覆盖沪苏浙皖41座地级城市。2004年，长江三角洲城市经济协调会推出“观察员制度”，开了我国跨行政区区域合作的城市观察制先河，主要做法是邀请其他城市市长以“观察员”身份参会，听阅了解区域城市协作重大议题，待时机成熟再将观察员城市扩充为区域合作组织的实质成员。城市观察制不仅有利于外围城市借助区域高层次的交流平台，更好地发挥自身比较优势，对接核心城市和区域整体发展需求，也为区域扩容和高质量一体化发展铺垫了良好的合作根基。

动双城经济圈北翼整体发展。在建设时序上，可优先选择“万达开”三地以及示范区的政策覆盖区、拓展区中地势平坦、功能平台相对集聚、集中连片开发综合条件较好的小范围区域为先行启动区，积极推进经济区和行政区适度分离改革，在产业发展、公共服务、生态环保等领域加快探索利益共享、政策协同机制，形成可推广复制的经验，逐渐覆盖示范区全域。

（二）着力打造示范区现代产业体系

一要引进培育新兴产业和新业态。立足长远，着眼未来，有选择地发展部分适合“万达开”的战略性新兴产业，重点引进和培育智能制造、纳米材料、节能环保装备、现代中医药、休闲康养、电子商务、现代物流等新兴产业和新业态，努力追赶时代发展步伐。二要改造传统产业、发展特色产业。对传统产业，通过实施“互联网+”“智能化+”改造，引导产业（如汽车、摩托车等零配件制造业）提升发展能级，努力向中高端迈进；通过补链成群，延长产业链，支持一批有发展潜力的企业，做大做强，形成集群优势。对特色产业，强化政策、资金等扶持，帮助一批重点企业扩大产品知名度，增强市场竞争力。三要积极主动承接大城市产业转移。要从自身产业基础和劳动力状况、资源条件等实际出发，因地制宜，立足比较优势，以产业升级为方向，准确把握产业承接发展重点，防止低水平重复建设。严格产业准入，严禁污染产业和落后产能转入。切实尊重企业在产业转移中的主体地位，及时兑现落实各项政策优惠，持续完善基础设施，增强配套和服务能力，依照规划引导产业合理集聚，培育示范区产业发展新优势。四要密切示范区内部产业联动与配合。实施“万达开”三地产业差异化、错位化发展战略，持续深化产业分工，同时推动产业结构提档升级；加大示范区5G网络、数据中心等新基建的投入，引导物流企业走集团化发展之路，共同打造成渝双城经济圈重要物流枢纽和水陆空开放口岸，努力实现三地产业协同联动、融合发展。

（三）加大对优势资源的利用力度

一要争取国家和川渝两省市给予示范区更大的优势资源使用权、支配权。

积极寻求川渝两省市政府支持，向国家争取示范区输入“三峡电”及指标调度、售电价格上的政策倾斜。推进“万达开”电网一体化建设和火电就近消纳。深化天然气开发与地方的合资合作，支持“万达开”企业享受天然气专项指标及井口价。二要按照高质量发展和绿色环保的要求，依托优质的天然气资源，探索共建国家天然气综合利用示范园，协同发展化工产业，提升资源的区域综合利用效率和水平。利用三峡电站丰富的电力资源，适度发展重化工业、金属冶炼及精深加工等。三要依靠大量的自然生态资源，变“绿水青山”为“金山银山”，打造现代绿色生态经济带，规模化发展黄檗、木香等道地中药材种植及加工，走生态产业化、产业生态化的道路。借助著名的三峡风光、红色文化等招揽吸引更多的外来游客，发展乡村旅游，促进“万达开”农村地区产业振兴。

（四）有效促进要素资源的充分流动

示范区建设应发挥“万达开”三地的比较优势，扬长避短，组织开展专门化生产，促进生产地域专门化分工，为要素资源跨区域流动提供现实基础。一要对标对表先进标准，合力创建政策稳定、法制健全、公平竞争一流的营商环境，积极推进公共服务标准化便利化，着力营造有利于投资兴业的良好氛围，引导更多要素资源加速流动。二要充分发挥市场配置资源的基础性作用，积极破除行政壁垒，深化政策协同，推进示范区市场一体化进程，加快培育各类要素市场，持续扩大市场开放，促进资金、技术、劳动力等在“万达开”城市之间、城乡之间自由流动和高效配置，推动示范区互促共进、均衡发展。

[重庆市综合经济研究院
主研：易小光　丁　瑶　邓兰燕　谭　净　李　林　汪　婧　郑秋霞
执笔：汪　婧　李　林　郑秋霞]

第二部分

基础设施

对成渝地区双城经济圈交通一体化建设和运营的对策建议

内容摘要：重庆与四川两地对外交通通道、互联互通网络、城市轨道交通、物流枢纽体系正持续完善，多通道、密路网、高顺畅的开放式大交通格局基本形成，成为建设成渝地区双城经济圈的重要基础支撑。但两地在交通衔接方面仍然存在着规划建设时序不统一、交通设施标准不统一、政策体系协同性不足、利益共享机制不健全等问题，影响了成渝地区双城经济圈对接国家战略，引领区域人口经济空间优化，推动城市群建设。建议：一是协调推进重大对外通道建设；二是健全优化内部客运物流体系；三是完善整体协同的一体化政策；四是构建共享协同的利益链接制度，从而加快推动两地交通基础设施网络互联互通与共建共享。

习近平总书记在 2020 年 1 月 3 日的中央财经委员会第六次会议上提出“推动成渝地区双城经济圈建设”，强调“要加强交通基础设施建设”。西部大开发以来，川渝两地交通基础设施得到了快速发展，基本构建起内畅外连、立体衔接、布局合理的综合交通网络，为加快要素流动、改善区位条件、塑造时空优势、促进对外开放发挥基础性、先导性及战略性作用。但受到自然条件、发展水平、行政经济的影响，川渝双方在交通规划建设、管理运营、组织方面一体化程度相对滞后，对外通道不足、路网衔接错配、道路阻断隔离、规划建设失调的现象比较普遍。加强成渝地区双城经济圈交通一体化建设与运营，对双方共同争取重大项目，强化互联互通，提高资源利用效率，提升对外开放水平，合力打造世界级城市群具有重要的推动作用。

一、成渝地区立体交通体系建设比较

（一）内外衔接的铁路网初步形成

成渝地区双城经济圈初步形成以成都、重庆为主枢纽的多条铁路干线和若干支线，连接相邻省份和区域内主要城市，通达全国的铁路网络。重庆已贯通渝怀、渝黔、兰渝、渝利等干线铁路以及成渝、渝万城际高铁。四川已贯通成昆、宝成、达成等多条干线铁路和成西、成渝、成贵等进出川高铁通道。川渝间形成连接重庆、成都以及永川、荣昌、内江、资阳的成渝高铁1个高铁通道，形成省际连接永川、荣昌、内江的成渝铁路，连接潼南、遂宁的成遂渝铁路，连接合川、南充的兰渝铁路，连接重庆、广安、达州的襄渝铁路，连接万州、达州的达万铁路等5个普速铁路通道。其中重庆主城都市区与四川形成4个铁路通道，渝东北与川东北形成1个铁路通道，并成为两地重要的经济动脉。

（二）以高速为骨架的干线路网逐步加密

以高速干线公路为骨架，成渝地区双城经济圈连通两地和毗邻省区的公路网基本形成，路网结构渐趋合理。重庆高速公路覆盖范围不断扩展，市内路网和省际通道逐步加密，三环高速以及合潼安、南渝泸等省际高速通道即将贯通。成都初步形成以高速公路、市域快速通道为主，覆盖全域、畅接全省、通达全国的“三环十三射”便捷高效开放式快速路网体系。川渝之间已形成11个省际高速通道，重庆主城都市区与成都、川南、川东北之间由成渝、渝蓉、渝遂、渝广等8个高速通道连接，渝东北与川东北由达万、南大梁等3个高速通道连接，两地互联互通水平逐步提升。

（三）江海直达的水运体系加快完善

川渝地区已形成长江干流横跨东西，嘉陵江、岷江、渠江等支流连通南北的川江航运体系，是两地通江达海、对外开放的重要通道。重庆水运条件优越，目前形成“一干（长江）两支（嘉陵江、乌江）”航运网，中心城区、万州、涪陵等地主要港口年吞吐能力3000万吨以上，港口集疏运设施更加健全，多式联运体系不断完善，寸滩港、果园港对外开放功能日益增强，成为重庆建设港口型国家物流枢纽，打造内陆开放高地的重要平台。四川境内长江、岷江高等级航道网络加快形成，连接川西、川南的水运物流通道更为通畅，全省目前具备泸州港、宜宾港、乐山港等六大港口，港口货运吞吐能力、公铁水联运能力快速提高，泸州港被纳入四川自贸区川南临港片区，口岸功能不断丰富、物流集散能力明显变强，成为川渝两地长江航运合作衔接的重要载体。

（四）枢纽和支线机场布局不断加密

川渝地区形成以江北机场和双流机场为枢纽，18个通航支线机场为节点的机场体系。重庆江北机场航线网络日趋完善，开通国内外航线338条，扩容建设第四跑道及T3B航站楼，2019年完成旅客吞吐量4478.67万人次、货邮吞吐量41.09万吨、起降31.84万架次，旅客吞吐量居全国第9位。成都双流机场开通国内外航线数达到350条，2019年完成旅客吞吐量5585.86万人次，货邮吞吐量67.19万吨，起降36.69万架次，客货吞吐量居全国前列，成为西部地区重要的航空门户。随着天府机场加快建设，成都将成为西部首个双枢纽机场城市。同时重庆已在渝东北和渝东南城镇群建设4个支线机场，四川加快乐山、阆中、达州、广元等省内支线机场扩容提升，川渝干支结合的航空网络逐步形成。

（五）轨道交通网络与客流迅猛发展

目前重庆、成都两城轨道交通建设和轨道运营里程均位居全国前列。重庆在西部最早开通城市轨道交通，目前运营10条线路，已串联中心城区各组团以及璧山区，并依托市域快轨璧铜线加快向主城外围以及潼南、遂宁等成渝轴线方向延伸。成都城区7条骨干轨道交通互联组网，形成“环状+放射状”的单中心轨道交通网络结构。成灌快速铁路、成彭快速铁路等市域西部城际快线已经投运，随着成渝地区双城经济圈建设，成都加快东部跨市城际轨道规划建设，逐步与重庆城市快轨形成对接，为两大都市圈内部互联以及高效互动提供重要基础支撑。2019 年重庆和成都城区轨道交通运营情况见表 1。

表 1　2019 年重庆和成都城区轨道交通运营情况①

地区	运营线路（条）	里程（千米）	站点数量（座）	日均客流量（万人次）	运营收入（亿元）	资源收益（亿元）
重庆	10	328.5	181	285.4	18.08	0.95
成都	7	302.2（只含地铁）	207	383.41	40.59	3.954

（六）对外综合运输通道更加健全

川渝两地依托“一带一路”、长江经济带和西部陆海新通道建设，初步形成连接京津冀、长三角、粤港澳大湾区等经济重心的对外综合运输大通道。重庆依托长江航运、沪渝高速、渝利、渝怀铁路等形成以水路、公路为主连接长三角的东向通道，依托西部陆海新通道建设形成以铁路、公路为主联通粤港澳大湾区、北部湾地区的南向通道，依托兰渝等铁路形成连通亚欧的西向中欧通道，依托襄渝铁路、包茂高速等形成以铁路、公路为主连接京津冀的北向中蒙俄走廊。四川在东向通道上依托重庆出川达海，北向通道上两地叠合显著，在西向通道上除依托蓉欧班列形成的中欧铁路通道外，进藏通道正加快形成，南向通道上依托成昆铁路形成的川滇走廊以及依托南昆铁路和成（贵）广高铁形成的川黔粤桂走廊优势明显。

二、两地衔接存在的问题

（一）规划建设时序不统一，统筹协调难度大

区域交通运输规划建设缺乏有效统筹协调机制，建设施工不同步、标准

---

① 重庆轨道交通运营线路、里程、站点数量、日均客流量源自《2019 年度重庆市中心城区交通发展报告》，成都轨道交通运营线路、里程、站点数量、日均客流量源自《成都地铁 2019 绿色出行报告》。运营收入与资源收益均源自公司年度财报。

不统一，制约了成渝地区双城经济圈交通运输一体化发展。一是规划建设协同性需要进一步加强。永泸高速（重庆段）总投资已完成83%，四川段只举行了开工仪式，年内无法实现全线建成通车。重庆江津至泸州北线高速（重庆段）已经完成投资人招商和初设工作，四川段尚未开展前期工作。大内高速公路（重庆段）已开工建设，内江至南溪段仍处于可研编制阶段。二是基础设施互联互通需要进一步加强。川渝毗邻地区部分区县城区之间尚未实现高速公路直连，有些毗邻地区连接重要园区、旅游景区、交通节点的干线公路等级偏低，“断头路”和“瓶颈路”等问题仍然较为突出，难以满足旅游景区、产业园区等发展需求。三是立体综合交通体系有待完善。公铁水空等交通方式高效衔接不畅，部分港区集疏运条件不完善、铁水联运发展不足，多次转运增加物流成本，抵消水运价格优势，“最后一公里”问题亟须解决。

（二）交通设施标准不统一，整体优势难发挥

目前成渝两地在建设标准、交通设施标准等诸多方面存在差异，导致整体路网体系之间的协调不够深入。一是建设标准不统一。两地对接道路建设标准差异较大，道路定位不同导致道路断面不统一，衔接级差较大，如跨区域景区之间连接公路等级标准不一致，存在功能等级不匹配现象。两地高速通行限速不一致，重庆高速一般设置限制时速为100千米，四川限制时速为120千米。二是多式联运标准体系不完善。缺少统一的场站标准、技术设备标准、信息化数据元标准、单证标准、作业标准等，在标准制定过程中“多头推进、各搞一套”。如成渝都在制定铁海联运统一单证，但在流转机制、提货机制、转让交易等方面存在诸多差异，导致多式联运应用水平偏低。以果园港为例，铁水联运货运量仅占港口吞吐量的10%，远低于欧美发达国家的30%~40%。

（三）政策体系协同性不足，一体化发展滞后

成渝地区局部竞争大于合作，不规范的竞争降低了区域整体竞争力，在协同发展思想理念、机制政策等方面尚需强化。一是政策沟通协作共享不充

分。目前中欧班列和西部陆海新通道线路、货源同质化，相互杀价情况时有发生。成都较重庆补贴高，“蓉欧”运输价格比“渝新欧”低500~1000美元/集装箱，导致部分客户“舍近求远”。二是信息互联共享有待提高。成渝两地公交和地铁“一卡通”制度尚未建立，汽车客运联网售票注册用户和线路、票务信息暂未实现互通共享，铁公、铁空等旅客联程联运尚未实现。两地交通网络数据尚未实现共建共享，信用违章、安全管控不能实现双城一体化管控。

（四）利益共享机制不健全，合作项目落地难

目前，成渝地区交通共建共享、利益分配、税收分享等方面尚未形成成熟的利益共享机制，制约了交通一体化发展。一是港口枢纽一体化运作缺乏统筹规划，未形成有效的分工协作和对接机制。据了解，四川对进出泸州港、宜宾港的集装箱货物也给予补贴，虽将万州作为成都出海港，但实际执行不理想，川渝港口物流合作项目落地难。二是国际航线重合度较高，竞争十分激烈。成渝地区开通的国际航线主要集中于东京、新加坡、首尔、曼谷等东亚、东南亚地区的热门城市，但成都国际客流、国际交往优势明显，洲际直飞航线更多、选择面更广，重庆由于缺乏主基地航空公司，航权、空域、时刻资源不足，国际航线相对较少。同时，两地在聚集人流物流信息流资金流等方面竞合双赢还不够。

三、相关建议

（一）协调推进重大对外通道建设

立足国家“71118”高速公路网、“八横八纵”高速铁路网建设，对接国家“十纵十横”综合运输通道，积极推进川渝大交通基础设施合作，整合优化通道布局以及建设时序，共建共享综合交通运输通道。

一是拓展南北提速共建西部陆海新通道。合力拓展铁路通道，推进渝贵高铁建设，置换既有渝贵铁路客运功能，释放货物运能运力。实施成渝铁路、

川黔铁路全线改造，加强渝遂铁路货运衔接能力，协调推进隆黄铁路建设，加速渝怀二线运力形成，全面增强川渝两地对外连接北部湾出海口铁路运输能力。共同开展铁路双层运输通道研究建设。合作畅通公路通道，加快建设渝湘、渝黔高速扩能工程，加密南北纵向至贵阳、怀化等南向沿线枢纽节点连接通道。优化建设时序，合理设置重要枢纽—节点系统连接通道建设优先等级，加快交通补短板工程建设进度，缝补关键通道连接缺口。

二是联动东西推动“沿江—进藏”综合通道建设。开展沿江通道建设，协作开发长江经济带综合运输通道。近期抓紧建成郑万高铁万州至襄阳段，推动建设成南达万高铁，东出万州、襄阳，连接武襄十高铁，尽快形成至武汉、上海250千米/小时高铁的“双通道”。共建长江上游航运中心，共同争取三峡大坝二船闸早日开工、尽快建成，畅通长江黄金水道，解决长江上游航运“肠梗阻”的问题。合作开展川江及其支流航道治理，提高长江、嘉陵江航运通行能力。推动沿江货运通道研究论证，力争早日入规并启动实质性工作。协力拓宽进藏通道，规划建设渝自乐眉雅铁路，无缝对接川藏铁路，构建渝藏快速通道，增强成渝地区双城经济圈互动与西进能力。

三是共优中欧班列国际铁路通道建设。合力推动中欧班列线路提档升级，构筑、拓宽对外开放大通道。加强川渝两地至新疆阿拉山口、霍尔果斯口岸主要通道建设，联合四川加快上马兰渝高铁，充分置换出兰渝铁路货运能力。提速推动渝西高铁（东线）可研尽早获批、尽早开工，打通重庆至包头、银川方向高铁通道，充分置换西康铁路货运能力。共同推进成西铁路、成兰铁路建设并提前预留对接重庆枢纽功能。实施襄渝铁路、宝成铁路扩能改造，改善北向至二连浩特、满洲里货运条件。加快重庆铁路枢纽环线建设，强化与西部陆海新通道无缝衔接能力，降低重庆枢纽货运过境、编组压力。

四是共建“空中丝绸之路”。统筹推进成渝民用、通航机场布局，加快发展重庆第二国际机场，共同构建“国际枢纽＋区域枢纽＋支线节点”“客运＋货运”的城市群多枢纽机场群系统。优化航空网络，重点推动国际航线互补性发展，加强与北京、上海、乌鲁木齐、昆明等机场中转合作，提高欧洲、北美、大洋洲、东南亚等地航线利用率。共同打造以伦敦、法兰克福、新加坡为中转的航空客货运中转网络。建立多方利益平衡机制，鼓励国际航司在成渝两地增设中心转运枢纽。联合成都制定机场群国际航权资源配置方案，力争实现第五航权成渝双城经济圈内多城市、多机场覆盖。

（二）健全优化内部客运物流体系

大力提高重庆、成都国家物流枢纽中心力、集聚力以及辐射力，强化内部多式联运整合能力，促进空港、水港、陆港三港融合，共建功能完备、体系健全、组织有效的“成都—重庆”国际性综合交通枢纽，不断巩固与提升区域在国家物流枢纽体系中的作用和地位。

一是共同建设国际综合交通枢纽。围绕建成“成都—重庆”国际性综合交通枢纽，统筹川渝两地构建对外、城际、都市圈、城区内多尺度、多层级客运物流交通枢纽体系。按“TOD”理念升级打造重庆“三主两辅”铁路客运枢纽，侧重加强同城化发展先行区轨交客运枢纽能力，桥头堡城市高铁枢纽能力，战略支点城市高铁与轨交衔接能力。合力推进果园港、万州港、泸州港、宜宾港等内陆港联动发展，共同打造世界级内河港口群。加大重庆国际物流枢纽园、成都国际铁路港等铁路货运枢纽对接力度，标准化建设枢纽集疏运设施，完善多式联运体系和集疏运网络，统筹川渝布局铁路分拨点、集散点。进一步促进枢纽与产业融合，共同推进国际铁路港经济开发区建设。完善重庆国际航空枢纽功能，增加专业化航空物流设施，发展航空货运枢纽。

二是共建“轨道上的双城经济圈”。全面推进重庆主城都市区轨道交通建设，抓紧轨道第四轮各线路开工建设，规划发展都市快轨、城际铁路，与江津、璧山、铜梁、合川、永川、长寿等实现城市轨道交通有效衔接，促进重庆主城与周边一体化地区融合。建设合川—铜梁—大足—荣昌城市快轨、江津—綦江城市快轨，重点弥补主城新区城市间互动能力。强化干线铁路、市域铁路、城市轨道交通等“轨网融合”，建设成渝中线高铁，推动城际交通圈与轨道交通圈一体衔接和相互融合。增强客运枢纽无缝化、零距离换乘能力，发展重庆城际列车与成都城际列车换乘设施。

三是加强川渝毗邻区道路衔接。统一川渝毗邻区域路网规划水平，同步双方道路建设时序，合力促进次级路网、毛细血管充分融合，消除“空间断点”与“速度断点”，提高边界地区一体化发展水平。加快推进永川—泸州、江津—泸州北线等高速以及相关支线路网建设，加大主城都市区与四川毗邻地区多通道、网络化道路衔接力度，全面消除覆盖路网在线路设计、建设进度、上下限速等方面不一致情况，着力清除“断头路”“瓶颈路”。协作共建万州—达州、梁平—开江高速，加深渝东北城市群与四川毗邻地区轴向通道衔接程度，依托重大项目建设，积极推进在线路走向、道口布局、转换节点等方面协调一致，促进川渝边界地区在交通与空间上协调发展。

（三）完善整体协同的一体化政策

一是构建“交通—产业—空间”一体化规划机制。加强川渝空间规划对接，加大“多规合一”在交通规划方面的推广应用，围绕“交通——要素流动交换载体、产业——要素集聚共生载体”空间特征，聚力消除规划横向、纵向衔接门槛和障碍，避免产生资源浪费和重复建设。发挥区域基础设施互联互通协调机构作用，完善川渝跨地区、跨部门互信互认、资源共享等重大政策。强化综合统筹力度，建立健全对上协同推进机制，协调解决跨区域重大交通基础设施规划、建设等关键问题，优化轨道交通网络一体化布局，协同推进省际公路、水运航道等互联互通重大项目。

二是加强信息互联互通。推动川渝交通运输数据资源共享开放，加强双方现有平台整合和衔接，统一数据标准和接口，打造区域全链条、一站式综合交通信息服务。共同推进国家交通运输物流信息平台建设，完善电子运单互换互联标准，发展区域一体化智慧物流服务。联合制定多式联运数据交换节点和数据交换规范，发展综合物流、中欧班列、铁水联运等平台。加强川江航道与港口的航标、水文、气象等监测终端布局建设，共建“长江上游黄金水道”航行信息服务平台。联动升级交通监控信息平台，建设“数字孪生”

交通系统，促进管区内监管数据实时交换，实现重要交通通道与交通网络全过程、智能化、无缝隙管理。

三是统一物流体系。全面提升两地多式联运水平，大力发展公铁水、水水等多式联运形态，加快货运“一单制”建设，积极推广“电子运单”。推进跨区域、网络化、联盟型、干支结合及多式联运甩挂运输发展，共同开展长江水陆甩挂运输试点项目。加快托盘、集装箱等标准化基础装载单元推广使用和循环共用，统一交通物流设施标准，支撑供应链一体化运作。共同加快内河运输船舶检验、登记、运输等相关证件信息电子化进程，共同推进果园港、新田港、泸州港等江海直达、江海联运配套码头锚地等设施建设。提高内河船型标准化水平，加快江海直达船型研发和推广应用，支持发展江海直达、江海联运。

（四）构建共享协同的利益链接制度

一是加强利益链接机制。按照成本分担、收益共享原则，完善川渝两地交通运输市场一体化机制体制，立足成渝地区双城经济圈建设，突破地方政策限制和体制机制障碍，建立健全利益共享的区域合作机制。深入推动双方交通运输补短板、锻长板合作，积极开展公路、水运、航空等交通资源跨区域整合。适度侧重发挥重庆港口型、成都陆港型枢纽特色，建立公平统一的规则，全面降低区域铁路、水运综合成本。创新交通投资、物流、贸易自由化便利化制度，大力促进资源要素自由流动。

二是统筹财政补贴政策。加强川渝在铁路货运、长江航运、国际航线补贴政策方面的统筹协调力度，建立政府补贴协调沟通平台，统筹推进政府补贴合理退坡，共同促进交通运输市场高质量发展。共建中欧班列货运交易中心，联动四川形成抱团式、集约式发展态势，合力培育一体化中欧班列市场，力促建立市场化价格形成机制。推动水运、空运一体化合作与错位发展，提高补贴资金使用效率，将简单的通道运营补贴转变为“通道＋枢纽＋产业”补贴，加大税收政策优惠等间接补贴方式使用力度，培育壮大与成渝地区城市建设、产业发展以及人口集聚相匹配的交通运输服务市场。

三是一体化投融资机制。健全投融资机制，运用多元化投融资手段，创新交通基础设施投融资模式。研究成立川渝交通一体化发展投资基金，引导社会资本参与重大项目建设。建立川渝两省市各级政府债务动态监测体系，加大金融机构信贷资金支持力度，鼓励企业跨区域投资建设和运营交通基础设施。积极开展成渝地区双城经济圈重大交通基础设施 REITs 项目试点工作，支持跨区域项目联合申报，加大补短板项目统筹力度，进一步调动社会资本积极性，促进交通基础设施高质量发展。

[重庆市综合经济研究院
主研：易小光　丁　瑶　邓兰燕　苏　凡　贾静涛　王志军　邱　婧
执笔：邓兰燕　苏　凡　贾静涛　王志军　邱　婧]

推动重庆城市轨道高质量发展转型的几点建议

内容摘要：《成渝地区双城经济圈建设规划纲要》明确要求，共建轨道上的双城经济圈，推动干线铁路、城际铁路、市域（郊）铁路、城市轨道交通“四网融合”。重庆是西部地区最早开通轨道交通的城市，与北京、上海、广州、成都等城市相比，目前重庆轨道交通建设进展有所放缓，客运量、客运强度以及在公共交通中的分担率相对偏低，TOD 综合开发不足，建设运营压力较大，迫切需要转型发展。建议：一是优化线路时空布局，强化城轨引领带动作用；二是完善站点配套设施，提升城轨便捷性舒适性；三是提升运营服务质量，增强城轨客流吸引能力；四是加大 TOD 综合开发，保障城轨健康持续发展。

城市轨道交通作为一种大运量、高密度的交通工具，在城市公共交通中扮演的角色越来越重要。它已成为城市居民出行的主要方式，在引领城市发展格局、优化土地开发利用、缓解交通拥堵等方面发挥着重要作用。《关于培育发展现代化都市圈的指导意见》和《成渝地区双城经济圈建设规划纲要》都明确提出，推动干线铁路、城际铁路、市域（郊）铁路、城市轨道交通“四网融合”，打造轨道上的都市圈；探索都市圈中心城市轨道交通适当向周边城市（镇）延伸，推动中心城市、周边城市（镇）、新城新区等轨道交通有效衔接。进入新发展阶段，重庆城市轨道交通既有加快建设的任务，也有高效运营的要求，亟须加快高质量发展转型。

一、重庆城市轨道交通建设运营特征

（一）形成“一环八射”主体框架

重庆城市轨道交通已开通运营2号、1号、3号、6号、6号线支线一期、5号线一期、10号线一期、4号线一期、环线共9条线路，线路网络覆盖主城九区。截至2020年底，开通运营343千米，在建115千米，站点168座，其中换乘站19座。从布局看，已开通运营线路主要集中于中部槽谷地带，内环以内已基本成网，内环以外由点轴状向外延伸，整体呈现“中心网络、外围放射”发展格局。其中，中部槽谷地区占运营总里程比重为85%，内环以内占运营总里程比重为42%。从规划看，第四期规划建设线路共9条，建设长度238.7千米，车站115座，实现中心加密、两槽独立成网、东中西三大槽谷加速联通。其中，普线7条，123.5千米；快线2条，115.2千米。到2025年，重庆市将形成总长约750千米的轨道交通网络。

（二）轨道客流量逐年稳步增加

2019年，轨道客运总量达到14.13亿人次，日均客运量387万人次，较2018年增加53万人次，增长15.9%。线网日均换乘量181.3万人次，同比增长35.9%，网络效应逐步加强。分线路看，成熟线路是轨道交通运输的主力军，新开通线路客流还有待培育。2019年，3号、6号、1号、2号等成熟线路日均进出站客流总量高达326.1万人次，占开通线路日均进出站客流总量的84.3%。从站点类型看，综合换乘枢纽站呈现换乘量与进出站客流双高特征。2019年，19座换乘站日均换乘量181.3万人次，以11%的站点服务了23%的进出站客流量。从空间分布看，内环以内站点客流量巨大，以44%的站点贡献了71%的客流量。2019年重庆各轨道线路日均进出站客流量及所占比重见图1。

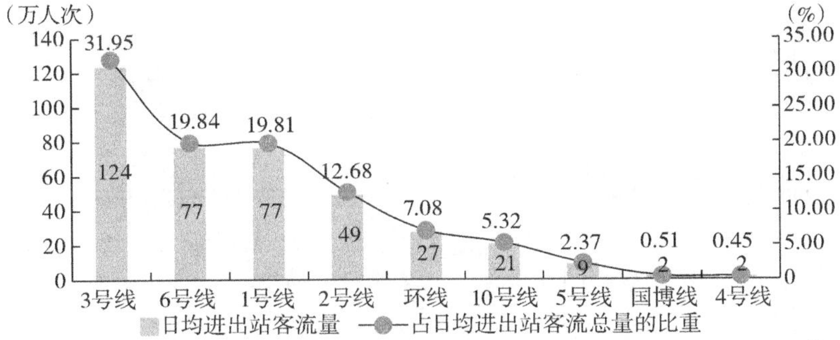

图1　2019年重庆各轨道线路日均进出站客流量及所占比重

（三）对地价增值具有带动作用

城市轨道交通不仅为居民出行提供了便利，还带动沿线土地增值。从部分站点周边用地调研情况来看，2010—2019年，站点周边土地成交价格年均增长20.6%，较中心城区土地成交均价高5.4个百分点。从距站点远近看，离轨道站点越近对地价带动作用越明显，在1500米范围内，每靠近轨道站点150米，带动土地出让价格增长0.94%。从开工和开通前后看，轨道交通对土地具有双轮溢价功能，轨道开工前后沿线地价平均涨幅55.6%，开通前后沿线地价平均涨幅67.4%。从区域看，受城市发展战略、区域开发成熟度、房价、土地出让时序等综合因素影响，轨道开通前后，北部片区土地溢价明显高于西部和南部区域，如礼嘉站周边地价平均增长128.6%，而茶园站周边地价平均增长42.7%，大学城站周边地价平均增长10.3%。地铁开工和开通前后地价对比分析见图2。

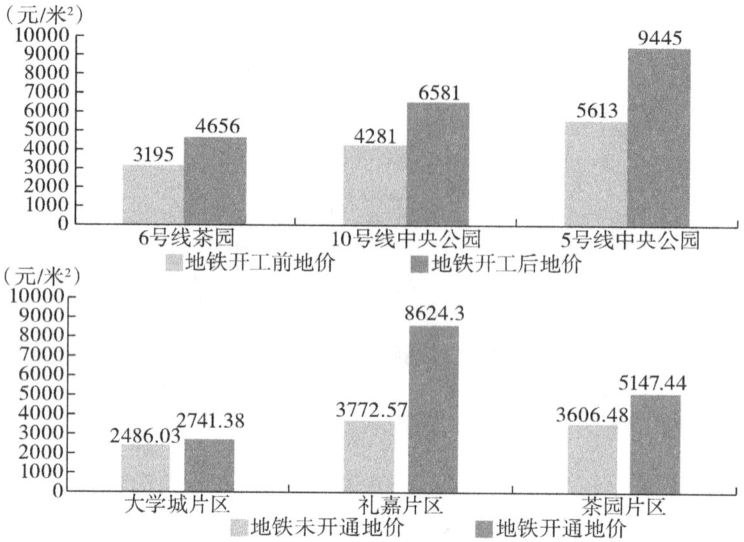

图2　地铁开工和开通前后地价对比分析

二、重庆城市轨道交通建设运营存在的问题

（一）建设进度有待提速，居住人口覆盖率不高

近年来，重庆城市轨道交通建设进度有所放缓，部分站点建设时序与人口分布不协同，引领城市开发建设作用不够突出。一是新增通车里程相对较短。2020年新增通车里程14.8千米，远低于成都（216.8千米）、杭州（170.7千米）、深圳（107.3千米）。2018—2020年，通车里程全国排名由第5位降至第8位，中西部排名由第1位降至第2位。2020年全国主要城市轨道交通通车里程及新增通车里程见图3。二是居住人口覆盖率不高。轨道站点设置与人口分布还不够紧密，如曹家湾、丹鹤等部分站点周边居住人口不足，而棕榈泉、蓝湖郡、翠云、两路等部分人口密集区未能实现站点全覆盖。据重庆市规划设计研究院调查分析，中心城区每个轨道站点平均服务居住人口1.2万人，服务总人口231.6万人，仅占中心城区常住人口的26.2%。

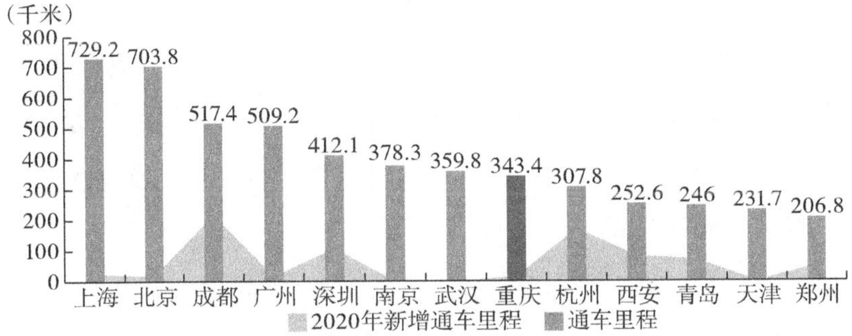

图 3　2020 年全国主要城市轨道交通通车里程及新增通车里程

（二）部分站点可达性不足，设施便捷性仍需提升

目前，部分站点周边路网密度相对较低，设施不够完善，接驳换乘不畅，乘客出行便捷性有待提升。一是站点可达性需大幅提升。据重庆市规划设计研究院调查数据，中心城区轨道站点 500 米范围内现状及规划平均路网密度分别为4.98 千米/千米^2、5.93 千米/千米^2，均未达到主城区现状（5.69 千米/千米^2）及规划（7.07 千米/千米^2）路网密度的平均水平。二是站点周边设施不完善。部分站点出入口缺乏扶梯、垂直电梯等设施及景区引导标志和交通指引标识，站点周围环境品质不高。三是接驳设施有待提升。部分轨道站点与公交车站距离较远，接驳公交线路密度偏低，站点周边停车场等配套设施建设相对滞后，网红打卡地附近的轨道站点接驳设施与客流集散能力不匹配、不协调，需要进一步优化。

（三）客流吸引能力不强，公共交通主力作用发挥不足

部分站点无法实现与周边城市空间一体化开发，加之部分站点周边城市配套服务不完善，降低了城市居民乘坐轨道交通出行的频率。一是客运量和客运强度偏低。2019 年，重庆城市轨道交通日均客运量 284.63 万人次，远低于北京（1082.4 万人次）、上海（1063 万人次）、广州（905.7 万人次）。2020 年重庆城市轨道交通日均客流强度为 0.69 万人次/千米，低于全国平均水平（0.78 万人次/千米），更低于深圳（1.31 万人次/千米）、广州（1.28

万人次/千米）、西安（1.23 万人次/千米），如图 4 所示。二是在公共交通客运量中分担率较低。近年来，重庆城市轨道交通客运量在公共交通中的占比不断提升，连年创历史新高，但与其他城市比还有很大差距。2020 年，重庆城市轨道交通在公共交通出行分担率仅为 27%，不足上海（62%）、广州（58%）、南京（56%）的一半，如图 5 所示。

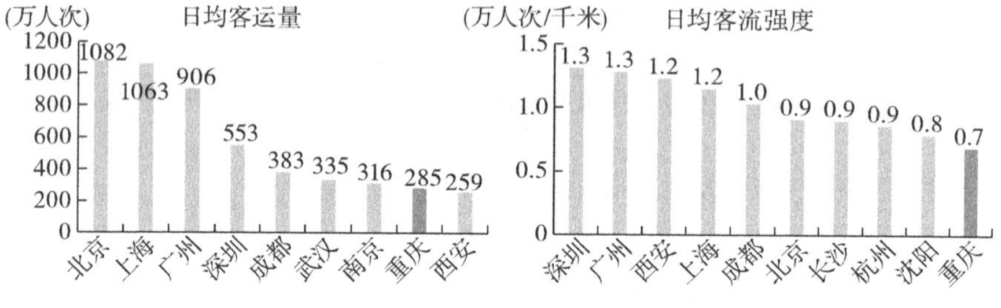

图 4　2019 年全国主要城市轨道交通日均客运量和日均客流强度

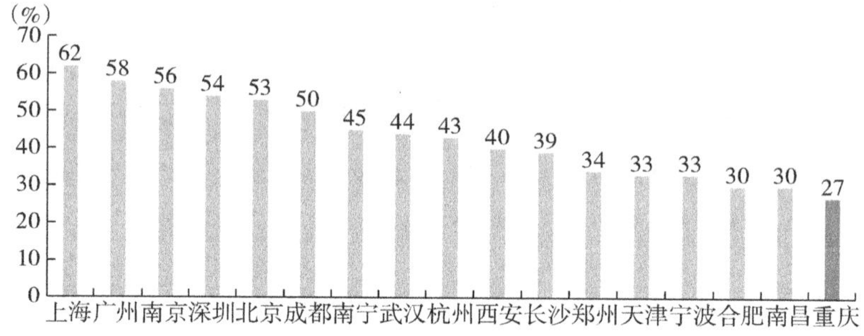

图 5　2020 年全国主要城市轨道交通在公共交通出行的分担率

（四）TOD 综合开发不足，可持续发展能力亟待提升

城市轨道交通建设投资额较大，重庆多业态开发运营能力较弱，一定程度上制约了轨道交通的可持续发展。一是多元化业态发展不足。与全国其他城市相比，重庆城市轨道交通物业开发、广告、商业等综合服务业发展不足，运营收入和资源收益不高。2019 年，重庆城市轨道交通单位运营收入 576 万元，只有上海的 48.0%、北京的 50.5%、成都的 53.9%；每公里收益 74.84 万元，不及北京、深圳的 20.0%，仅有成都的 45.2%。其中，物业开发收益（0.01 亿元）远不及广州（1.75 亿元）、深圳（0.87 亿元），广告收益（0.96

亿元）只有北京（5.23 亿元）的 18.4%、成都（3.27 亿元）的 29.4%（见表 1）。二是建设运营成本较大。随着轨道运营规模逐年扩大，主营业务收入难以平衡日常运营成本，加之较高的建设成本支出（地铁造价平均为 6 亿～8 亿元/千米，轻轨造价平均为 3 亿～5 亿元/千米），可持续发展压力较大。

表 1　全国主要城市轨道交通运营收入情况

地区	运营收入（亿元）	资源收益（亿元）	单位运营收入（万元）	每公里收益（万元）	资源收益结构
上海（2017 年）	80.77	16.15	1200.15	239.97	轨道交通延伸：6.3 亿元 技术服务与咨询费：1.43 亿元 工程结算：0.45 亿元 其他业务：7.93 亿元
北京（2018 年）	72.71	40.29	1141.80	632.69	开发及运营：33.54 亿元 广告收益：5.23 亿元 租赁收益：0.91 亿元 咨询收益：0.40 亿元 其他收益：0.22 亿元
广州（2018 年）	55.15	18.35	1153.77	383.89	资源经营：8.30 亿元 物业开发收益：1.75 亿元 行业对外服务：5.88 亿元 其他：2.42 亿元
深圳（2018 年）	51.63	36.69	1805.24	1282.87	房地产开发收益：29.02 亿元 资源开发收益：5.43 亿元 物业开发收益：0.87 亿元 市政设计收益：1.36 亿元 其他主营业务收益：0.02 亿元
成都（2018 年）	25.53	3.95	1068.20	165.44	资源许可权：0.45 亿元 广告刊播：0.19 亿元 广告资源：3.08 亿元 租赁：0.20 亿元 物业开发收益：-0.29 亿元 特种门厂经营：0.23 亿元 其他业务：0.09 亿元

续表

地区	运营收入（亿元）	资源收益（亿元）	单位运营收入（万元）	每公里收益（万元）	资源收益结构
南京（2018 年）	15.89	3.71	420.37	98.03	租赁：1.66 亿元 资源开发：1.03 亿元 广告：0.95 亿元 咨询监测：0.43 亿元 物业管理：-0.36 亿元
重庆（2019 年）	18.08	2.35	576	74.84	物业开发收益：0.01 亿元 广告：0.96 亿元 商业：1.03 亿元 通信：0.34 亿元 P+R 停车场：0.01 亿元

三、推动重庆城市轨道高质量发展的对策建议

（一）优化线路时空布局，强化城轨引领带动作用

统筹优化第四轮轨道建设时序和站点时空分布，引导城市有序开发，推动与人口集聚协同发展，培育形成新兴城市空间格局。一是优化轨道建设时序。加速推进 4 号线二期、5 号线北延伸段、10 号线二期、18 号线等第三轮线路建设，尽早实现全线贯通和营运。提速第四轮轨道建设，优先建设 7 号线、17 号线和 15 号线等西部（重庆）科学城区域线路，更好地服务城市向西和成渝地区双城经济圈建设。提前开工 27 号线、24 号线等东西向大通道线路，尽快启动 8 号线等南北向线路，实现轨道东西畅通、南北联网，服务城市向东西槽谷快速拓展。二是科学开展新建站点选址。加密渝中、江北、沙坪坝等老城区以及西部（重庆）科学城、两江新区等人口密集区站点数量，提升轨道站点 500 米范围内人口覆盖率，引导轨道建设与人口分布协同发展。三是提升对城市发展的引领力。引导城市轨道由中部槽谷向东西两侧槽谷扩张，加大东西槽谷轨道布局覆盖力度，重点推进 7 号线、8 号线、17 号线等线路建设，促进东西两侧槽谷与中部线路联网发展。同时，要同步完善西部

(重庆) 科学城、两江协同创新区、茶园江南新城等区域城市综合服务功能，推动轨道交通建设与城市开发步调一致。

(二) 完善站点配套设施，提升城轨便捷性舒适性

加快完善站点周边配套设施，实现与周边道路网、公交站点、步行系统等高效衔接，提升轨道站点可达性、便捷性、舒适性，增强市民出行幸福感。一是提升站点周边路网密度。转变城市道路规划理念，大力推行“小街区、密路网”城市道路布局，应尽可能加密站点周边支路网，争取达到城市设计导则建议的6~8千米/千米^2，提升轨道站点可达性。二是完善站点周边配套设施。推动渝中区老城区等部分站点加装改造垂直电梯等无障碍设施，做好轨道站点出入口及周边标识指引设计，提高乘客便利度。加强轨道站点与重点商业聚集区、居民住宅区之间衔接，拓展轨道站点辐射半径，最大限度方便市民出行。加快提升站点周边环境品质，打造一批临站微型公共空间，营造人性化的城市公共环境，为市民提供良好的出行体验。三是加快站点周边接驳设施建设。根据轨道站点布局，进一步优化完善公交站点布局，应尽量靠近轨道站点出入口，方便乘客进行换乘。加密景区轨道站点周边公交线路网络，提升站点对客流集散效率。加强西部科学城、茶园、龙兴、蔡家、水土等新区换乘枢纽接驳站点规划布局，注重与中心城区核心区现有轨道网络衔接。在新开发区域轨道沿线规划布局一批P+R停车场，最大限度地满足乘客出行需求。

(三) 提升运营服务质量，增强城轨客流吸引能力

以提升服务质量为抓手，做实做优运营管理工作，提升城市轨道交通客流量，当好城市公共交通运输的主力军。一是提升轨道运营效率。强化运输组织和调度，合理增加运能配置，动态调整上线列车数、行车间隔时间，科学开行跨线车辆、大站车辆，解决高峰时段运能运量矛盾。二是提升便民惠民服务水平。强化服务意识，提升服务标准，完善服务设施，在站点内增设手机充电、免费雨伞、爱心应急包、急救医药箱等便民服务设施，不断提升运营服务质量。在新开通线路不定期推出优惠乘车活动，不断增强人民群众获得感。三是优化人力资源配置。综合考虑线路整体客流量、运行时长以及运行线路长度等因素，科学开展轨道交通站点人员配置评价，分级分类设置人员配置标准。加快构建大数据管理平台，根据站点客流实施精准动态调整，破除固定僵化的人员使用模式，最大限度提高人力资源使用效率。

（四）加大TOD综合开发，保障城轨健康持续发展

聚焦规划、融资、建设、运营等全流程，积极探索TOD综合开发新路径，增强自身造血功能，保障城市轨道交通发展更具可持续性。一是加强城市轨道交通设计与城市规划衔接。从城市整体规划出发，着眼于城市形态打造、开发强度确定、控制性规划条件设置，把TOD综合开发与城市设计和城市风貌塑造有机结合起来，高标准建设环境优美、商业发达、群众满意的消费新场景，实现经济利益与城市发展动态平衡。二是创新拓展融资模式。借鉴港铁公司经验，以交开投、地产、城投为主体，设立城市更新基金，打通轨道+地产建设资本链条，提供“一级整备+二级开发+商业营运+资产金融化”全链条服务。短期可通过地产销售收入、租赁收入补贴地铁运营缺口；长期可通过发行城投债、资产证券化产品及增值地块转让收入补充地铁运营支出，实现市场化的TOD综合开发收支平衡，减少对财政补贴依赖。三是提升商业运营能力。加强与国内外著名地产商合作，加大商业地产开发力度，提升广告营销服务品质，拓展旅游、酒店、会议等新业务，延长商业链条，建立商业和地产良性互动模式，打造融合“轨道交通+商业配套+生活住宅+公园社区”TOD复合生态闭环，提高商业资源“变现”能力，确保自持资产持续增值实现反哺地铁的良性循环。

[重庆市综合经济研究院

主研：易小光　丁　瑶　邓兰燕　苏　凡　贾静涛　王志军　邱　婧

执笔：邓兰燕　贾静涛　苏　凡]

完善轨道交通网络体系，提升“经济圈”互联互通水平

内容摘要：推动成渝地区双城经济圈建设，打造轨道上的都市圈，应着重补短板、强弱项，加快构建重庆市市域铁路网络。比较重庆市与成都的轨道交通建设，在运营制式、通车里程、增长速度、在建线路、客运强度等方面差距明显；线网密度不高、覆盖范围不广、换乘衔接不畅、线网配置不合理、内环外线网客流强度很低，运行效率不高，“主心骨”作用未能充分发挥；市域铁路线网缺乏国家层面规划。由此建议，一是树立正确意识理念，促进轨道与城市城镇协同发展；二是高度重视线网规划，科学选择交通制式；三是加快启动市域铁路路网规划编制工作，促进市域铁路发展；四是扎实做好建设规划，着力提高轨道交通运行效率；五是推动成渝轨道互联互通，提速完善轨道交通网络体系。

推动成渝地区双城经济圈建设，是习近平总书记亲自作出的重大决策，是党中央赋予重庆的重大使命，是重庆发展的重大机遇。重庆市委五届八次全会强调，成渝地区双城经济圈建设是一项系统工程，要全面贯彻习近平总书记重要部署，精准推动七项重点工作在重庆落实落地，其中加强交通基础设施建设，着力畅通多向出渝大通道，完善区域交通网络体系是重要工作之一。国家发展改革委发布的《关于培育发展现代化都市圈的指导意见》明确指出，打造轨道上的都市圈，要统筹考虑都市圈轨道交通网络布局，构建以轨道交通为骨干的通勤圈。

近期调研获悉，重庆市将抓住成渝地区双城经济圈建设机遇，在“内畅”

"外联"上下功夫，实施交通建设三年行动计划和高铁建设五年行动方案。主城都市区要"速达"，将打造"1小时通勤圈"，推动"四网融合"发展，实现"区区通轨道"；成渝地区要"快通"，主城都市区与成都及周边地区之间建设为成渝双核"1小时快速交通廊"和周边地区"1小时交通轴"，将全力构建"1小时交通圈"。

结合成渝毗邻地区地理环境及经济社会发展特点，借鉴国内外主要城市市域铁路发展经验，加快构建重庆市市域铁路网络刻不容缓，提速完善轨道交通网络体系，提升"经济圈"互联互通水平，将轨道交通建设放在主城都市区突出位置，这里的轨道交通包括干线铁路、城际铁路、市域铁路、城市轨道交通。

一、加快建设市域（郊）铁路刻不容缓

（一）明确轨道交通尤其是市域铁路的功能定位

市域铁路作为城市中心城区连接周边城镇组团及其城镇组团之间的通勤化、快速度、大运量的交通系统，与国铁干线（高铁）、城际铁路及城市轨道构成了功能分明、相互融合的四层轨道交通网体系。

干线铁路（高铁）（速度300千米/小时以上）主要功能是解决省域及大城市间大通道交通，适用200千米以上中长距离，国内由国家铁路集团主导建设和运营。

城际铁路主要覆盖区域客运通道功能，设计速度200千米/小时及以上，站间距30～50千米，适用100～200千米圈层以内，承担城市与城市间的快速联系。运营方式按时刻表定点定线运营。建设事权已交由省级人民政府负责。部分线路可利用国铁富余能力开行公交化列车，由地方委托国铁集团运营。

市域（郊）铁路是主城都市区高效通勤的重要载体，国际通用定义为大都市区范围50～100千米圈层内，为大都市区通勤交通服务的轨道交通系统。具有旅行时间短（1小时以内）、运行速度高（120～160千米/小时）、建设投

资省（2 亿~3 亿元/千米）、公交化运营等特点。2013 年国发 33 号文件明确，市域（郊）铁路的建设审批事权交由省级人民政府负责，由地方企业负责建设和运营。

城市轨道主要功能是解决城市内部公共交通，一般适用 30～40 千米城市核心层，设计速度 100 千米/小时，站间距 1.5～2 千米。具有大运量、高密度、公交化特点，国内由地方轨道交通企业主导建设和运营。

市域铁路也叫市郊铁路、城市快轨、市域快线，相比于城市轨道交通，具有速度快、辐射广、成本低等优势；相比高铁、城际铁路，市域铁路具有“公交化”、站距短、消费低等优势。2019 年 11 月 29 日动工的重庆璧山至铜梁市域铁路、成渝铁路改造项目，以及 2020 年计划动工的轨道交通 27 号线、15 号线等，都属于市域铁路范畴。

准确地说，中心城区内部通勤应该依托于城市轨道交通包括地铁、单轨等；而中心城区与主城新区、主城新区内部通勤则以市域铁路为主。因此，市域铁路是承载经济圈交通一体化的关键组成部分。以市域铁路为代表的轨道交通，是中国城镇化步入都市圈时代的重要标志之一。

（二）加快建设市域（郊）铁路的重要意义

一是支撑成渝双城经济圈建设的需要。市域铁路可有效缩短成渝毗邻地区的时空距离，改善和优化城市空间格局，提升“经济圈”交通互联互通水平，进一步支撑永川、涪陵、合川等百万级人口城市发展，助推成渝地区经济圈建设，有利于在西部形成高质量发展的重要增长极，打造内陆开放战略高地。

二是促进“四网”融合发展的需要。市域铁路作为“四网”融合的桥梁和纽带，与城轨快线技术标准保持一致并实现互联互通，与城市轨道网络化接驳，建成后由地方统一调度经营，有利于形成“一张网、多模式、全覆盖”的轨道交通体系，打造轨道上的都市区。

三是进一步补足重庆市交通基础设施短板的需要。市域铁路作为重庆市城轨快线外延的快速轨道交通系统，可以加强主城区与中心城区间的交通联系，构建内畅外联、快捷高效的现代综合交通运输体系，促进主城都市区一体化发展。近期，永川、荣昌、潼南、涪陵、南川、大足、长寿等主城都市区均迫切希望市域铁路网能覆盖到本区域。

二、现状、存在的问题和短板

最近中国城市轨道交通协会经国家统计局批准发布了《中国城市轨道交通年度统计分析报告》，成渝城市群 2 城开通运营线路 18 条，运营线路总长度 764 千米，占比 11%。随着城市群、都市圈、同城化建设的大力推进，市区城轨、市域快轨、城际铁路“三网融合”的需求，为城轨交通市域快轨的发展打开了空间。重庆市城市轨道开通运营 15 年，比成都提前 5 年，可是目前却已被成都拉开了较大差距。

（一）运营制式、通车里程、增长速度、在建线路有差距

2019 年底，成都已有 3 种制式在运营，地铁 302. 2 千米，城市快轨 94. 2 千米，现代有轨电车 39. 3 千米，去年新增 105. 9 千米，居全国首位，快速增长跨进 400 千米，达到 435. 7 千米；重庆只有 2 种制式运营，地铁 230 千米，单轨 98. 5 千米，共 328. 5 千米，新增仅 15. 1 千米。成都在建线路 468 千米，其中地铁 408. 6 千米，现代有轨电车 59. 4 千米；重庆在建线路 164. 5 千米，其中地铁 136. 5 千米，快轨 28 千米。

（二）线网客运量、客运强度差距较大

2019 年，成都地铁客运总量 14. 0 亿人次，比 2018 年增长 20. 9%，日均客运量 417. 6 万人次；9 月 30 日，成都地铁单日线网客运量达 490. 24 万人次；12 月 31 日，成都地铁单日线网客运量达 525. 60 万人次，首次突破 500 万人次大关；客运强度 1. 22 万人次/（千米·日），地铁客运强度 1. 38 万人次/（千米·日）。重庆日均客运量 285. 4 万人次，客运强度 0. 87 万人次/（千米·日），地铁客运强度 0. 73 万人次/（千米·日）。

（三）轨道交通第四期建设速度滞后

2020 年 5 月 18 日，成都地铁 8 号线二期、成都地铁 27 号线一期、成都地铁 30 号线一期 3 线集中开工。这标志着成都市城市轨道交通第四期建设规划项目 176.65 千米全部实现开工建设；重庆第四期建设规划还在审批中，项目还未开工。

特别值得关注的是，成都远景推荐线网由 46 条线路组成，包含 23 条普线、16 条快线、3 条既有市域铁路线、1 条市域内控制线线路（简阳线）、3 条跨市域线路 18－1 号线（资阳线）、39 号（眉山）线延伸线、40 号（德阳）线，总长约 2450 千米。

（四）轨道交通运行效率偏低，“主心骨”作用未能充分发挥

重庆市轨道交通实现了从无到有、从线到网的长足发展，但与市民便捷舒适的出行需求相比，还存在轨道线网密度不高、覆盖范围不广、换乘衔接不畅、线网配置不合理、内环外线网客流强度很低。没有运营市域铁路、城市快轨，超长线路如 1 号线、6 号线、环线等都是轨道普线，时速 40 千米，3 号线平均时速不到 30 千米的单轨，全程运行时间近 2 小时。轨道交通运行效率偏低，在一定程度上影响了人们择其出行的意愿。主城核心区早晚高峰期地面交通几近饱和，跨江桥梁、穿山隧道、商圈、交通枢纽周边等区域成为拥堵重灾区。轨道交通对支撑城市发展、方便市民出行、缓解交通拥堵的“主心骨”作用未能充分发挥。

（五）市域（郊）铁路缺乏顶层规划和政策支撑

“十三五”期间，依据国家发展改革委批复的《成渝地区城际铁路建设规划（2015—2020）》，重庆市启动了市域（郊）铁路建设项目 4 个（三线四段），总里程约 202 千米。分别是主城磨心坡至合川线（45 千米），合川至大足线（97 千米），璧山至铜梁线（34 千米），主城大渡口跳蹬至江津线（26 千米）。江跳线采用 A（土建）、B（机电）包模式，于 2017 年正式开工，预计 2021 年底通车运营；璧铜线全面完成前期工作，节点工程于 2019 年 11 月

已开工，2020年全线开工建设；主城磨心坡至合川线、合（川）大（足）线前期工作已于2017年完成，因投融资模式尚未确定，迟迟未能开工建设。

在规划上，重庆市没有完整的市域铁路规划。目前已获批的市域铁路建设依据仅有《成渝地区城际铁路建设规划（2015—2020）》，长度245千米，线路零散，主城都市区覆盖明显不足，难以支撑成渝地区双城经济圈建设。重庆市规划局、市建委等部门虽围绕主城都市区、成渝双城经济圈开展了市域铁路、市域快线线网规划研究，但至今未经市政府审批上报国家。在政策上，重庆市市域铁路投融资缺乏顶层政策，从"十三五"已获国家批准的市域铁路建设来看，因市、区两级投资责任不明确而导致项目推进缓慢。

三、对策建议

（一）树立正确意识理念，促进轨道与城市城镇协同发展

要牢固树立建轨道就是建城市、推进城镇化的理念，发挥好轨道交通在城市发展中的先行和引领作用，促进轨道交通与城市及城镇的协同发展。要坚持以轨道交通支撑成渝城市群建设，不断推动轨道交通在构建成渝地区双城经济圈建设国家战略中发挥引领作用。

（二）高度重视线网规划，科学选择交通制式

线网规划要以为市民提供完整、便捷的出行服务为着眼点，以客流预测为科学依据，以出行的需求为出发点厘清各种城轨交通制式在线网中的层级和功能，促进各种制式的融合发展。要抓住成渝地区双城经济圈建设的历史机遇，进一步厘清市域快轨概念，找准定位，明确其城市轨道交通属性。突出市域铁路的衔接和支撑作用，大力推动城市快轨发展。

（三）加快启动市域铁路（市域快线）规划编制工作，促进市域铁路发展

随着新一轮国土空间规划将主城都市区定位为建设国际化、绿色化、智能化、人文化现代城市的核心载体，双城经济圈的核心功能承载地，要求加

快培育和发展近郊区县城和特色小城镇，形成“一心多极网络化”空间结构。因此，加快推进重庆市市域铁路规划获得国家层面的批复，构建大都市区快速交通体系迫在眉睫。近期，国家对铁路建设发展的新政策方向为重庆市铁路发展提供了极为难得的发展形势和机遇。国家发展改革委出台的一系列政策大力支持发展市域铁路，规划审批难度较小。北京、上海、广州以及重庆市周边的成都、贵州、陕西等城市正在加快编制市域铁路（市域快线）规划。为此，为助力成渝地区双城经济圈发展，建议在已开展规划研究的基础上，尽快启动重庆市市域铁路（都市快线）规划编制工作，并积极争取市域铁路（都市快线）规划纳入《成渝城际铁路网规划（2020—2025）》获得国家批准，加快建设覆盖各独立城市、各功能节点的1小时主城都市区通勤圈。

（四）扎实做好建设规划，着力提高轨道交通运行效率

要准确把握城市轨道交通建设规模和发展速度，合理确定建设时序，量力而行、有序发展，符合成渝地区双城经济圈建设实际。特别要发挥好地方政府的积极性和自主性，统筹好干线铁路、城际铁路、市域铁路，以及城市轨道的规划、建设和运营，推动多网融合。要突出建设重点，补短板，解决重点问题，尽快形成轨道网络，发挥网络效应，着力优化和提升成渝城市群轨道交通网络的智能化水平、网络运行质量和网络管理效率。

（五）推动成渝轨道互联互通，提速完善轨道交通网络体系

将市域铁路延伸到四川毗邻城市，在“米”字形高铁网的基础上，完善高铁通道体系、补强干线铁路能力、推进城际铁路建设、构建市域快线网络，最终形成功能明确、层次清晰的轨道网络体系，提速完善轨道交通网络体系，提升“经济圈”互联互通水平。

［重庆市综合经济研究院特聘研究员、重庆市政协常委　陈义华］

第三部分

产业体系

主动应变，将我国短缺产品作为成渝地区双城经济圈产业链提升的主攻方向[①]

内容摘要：当前，我国产业链供应链端能源和矿产资源、工业用原材料较为紧缺，价值链端高端制造重点领域关键核心技术长期受制于人，产业链供应链安全和稳定发展亟须提升。成渝地区应抢抓成渝地区双城经济圈建设机遇，准确识变、科学应变、主动求变，将我国短缺产品作为成渝地区产业链提升的主攻方向，加快推动形成特色鲜明、相对完整、安全可靠的区域产业链供应链体系。建议：一是应对西方关键技术封锁和高端装备管控，挖掘创新链深度融合衔接空间；二是面向全球资源要素约束和消费结构升级，挖掘价值链向高附加值延伸空间；三是顺应世界贸易和产业分工格局重大调整，挖掘空间链布局优化提升空间；四是抢抓后疫情时代产业转移的时间窗口，挖掘供应链体系顺畅可控提升空间。

面对世界百年未有之大变局，习近平总书记多次强调，要深刻认识错综复杂的国际环境带来的新矛盾新挑战，准确识变、科学应变、主动求变，努力实现更高质量、更可持续、更为安全发展。短缺产品已成为西方发达国家对我国实施技术封锁和产业管控的重点领域，将我国短缺产品作为成渝地区双城经济圈产业链提升的主攻方向，能充分激发其后发优势、形成有效投资，更好地参与和支撑国家构建新发展格局。

---

① 重庆市新型智库特别委托项目“重庆市重点产业链提升研究”（2021ZDZK06）阶段性成果。

我国短缺产品是指只有少数国家才能生产且中国进口量较大的中间品和资本品①，为消除中美贸易冲突和新冠疫情对进出口数据的极端影响，我们使用2018年中国海关数据和世界各国产品贸易数据进行筛选和测算，得到短缺产品303个，涵盖26个国民经济行业，进口额6765.7亿美元，占全年进口总额的31.6%。结合国家统计局《战略性新兴行业分类与国民经济行业分类对照表》，将短缺产品划分为能源和矿产资源类、传统制造类、高端制造类三大类。

一、我国短缺产品的主要特征

（一）供应链端以金属矿物、天然气为主的能源和矿产资源较为紧缺

长期以来，我国能源和矿产资源对外依存度较大，测算表明，我国能源和矿产资源领域短缺产品共26个，主要为金属矿物、天然气、煤炭等。2018年，我国能源和矿产资源领域短缺产品进口2071.6亿美元，占全部短缺产品的30.6%。其中，黑色金属矿作为我国钢铁产业的主要原材料，进口规模最大，短缺产品主要为未烧结、已烧结的铁矿砂及其精矿，分别占该行业的95.9%、3.1%；有色金属矿是我国冶金产业的重要原材料，短缺产品主要为铜、锰矿砂及其精矿，分别占44.5%、8.1%；煤炭、石油和天然气采选是我国重要的能源开采工业，煤炭采选短缺产品主要为烟煤、褐煤，分别占65.7%、20%，石油和天然气采选短缺产品主要为液化天然气、天然气、液化丙烷，分别占9.2%、4%、2.7%。能源和矿产资源领域短缺产品情况见表1。

表1　能源和矿产资源领域短缺产品情况

能源和矿产资源	行业	产品及数量	进口规模（亿美元）	占比（%）
矿产资源	黑色金属矿采选业	2个，未烧结、已烧结铁矿砂及其精矿	759.2	20.3
	有色金属矿采选业	15个，铜、锰、铝等矿砂及其精矿	595.9	
	非金属矿采选业	3个，大理石、天然硼酸盐及其精矿	16.6	

① 筛选标准为：该产品的前五大供货方（不包含中国）出口总值在全球该产品出口市场占有率超过60%，且中国对该产品进口额超过1亿美元。

续表

能源和矿产资源	行业	产品及数量	进口规模（亿美元）	占比（%）
能源	石油和天然气开采业	3 个，液化天然气、液化丙烷等	463.5	10.3
	煤炭采选业	3 个，褐煤、烟煤、其他煤	236.4	
合计		26 个	2071.6	30.6

数据来源：中国海关统计数据。

（二）产业链端传统制造领域的工业用原材料较为紧缺

当前，我国传统制造领域部分工业用原材料仍大量依赖进口，短缺产品共 201 个，占全部短缺产品种类的 67%，主要为材料工业、化工、消费品工业用原材料，以及中大型排量汽车、变速箱等产品。2018 年，我国传统制造领域短缺产品进口额 3268.8 亿美元，占全部短缺产品进口总额的 48.3%。其中，金属冶炼加工、非金属矿物制品作为我国合金、合成材料等材料工业的重要来源，有色金属冶炼短缺产品主要为未锻造金、未精炼铜，分别占该行业的 49.4%、4.8%；非金属矿物制品短缺产品主要为未加工钻石，占 43.6%；化学原料和化学制品是我国化工产业的主体，短缺产品主要为对二甲苯、醇类，以及各种催化剂、添加剂等化工原料；造纸、木材加工、纺织是我国消费品工业的主要组成部分，短缺产品主要为烧碱木浆、刨切热带木材、未精梳单纱等原材料；汽车制造领域的短缺产品主要为大排量高端车辆、变速箱，分别占 40.5%、11.5%。传统制造领域短缺产品情况见表 2。

表 2　传统制造领域短缺产品情况

传统制造领域	行业	产品及数量	进口规模（亿美元）	占比（%）
材料工业	有色金属冶炼加工业	17 个，未锻造金、未精炼铜等	771.5	13.8
	非金属矿物制品业	4 个，未加工钻石、石墨、碳晶制品等	92.0	
	黑色金属冶炼加工业	8 个，镍铁、含碳量 >4% 的铬铁等	68.4	
	金属制品业	3 个，镍锍、其他镍制品	5.1	
化工	化学原料及化学制品业	82 个，氨、苯、醇类、催化剂等	894.1	13.3
	化学纤维制造业	2 个，聚丙烯腈等	4.2	

续表

传统制造领域	行业	产品及数量	进口规模（亿美元）	占比（%）
汽车	交通运输设备制造业	13 个，排量在 1.5L 及 3.0L 以上高端车辆、变速箱等	622.9	9.2
消费品工业	造纸及纸制品业	14 个，烧碱木浆、硫酸盐木浆等	253.0	9.2
	木材加工业	19 个，刨切热带木材、针叶木材等	220.8	
	纺织业	9 个，含脂剪羊毛、未精梳单纱等	106.8	
	皮革毛皮羽绒制品业	9 个，动物皮革、整张水貂皮等	32.2	
	文教体育用品制造业	2 个，旋转木马等娱乐设备	6.6	
	印刷业记录媒介的复印	1 个，其他报纸、杂志	3.7	
装备制造	仪器仪表制造业	12 个，色谱仪、光学射线仪器等	93.5	1.9
	专用设备制造业	1 个，针、导管、插管及类似品	18.5	
	电气机械及器材制造业	1 个，塑料制绝缘零件	5.2	
	其他制造业	1 个，胶印机	7.2	
能源加工	石油加工及炼焦业	3 个，蒸馏高温煤焦油所得油类等	63.0	0.9
合计		201 个	3268.8	48.3

数据来源：中国海关统计数据。

（三）价值链端高端制造领域的高附加值产品较为紧缺

我国高端制造业重点领域关键技术和核心部件“卡脖子”问题突出，根据测算，该领域中短缺产品共 76 个，主要为高度依赖研发设计环节，知识和技术要素投入较大的高附加值产品，如集成电路、飞机等航空器、制造半导体或集成电路用机器、加工中心、涡轮喷气发动机等。2018 年，我国高端制造业领域短缺产品进口额 1425.2 亿美元，占全部短缺产品进口总额的 21.1%。其中，新一代信息技术产业短缺产品主要为集成电路，占该行业的 12.5%；交通运输装备短缺产品主要为飞机等航空器，占 23.4%；专用设备短缺产品主要为制造半导体或集成电路用机器装置，占 23.2%；通用设备短缺产品主要为加工中心、涡轮喷气发动机，分别占 4.2%、3.5%。此外，我国生物医药、生物医学工程领域中抗血清、免疫制品以及 X 射线设备、眼科仪器、植介入生物医用材料等产品大量依靠进口，新材料、节能环保、新能源汽车、新能源也有部分产品较为短缺。高端制造领域短缺产品情况见表3。

表3 高端制造领域短缺产品情况

高端制造领域	行业	产品及数量	进口规模（亿美元）	占比（%）
新一代信息技术	仪器仪表制造业	3个，制造半导体检验用光学仪器等	60.2	8.9
	电子及通信设备制造业	4个，集成电路、雷达设备等	543.4	
高端装备制造	专用设备制造业	4个，制造半导体及制晶圆用装置等	160.4	8.2
	交通运输设备制造业	5个，飞机、轨道机车制动器等	277.0	
	通用设备制造业	15个，加工中心、涡轮发动机等	116.6	
生物医药	医药制造业	11个，抗血清、免疫制品等	115.7	1.7
生物医学工程	专用设备制造业	4个，X射线设备、眼科仪器等	22.0	0.9
	其他制造业	6个，植介入生物医用材料等	37.2	
新材料	化学原料及化学制品业	3个，贵金属及其化合物为活性物的载体催化剂等	11.7	0.8
	医药制造业	1个，生物碱及衍生物	4.2	
	有色金属冶炼加工业	5个，高温合金制半制品等	13.8	
	黑色金属冶炼加工业	8个，电镀锌和铁、热轧钢材等	23.6	
节能环保	专用设备制造业	1个，负片显示器	3.4	0.3
	仪器仪表制造业	2个，复式光学显微镜、衍射设备	11.5	
	通用设备制造业	1个，集中供暖用的热水锅炉	3.2	
新能源汽车	交通运输设备制造业	2个，装有驱动电动机的机动车	16.6	0.2
新能源	通用设备制造业	1个，未辐照燃料元件（释热元件）	4.5	0.1
合计		76个	1425.2	21.1

数据来源：中国海关统计数据。

（四）我国短缺产品供给主要源自西方发达国家和部分资源富集发展中国家

在国际市场上，能源和矿产资源领域除液化天然气外，其他短缺产品主要由发展中国家供应，发展中国家占全球主要供应国的比重超过60%。例如，非金属矿采选业中的天然硼酸盐及其精矿，全球82.5%的市场份额来自土耳其和玻利维亚；煤炭采选业中的褐煤，全球92.6%的市场份额来自俄罗斯和印度尼西亚。传统制造领域和高端制造领域短缺产品主要由发达国家提供，尤其在高端制造领域，高端装备、新材料、新能源、新能源汽车、生物医药、生物医学工程等产业的短缺产品供应国中，发达国家占80%以上。例如，高端装备中的制造半导体器件或集成电路用的机器及装置，全球90.6%的市场份额来自美国、荷兰、日本、韩国、新加坡，数控外圆磨床，全球85.4%的市场份额来自德国、日本、意大利、瑞士、捷克；生物医学工程中的牙科用X射线应用设备，全球88.9%的市场份额来自德国、芬兰、法国、意大利、韩国。全球市场短缺产品的主要供应国见表4。

表4 全球市场短缺产品的主要供应国

领域		行业	发达国家占比（%）	主要供应国
能源和矿产资源	矿产资源	有色金属矿采选业	29.3	巴西、印度尼西亚、秘鲁、南非、澳大利亚等
		非金属矿采选业	46.7	土耳其、伊朗、希腊、意大利等
		黑色金属矿采选业	40.0	巴西、南非、澳大利亚等
	能源	煤炭采选业	33.3	印度尼西亚、俄罗斯、澳大利亚、美国等
		石油和天然气开采业	60.0	挪威、美国、阿联酋等
传统制造	材料工业	有色金属冶炼加工业	72.9	美国、俄罗斯、南非、德国等
		非金属矿物制品业	60.0	美国、比利时、印度等
		黑色金属冶炼加工业	67.5	巴西、印度尼西亚、南非、德国、瑞典等
		金属制品业	73.3	美国、德国、印度尼西亚等
	化工	化学原料及化学制品业	74.1	美国、日本、德国、韩国、印度尼西亚等
		化学纤维制造业	60.0	日本、泰国、葡萄牙等
	汽车	交通运输设备制造业	80.0	美国、德国、日本等
	消费品工业	造纸及纸制品业	84.3	美国、芬兰、加拿大、印度尼西亚等
		木材加工业	69.5	美国、德国、克罗地亚、马来西亚等
		纺织业	42.2	印度、印度尼西亚、越南、美国、澳大利亚等
		皮革毛皮羽绒制品业	55.6	巴西、印度、澳大利亚、意大利等
		文教体育用品制造业	100.0	美国、加拿大、德国等
		印刷业记录媒介的复印	100.0	美国、德国、法国等
	装备制造	仪器仪表制造业	88.3	美国、德国、日本、新加坡等
		专用设备制造业	80.0	美国、德国、荷兰、爱尔兰等
		电气机械及器材制造业	100.0	德国、日本、捷克、匈牙利等
		其他制造业	80.0	美国、德国、日本等
	能源加工	石油加工及炼焦业	73.3	美国、俄罗斯、比利时等

续表

领域		行业	发达国家占比（%）	主要供应国
高端制造	新一代信息技术	仪器仪表制造业	86.7	美国、德国、日本、韩国等
		电子及通信设备制造业	60.0	美国、日本、新加坡、马来西亚等
	新材料	化学原料及化学制品业	93.3	美国、德国、法国等
		医药制造业	100.0	德国、英国、法国、意大利等
		有色金属冶炼加工业	88.0	德国、日本、韩国、荷兰等
		黑色金属冶炼加工业	82.5	德国、日本、韩国、澳大利亚等
	新能源	通用设备制造业	80.0	德国、瑞典、法国、俄罗斯等
	新能源汽车	交通运输设备制造业	100.0	美国、德国、日本、韩国、瑞典等
	生物医学工程	专用设备制造业	95.0	美国、德国、芬兰、荷兰、日本等
		其他制造业	96.7	美国、德国、瑞士、爱尔兰等
	生物医药	医药制造业	98.2	美国、德国、法国、瑞士、爱尔兰等
	节能环保	专用设备制造业	60.0	美国、德国、日本、韩国等
		仪器仪表制造业	90.0	美国、德国、荷兰、捷克等
		通用设备制造业	80.0	德国、意大利、斯洛伐克等
	高端装备制造	专用设备制造业	100.0	美国、德国、日本、荷兰、韩国等
		交通运输设备制造业	96.0	美国、德国、法国、加拿大等
		通用设备制造业	89.3	美国、德国、日本、法国等

数据来源：中国海关统计数据。

二、以短缺产品作为主攻方向，挖掘提升成渝地区重点产业链的四大空间

产业链作为具有技术经济关联的各生产经营环节有序衔接构成的生产链条，其提升路径主要表现在创新链深度融合衔接、价值链向高附加值延伸、空间链布局协调优化、供应链体系顺畅可控等四大方面。成渝地区亟须抢抓成渝地区双城经济圈建设机遇，以短缺产品作为主攻方向，优化区域分工、提升协作效率，加快共建世界级先进制造业集群，形成特色鲜明、相对完整、安全可靠的区域产业链供应链体系，更好地参与和支撑国家构建以国内大循环为主体、国内国际双循环相互促进的新发展格局。

（一）应对西方关键技术封锁和高端装备管控，挖掘创新链深度融合衔接空间

在全球单边主义上升、部分发达国家致力于产业链回流的背景下，以美国为首的部分发达国家对我国关键技术封锁和国际供应链隔离逐渐成为常态，我国尚不具备比较优势的微处理器技术、先进计算技术、生物技术、先进材料等进口受到较大限制，电子通信设备、高端装备、新材料等领域关键零部件、关键技术“卡脖子”问题突出，引进消化吸收再创新的路径势必加快向原始创新、协同创新转变。成渝地区是我国重要的电子信息、交通运输装备、航空航天、化工材料等制造业基地，应通过聚焦重点产业链上技术“短板”导向和技术先进性导向，围绕集成电路、光学仪器等新一代信息技术，制动器、发动机等关键零部件，重大成套设备、航空航天装备等高端装备制造，以及先进钢铁材料、贵金属催化材料、生物基合成材料等新材料产业领域，以实现被少数发达国家垄断的重点领域关键中间品进口替代、自主可控为目标促进产业链与创新链深度融合，实现技术创新上、中、下游对接与耦合，获取后发优势进而推动产业链迈向中高端。

（二）面向全球资源要素约束和消费结构升级，挖掘价值链向高附加值延伸空间

当今世界，人类面临的全球性问题前所未有。当前我国人均 GDP 连续两年超过 1 万美元，正在向高收入国家稳步迈进，我国在推动形成全球治理新格局中将发挥更加重要的作用。无论是生产端面临的“30”“60”两阶段碳减排奋斗目标，还是消费端以人民为中心的需求层次升级，都为产业链向研发设计和营销服务两端环节延伸、提升原有产业链技术和知识含量、加大全新产业链布局提供了价值链延伸的需求空间。成渝地区是我国西部人口最密集、产业基础最雄厚、市场空间最广阔的区域，应加快推进高耗能工业、传统制造业、消费品工业向研发设计、营销服务两端环节延伸，提升全产业链智能化、数字化水平，加大新能源、新能源汽车、节能环保、文旅、大健康等新兴产业布局，通过推动产业链的融合对接与高端产业链的外部切入，实现产业价值链的重构和提升。

（三）顺应世界贸易和产业分工格局重大调整，挖掘空间链布局优化提升空间

世界地缘政治争端和中美贸易摩擦背景下，区域产业链分工体系正加速替代全球产业链分工体系，以我国为代表的发展中国家正逐渐替代发达经济体成为全球市场需求的主导力量，需求地理格局变化将重塑产业链的空间布局，我国内陆地区远离国际市场的区位劣势将转化为紧邻国内市场的地理优势。从七普数据来看，成渝地区是我国人口聚集的新流向，应瞄准东部沿海地区电子信息、车辆及零部件、机械、光学仪器及医疗设备、纺织服装、家居家具等出口摩擦较严重、出口转内销需求较大的行业，加大产业尤其是具有高附加值的产业导入。同时，加强与巴西、印度尼西亚、秘鲁、南非、俄罗斯等能源大国的友好关系，强化与新加坡、韩国、日本、爱尔兰等国家的高技术合作，促进能源和高新技术产业空间链布局安全稳定，推动在全国乃至世界产业分工体系中占据更高地位，获取产业分工效益和集聚经济效益。

（四）抢抓后疫情时代产业转移的时间窗口，挖掘供应链体系顺畅可控提升空间

供应链的自主可控与协调顺畅是产业链提升的重点方向。2020 年以来，我国在全球率先有效控制新冠疫情，一定程度延缓了近年来我国部分劳动密集型产业制造环节向东南亚、南亚地区转移，部分技术密集型产业制造环节向发达国家回流的趋势，甚至部分外迁产业链转回国内生产，进一步强化了我国在区域生产网络中的主体地位。成渝地区目前尚处于工业化、城镇化中期阶段，制造业门类齐全、综合承载力较强，应成为我国承接东部沿海地区劳动密集型、技术密集型等产业生产制造环节梯度转移布局的示范区，同时借助中欧班列（成渝）贯通欧亚的通道优势，积极探索打通非洲陆路通道，发挥西部陆海新通道面向东盟、东南亚的功能，强化我国短缺类能源、原材料和制造业、高新技术产品集结与中转，在稳定上游产品、提高物流效率、快速响应需求中发挥带头作用，提高抗冲击风险和快速恢复能力，为我国增强产业链供应链韧性、保障供应链安全提供回旋空间。

[重庆市综合经济研究院
主研：易小光　丁　瑶　邓兰燕　王春宇
执笔：邓兰燕　王春宇]

瞄准“川渝互投”资金流向，培育投资增长新动力

内容摘要：在国际国内复杂严峻形势下，成渝地区双城经济圈作为国家战略要冲，加力稳投资稳增长，对稳住经济大盘具有重要支撑作用。而加速川渝资金双向互动，将有助于激发川渝主体活力，扩大市场空间、领域，引导更多社会资本积极投入双城经济圈建设。从当前“川渝互投”情况来看，重庆区域内的投资存在行业结构较为单一、优质企业投资活跃度不高、央企总部经济发展不足等问题，建议：一是完善四川企业来渝投资促进政策，注重行业结构优化引导，促进更多制造业企业来渝投资；二是加强新兴投资区域培育，持续优化主城新区营商环境，吸引更多社会资本聚集；三是强化优质企业、总部企业招商引资，加快推动技术密集型产业布局发展。

《成渝地区双城经济圈建设规划纲要》明确提出，川渝两地要加强分工合作，加快建设世界级先进制造业集群、西部科学城、西部金融中心。长期以来，川渝地区经济联系紧密、合作基础较好，特别是2020年以来，两地滚动实施的年度合作重点项目数量逐年翻番，围绕汽车、电子信息、智能终端、数字经济等领域开展园区合作共建，目前汽车产业区域配套率已提升至80%以上，电子信息产业规模提高到全国第4位，主导优势产业发展合力不断增强。在更趋复杂多变的国际国内形势下，加力稳投资稳增长，对稳住经济大盘具有重要支撑作用。跟踪“川渝互投”资金流向，掌握产业融合发展趋势特征，将有助于统筹布局新兴产业发展，充分挖掘投资增长新动力，提前研究谋划引导政策，促进更多资本积极投入川渝互利共赢发展格局当中。借鉴

行业通用大数据研究方法，市综合经济研究院联合西部大数据前沿应用研究院对2016年1月1日至2022年7月28日市场监管局市场主体登记注册数据进行了清理和挖掘①，形成以下观点。

一、“川渝互投”资金流向呈现的主要特征

（一）“川渝互投”次数和规模逐年增长，重庆对四川的投资强度更大

2017年以来，川渝地区间的经济交流日渐活跃，“川渝互投”② 总量呈逐年递增趋势，尤其是2020年国家部署推动成渝地区双城经济圈建设战略后，2021年双向投资的次数和规模均出现快速增长。2021年“川渝互投”投资达到1801次，同比增长49.1%；投资总金额达到344.7亿元，同比增长75.1%。2022年依然保持了较好增长态势，1—7月累计投资达到1162次，总规模达到170.0亿元。川渝相互投资的次数基本相当，重庆对四川投资的强度更大。2017—2021年，重庆对四川的平均投资规模为0.21亿元，高于四川对重庆的投资强度（0.16亿元）。2022年以来，两地投资强度均有所下滑，四川对重庆投资强度下滑幅度更大，重庆、四川相向投资平均规模分别下降为0.18亿元、0.10亿元（见图1）。

---

① 按照社会上普遍做法，将登记注册一家企业认定为一次投资活动，将企业登记注册的认缴金额乘以持股比例认定为本次投资活动的投资金额。

② 本报告中的投资是指对外新设企业，投资额按照股东的认缴金额计算，数据覆盖2016年1月1日至2022年7月28日。其中川渝间投资额超过50亿元的有4条投资信息，均为四川对重庆投资，涉及3个公司，分别为2020年成都铁路局投资重庆京昆高速铁路西昆有限公司554亿元、2019年成都铁路局投资重庆铁路投资集团有限公司67.6亿元、2021年四川省中企万通置业有限公司投资重庆中资量子科技有限公司127.7亿元。前2项主要涉及纳入国家规划的高速铁路建设，主要为中央投资，因此在本报告中剔除；后1项为房地产投资，由于2022年房地产进入深度调整期，该项投资涉及金额巨大但后续监测并未发生实际投资，恐对分析结论产生较大偏差，因此在本报告中剔除。

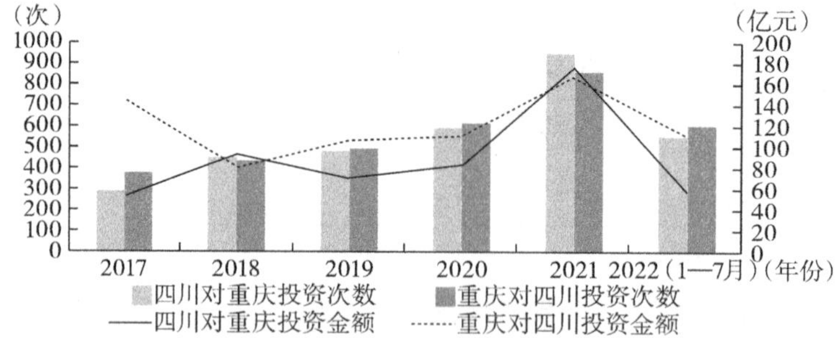

图1　2017年至2022年1—7月川渝互投变化趋势

（二）"川渝互投"主要集中在重庆中心城区和成都市，主城新区和川南地区成为新兴增长区域

作为川渝地区经济活跃度和人才吸引力最高的区域，重庆中心城区和成都市吸引投资和对外投资均占两省市的60%以上。2017年至今，中心城区对四川投资、成都对重庆投资的投资额分别占渝对川、川对渝投资的80.1%、69.7%，中心城区吸纳四川投资、成都吸纳重庆投资的投资额分别占两省市的64.2%、71.4%。主城新区和川南地区发展快速，逐步成为新兴增长点。2017年以来，主城新区吸纳四川投资132.7亿元，占四川对重庆投资的24.6%，其中长寿吸纳四川投资占比最高，达到9.0%，主城新区投资主要来自成都、乐山、泸州、绵阳、自贡、宜宾、广安等地；主城新区对川投资91.0亿元，占重庆对四川投资的12.5%，2022年1—7月，主城新区对四川投资32.0亿元，超过了过去五年的投资峰值。除成都外，四川南充吸纳重庆投资占比最高，达到5.7%，泸州、遂宁、广安、达州、宜宾吸纳重庆投资占比超过2%（见图2）。

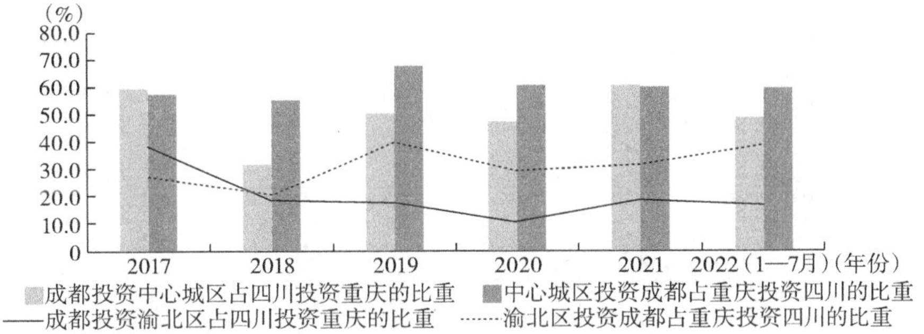

图 2　重庆中心城区和成都市投资占比变化情况

(三)“川渝互投”主要集中在第三产业，科学研究和技术服务业增长较快

川渝相互投资涉及的行业广泛，目前已覆盖 18 个产业门类。2017 年至今，重庆对四川投资金额排名前三的行业分别是租赁和商务服务业、房地产业、科学研究和技术服务业，涉及投资金额分别达到 160. 8 亿元、132. 5 亿元、88. 0 亿元，分别占重庆对四川投资的 22. 1%、18. 2%、12. 1%；四川对重庆投资金额排名前三的行业分别是建筑业、租赁和商务服务业、批发和零售业，投资金额分别是 82. 9 亿元、79. 3 亿元、77. 7 亿元，分别占四川对重庆投资的 15. 4%、14. 7%、14. 4%。近年来，川渝在科技服务领域投资呈明显增强态势，2021 年重庆对四川科技服务领域的投资次数、投资金额分别是 2017 年的 4. 1 倍、6. 4 倍；四川对重庆该行业的投资次数、投资金额也分别达到 2017 年的 3. 0 倍、2. 0 倍（见图 3、图 4）。

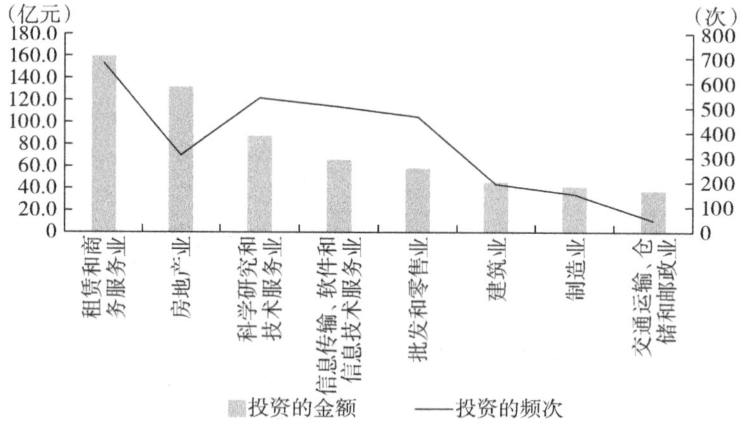

图 3　2017 年以来重庆投资四川次数最多的前八行业及其投资额

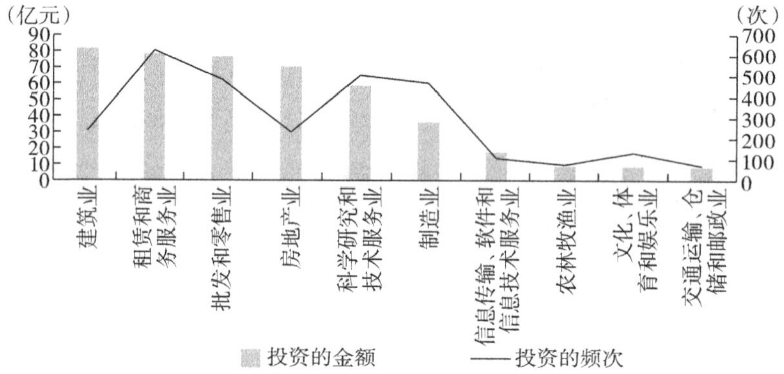

图 4　2017 年以来四川投资重庆次数最多的前十行业及其投资额

（四）“川渝互投”优质企业偏好技术密集型产业，本土化孵化转化能力较为突出

川渝两地的上市企业、高技术企业、“专精特新”企业等三类企业①（下文合称为“优质企业”）互投行业偏好以技术密集型产业为主，重庆优质企业对四川投资主要分布于科学研究和技术服务业（24.1%）、信息传输、软件和

① 三类企业存在重叠交叉现象，即部分企业同时具备上市、高技术、专精特新三类特点中的两项及以上。

信息技术服务业（22.8%）、制造业（10.7%）和房地产业（9.8%），四川优质企业对重庆投资主要分布于信息传输、软件和信息技术服务业（35.0%）、科学研究和技术服务业（23.6%）和批发和零售业（9.7%），且大多以控股方式实现对外投资，重庆、四川优质企业对外投资中股权比例超过50%的分别占71.0%、64.1%，独资的分别占31.7%、33.0%。优质企业具有较强的孵化能力，重庆、四川均有6次对外投资的企业成功孵化成为当地的优质企业，涉及投资金额分别为21115万元、5155万元。

二、"川渝互投"反映出的重庆存在的主要问题

（一）房地产相关产业在"川渝互投"中行业集中度较高，恐拖累两地投资持续增长

房地产及其相关的建筑业在"川渝互投"中，所占比重较大，尤其在大额投资领域地位突出。从具体投资数据来看，重庆、四川相向超过10亿元的投资分别有9次、3次，其中房地产相关产业的投资分别占22.2%、33.3%，超过5亿元的投资分别有29次、16次，其中房地产相关产业的投资分别占比20.6%、18.7%。然而2021年以来，多家重庆本土知名房地产开发商如重庆协信、重庆金科、重庆财信等出现债务违约，同时四川本土房地产开发商如四川蓝光发展等也被爆债务违约，国内多地楼盘停工。在房地产行业整体不景气和不断波动调整的背景下，两地对房地产业、建筑业的新增投资出现明显下滑，后续两地互投的增长动能可能遇到一定挑战。

（二）四川优质企业对渝投资力度、强度相对更大，重庆优质企业相对不够活跃

与"川渝互投"总体特征有所不同，重庆的优质企业相对四川优质企业不够活跃，投资力度和投资强度相对不高。数据显示，2017年以来，四川共有206个优质企业对重庆投资237次，涉及投资金额67.7亿元，重庆共有166个优质企业对四川投资224次，涉及投资金额39.3亿元。四川优质企业

投资强度（2857.9万元/次）远高于重庆方面（1754.8万元/次），其中，重庆高技术企业投资额占优质企业投资额的比重（71.8%）明显低于四川（98.1%）。这表明重庆市优质企业对外投资的内生动力仍待增强，对外投资的热情和积极性较四川优质企业相对不足，尤其是高新技术企业在两地互投中发挥的作用差距较为明显。

（三）重庆央企总部经济发展不足，或制约城市经济影响力提升

2017年以来，驻地位于四川的中国安能集团第三工程局、中国化学工程第七建、中国水利水电第五工程局、中国十九冶集团等一大批央企区域总部企业先后对渝投资14次，投资总额5.5亿元。对比重庆尚未有央企总部或区域总部企业进行了对川投资，这也从侧面反映出了重庆央企总部，甚至是央企二级单位总部企业的缺失。央企总部经济发展对于城市和产业优化布局、产业链重组等都具有非常重要的作用。2021年以来，北京疏解非首都功能，多家央企总部外迁，如中国船舶集团总部迁往上海，中国电子信息产业集团总部迁入深圳，中国长江三峡集团总部回迁武汉，新成立的中国稀土集团总部落地江西赣州，但尚未有央企总部新落户川渝地区。

三、对策建议

（一）完善四川企业来渝投资促进政策，注重行业结构优化引导，促进更多制造业企业来渝投资

制造业是实体经济的主体，也是重庆的立市之本、强市之基，应进一步优化来渝投资行业结构，加大制造业来渝的投资引导。一是推动制造业科技成果落地转化。坚持创新链与产业链协同理念，强化川渝互投及联合创新，积极吸引四川制造业相关研发机构、工程类科研院所来渝设立分支机构、孵化基地，建设科技成果转化基地，共同促进川渝科技创新协同发展。二是合力推进跨区域建圈强链补链延链。从完善产业链薄弱环节出发，围绕重庆市制造业的六大战略性新兴产业、五大支柱产业、四大未来产业积极对接四川

企业，创建信息共享交流平台，促进两地产业优势互补，合力打造具有影响力的产业链，提升重庆市制造业发展水平。三是提高产业发展集群效应。围绕重庆市重点产业，积极探索“平台招商”模式，促进“以商招商”“以投促招”等举措的实施应用，吸引四川优质大型企业通过设立分支机构、成立子公司，或是参股等方式来渝经营发展，发挥大型企业带动辐射能力，提升重庆市产业集群效应。

（二）加强新兴投资区域培育，持续优化主城新区营商环境，吸引更多社会资本聚集

营商环境已成为一个地区最核心的竞争力。主城新区是进一步扩大城市经济和人口规模的重要阵地，应充分挖掘主城新区作为“川渝互投”新兴增长点的潜力，深化“放管服”改革，优化有利于投资发展的营商环境，进一步提升主城新区投资竞争力、吸引力。一是支持主城新区开展首创性改革。对标世界银行评价新体系（BEE）改革方向，充分借鉴东部沿海标杆地区经验做法，特别是北京、上海、杭州、广州、深圳等城市的营商环境创新试点经验，力争在市场准入、投资和贸易便利，以及人才集聚等领域开展一批首创性改革。二是围绕需求优化涉企服务水平。推进全链条精简优化审批，推进事中事后监管立法，通过“渝快办”“E 企办”等提升政务服务效率，把企业“引进来、留下来”；加强投资信息平台联动，提高企业投资到位情况的监测和服务水平。三是营造浓厚改革氛围。持续推介产业招商政策，及时宣传报道优化营商环境的实践和成效，营造亲商安商护商的良好氛围，确保政策执行不走空、不变样。

（三）强化优质企业、总部企业招商引资，加快推动技术密集型产业布局发展

加快推进实施招大引强专项行动，高效集聚国内外优质资源要素，引进、培育优质企业，发展更高能级的总部经济，推动全市经济实现高质量跨越式发展。一是抢抓机遇积极争取央企总部迁入。聚焦全球经济、产业和前沿技术动态，加强重点产业和重点企业研究，挖掘重庆作为中西部地区唯一直辖市体制优势，抢抓北京疏解非首都功能和央企总部迁离机遇，积极招引一批央企二级以上（含二级）总部、区域总部。二是围绕链式招商聚焦优质企业引入。瞄准中国500强企业、上市企业、中央企业、链主型企业、“专精特新”、“隐形冠军”、“单项冠军”等，制定优质企业目录。紧盯链式招商模式，从提高综合竞争力出发，以产业发展撬动资源集聚，围绕主导产业上下游关联领域，从深化横向、纵向分工出发，积极争取发达地区优质企业来渝设厂并鼓励重点转移研发、设计等环节。三是进一步加大对本地优质企业的扶持力度。大力引育本土“单项冠军”企业、高新技术企业、科技型中小企业以及突破行业关键核心技术和重要产品的领军型标杆企业，分类分层分级开展优质企业梯度培育工作。同时，把培育壮大本地企业同招商引资一起谋划、部署、扶持，促进共同发展。

[重庆市综合经济研究院
主研：易小光　丁　瑶　邓兰燕　夏梁颖　江　卓
重庆西部大数据前沿应用研究院
主研：王明健　李玉杰　王舒萌　周巧慧]

新时期加快提升园区经济竞争力的对策建议①

内容摘要：2021 年底市委经济工作会议提出，要增强创新引领发展能力，建设一流创新园区。重庆是我国重要的现代制造业基地之一，工业经济集聚发展特征突出，各类产业园区已成为全市工业经济发展的主战场。但目前园区在全国的量质引领性还不足，产业布局协同不够；头雁型和创新型企业集聚不足，创新服务能力不强；新型园区管理体制创新不足，品牌效应仍需提升。建议：一是精准对接东部承接产业转移，成为国内产业链重要支撑；二是强化“一区”和“两群”上下游产业链协作布局，促进区域协调发展；三是坚持稳定行业龙头企业和招引创新型企业并重，积极培育新经济抢占创新高地；四是探索开发区管理统一立法和新型管理体制机制创新，加强园区品牌化运营打造产业地标。

产业园区②是企业集聚和要素流动的重要洼地，是区域创新能力转化为生产力的重要催化平台，是保障区域产业链供应链安全稳定的关键环节。2021 年 12 月，市委经济工作会议提出，要增强创新引领发展能力，建设一流创新园区。2022 年 1 月，市政府工作报告提出，要统筹推进各类产业园区创新发展，促进各类园区创新转型、提能升级。加快提升园区经济竞争力有助于优化全市现代产业体系总体布局，稳固产业根基；有助于加快产业链供应链创

① 该报告为市社科联重点智库委托项目“重庆市重点产业链提升研究”（2021ZDZK06）阶段性成果。

② 指全市以发展工业为主的开发区、产业集聚区和工业园区。

新链优化升级，保障全市产业链供应链安全稳定；有助于加速孕育壮大新产业新业态新模式，提升全市经济开放水平。

一、重庆园区发展基本现状

（一）园区体系日益完善

园区规模稳步拓展，1991 年重庆设立第一个园区重庆高新区，1993 年设立重庆经开区，2002 年以后园区建设力度不断加大，根据《中国开发区审核公告目录》数据①，园区核准面积由 2006 年的 148.8 平方千米拓展至 2018 年的 425 平方千米，已占全国总量的 2.5%。园区平台分布广泛，层次日益丰富，截至目前，全市初步形成“2+6+6+36”产业园区架构体系，构建起核心引领开发区、国家级开发区和综保区、各类市级产业园区竞相发展的格局，其中主城都市区 32 个，渝东北城镇群 12 个，渝东南城镇群 6 个，全市高新区已达 15 个，占市级以上园区的 32%（见表 1）。

表 1　重庆“2+6+6+36”园区体系构成情况

类别	园区名称
2 个核心引领开发区	两江新区、重庆高新区
6 个国家级开发区	重庆经开区、璧山高新区、永川高新区、荣昌高新区、长寿经开区、万州经开区
6 个综保区	两路果园港综合保税区、西永综合保税区、江津综合保税区、涪陵综合保税区、永川综合保税区、万州综合保税区
36 个市级工业园区	涪陵高新区、白涛工业园区、建桥工业园区、港城工业园区、沙坪坝工业园区、九龙工业园区、西彭工业园区、同兴工业园区、万盛工业园区、綦江高新区、双桥工业园区、大足高新区、空港工业园区、巴南工业园区、黔江高新区、长寿高新区、江津工业园区、合川高新区、南川工业园区、铜梁高新区、潼南高新区、开州工业园区、梁平高新区、武隆工业园区、城口工业园区、丰都工业园区、垫江高新区、忠县工业园区、云阳工业园区、奉节工业园区、巫山工业园区、巫溪工业园区、石柱工业园区、秀山高新区、酉阳工业园区、彭水工业园区

① 《中国开发区审核公告目录》共发布 2006 年、2018 年两版数据，本文为 2006 年、2018 年数据对比。

（二）工业经济支撑力持续增强

工业主战场作用逐步凸显，从 1991 年园区工业总产值 1.12 亿元，到 2020 年园区规模工业总产值① 1.88 万亿元，规模工业产值已占全市的 84%。各类综保区集聚全市 25% 的进出口企业贡献近 70% 的进出口贸易总额和超过 40% 的外商直接投资，成为外向型经济的主要支撑点。各类高新区集聚工商企业 5 万余家，工业产值超过全市的 40%。特色化发展趋势逐步显现，累计创建各类特色产业基地 77 个，特色产业基地建设已覆盖全市 85% 以上的产业园区，特色产业产值占园区工业比重达 50% 以上。

（三）重大项目和龙头企业高度集聚

重大项目相继落户，2020 年全市工业项目合同占招商引资总额的 49.4%，到位资金占总额的 57.4%，涵盖“芯屏器核网”全产业链和“云联数算用”全要素群。三一西南智能制造、比亚迪动力电池全球总部、中国电子重庆信创产业示范基地、平安建设大健康产业园等重大项目相继落户两江新区、璧山高新区、重庆高新区。原始创新集群加速集聚，各类高新区已集聚超过全市 50% 的市级及以上重点实验室、工程技术研究中心、新型研发机构。重点产业高度集聚，汽摩、电子信息、装备制造等成为多数园区主导产业，其中，两江新区、重庆高新区聚集了全市一半以上的汽车、电子信息产业头部企业。

二、重庆园区经济存在的主要问题

（一）园区量质引领性不足，产业布局协同有待加强

一是园区总体规模不大。根据《中国开发区审核公告目录》数据，全市

① 1998 年国家统计局将工业统计范围划分为规模以上和规模以下两部分。“规模以上工业企业”，1998—2006 年，是指全部国有和年主营业务收入 500 万元及以上的非国有工业法人单位；2007—2010 年，统计范围调整为年主营业务收入 500 万元及以上的工业法人单位；2011 年开始至今，统计范围为年主营业务收入 2000 万元及以上的工业法人单位。

纳入开发区目录的园区数量仅排全国第24位，核准总面积425平方千米，低于四川（758.7平方千米）、湖北（527.2平方千米）等相邻省份。国家级高新区、经开区两类园区仅占全国的1.7%，省（市）级以上园区密度6个/万平方千米，低于中东部安徽（8个/万平方千米）、浙江（13个/万平方千米）、江苏（16个/万平方千米）等地。二是园区经济水平有待提升。工业产值规模较小，2020年全市园区规模工业总产值仅约为上海的67%、浙江的27%，不及江苏1/6。工业产值百亿元以下的园区有9个，产值千亿元以上园区仅6个，低于四川（7个）、湖北（10个）、浙江（25个）等地。园区单产不高，以4个国家高新区为例，2020年每平方公里土地工业产值、税收分别为18.1亿元、0.7亿元，远低于四川（61.5亿元、3.1亿元）、陕西（57.5亿元、5.8亿元），以及中东部的安徽（49.9亿元、4.3亿元）、浙江（117.1亿元、7.4亿元）等地（见表2）。三是园区产业布局协同不够。装备制造、电子信息、汽摩等主导产业布局较为集中，千亿级园区与其他中小产业园区产业链各环节分工、上下游配套和互补性有待优化，园区有机协同、错位互补的局面尚未形成。

表2　2020年部分省份国家级高新区产值和税收情况

省份	数量（个）	企业数量（家）	工业总产值（亿元）	税收（亿元）
重庆	4	2551	5958.2	228.4
四川	8	5226	10400.7	527.2
陕西	7	6899	10595.9	1075.4
湖北	12	8660	16864.1	905.7
安徽	6	3912	8110.2	705.7
江苏	18	22229	34219.8	2104.4
浙江	8	7640	15185.1	962.9

（二）头雁型和创新型企业集聚不足，创新能力有待提升

一是强企、高企集聚水平不高。2020年全市主营收入超过千亿元的企业仅长安1家，低于同处西部的陕西（6家）、四川（3家）等地。两江新区集聚全球500强企业157家、高新技术企业506家，低于南沙新区（181家、

682家）、滨海新区（251家、2206家）、浦东新区（346家、2918家）。各类高新区集聚高新技术企业1514家，占全市的35.9%，市级园区中认定高新技术企业超百家的仅3个。二是创新服务能力不足。园区是企业科技创新孵化的集中地，2020年全市科技企业孵化器68家，低于相邻的四川（171家）、陕西（95家）。市级园区创新服务平台不健全，创新研发平台不足10家的占全市园区20%左右。全市有研发机构的规上工业企业占比仅14.9%，创新服务不足一定程度上制约了园区创新能力的提升。

（三）园区管理服务有待优化，品牌效应仍需提升

一是新型园区管理体制机制探索有待加强。从全国来看，江苏、湖北、江西、山西、广西等省份已开展了统一的立法管理，在理顺管理机构职能、统一下放权限、统一规划建设等方面发挥了积极成效。浦东新区、中关村科技园、漕河泾开发区、广州开发区等开展了“政园合一”“一区多园”“多区叠加”等新型管理体制机制探索。整体来看，重庆市不同类型园区管理体制还存在较大差异，体制机制探索仍有待加强。二是要素保障有待优化。电力等生产要素成本有待进一步降低，目前全市工商业电价平均较四川、贵州高出10%左右、较陕西高出20%左右。土地集约利用水平有待提升，据自然资源部数据，2020年重庆工业主导型园区土地集约利用排名进入全国前100位的仅西永综税区、璧山高新区2个。三是特色品牌效应不高。目前全市累计创建国家新型工业化产业示范基地13个，占全国的3%，五星级示范基地仅1个。园区名片、产业地标打造不足，品牌引进较少，尚未形成类似中关村科技园、张江高科技园区、苏州工业园、深圳高新区等特色品牌园区，品牌化输出能力较弱。

三、对策建议

（一）精准对接东部承接产业转移，成为国内产业链重要支撑

一是重点瞄准东部沿海地区部分劳动密集型产业、中高端制造业和部分

资源约束大的产业。国家能耗控制加快向碳排放控制转变，鼓励东部沿海发达地区率先由要素推动型向技术创新推动型增长方式转变，引导其产业加快向中西部地区梯度转移。与此同时，受劳动力成本以及土地、资源、环保等综合性成本上升的影响，加之国家坚定实施扩大内需战略，东部电子信息、新材料、装备制造、纺织服装、建筑建材等产业向中西部转移的内生动力也较强，重庆要依托园区平台重点瞄准此类产业分类施策承接产业转移，成为全国产业链的重要支撑。

二是精准对接东部承接产业转移建设千亿规模园区。通过构建不同地区承接东部产业转移的差异化、精准化政策储备体系，积极招引重大产业项目增量做大园区经济总量、提升规模工业产值，加速壮大产值百亿元以下的市级园区，在主城都市区形成更多千亿规模产业园区，打造国际产业分工和承接产业转移示范区。深入推进“亩均论英雄”等改革，强化经济效益考核，加快提升园区产业用地开发强度和产出绩效，推动形成一批经济效益标杆园区和带动力强的经济增长板块。

（二）强化“一区”和“两群”上下游产业链协作布局，促进区域协调发展

一是加大国家级开发区、市级新型园区及功能平台布局。针对目前全市园区核准面积和地均园区密度低于全国先进地区的现状，一方面支持经济效益高、集约效率高的国家级开发区适度拓展开发空间，加强与区位邻近、产业相近园区或组团的资源整合。另一方面支持涪陵、大足、潼南等有条件的市级园区上升为国家级开发区，增强对成渝主轴和“一区两群”的平台支撑能力。此外，支持增设新型园区平台及功能平台，重点支持国家级开发区探索设立专业园区、科创园区、飞地园区等平台，支持具有港口和外贸条件市级园区增设保税中心、保税仓等开放功能平台。

二是加强“一区”和“两群”上下游产业链统筹规划协作。围绕全市重点产业链基础领域和关键环节，加强“一区”和“两群”上下游产业、龙头

配套产业统筹规划和分工协作，建立合作园区和产业链群。一方面发挥千亿级园区产业链链主平台引领作用，重点依托两江新区、重庆高新区、西永综保区、永川高新区、涪陵高新区、江津工业园区等六大千亿级园区布局的行业总装集成产业在其周边百亿级园区积极布局配套加工产业。另一方面围绕涪陵、合川、江津等认定高新技术企业集聚超百家的工业园区，依托创新链强化产业链布局。此外，重点支持武隆、城口、奉节、巫山、巫溪、石柱、秀山、酉阳、彭水等产值百亿元以下的园区积极承接食品、建材、特色轻工等绿色配套及生态加工产业。

（三）坚持稳定行业龙头企业和招引创新型企业并重，积极培育新经济抢占创新高地

一是密切跟踪“外迁”“回流”风险确保主导行业龙头企业稳定发展。随着欧洲局部冲突加剧，密切跟踪预警电子信息等部分中低端产业环节向东南亚、南亚“外迁”，部分技术密集型产业制造环节向美欧日等发达经济体“回流”的双重风险，聚焦市内长安、京东方、达丰电脑、隆鑫等产业链长、带动能力强、工业产值高的龙头企业发展需求，加强产业链各环节配套能力建设，持续降低生产成本、创新成本和物流成本。畅通中心城区与主城新区、主城都市区与“两群”之间的园区循环链条，充分发挥“链主企业”引领支撑和“链属企业”协作配套作用，强化园区产业链、供应链、创新链等多链融合。

二是围绕出口增长较快的产品和全国短缺产品加快创新型企业引育。积极招引“世界500强”企业、行业头雁企业和“专精特新”企业在主城都市区重点园区内设立总部、区域总部和研发中心。围绕新能源和智能网联汽车、液晶面板、手机、摩托车和通机等出口增长较快的产品，以及发动机、芯片、集成电路等全国短缺产品，一方面积极争取发达地区龙头企业来渝设厂并鼓励重点转移研发、设计等环节，另一方面大力培育本土“隐形冠军”企业、高新技术企业、科技型中小企业以及突破行业关键核心技术和重要产品的领军型标杆企业，增强自主创新能力。

三是积极培育新经济抢占创新高地。从2021年前程无忧网招聘信息来看，相较于四川，重庆新业态发展活力相对不足，川渝两地新业态用人需求主要集中在成都市（占比达65%）。重庆应以园区平台为载体，积极培育新兴数字经济企业，重点支持产业互联网、大数据、工业机器人、新能源、节能环保、人工智能、无人经济、卫星导航等新兴产业发展，大力发展互联网医疗、新媒体、融资租赁、智慧城市、游戏电竞、康养服务等新兴服务业，形成更多有效投资。

（四）探索开发区管理统一立法和新型管理体制机制创新，加强园区品牌化运营打造产业地标

一是探索开发区管理统一立法和新型管理体制机制创新。探索开发区管理统一立法，科学配置规划建设、审批权限、政策配套、管理服务等法定职能，突出园区管理机构在经济管理、投资服务、优化营商环境等方面职能重点。推动园区目录化管理，围绕重点产业领域建立全市园区产业清单和园区产业地图，形成完整的园区产业、企业图谱和发展线路图。积极探索产业园区新型管理体制机制，充分借鉴浦东新区、南沙新区“政园合一”，中关村科技园“一园多区”，广州开发区“多区叠加”，南京高新区“管委会+平台公司”以及漕河泾开发区企业化管理等经验优势，持续提高园区管理效能。

二是持续降低园区要素成本，提高集约利用水平。拓展电力等基本生产要素外购渠道，优化园区企业用电服务机制，健全“差别电价”等价格机制，创新用电金融服务，进一步降低园区用电成本。规范园区用地管理，健全园区新型产业用地（M0）供给、标准厂房分割等制度，积极探索区域评估、“标准地”制度、工业用地弹性出让和回购等政策创新，支持企业盘活存量建设用地，进一步提升园区土地集约利用水平。

三是加强园区品牌化运营，打造产业地标。充分挖掘园区地域特色文化和产品亮点，塑造园区资源品牌、文化品牌、服务品牌，打造产业地标。建立园区品牌培育、发展和保护机制，推进园区品牌创建评选、策划营销、系统传播。加强发达地区园区品牌引进，鼓励社会资本、产业资本参与园区建设运营，推动产业园区运营主题化、品牌化、特色化。强化品牌、管理、股权等多方式合作联动，依托品牌园区的品牌输出带动资本与产业联合，着力形成品牌引领、特色支撑、产业联动的园区运营体系，持续提升园区运营效率和效益。

[重庆市综合经济研究院
主研：易小光　丁　瑶　邓兰燕　苏　凡　贾静涛　王志军　邱　婧
执笔：邓兰燕　王志军]

优化高技术产业布局，推进双城经济圈协同发展

内容摘要：高技术产业具有高密集性、高附加值、强渗透性、高开放性以及对自然资源低依赖性等特性，是现代化发展的必然选择。近年来，成渝地区双城经济圈高技术产业规模快速增长，占制造业比重持续上升，但存在行业规模差异明显，部分产业布局有待优化等问题。我们建议：第一，从双城经济圈高技术产业引领高质量发展的全局出发，发挥重庆市计算机与办公设备制造、电子及通信设备制造产业优势，打造产业集群，提升优势产业辐射引领作用。第二，强化整合与协同，布局医药现代化产业基地与医药产业创新中心，补齐重庆市医药制造产业方面的短板。第三，夯实主城都市区周边发展基础，构建中部融合发展示范区，打造中部南北翼高技术产业增长极。第四，构筑以科学城为引擎的产业联动发展体系和区域协同发展体系。

高技术产业是生产或使用高端设备并具备前沿科学技术的产业集群，研究开发投入高，研发人员比重大，对其他产业渗透能力强。根据《高技术产业（服务业）分类（2018)》，我国将高技术产业分为医药制造业、航空航天器及设备制造业、电子及通信设备制造业、计算机及办公设备制造业、医药仪器设备以及仪器仪表制造业和信息化学品制造业六类。

与传统产业相比，高技术产业具有高密集性、高附加值、强渗透性、高开放性以及对自然资源低依赖性等特性，可以通过自身较高的附加值和劳动生产率提高技术创新水平以减少对资源的依赖，是典型的绿色产业。

近年来，重庆与四川的高技术产业发展势头良好，占制造业比重持续上

升，且主要分布在成渝地区双城经济圈内，企业数占比分别为重庆市的95.3%、四川省的94.2%。发展成渝地区双城经济圈的高技术产业，有利于发挥双城经济圈工业基地和人才集聚地两大资源禀赋优势，提升产业能级，把成渝地区双城经济圈建设成为具有国家影响力的科技创新信息和高质量发展的增长极。

一、加快高新技术产业布局的重要意义

（一）有助于提升双城经济圈产业整体竞争力

高技术产业的产品更新换代快，产品技术含量高，能够有效提升企业竞争力。通过关联与乘数效应，可以融合渗透其他传统产业与领域，促进传统产业转型升级，进而提升产业的整体竞争力。

（二）有助于提升产业发展内在韧性，保障产业安全

高技术产业的发展与科技投入力度的扩大，能够实现企业的转型升级，不断增强企业的抗风险能力与竞争力。在应对当前国际环境变化与贸易摩擦时，能够构建更加自主可控的现代化产业体系，从而保障产业链的安全。

（三）能够促进资源要素集聚和效能转化

高技术产业的集聚与优化发展能够通过企业竞争效应、产业规模效应、产业溢出效应等对区域资源要素与效能产生影响，形成循环累积的内生动力，促进要素聚集与效能转化。

二、成渝地区双城经济圈高技术产业分布特征

重庆、四川均将高技术产业发展作为推动区域发展的重要抓手。2019年，重庆市与四川省高技术产业增加值分别增长12.6%、11.7%，投资比上年分别增加18.0%、21.3%。从对全域22941家高技术企业（圈外高技术产业企业共计1333个，占比5.8%）布局进行分析来看，区域高技术产业主要集中在电子及通信设备制造、航空航天设备及仪器制造、计算机及办公设备制造、

医疗仪器设备及仪表仪器制造、医药制造业五个方面。

（一）极核集聚特征显著，双核以外分布不足

双城经济圈高技术产业主要分布在重庆主城都市区与成都市两大极核，企业数占比63.7%。其中，重庆主城都市区中心城区占比65.5%，同时向都市区辐射。四川部分高技术产业主要分布在成都市，占比63.0%，并向德阳、绵阳以及乐山等龙泉山以西区域辐射。双核以外区域存在明显的高技术产业分布与集聚不足的问题。重庆部分高技术产业在万州区形成了第二个分布区域。四川部分在北翼南遂广城镇密集区（南充—遂宁—广安）与南翼（泸州—内江—宜宾）拥有一定的高技术产业基础，产生了一定的集聚效应。

（二）航空航天高度集聚，通信、仪表设备分布相对集中

航空航天器设备及仪器制造对科学技术要求较高，其极核特征极为显著（76.4%）、空间分布更加集中，主要分布于重庆主城都市区与成都市。其他地区分布较少，仅在万州、泸州、绵阳、德阳以及眉山有零星分布。

电子及通信设备制造、计算机及办公设备制造分布更加广泛与均匀（双核占比69.5%）。电子及通信设备制造业、计算机及办公设备制造两大高技术产业从数量上看，四川高于重庆，体量更大，单位区域效益却不及重庆，如表1、表2所示。

表1　电子、计算机产业营业额、单位区域效益对比

区域	电子及通信设备制造（亿元）/单位区域效益（万元/千米^2）	计算机及办公设备制造（亿元）/单位区域效益（万元/千米^2）
重庆	1965/424	2617/565
四川	2756/199	2185/157

医药制造业、医疗仪器设备及仪表仪器制造两个高技术产业的分布特征相对类似，产业存在较强的集聚效应。重庆主城都市区在辐射周边区县的同时，也对广安、泸州等区域存在辐射作用。万州是重庆除主城都市区以外的集中分布区域。重庆市现有医药制造业企业133家，相比四川的471家仍然存在较大差距，营业收入与从业人员数均不及四川省的40%，产业基础相对薄弱。

表2 四川、重庆不同类型高技术产业企业数量对比

企业类型	重庆	四川
电子及通信设备制造（家）	1942 家	4839 家
航空、航天器及设备制造（家）	87 家	380 家
计算机及办公设备制造（家）	2306 家	5369 家
医疗仪器设备及仪表仪器制造（家）	473 家	984 家
医药制造（家）	1879 家	4682 家

（三）高技术产业布局密度、人均产出高于全国平均水平

四川省的高技术产业起步早，体量上显著大于重庆，从业企业与人员更多，重庆市大型企业占比更大，高技术产业的密度更高。2018 年，四川省高技术产业营业额为 6943 亿元，高于重庆的 5305 亿元，然而人均营业额为 42516 元，低于重庆的 60628 元。结合区域国土空间差异，四川部分的高技术产业营业额为 4843. 39 元/千米^2，低于重庆部分的 9694. 81 元/千米^2，如表 3 所示。从业人员数量上，四川部分为 44017 人，高于重庆部分的 21150 人。

表3 四川、重庆高技术产业对比

类目	重庆	四川
研发人员数量（人）	21150	44017
大型企业（家）/营业额（亿元）	52/3595	61/3670
中型企业（家）/营业额（亿元）	160/855	238/1847
中小企业营业额比例（%）	32	47
营业收入总额（亿元）	5305	6943
高技术产业利润（亿元）	245	378

三、相关建议

成渝地区双城经济圈高技术产业协同发展的基础是产业的发展壮大，需要基于优势产业、上下游产业链和智囊机构，集聚要素，进一步降低创新资源流动成本、实现要素合理配置，逐步破解成渝高技术产业经济带中部发展

滞后问题。我们提出了如下建议。

（一）抓住契机，以高技术产业引领重庆市创新发展

强化高技术产业的集聚与优化。强化土地、资金等政策保障，形成产业集聚、优势集聚，推进重庆市高技术产业健康发展、规模持续增长。

强化核心技术创新与成果转化。依托重庆市高校以及科研院所，面向高新技术产业的创新需求，构建创新人才与团队培育制度。强化高技术企业科技研发与已有科技资源衔接，制定科技融合创新政策，依靠市场机制开展科技创新融合管理，“需求对接技术、技术对接需求”，打通企业技术需求与科技人员产出的对接通道，实现科技人才与企业技术需求的精准对接。

发展高技术服务业。强化知识产权、检验检测、信息技术以及数字内容等高技术服务业，依托经开区、科学城等资源优势，结合重庆市“工业和信息化专项资金项目”成果，强化整合，建立支撑产业结构调整的研发设计服务体系，壮大专业研发设计服务企业。

（二）强化优势，发挥计算机与电子及通信设备产业的辐射引领作用

发挥优势，打造产业集群。重庆市计算机与办公设备制造与电子及通信设备制造产业具备优势，应聚焦现有产业优势，集中力量打造产业集群，在重庆主城都市区强化研发中心与服务中心建设，提升产业集聚度，推进上下游的产业集聚效应，力争获批国家数字经济示范区与国家大数据综合试验区。

推进上下游产业链条的重要节点布局，加快培育新型高技术产业区。引进大型企业与关联性强的产业链，利用当前产业优势，进一步吸引上下游产业向重庆主城都市区中心区周边布局，引导合川、铜梁、大足、永川以及江津主动承接现代物流与产业配套设施，强化双城经济圈重要节点城市与主城都市区一体化发展。注重双城经济圈内协同发展，提升产业对接协作，强化对广安、遂宁、南充、达州、泸州、内江、自贡、资阳等四川城市的辐射带动作用，形成优势产业发展圈，培育相关新兴产业增长点，辐射带动产业周边。

（三）补齐短板，加强医药制造产业合作

优化创新与发展环境。尽快出台推进产业发展的相关政策，创造良好的营商环境，搭建公共户技术服务平台，加大相关政策支持，强化资源要素供给。

强化整合，壮大产业集群效应。在科学城、经开区等工业园区，建设医药现代化产业基地，加大对生物医药产业用地的适度倾斜，强化产业集聚效应，布局医药产业创新中心。加强对现有医药制造企业的整合，做大做强一批具备国际竞争力的创新型领军企业。

加强协同，推进重大项目合作。强化医药制造产业合作，充分发挥重庆市在生物多样性以及生物资源禀赋上的比较优势，积极加强同成都市以及全国其他区域医药制造产业企业的合作，积极引进成都相关企业上下游产业在重庆主城都市区建设研发中心、服务中心以及医药创新转化平台。吸引川渝两地高校、医院、科研机构等在毗邻地区共建健康产业城。在主城周边节点城市建设生产基地，探索节点城市的医药产业园区。

（四）相向协同，着力打造中部南北翼高技术产业增长极

夯实主城都市区周边发展基础。推进创新能力、服务能力与金融保障能力建设，强化潼南、大足、荣昌、铜梁产业园建设，在电子及通信设备制造业、航空航天设备及仪器制造等高技术产业集群发展，承接主城都市区产业群转移，实现设备制造向周边转移。

构建中部融合发展示范区。以南充市国家级产城融合示范区为核心，着力构建南充—遂宁—潼南—合川融合发展示范区，强化产业耦合，加强企业间产业关联程度，建设数据、劳动力、资本、创新技术等高技术生产要素区域内的融合示范区，以电子及通信设备制造业、航空航天设备及仪器制造两大高技术产业为基础，承接双核地区产业上下游转移。在此过程中，强化组织领导，探索管理体制创新。

打造南翼转型升级示范区。以长江经济带建设发展战略为契机，在大足、

永川、江津、泸州、宜宾与自贡强化经济一体化发展，以江津经开区、永川高新区为龙头打造产业转型升级示范区，加快传统产业转型升级，在电子设备、通信设备与航空航天设备等方面承接重庆主城都市区中心城区、成都市产业转移，积极培育航空产业集群、电子信息装备制造等新型产业集群。

（五）强化科学城的建设与创新链条整合

强化机制体制创新能力。充分发挥重庆科学城现有14所高校、55个重点实验室等智能机构的重要作用，强化科研机构创新能力，聚焦产学研用创新主体与产业高端要素，推动高校、科研机构和企业紧密合作，加快壮大战略性新兴产业和高技术产业，把科学城智力优势转化为高质量发展优势。推进大科学装置、国家（重点）实验室等重大科技基础设施落地，加快新基建工作进度，提升科学城支撑服务实力。

整合资源要素，完善创新支撑平台。面向高技术产业发展的创新需求，综合运用财政、税收、土地、金融以及科技项目、基地、人才、评价等政策，探索数据、劳动力、资本、创新技术等创新生产要素的链条整合过程。鼓励重庆市主城都市区各园区产业业态调整，推进用地再开发，优化用地结构，盘活存量和限制土地用于高技术产业集群发展。鼓励企业与高校、科研机构合作建立新型科研机构，推进多渠道投入、资本化运作的机构运行模式创新，采用灵活的人才使用、培养、评价体系，基于新型研发机构培养优秀科研人才，推进产学研合作人才培养。

打造国家级技术转移中心。以服务高技术产业企业为重点，结合《重庆市进一步促进科技成果转化的实施方案（征求意见稿）》，发挥企业主体与政府统筹作用，加快培育创新型高技术产业集群。建设一批科技企业孵化器以及创新载体与平台，完善科技成果转化链条，打通转化通道，加快成果变现。

［重庆市综合经济研究院
执笔：刘　睿］

新发展格局下重庆制造业全球价值链地位分析及提升建议[①]

内容摘要： 产业链供应链安全稳定是构建新发展格局的基础，提升全球价值链地位是制造业高质量发展的关键内容。经测算可看出，重庆制造业具有较好的发展基础，但在国内开放格局中的竞争力及在全球价值链地位均较低。为加快推进全市制造业高质量发展，建议：一是突出四大重点，把握核心工作和目标，全面实施三大重点战略和“三分”阶段式融入路径，厘清提升制造业全球价值链地位的思路；二是因业施策，分行业实施针对性的升级模式，加快提升制造业全球价值链地位；三是多措并举，从人才、政策、营商环境等方面综合着力，加快构筑和完善制造业高质量发展支撑体系。

全球价值链是分工深化的结果，全球价值链的布局和演变对世界经济格局调整、产业升级具有深远的影响。我国正加快构建以国内大循环为主体，国内国际双循环相互促进的新发展格局，从全球价值链视角，提升制造业在全球价值链的参与度、地位和竞争力，是突破我国制造业自身短板制约，促进经济高质量发展的客观需要。重庆作为老工业基地，具有较好的制造业发展基础，以大数据智能化为引领的创新驱动战略取得了积极成效，但制造业规模不大、创新能力不足、价值链参与度和地位低、竞争力不强等问题仍亟

---

① 2019 年重庆市社会科学规划重点项目《全球价值链视角下重庆制造业高质量发展路径研究》(项目批准号:2019ZDJJ05)阶段成果。

待解决。分析重庆制造业在全球价值链地位并提出针对性的对策建议具有重要的现实意义。

一、重庆制造业竞争力及全球价值链地位分析

（一）评价方法及总体结论

借鉴相关学者研究分析模型，结合重庆实际，构建 RCA 指数（Revealed Comparative Advantage Index，显性比较优势指数）和 RUV 指数（全球价值链地位指数）分析模型，进行定量测算，分别体现重庆制造业及重点行业在全国开放格局中的竞争力以及在全球价值链所处地位。以《2020 年重庆统计年鉴》中制造业及重点行业进出口数据为基础，进行行业数据归类整理测算，结果如表 1、表 2 所示。

表 1　2019 年重庆制造业及重点行业 RCA 指数

行业	RCA 指数	竞争力
制造业	1.23	较弱
电子产业	6.31	极强
汽摩产业	1.54	较强
消费品产业	0.65	弱
装备产业	0.94	较弱
材料产业	0.87	较弱
医药产业	0.42	弱

注：参考一般评价标准：RCA＞2.5 表示竞争力极强；1.25＜RCA≤2.5 表示竞争力较强；0.8＜RCA≤1.25 表示竞争力较弱；RCA≤0.8 表示竞争力弱。

表 2　2019 年重庆制造业及重点行业 RUV 指数

产业	RUV 指数	全球价值链地位
电子	0.98	中端
汽摩	0.05	低端
消费品	0.04	低端
材料	0.99	中端
装备	0.07	低端

续表

产业	RUV 指数	全球价值链地位
医药	0.14	低端

注：参考一般评价标准：RUV <0.8 表示处于全球价值链低端；0.8≤RUV≤1.1 表示处于全球价值链中端；RUA >1.1 表示处于全球价值链高端。

（二）具体结论及原因

1. 制造业整体竞争力及全球价值链地位均较低

重庆制造业整体在全国对外开放竞争中处于较弱（RCA 指数 1.23）水平，但接近较强（RCA 指数 1.25）水平，在全球价值链中处于相对低端地位（绝大部分行业处于明显低端位置），总体来看，全市制造业在市场占有、价值方面均亟待提升。分析其主要原因在于：一是全市大力开放发展促进制造业外贸规模较快提升，但转型升级较慢。重庆作为老工业基地，奠定了较好的制造业基础，近年大力建设内陆开放高地，积极融入全球产业链价值链，外贸规模取得相对突出成就。但全市传统产业占比较大（如全市装备制造业中传统机械行业产值占全行业比重达 70% 以上），存在较大程度的路径依赖，转型升级相对较慢，影响市场竞争力和在全球价值链地位的提升。二是客观经济地理劣势影响制造业创新升级。重庆地处内陆的客观地理劣势导致在吸引各类高端要素及产业方面先天不足，发展水平、财力、重大科研平台缺乏等影响整体创新能力，转型升级动力和支撑不足。但同时也应看到，重庆加快实施创新驱动战略、建设内陆开放高地，打通"四向"开放大通道，为融入国内国际大循环，吸引各类高端要素，推动制造业高质量发展积淀了诸多有利条件，制造业提升竞争力和全球价值链地位，加快高质量发展的潜力较大。

2. 电子产业竞争力相对突出，处于全球价值链中端

从测算结果可以看出，2019 年重庆电子产业 RCA 指数和 RUV 指数分别为 6.31 和 0.98，表明其在全国开放格局中具有极强的竞争力，处于全球价值链中端，这与近年来业界和学者对重庆市电子产业形成的一般认知（附加值

相对低，基本处于价值链低端）有所差异，客观分析其主要原因在于：一是从市场占有率看，重庆部分电子产品在我国出口产品中占有份额较高，在全球市场占比也较大。其中，笔记本电脑产量全球第一、手机在国内市场排名第三（其中智能手机占比近60%），从单个产品价值及整体数量规模上体现出全市电子产业较强的市场竞争力，且近年呈逐年上升趋势。二是从电子产业发展演变看，近十年的发展，重庆电子产业的转型升级和集群发展已然从量的积累逐步转向了质的跃升，产业竞争能力和价值得到了较大的提升。从产业链配套看，重庆虽以笔记本电脑为代表从低端组装加工嵌入全球价值链，但随着近十年先后推进实施“云端计划”“芯屏器核网”等产业链完善升级发展策略，在不断提升本地、国内配套形成较完善产业链同时，产品也实现快速升级，在集成电路、新型显示等产品领域实现较大突破，前后端的研发设计、营销、结算等服务业配套不断完善，电子产品附加值加快提高，电子信息产业链和产业集群基本形成，在全球竞争力和价值链的地位有所提升。但同时也应该看到，重庆电子产业在关键核心部件（从研发设计到制造环节）外部依赖性依然很大，“卡脖子”问题突出，且短期难以有效解决，要保持并不断提升市场竞争力和全球价值链地位，面临来自发达国家的技术封锁、关键核心产品断供和国内其他省市的竞争挑战。

3. 材料产业竞争力较弱，但处于全球价值链中端

2019年，重庆材料产业RCA指数和RUV指数分别为0.87和0.99，表明其在全国开放格局中竞争力较弱，但在全球价值链中处于中端，表现相对较好。主要原因在于：一是材料产业进出口总量较小，出口量为106296万美元，占全市材料产业总产值不足1%，出口、进口值分别占全市制造业出口、进口总值的2.5%、10.3%，市场占有率较低，竞争力相对较弱。二是新材料产业发展取得突出成效。全市材料产业产品不断创新升级，新材料产值占材料产业总值比重达17.7%，新材料行业R&D投入强度（R&D投入占企业主营业务收入比重）为接近4%的较高水平，拥有国家级技术中心4个（仪表功

能材料研发中心、镁合金材料研发中心、西南铝集团技术中心、重庆钢铁集团技术中心），市级创新平台 68 个，在铝合金、镁合金、玻璃纤维复合材料、半导体材料等细分行业的创新能力突出。从进、出口产品单价比较看，重庆玻璃、钢材、未锻轧铝及铝材、锯材等产品出口高于进口，先进合金材料等发展成效和态势较好，推动材料产业在全球价值链中不断提升至中端水平。但总体来看，全市材料产业低端产品占比大、研发创新不足、产品价值较低等问题仍然突出，产业竞争力和价值链地位亟待进一步提升。

4. 汽摩、装备、消费品、医药四大行业整体水平均较低

从竞争力看，汽摩产业竞争力较强，装备产业较弱，消费品和医药产业弱。从全球价值链地位看，四大行业均处于低端。主要原因在于：一是从汽摩产量及市场占有看，具有一定优势。全市汽车产业已形成明显的产业集群优势，本地配套率高（超过 70%），已形成 400 万辆年生产能力，处于全国前列，2016 年排全国第 1 位，近年有所下滑，2019 年排全国第 7 位。从摩托车产业看，重庆是全国重要的摩托车生产制造基地，拥有力帆、宗申、隆鑫、建设雅马哈、广本万强等国内外知名厂商并排名全国前列，具有年产 1000 万辆整车和 2000 万台发动机的综合生产能力，当前产销量仍占全国的 25%，总产值约 818 亿元。但装备、消费品、医药产量和出口市场占有等方面在全国不具有优势，体现为比较弱的市场竞争力。二是从全球价值链看，上述四大产业均处于低端，主要原因在于创新能力不足、技术含量低、集群效应尚未形成等。但同时应看到，上述产业正加快转型升级步伐，如 2020 年重庆汽车产业在一系列中高端新品的带动下，在全国汽车产业持续下滑背景下率先触底反弹、逆势增长，随着新能源汽车、智能网联汽车创新发展步伐加快，汽车产业提升国际竞争力和全球价值链地位潜力巨大。

二、相关建议

（一）突出四大重点，厘清提升制造业全球价值链地位的思路

结合重庆制造业及重点行业发展不足及差异性特征，抓住构建新发展格

局重大机遇，从四个方面着力厘清发展思路：

一是以创新驱动和数字化转型为核心。把创新驱动和数字化转型摆在提升制造业 GVC 地位、促进高质量发展的核心位置，加快培育壮大一批产业发展平台、研发创新平台和专业服务平台，不断强化各类市场主体创新和数字化应用作用，将产业数字化、智能化改造作为主要路径，加快以信息技术为代表的新技术、新业态、新模式应用，不断拓展数字化应用场景，推动创新成果转化和数字化改造升级，完善科技创新体制机制，营造创新良好生态，提升产业科技创新能力和效率。

二是以提升全球地位和核心竞争力为目标。全球价值链（GVC）根本内涵是全球经济的高度精细化和专业化分工，产业的核心竞争力是产业 GVC 地位的核心体现。提升重庆制造业 GVC 地位，需要在构建国内大循环为主体的宏观环境下，加快构建区域、国内价值链，不断提升自身产业链价值链稳定性和安全性，继续扩大产业对外开放水平和质量，推动产业重点领域、关键环节和核心产品融入全球产业分工和市场体系，在全面参与全球产业竞争和分工过程中不断夯实制造业高质量发展基础，快速提升产品市场占有率、技术支撑力和产业核心竞争力，抢占国际产业竞争“制高点”。

三是推进三大重点发展战略。实施“制造业高质量”“生产性服务高水平”“规制环境高效率”三大战略。制造业高质量：通过科技原始创新和引进吸收再创新、培育和造就一支高质量人才队伍、催生新业态和新模式等路径，加快提升制造业关键领域和关键环节在全国、全球价值链地位，强化制造业高质量发展的动力支撑。生产性服务高水平：立足制造业高质量发展需求，推动金融服务、现代物流、科技研发、商务服务等生产性服务业加快发展，提升与制造业发展的耦合度，同时加快生产性服务业向智能化转型，更好地服务和满足制造业发展需求，强化生产性服务业高水平发展动力支撑。规制环境高效率：适应全球经济形势变化和市场需求，针对价值链各环节的科技研发、生产布局、贸易流通、人才等要素配置需求，率先落实国家法律法规、产业目录、清单管理，优化完善地方性法规、财政税收等支持政策、商务软环境，强化综合交通和信息化设施等基础设施硬件服务能力，提升教育、医疗、人文、开放等配套服务水平，夯实规制环境高效率动力支撑。

四是实施“三分”阶段式融入路径。在当前及未来严峻的国际环境背景下，需要分阶段实施、分层次推进、分类型融入。在融入时序上，明确不同时间节点的重点任务，分阶段制定和实施融入的思路、路径和措施。在融入路径上，要结合自身制造业发展基础和特点，围绕全球发展新形势和我国新发展格局，加快提升重庆制造业在成渝地区双城经济圈核心地位，全面提升重庆制造业在全国价值链的地位和层次，进而融入全球价值链。在融入次序上，深刻认识重庆制造业的比较优势和发展现状，推动在全国乃至全球具有明显比较优势的产业环节和领域率先提升 GVC 地位，带动其他相关领域融入。

（二）因业施策，加快提升制造业全球价值链地位

按照发挥优势与补全短板相结合，根据不同行业具有不同的“微笑曲线”特征，分类施策，从不同角度实现融入 GVC。电子、汽车、摩托车、消费品、生物医药等行业产品直接面向消费者，应重点突出个性驱动，加快树立品牌，尽快实现升级。装备、材料等行业更多体现对制造业其他行业发展的基础性支撑特征，应重点突出创新引领，进一步巩固强化发展基础，推动价值链升级，加快全市制造业高质量发展步伐。

电子产业应注重产品升级和功能升级。重庆电子产业目前虽然处于全球价值链相对高端，但仍有较多的产品处于中低端，缺乏自主品牌，目前全市电子配套环节多是外围配套，关键核心零部件仍依靠国内外采购，整体附加值相对较低。为此，应重点在产品升级和功能升级两方面着力，通过补链、延链再到强链，改变 OEM 生产模式，加快推出自主新产品，提升全市电子产业的 GVC 地位。

汽车产业应注重产品升级和链条升级。重庆汽车产业基础较好，发展相对成熟，但仍处于全球价值链低端，目前以生产中低端车型为主，经济型产

品占比高达90%，零部件产品主要集中在车身、内外饰、底盘领域，在自动变速器、汽车电子等高附加值领域偏少。为此，应重点从产品升级和链条升级方面着力，进一步固链强链，补齐大小三电和智能网联核心零部件领域短板，加快推出有竞争力的新能源汽车和智能网联汽车，提升重庆汽车产业的GVC地位。

摩托车产业应注重产品升级和链条升级。重庆摩托车产业基础相对成熟，同样处于全球价值链低端，当前产品结构较为单一，多为小排量跨骑车和弯梁车，电喷系统等核心零部件仍然依靠进口和沿海采购，价值链仍亟待提升。为此，应重点从产品升级和链条升级方面着力，进一步固链强链，推出大排量、电动、智能摩托车，提升重庆摩托车产业的GVC地位。

消费品产业应注重工艺流程升级和产品升级。重庆消费品产业整体规模相对较大，但处于全球价值链低端，产业龙头企业少，企业研发能力弱，品牌市场影响力较弱，高端产品少，产品附加值较低，竞争力有待提升。结合居民对消费品的个性需求以及对绿色健康产品的需求，重点在工艺流程升级和产品升级两方面进行突破，进一步固链强链，推出绿色化、个性化产品，提升重庆消费品产业的GVC地位。

生物医药产业应注重工艺流程升级和产品升级。重庆生物医药产业能级总体不高，产业链条不完善，高附加值环节发展滞后，处于全球价值链低端。为此，应重点在工艺流程升级、产品升级等方面，进一步补链强链，推出医药健康产品，提升重庆生物医药产业的GVC地位。

装备制造产业应注重工艺流程升级和产品升级。重庆装备制造产业具有较好的基础，但处于全球价值链低端，产品竞争力较弱，供应链整体水平不高，大多关键零部件依靠进口或外地采购，关键核心技术掌控不够。为此，应重点选择工艺流程升级和产品升级，进一步固链强链，以集成龙头企业带动壮大高端装备制造，提升重庆装备制造产业的GVC地位。

材料产业应注重工艺流程升级和产品升级。重庆材料产业具有较好发展基础，但是先进轻量化材料产业规模小，产业链未能有效延伸，本地配套不足，对本地产业的支撑不够，产品不能满足轨道交通、航空航天、电子产品升级等的需求，在技术创新、产业规模等方面还有很大差距。为此，应重点通过工艺流程升级和产品升级，进一步延链强链，推动绿色化生产，着力发展合金新材料、复合新材料和功能性新材料，提升重庆材料产业的 GVC 地位。制造业升级路径见表 3。

表 3 制造业升级路径

产业	升级路径
电子	**产品升级：**重点突破功率半导体、存储芯片、人工智能及物联网芯片、模拟及数模混合芯片、新型显示等半导体产品的研发制造，巩固锂电池、摄像头模组、电路板、精密结构件、触控模组、智能传感器等关键行业，积极推出智能穿戴设备、超高清视频终端、个性化智能终端、5G 通信终端、智能家电等产品 **功能升级：**重点是改变 OEM 生产模式，加快向研发、营销服务等两端延伸，着力自主研发生产一批新型产品，形成自主品牌和产品体系，在全球市场上占据有利地位
汽车	**产品升级：**重点是加快完善新能源汽车动力电池、电驱动系统、电控系统、电空调、电转向、电制动、氢燃料电池等环节，补齐智能网联汽车的智能感知元件、自动驾驶系统、网联终端等领域短板，推出新能源汽车和智能网联汽车 **链条升级：**重点是提升高端车型智能化水平和前装比例，鼓励中端车型更多地使用智能化设备并逐步提高智能汽车生产比例；加快提升整车智能化、网联化技术水平，鼓励企业开展 L3 级别以上的智能汽车研发；引导公交、物流、医疗、景区用车、环卫等商用车、专用车安装驾驶辅助系统，大力推进 5G 网络、IPv6 规模化部署和智能路网基础设施建设，形成良好的智能化汽车产业发展生态
摩托车	**产品升级：**重点是鼓励本地整车企业通过改造现有生产线，推出电动摩托、踏板摩托车、大排量摩托车等新型摩托车 **链条升级：**重点是将人工智能等技术应用于摩托车产业，深化与本地汽车企业在节能减排、新能源、智能网联等领域技术和供应链合作共享，积极开展新能源摩托车标准研制和产品研发，逐步提升辅助驾驶系统装车比例
消费品	**工艺流程升级：**从食品原材料种植采摘等环节入手实现绿色溯源等技术，在生产环节采用绿色工艺，最大限度地对接国际先进标准，实现绿色认证。特色轻纺方面，应从原材料处理等方面着手，最大限度地减少对环境的污染，在生产制造环节采用低碳循环工艺路线，做到绿色生产 **产品升级：**重点针对智能家居等智能化产品的需求，推出个性化产品。在食品加工方面，要实行精品化包装升级，推出精致特色产品，并且结合重庆特色，推出特色调味品，走向国际市场。特色轻工方面，增加智能安防、智能生活等智能家居产品的研发制造，增强产品的国际市场竞争力

续表

产业	升级路径
生物医药	**工艺流程升级**：重点对生产药物的工艺方式进行创新，生物制药要强化生物医药产业技术研发与转化功能型平台，搭建 CMC、CRO、CMO 等一批研发和转化公共平台，通过平台建设加快产品导入。化学药要推进产业平台大力引入智能制造、环保工艺、柔性化生产技术体系，打通上下游产业链条，推动化学药物强化品种持牌，实现原料药加制剂一体化 **产品升级**：重点抓住健康产品需求快速增加趋势，推出高端医疗器械、创新药物等医药健康产品，如医疗器械突出发展高值耗材、IVD 等重点领域和产品，现代中药突出中药大品种二次开发和培育
装备制造	**工艺流程升级**：重点是对生产制造过程的工艺进行提升，要加快突破“卡脖子”技术，促进关键核心零部件的研发生产制造，积极引进培育系统集成龙头企业，提升系统集成能力 **产品升级**：重点是结合对高端装备的需求，推动现有装备产品向智能化、成套化和系统化转型升级，培育轨道交通装备（各种制式的轨道装备）、智能制造装备（服务机器人等）、航空航天装备、能源装备、节能环保装备等整机产品，打造优势特色装备制造产业集群
材料	**工艺流程升级**：重点加强产品工艺的研发创新，多用绿色低碳循环化技术改造现有生产线，强化产品回收利用技术研发，提高产品适应绿色发展需求 **产品升级**：重点瞄准合金材料、复合材料、功能性材料等领域进行产品创新，推动铝、镁、钛等轻合金精深加工、高性能纤维复合材料、节能环保材料等领域向产业链发展空白及下游延伸补短板，加强补链成群

（三）多措并举，加快构筑和完善支撑体系

充分认识规制者驱动在提升重庆制造业全球价值链地位方面的重要作用，加快构筑完善以人才、政策和营商环境等为核心的支撑体系，不断提升融入 GVC 软实力支撑。

增强人才集聚能力。一是围绕重点领域、重点产业和重点行业，深入实施重庆英才计划等重点人才工程，加大对顶尖人才项目投入力度，着力打造研发创新、高技能、营销、品牌服务和管理创新人才等高层次人才队伍，集聚高层次创新创业人才。二是拓宽招才引智渠道，有效提升人才集聚的规模层次。以高等院校、科研院所为依托，以海外招才引智联络站为纽带，着力打造市级招才引智平台，努力实现招商引资、招才引智双轮驱动，推进重大项目不仅有“含金量”，也有“含才量”。三是实施专业技术人才知识更新工

程和先进制造卓越工程师培养计划，建立健全院士博士工作站制度，统筹产业发展和人力资源培养开发规划，创建一批紧密对接产业链、创新链的“一流学科”。引导本地普通高校和职业技术学院围绕融入GVC，优化学科专业设置，建立一批实训基地，开展现代学徒制试点示范。

强化精准政策扶持。一是深化金融领域改革，创新金融产品和服务，加大重点领域和关键环节支持力度。鼓励金融机构实施绿色金融政策，调整信贷结构。规范发展区域性股权市场，支持符合条件的企业在境内外上市融资和发债。开发知识产权质押融资、产业链融资等金融创新产品，引导创业投资、私募股权投资等加大对中小微企业支持。鼓励产业贷款和租赁资产开展证券化试点。二是有序推广PPP模式，引导社会资本参与产业重大项目建设、企业技术改造和关键基础设施建设。创新财政资金扶持方式，推进专项资金改基金，发展产业投资基金，提高财政资金使用效益。落实支持创新的政府采购政策，推动产业创新产品的规模化应用。扩大资助范围，将模式创新、业态创新纳入产业扶持政策适用范围。三是引导双创基地资源整合，打通跨行政区域、跨行业、跨部门流动通道，促进双创资源要素在更高层次融合创新。实施知名创业孵化平台引进专项行动，提升孵化服务质量和水平。统一认定授牌全市众创空间，建设一批具有示范带动作用的品牌众创空间。整合多方资源、强化品牌创建，打造全市统一“渝创渝新”品牌。

着力营造一流营商环境。一是优化法治环境，加强产权保护，严格规范涉案财产处置法律程序，切实保障企业和企业家合法权益。加强法律顾问队伍建设，提升法律援助质量。二是深化“放管服”改革，建立“一次办结”目录，扩大“一次不跑”“只跑一次”事项范围，形成覆盖行政审批、行政征收、行政裁决等领域涉企事项的“一次办结”机制。推行一次性告知承诺制，全面提升行政审批和公共服务效率。三是全面清理废止不利于统一市场建设和公平竞争的政策措施，严格实施市场准入负面清单制度，推进相关领域管理体制改革，开展实体经济“降成本”行动，建立统一开放、竞争有序的市场体系。四是联动四川，共同争取国家支持，积极创建全国民营经济示范城市，争取国家支持西部地区高新技术企业享受税收叠加优惠，支持在重庆建设地方征信机构和知识产权交易保护中心，打造长江上游涉外法律服务高地。

[重庆市综合经济研究院
主研：易小光　丁　瑶　余贵玲　李　林　唐于渝　夏　月
　　　李　权　陈　姝　简华球
执笔：余贵玲　李　权　李　林]

实施“四个五”策略，推动川渝地区消费品产业高质量发展

内容摘要：消费品产业是基础性、民生性、支柱性、战略性产业，对于区域经济社会发展至关重要。近年来，川渝地区利用自身的资源禀赋条件，通过实施产业园区建设、龙头企业培育等举措，消费品产业得到了长足发展，但也存在发展层次不高、优势领域不多、创新能力不强、协作发展不深等四大突出问题。建议：一是聚焦酿酒、健康食品、纺织服装、特色轻工、时尚潮流消费品五大重点领域，共同打造特色消费品产业集群；二是实施技术创新平台建设、创新主体培育、创新人才集聚、创新政策优化、企业技术改造五大创新工程，加快提升消费品产业创新能力；三是加快实施产业园区建设一体化、产业集群配套一体化、特色农产品加工一体化、物流通道建设一体化、销售网络建设一体化五大示范工程，切实增强产业发展动力；四是深入实施市场主体共育、产业服务平台共建、产业品牌共创、产业分工共推、体制机制共商五大协作路径，共同培育产业发展大生态。

消费品产业是直接服务生产、满足消费需求的重要民生产业，涵盖轻工、纺织、食品等工业门类，是国民经济和社会发展的基础性、民生性、支柱性、战略性产业。《成渝地区双城经济圈建设规划纲要》提出打造特色消费品产业集群，为川渝地区消费品产业发展指明了方向。厘清川渝地区消费品产业发展现状，尤其是存在的突出问题，并提出针对性的对策建议，对推动川渝地区特色消费品产业高质量发展，助力成渝地区双城经济圈建设成为带动全国

高质量发展的重要增长极和新动力源意义重大。

一、川渝地区消费品产业高质量发展存在四大突出问题

近年来，川渝地区依托良好的资源禀赋条件，在一批优秀的龙头企业带动和一批产业园区强力支撑下，消费品产业取得长足发展。目前，川渝地区消费品产业产值规模超过1.8万亿元，占两省市规模以上工业总产值27%左右，产业门类齐全，拥有涪陵榨菜、荣昌猪、五粮液、泸州老窖、江小白、张飞牛肉等一批知名品牌，具备一定产业竞争力。但对比高质量发展要求，川渝地区消费品产业在产业能级、优势领域、创新能力、协作发展等方面还存在不足，在企业主体、产品具体层面呈现“三多三少”① 现象，市场竞争力总体还不强。

一是产业发展层次不高。从需求侧看，川渝两地均为欠发达地区，居民人均收入水平不高②，仍有大部分居民处于吃饱穿暖的物质型消费阶段，本地居民对中高端消费品需求还不足、消费层次还不高。从供给侧看，川渝两地消费品仍是以中低端产品为主，高附加值产品较少，如粮油加工下游的冷冻食品、方便食品、烘焙食品等高附加值食品制造不多，企业数量明显低于国内优势地区。同时，智能家居、时尚美妆、美食工业化等市场潜力大的产业项目缺乏。以化妆品为例，重庆位列中国消费活力城市榜第三③，2021年化妆品零售总额增速高于全国平均水平，但本地生产企业少且产品较低端，2021年重庆化妆品生产企业26家，仅占全国的0.46%，川渝两地化妆品生产企业不足广东省的3%④。

---

① 企业数量多、原创品牌企业少，风格雷同产品多、独创特色产品少，低附加值产品多、高附加值产品少。

② 2021年，重庆和四川人均可支配收入分别为3.38万元（排第11名）、2.91万元（排第18名），仅为上海人均可支配收入（排第1名）的37%~43%。

③ 《2022福布斯中国消费活力城市榜》显示，重庆位列第三，排名仅次于北京和上海。

④ 参考2021年国家药品监督管理局化妆品生产企业许可情况统计情况，目前全国美妆产业生产企业约5700家，主要集中在广东、浙江、江苏、上海、山东等区域，其中广东超过3000家，占全国半壁江山。

二是产业优势领域不多。总体看，川渝地区优势消费品多为历史积淀形成，其核心竞争力主要来源于传统技艺、工匠人才、老字号品牌、消费者口碑、市场认同度等。分行业看，得益于优质的资源禀赋，食品饮料产业优势较为明显，其中白酒产业依托优质的原材料，加上传统酿酒工艺以及历史品牌效应的积淀，影响力较强；而家用电器、智能家居、时尚服饰等其他多数消费品产业优势并不明显，产业影响力相对较弱。从市场看，川渝两地生产的消费品主要销往川渝及周边地区，具有全国影响力和国际知名度的消费品品牌相对较少。如本地家电品牌仅有“长虹”进入了“2020—2021 年度中国家用电器行业品牌榜单”的空调类别，而全国共有 70 个品牌进入该榜单[①]。

三是产业创新能力不强。由于消费品产业直接面向竞争充分的消费者终端市场，必须依靠产品创新保持产业核心竞争力。目前，川渝两地消费品产业的研发投入不足，研发投入强度低于地区平均水平。从行业层面看，四川 2020 年农副食品加工、食品制造、酒饮料和精制茶制造、烟草制造、纺织、服装、皮革制品、木材加工、造纸等消费品行业规模以上工业企业 R&D 经费投入强度均未超过 0.5%，远低于全省 2.0% 的研发投入强度水平。从企业层面看，以啤酒类上市企业为例，重庆啤酒 2021 年研发费用率[②]为 1.24%，低于当年惠泉啤酒、珠江啤酒、燕京啤酒的研发费用率（分别为 3.68%、3.27%、1.75%）。同时，两地消费品企业在技术、营销、管理等领域人才相对匮乏，加上企业家创新思维不够，企业更多是跟踪和模仿创新，模式创新较少，企业自主创新能力总体较弱。

四是产业协作发展不深。由于川渝两地资源禀赋、经济发展阶段、居民生活习惯等方面相似，消费品产业发展存在一定程度的同质化竞争，其中食品饮料、纺织服装、造纸等传统消费品同质化相对较为严重。由于川渝两地缺乏统一消费品产业规划布局，消费品供应链、创新链、产业链和价值链方

---

① “中国家用电器行业品牌评价”项目是在工业和信息化部消费品工业司的委托和指导下，由中国家用电器研究院实施开展的品牌战略和品牌管理研究项目。

② 研发费用率是指企业当年的研究开发费用总额占销售收入的比例。

面尚未实现深度合作、优势互补。受消费品市场半径限制以及行政区域不同等影响，川渝两地消费品产业的配套或供应链主要集中在各自区域，毗邻地区的产业链上下游配套不足。目前，川渝两地的消费品产业合作仍主要集中在原材料等产业链低端环节合作，在行业标准制定、联合研发、共同拓展市场、商贸平台互用、外贸等领域的合作较少。以榨菜产业为例，两地合作主要集中在原料供应领域[①]，在共同拓展市场、区域品牌打造等方面的合作还处于起步阶段。

二、实施“四个五”策略，推动川渝地区消费品产业高质量发展

川渝地区要围绕国内外消费升级需求新变化，以“三品”战略为引领，着力实施“四个五”策略——聚焦五大重点领域、实施五大创新工程、推进五大示范工程和实施五大协作路径，加快提升川渝消费品产业的市场竞争力。

（一）聚焦五大重点领域，共同打造特色产业集群

一是提升酿酒产业集群影响力。打造川渝酿酒产业集聚区，推动四川宜宾、泸州、绵阳、成都和重庆江津、万州等主产区加快发展。加快川渝传统酿酒工艺升级，突出固态酿造与绿色循环发展，强化新技术在酿酒及配套产业上的应用。促进川渝酿酒产业融合发展，积极推进川渝白酒产业在原料种植、酿酒技术、品牌建设、电子商务、酒厂文旅等方面全面展开合作。扩大川渝酿酒产业影响力，做优做强四川“六朵金花”[②]，积极培育四川“十朵小金花”[③]，提升重庆“江小白”“诗仙太白”等品牌影响力。

二是壮大健康食品产业集群。按照“基地种植 + 精深加工”方式，延伸拓展食品加工产业链，提高产品附加值。建设长江上游名优茶产业带，推动

---

① 中国青菜头种植地区主要集中在重庆涪陵、浙江余姚和四川。其中，涪陵区的种植面积约占中国总种植面积的46%，重庆其他地区约占14%，浙江余姚等地约占24%，四川约占8%。每年，吉香居、味聚特等四川榨菜加工企业会到重庆涪陵等区域收购青菜头。

② 泸州老窖、五粮液、剑南春、全兴大曲、郎酒、沱牌。

③ 丰谷、仙潭、文君、金雁、三溪、古川、小角楼、叙府、江口醇、玉蝉。

川南渝西、蒙顶山、峨眉山、渝东南、三峡库区、川东北、川中等主要茶产区茶园标准化建设，提升高附加值茶叶深加工技术水平。做强农副产品加工基地，发挥原料相对连片优势，推动粮油、肉制品、调味品、菌类、水果等农产品加工企业向园区集聚发展。打造美食工业化新高地，推动川菜、火锅、小面等地方特色美食规模化生产，加快发展预制菜，积极培育保健食品、营养强化食品、双蛋白食物等新型营养健康食品、饮品。

三是提升纺织服装产业集群竞争力。围绕丝绸化纤、染整、纺纱、织布和成衣等领域，推动产业链上中下游协同联动，打造川渝地区时尚服装生产基地。上游环节重点实施一批蚕桑丝绸领域关键性、颠覆性技术重大攻关项目，推动纤维基复合材料及其他高性能纺织材料产业化。中游环节加快壮大雅戈尔、尚诚服饰、雷迪波尔等“链主”企业，带动区域内大中小企业共同发展，打造纺织服装、化纤、茧丝绸等产业集群。下游环节选择有产业及市场基础的地区高起点建立一体化中高档服装加工体系，共同承接沿海地区成衣产能转移和国际快消品牌服装订单。

四是改造升级特色轻工消费品产业集群。实施强链补链延链行动，育新提旧并举，增强川渝地区特色轻工业发展动力。实施强链行动，重点发挥龙头企业作用，强化供应链合作，巩固提升包装纸制品、家具、家电、陶瓷等区域品牌影响力。实施补链行动，重点补齐废纸回收再利用、家居关键零部件、新型陶瓷、装配式建筑材料等短板。实施延链行动，重点围绕智能家电、智能家居、智慧家庭等方向，引进头部企业，全方位延伸产品链、技术链、供应链、服务链，提高产品市场竞争力。

五是积极培育时尚潮流消费品产业集群。围绕个性美妆、工艺美术品、眼镜、时尚数码等领域，注重设计、融入文化、强化体验，共建一批时尚潮流消费品产业集群。强化设计赋能，依托重庆工业设计产业城、四川国际创新设计产业园等设计策源地，围绕满足消费者多样化需求，推动时尚设计、个性化设计、定制设计与时尚潮流消费品产业对接融合。强化文化铸魂，挖掘川渝悠久历史文化，推动文化与时尚消费品深度融合，倡导生活美学、更新商业模式、引领跨界交融，推动文化成为提升时尚消费品产业的重要元素。

（二）实施五大创新工程，提升产业发展创新能力

一是实施技术创新平台建设工程。积极统筹川渝消费品创新资源，共同打造柑橘加工等全国科技创新中心，建设消费品产业和物流技术（工程）研究研发中心、产业技术研究院和产业技术联盟、创新（设计）中心、企业技术中心、重点（工程）实验室、优势农产品品质评价研究中心、高新技术企业孵化器等一批创新平台，夯实消费品产业创新载体。

二是实施创新主体培育工程。围绕酿酒、健康食品、纺织服装、特色轻工、时尚潮流消费品等重点领域，积极培育一批具有引领能力的创新企业。重点鼓励支持具有技术引领性的消费品企业加大创新投入，强化产品创新，形成一批有市场竞争力的消费品。支持企业开展商业模式创新，实现与文化旅游等产业融合发展，打造复合创新型企业。

三是实施产业创新人才集聚工程。产业创新人才是川渝地区消费品实现高质量发展的重要保障。要积极优化人才政策，吸引集聚消费品产业缺乏的技术型人才、复合型人才以及各类中高级人才，打造产业创新人才队伍，推动川渝地区消费品产业加快实现创新发展。

四是实施产业创新政策优化工程。聚焦产业创新存在的卡点、堵点，科学调整产业创新支持政策，鼓励消费品企业开展运营模式创新、技术创新。结合追更经济①、时尚经济等发展需求，合理调整产业政策，重点支持技术原创产品、融合创新产品、创新型文创产品等加快发展，打造一批引领时尚潮流的消费品。

五是实施企业技术改造工程。在食品、纺织、家具等行业扶持一批消费品产业装备研发机构和生产创制企业，提高关键装备国产化水平。推动有条件的企业加快智能化技术改造升级，积极开展数字化车间和智能工厂示范，

① 追更即追更新。新人群催生新需求，年轻人成为主力消费人群后带动品牌、企业加速创新，由此推动快消品行业新产品、新品牌、新品类风起云涌的经济状态，被称为“追更经济”。

建设一批现代化消费品生产企业。

（三）推进五大示范工程，切实增强产业发展动力

一是推进产业园区建设一体化示范工程。一体化共建特色农牧产品加工基地，以内江、荣昌为主合作布局肉类、稻渔产品、柑橘等特色优势农牧产品加工基地；以泸州、永川、江津为主，联合共建富硒特色农产品加工区，积极争创跨区域国家农业高新技术产业示范区。一体化建设特色食品饮料产业基地，巩固提升川渝地区现有食品加工产业园，打响特色风味食品、功能食品、旅游休闲食品品牌。一体化建设消费品承接产业转移基地，吸引国内外家电、陶瓷、家具、纺织服装、食品等产业转移，创建西部承接产业转移示范基地。

二是推进特色产业集群配套一体化示范工程。实施白酒产业集群配套一体化示范工程，推动泸州、永川、江津联合打造集白酒生产、包装、仓储、销售、物流、会展、旅游等于一体，一二三产业融合发展的金三角白酒产业上下游产业协作区。实施柠檬产业集群配套一体化示范工程，推动安岳、潼南、大足联合打造“全国第一、国际领先”的集加工、展示、交易、电商为一体的优质柠檬产业精深加工区。实施蚕桑产业集群配套一体化示范工程，全面推动川渝毗邻地区共同建设集桑蚕种质资源保护、优质蚕种生产供应调节、优质茧丝生产和蚕桑资源产业化开发于一体的现代蚕桑丝绸园区和产业带。同时，积极选择其他有条件的消费品领域，推动实施一批消费品产业链上下游配套项目。

三是推进特色农产品加工一体化示范工程。实施“川菜渝味”加工示范工程，有机融合现代食品工程和川菜烹饪技术，建设优质农产品生产直供基地和精深加工园区，共同打造全国绿色农产品加工示范区。建设国家骨干冷链物流基地，共建渝西川东农产品集散中心，开行国际冷链物流集装箱班列，打造川渝地区农产品进出口分拨中心。同时，围绕“粮头食尾”“农头工尾”，一体化拓展产业链，推动一批农产品加工项目建设。

四是推进供应链体系建设一体化示范工程。围绕川渝地区消费品产业链发展，强化物流通道一体化建设，完善供应链体系。对外，共同建设中欧班列、西部陆海新通道等国际铁路联运大通道，畅通国际运输通道，保障川渝地区消费品国际市场供应和原材料进口。对内，共同畅通川渝地区省际联系通道，强化与周边地区的通道联系，积极融入国家交通网络体系，畅通国内运输通道，提升鲜活农产品运输车辆通行服务水平，完善川渝地区消费品国内供应链体系。

五是推进销售网络建设一体化示范工程。积极拓展传统销售渠道，加快实施会展宣介能级提升、旅游赋能、川渝市场一体化三大行动，助力“川渝造”消费品市场拓展。加快培育新兴销售模式，以“直播带货”“社交电商”等为引领，共同实施新零售、全网营销、电商融合三大行动，带动传统营销模式升级。共同拓展海外市场，聚焦融入国内国际双循环新发展格局，抢抓RCEP等机遇，共同发展“海外仓”，加强消费品出口平台协作，拓展海外订单，共同拓展国际市场。

（四）实施五大协作路径，共同培育产业发展大生态

一是市场主体共育。引进培育龙头企业，深入实施大企业大集团战略，鼓励企业兼并重组、强强联合，力争培育15家100亿级、20家50亿级主业突出、技术先进的消费品产业龙头企业。实施“专精特新”工程，加快培育一批有优势产品、有稳定市场、有品牌价值的消费品“专精特新”“新技术、新工艺、新产品”示范企业和“小巨人”企业。扶持一批中小企业，推动一批优势突出、成长性好的规模以下消费品小微企业上规入统，建设一批年产值超亿元的加工示范企业。

二是产业服务平台共建。发挥川渝大数据智能化领先优势，共建消费品产业综合服务平台，为企业原材料采购、市场销售、人才引进等提供全方位精准服务，数字赋能消费品产业高质量发展。依托川渝毗邻合作平台，共建消费品特色园区服务平台，探索建立园区合作收益共享和成本分摊机制，重点推进农业科技园区和农产品深加工基地共建，高标准打造若干消费品标准园区。依托西部（重庆、成都）科学城、绵阳科技城、国家级新区、国家自主创新示范区等创新平台，共同打造一批消费品创新成果孵化园区、孵化基地，推动研究成果就地产业转化。

三是产业品牌共创。联合打造川渝特色消费品品牌和“川菜渝味”等区域公用品牌，打好“川渝有味”“川渝有面”“川渝有酒”品牌，推广“巴味渝珍”“天府龙芽”“天府菜油”“永川秀芽”“自然贡品”“涪城麦冬”等特色农产品品牌，巩固提升四川泡菜、涪陵榨菜、郫县豆瓣、南充和大足冬菜、宜宾芽菜、石柱莼菜等品牌影响力。创新品牌塑造与宣传模式，鼓励消费品企业加快营销模式创新，推广新零售模式，打造一批川渝特色网红产品。支持开展“成渝双城经济圈工业消费品精品展”等宣传推广活动，推动优势品牌国际化。

四是产业分工共推。突出产业分工错位，酿酒产业，四川突出发展浓香型、酱香型产品，重庆突出发展清香型产品；健康食品，四川突出发展粮油、肉制品、精制茶等，重庆突出发展调味品、预制菜等；纺织服装，四川突出发展中上游环节，重庆突出发展中下游环节；特色轻工，川渝两地结合自身资源优势，发展特色产品；时尚潮流消费品，四川突出发展美妆健康等，重庆突出发展眼镜、钟表等。推进川渝毗邻地区消费品产业分工合作，完善消费品产业链上下游配套，促进产业集聚融合创新发展，实现川渝两地消费品产业“共享大市场、共促大循环、共谋大发展”。推动川渝两地消费品产业跨界融合，鼓励技术跨界、交叉和渗透，开发新产品，开辟新行业、新模式，延伸产业链，促进行业级“微融合”。

五是体制机制共商。强化产业政策引领，川渝两地政府共同研究制定消费品产业发展规划，尽快出台协同推进消费品产业高质量发展行动方案和相关政策。完善产业链协同发展机制，推动建立川渝地区消费品产业链长制，联合组建消费品产业发展基金，共建原料供应保障基地，推动区域内消费品行业标准共享、互认，提升区域消费品产业一体化发展水平。构建跨区域产业监管机制，探索组建跨区域市场、税务、知识产权等联合执法队伍，构建川渝消费品产业发展大数据监控平台，推动川渝消费品产业市场监管、知识产权保护、执法认证、检验检测等信息共享共用。

［重庆市综合经济研究院

主研：易小光　丁　瑶　余贵玲　李　权　蒋安玲　罗宇航
黎　慧　张　超　陈　殊　蒲昌权

执笔：李　权　黎　慧］

关于做大做强川渝六大优势食品工业的几点建议

内容摘要：食品工业是川渝地区重要的支柱产业，川渝地区是我国重要的特色食品工业基地。泡（榨）菜享誉海内外，肉制品加工规模居全国首位，粮油生产规模居全国前列，白酒啤酒制造全国领先，调味品产业全国优势明显，果蔬加工及饮料制造潜力巨大，同时也面临生产标准不统一精深加工不优，企业规模小带动力不强，产业链拓展延伸多元融合不够，技术研发和产品创新不足，品牌建设和推广力度亟待加大等诸多问题。建议：一是做强川渝酱腌菜产业集群，共同打造世界级酱腌菜高地；二是优化粮油加工产业链布局，做大做强重庆、成都两大都市圈粮油加工产业集群；三是聚焦生猪、禽类、牛肉三大领域，推动特色肉制品提质增效；四是积极拓展白酒产业链，推动川渝白酒融合发展；五是推动果蔬饮品产业链延伸，壮大川渝特色饮料产业集群；六是做大预制菜产业集群规模，打响"川菜渝味"预制菜品牌。

川渝两地物华天宝，具备发展食品工业的土壤和环境。大力发展食品工业，既能满足人民日益增长的多元化消费需求，更能有效促进三次产业循环转化，为提升农业资源利用增值效益创造平台通道。食品工业是川渝地区重要支柱产业。川渝地区是我国重要的特色食品工业基地，形成了榨（泡）菜、粮油加工、特色肉制品、优质白酒、果蔬加工及饮料制造、调味品等优势产业。2020 年，川渝地区食品工业营业收入突破万亿元大关，跃居全国第 3 位。

重庆创建了全国首个省级层面、全品类农产品区域公用品牌"巴味渝珍”，重点打造了涪陵榨菜、汇达柠檬、恒都牛肉、江小白等十大全国农产品知名品牌，在榨菜、肉制品加工、火锅底料等细分领域具有一定特色优势。四川打造了天府龙芽、天府粮油、东坡泡菜等一批区域特色品牌，8个四川食品饮料行业品牌入选2020年中国500个最具价值品牌，酒业“六朵金花”和竹叶青、美好火腿肠、丹丹豆瓣等品牌驰名中外。挖掘川渝各自比较优势，找准突破口，率先推动川渝食品工业重点领域开展深度合作，对于建设成渝现代高效特色农业带、培育世界级消费品产业集群具有重大意义。

一、找准川渝食品工业发展在全国的比较优势

（一）重庆榨菜和四川泡菜享誉海内外

川渝地区泡（榨）菜闻名全国、享誉世界，与韩国辣白菜、欧洲泡菜（法国酸黄瓜、德国甜酸甘蓝）并称为“世界三大酱腌菜”。目前，川渝地区青菜头种植面积、泡（榨）菜市场份额占全国比重均超过70%。重庆以榨菜为主，拥有涪陵榨菜、鱼泉、辣妹子等全国知名品牌，形成以涪陵为核心，沿长江辐射渝北、长寿、丰都、垫江、万州等区县的空间布局，年产销榨菜70余万吨，在全国独占鳌头。其中，涪陵榨菜相关企业数量占全国总量的46.5%，其市场份额约占全国的1/3，形成了“世界榨菜数中国、中国榨菜数涪陵”的格局。四川以泡菜为主，涌现了“新繁”泡菜、“李记”泡菜、“吉香居”泡菜等全国知名品牌，形成以眉山东坡、成都新繁为主要集聚地的空间格局，年产销量100余万吨，约占全国总销量的50%，居全国第一。其中眉山泡菜占四川的60%，奠定了“中国泡菜看四川、四川泡菜看眉山”的地位。

（二）粮油生产规模居全国前列

川渝地区自古以来就享有“天府之国”的美誉。2020年，川渝地区粮食产量达4608.8万吨，占全国6.9%，全国排名第四；油料产量达460万吨，占全国12.8%，全国排名第二。其中，四川、重庆粮食产量分别为3527.4万

吨、1081.4万吨，油料产量分别为392.9万吨、67.1万吨。四川有12家粮油企业14个产品入选“中国好粮油”，入选产品总数位列全国第9位，有13家年营收过亿元的粮油企业，有“四川好粮油”“天府菜油”两大区域公共品牌，有仙特、白家、东汉、正中等一批知名品牌。重庆有2家粮油企业5个粮油产品，实现了“零的突破”，有6家年营收过亿元的粮油企业，有“重庆好粮油”1个区域公共品牌，有红蜻蜓油脂、阿兴家米制品、巴山贡米、巫溪洋芋等一批知名品牌。

（三）肉制品加工规模居全国首位

川渝地区是我国肉类主产区。2020年，川渝肉类产量759万吨，占全国总产量的9.8%，稳居全国第一。其中，猪肉、牛肉产量分别为503.6万吨、44.4万吨，分别占全国总产量的12.2%、6.6%，均居全国第一。四川生猪出栏量常年保持6000万头左右，居全国首位，年加工能力达到100万吨以上。其中，遂宁猪肉深加工产能占四川总产能的1/3，猪肉罐头产量占四川总产量六成以上。重庆生猪出栏量常年保持在1500万头左右，以荣昌为核心，建成生猪技术创新中心、交易市场、大数据中心三大国家级生猪交易技术平台。禽类和牛肉加工方面，重庆形成梁平张鸭子、荣昌卤鹅、恒都牛肉等知名品牌，四川拥有张飞牛肉等特色品牌，带动相关产业链向上下游延伸。

（四）白酒啤酒制造全国领先

川渝地区是全国重要的白酒啤酒生产基地，素有“名酒之乡”的美称。2020年，川渝地区规上企业白酒产量达378.1万千升，占全国总产量的51%；啤酒产量315.4万千升，占全国总产量的9.1%，全国排名第三。四川白酒拥有五粮液、剑南春、泸州老窖、郎酒等知名品牌，形成泸州、宜宾等六大全国优势白酒产区。2020年四川白酒产量达367.6万千升，占全国总产量的49.6%；啤酒产量249.9万千升，占全国总产量的7.24%。重庆白酒拥有江小白、诗仙太白等品牌，2020年产量达10.47万千升，占四川总产量的2.85%；啤酒65.54万千升，占全国总产量的1.9%。其中，重庆啤酒（嘉士伯）资产重组后跃升为全国第四大啤酒企业。

（五）果蔬加工及饮料制造潜力较大

川渝地区柑橘、柠檬产量较大，果蔬加工及饮料制造在全国规模优势明显。2021 年，川渝地区水果、蔬菜、饮料产量分别达 1707.4 万吨、7234.7 万吨、2057.93 万吨，分别占全国总产量的 5.9%、9.4%、11.2%。其中，饮料产量稳居全国第二。重庆果蔬加工以柑橘、柠檬、蓝莓、桃李等原浆果汁、果酒为主，已经形成“乖媳妇”“乐棒棒”“渝海”“野藤”等品牌；四川果蔬加工以柑橘、石榴、猕猴桃、柠檬等水果饮品、蔬菜汁为主，已经形成“邓桂”“川野”“川珍”“福丽滋”等品牌。重庆饮料拥有东鹏、天府可乐、派森百、光能、宜简、汇达柠檬、NFC 橙汁、云升、中梁山等知名品牌，2021 年产量达 225.69 万吨，占全国总产量的 1.2%。四川饮料拥有唯怡、峨眉雪、菊乐、冰川时代、可士可、维拉特、劲椹、福仁缘、蓝逸、贡嘎山、神马泉等知名品牌，2021 年产量达 1832.24 万吨，占全国总产量的 10%。

（六）调味品产业全国优势明显

目前，全国 80% 以上的麻辣复合调料都来自川渝地区，基本形成“全国调味品看川渝”的格局。2020 年，四川调味品产业产值超过 600 亿元，全国排名上升至第 3 位，重庆 400 多家调味品生产企业年产值已经突破 100 亿元。川渝地区年销售额超过 1 亿元的调味品企业有 40 余家，其中四川有 30 多家，重庆有 10 余家，形成了郫县豆瓣、饭扫光、保宁醋、千禾味业、红九九、毛哥食品、树上鲜、桥头火锅调料、秦妈食品、小天鹅等一批享誉全国的特色品牌。企业空间分布相对集中，四川主要分布于成都中国川菜产业园区、成都海峡两岸科技产业开发园、眉山市经济开发区等主要工业园区，企业数量占全省总数的 75% 以上。重庆主要分布于两江新区、重庆经开区、涪陵高新区等主要开发区，企业数量占全市比重达 64.3%。

二、川渝食品工业发展存在的短板

（一）生产标准不统一精深加工不优

目前，川渝地区食品工业原材料种植标准不统一，产业化程度不高，精深加工发展较弱。一是技术标准不统一。柑橘、猪牛肉、榨菜、茶叶、中药材等特色农产品种植以散户为主，尚未建立统一的规模化、标准化和现代化生产种植基地，导致质量参差不齐、产出标准不一、品质不佳，规模化经营程度不高，下游企业无法开展大规模采购。二是发展方式粗放。川渝地区食品工业仍以原料供给型、资源消耗型、初级加工型为主，初加工企业高达90%以上，精深加工企业不足10%，上下游食品加工、储存、销售等环节发展相对滞后，产业链供应链不完善。

（二）企业规模小辐射带动能力不强

川渝地区食品工业龙头企业数量较少，规模相对偏小，协同发展联结不紧密。一是龙头企业数量相对较少。2021年川渝地区规上食品工业企业占比不足10%，入选中国食品百强企业8家，低于长三角（20家）、山东（12家）、京津冀（9家）。二是企业规模不大。营业收入超50亿元大型企业不足10家，规上食品工业企业平均主营业务收入在5亿元以下，大多数食品企业年营业收入在1000万~5000万元。三是带动就业能力不强。川渝地区大部分食品加工企业固定从业人员在几十人到几百人之间，带动能力不强。

（三）产业链拓展延伸多元融合不够

川渝食品工业产业链拓展延伸不充分，融合产品单一、缺乏特色、规模小，产业融合合力无法释放。一是产业融合层次较低。目前，川渝地区融合模式主要采用“种植+加工”“加工+销售”等模式，都是一、二产业或二、三产业简单融合，食品加工产业链条普遍较短。二是融合产品经济效益不高。与文旅、商品流通环节等第三产业的战略性融合依然薄弱，品牌建设和推广不足，营销渠道单一，产业链条难以向高端开发领域延伸，导致产业融合增值收益不高，产品附加值低。此外，川渝食品产业融合发展的载体平台建设相对滞后，缺乏现代化产业合作园区和协作式产业集群。

（四）企业技术研发和产品创新不足

川渝食品工业技术装备落后，创新能力不强，新产品开发进展相对缓慢，无法充分满足多元化的消费需求。一是技术研发投入偏低。川渝地区食品工业中小微企业占比大，拥有自主知识产权的核心技术较少，研发投入强度不足1%，低于规上工业企业研发投入平均水平。二是生产设备和技术创新相对滞后。生产机械化智能化水平不高，生产效率较低、能耗高、废污处理落后，技术装备比发达国家落后20年左右，核心设备主要依赖进口。三是产品创新发展不足。多数产品停留在满足吃饱穿暖上，符合绿色、健康等更高层次需求的加工品不多。针对特殊人群、特殊用途的高品质食品供给不足，在创造食品消费新需求、引领食品消费新潮流、培育新消费文化等方面有待提升。

三、做大做强川渝六大优势食品工业对策建议

围绕川渝特色食品产业链，选择合作基础好、市场潜力大、影响力强的产业，作为率先开展合作的突破口，共同做优做强川渝六大优势食品工业，更好支撑世界级消费品产业集群建设。

（一）协同做强川渝酱腌菜产业集群

发挥川渝泡（榨）菜全国领先优势，着眼于产业链较短、产品附加值较低等问题，重点突破质量控制、品牌建设等关键环节，着力扩能级、提品质、增效益，共同打造世界级酱腌菜高地。一是强化原材料供应保障。依托涪陵渝东南农科院榨菜新品种选育优势，联合重庆农科院、四川省农科院开展泡（榨）菜品种全基因组测序、种质资源保护，推广优质高产品种，形成全国泡（榨）菜品种选育中心。支持涪陵榨菜、万州鱼泉榨菜及四川吉香居、李记乐宝等重点龙头企业共建泡（榨）菜原料种植标准示范基地，稳定原材料供应

链。二是拓展泡（榨）菜新产品。依托涪陵榨菜、辣妹子等龙头企业，联合四川丹丹豆瓣、吉香居，组建“中国酱腌菜产业联盟”，打造川渝酱腌菜发展共同体，共同培育脆口鲜菜、泡菜＋萝卜下饭菜、调味菜等新品类，推出更多榨菜家用、旅游、航空、外卖、专供、康养礼品产品，提升泡（榨）菜附加值。三是推动泡（榨）菜技术标准化。加快推进泡（榨）菜原料加工、计量包装、淘洗切分、脱盐脱水、包装杀菌、营养功能分析等关键控制环节技术研发和推广应用，推动泡（榨）菜加工生产各环节全面实现智能化、自动化。四是加速拓展国内外市场。依托中国重庆·涪陵榨菜产业博览会、中国泡菜食品国际博览会等节会，运用直播带货、电商平台等销售新模式，开拓国内市场。依托涪陵、万州国家出口食品农产品质量安全示范区建设，共同拓展国际市场，合力建设全球泡（榨）菜出口基地。

（二）协同优化粮油加工产业链布局

发挥川渝粮油生产规模大等比较优势，针对本地粮油加工龙头企业少、加工规模不大等问题，围绕粮油种植、收储、加工、贸易等全产业链深化合作，提升粮油生产加工能力和市场竞争力。一是推进粮油种植基地建设。推进“优质粮食工程”，做大做强环重庆、成都两大都市圈粮油加工产业集群，加快推进潼南—遂宁、荣昌—隆昌、梁平—开江等共建现代农业园区建设，打造一批优质粮油基地、现代粮油园区，共同推进成渝精品粮油产业带建设。强化优质绿色粮油产品有效供给，培育优良种子，推广优质品种种植，带动大面积提升粮油作物产量和质量。二是补强本地粮食加工产业链。积极开展“重庆好粮油”“四川好粮油”产品遴选，带动一批优质粮油品牌快速发展。着力培育壮大金健、渝妹儿、仙特等一批本地粮油龙头企业，挖掘粮油文化资源，发展“粮食＋文化＋旅游”产业和工业观光、体验式消费等新业态，全面提升产业链综合效益。鼓励中粮、益海嘉里等龙头企业在川渝地区构建油料种植基地、粮油购销基地、物流营销服务网络，助力川渝共建国家优质粮油保障基地。依托中欧班列（成渝），联动综合保税区等开放平台，共建粮油加工贸易集散基地，开展粮油进出口贸易、保税加工。

（三）协同推动特色肉制品提质增效

目前，川渝地区肉类初加工规模大，但精深加工规模比较小，仅占总量的12%，导致肉类加工产业链短、附加值偏低。因此，应加强川渝在主体培育、产业链延伸、品牌共建等方面深度合作。一是培育壮大精深加工龙头企业。积极引进双汇、金锣、众品、雨润等肉制品行业龙头企业，以产品创新为重点，在巩固猪肉加工基础上，积极开发牛羊肉和禽肉制品，适当扩大低温肉制品、调理肉制品和速冻方便肉制品比重，推动熟肉制品向多品种、营养化、食用方便方向发展。二是完善肉制品加工产业链。以荣昌、遂宁为核心，鼓励龙头企业在屠宰加工、检测检验、质量追溯、冷链设施等方面加大投入，共同谋划布局标准化规模养殖基地，加快养殖、屠宰、加工、流通各环节的有机结合与相互协调，打造集“繁育养殖、交易屠宰加工、精深加工、冷链物流配送”于一体的生猪全产业链。三是培育一批肉类加工知名品牌。加大有友凤爪、张鸭子、恒都牛肉、张飞牛肉等品牌建设和市场推广力度，支持张鸭子等龙头企业上市，不断提升川渝肉类品牌影响力和市场占有率。

（四）协同推动川渝白酒业融合发展

发挥川渝地区白酒品牌优势，针对生产经营不规范、与其他业态融合不够等问题，要全面规范白酒市场准入制度，推动白酒产业跨界融合发展，更好地带动相关产业发展。一是实施白酒品质提升行动。鼓励支持川渝白酒资源整合，扶持壮大民营白酒企业，推进生物工程等现代技术在酿造工艺中的应用，加大机械化、清洁化技术改造力度。积极推动重庆江津与四川泸州白酒产业的交流合作，深度融入中国白酒金三角，做强清香型白酒产业。依托全国糖酒商品交易会、中国国际酒业博览会、中国国际名酒博览会，加强品牌创建推广，进一步提升川渝白酒品牌影响力。二是培育“白酒＋”新业态。发挥四川“六朵金花”品牌国际影响力及重庆淘酒侠等酒类新零售服务品牌的平台优势，加强产品、品牌、渠道等全流程服务合作，推动酒业“产业整合、品牌联合、跨界融合”，增强川渝酒业国际竞争力。依托泸州老窖和郎酒、宜宾五粮液、江津老白干等白酒生产遗址遗迹、白酒产业园区、白酒文化公园、酒庄群落等，川渝协同打造世界白酒文化旅游目的地。

（五）协同推动果蔬饮品产业链延伸

深入挖掘川渝地区自然生态资源优势，加快补齐果蔬产地初加工、冷链物流短板，推动果蔬、茶叶加工全产业链合作，壮大川渝特色饮料产业集群。一是加强果蔬饮品产业链上游合作。鼓励重庆农科院、西南大学、四川农科院等创新主体协同攻关，推进果蔬加工专用品种的选育、引进与推广，引导鲜食和加工品种合理布局，共同打造长江柑橘产业带、潼南—大足—安岳“柠檬金三角”产业带、川渝绿色蔬菜生产基地、川渝名优茶产业带，提升产业集聚发展水平。二是加强果蔬饮品产业链中游合作。大力培育引进果蔬加工龙头企业和优势品牌，加大中小企业整合力度，扩大低温脱水蔬菜、速冻果蔬等产品生产规模，积极开发果蔬功能食品、方便食品和休闲食品等新型果蔬加工产品，不断提升产业精深加工水平。综合利用果蔬成分萃取、皮渣高效利用等新技术，提高果蔬加工广度和精度，提升资源综合利用效率和效益。三是加强果蔬饮品产业链下游合作。深化与阿里巴巴、京东等大型电商合作，联合开展品牌营销和推广，举办川渝茶旅融合活动，协同打造川渝果蔬饮品、茶叶国际品牌，重点打造 1 ~ 2 个纯天然、原生态的国际饮料品牌。依托中欧班列（成渝）、西部陆海新通道等国际通道，联合开拓欧洲、东南亚以及非洲市场。

（六）协同做大预制菜产业集群规模

发挥“川菜”“重庆火锅”等享誉国内外的影响力和高铁物流、高速物流的快捷优势，打响“川菜渝味”预制菜品牌，做大做强区域预制菜产业集群。一是协同布局配料基地。依托川渝地区高铁、高速通道以及四川的眉山、遂宁、广安、郫县等市县和重庆的涪陵、江津、荣昌、潼南、梁平、南川等区县布局蔬菜种植基地、畜禽水产品养殖基地、调味品原料种植基地等预制菜配料基地。二是协同共建加工园区。在临近成渝高铁、渝万高铁等站点以及成渝高速等高速沿线出口，川渝合作建设一批预制菜加工园区，打造“川菜”“重庆火锅”全球中央厨房。三是保障物流快捷畅通。构建川渝预制菜原料和产品物流配送网络体系，畅通川渝预制菜原料和成品物流供应链，使川渝地区预制菜配料及时配送各个加工园区，最终产品及时配送中西部地区乃至全国消费市场。

[重庆市综合经济研究院
主研：易小光　丁　瑶　邓兰燕　李　林　贾静涛　王　利
　　　邹於娟　陈　殊　王志军　郑秋霞　夏　月
执笔：邓兰燕　贾静涛　王　利]

深化川渝合作，进一步推进川渝天然气行业一体化高质量发展

内容摘要：天然气是承接高碳燃料有序退出的重要补位能源，对保障能源安全和推动能源绿色低碳转型具有独特作用。川渝地区天然气资源优势突出、储运体系较完备、下游利用市场较成熟，具备一体化高质量发展的基础和潜力，但同时也面临协同机制不健全、供应保障能力不强、部分下游利用产业发展效能不高、市场配置及补偿机制创新不足等问题和挑战。建议：一是强化天然气勘探开发、加快补齐自有储气调峰能力短板，巩固提升天然气供应保障能力；二是更好发挥气电调峰作用、联合打造具有国际竞争力的天然气化工新材料产业集群，提升下游产业发展效能；三是活跃天然气交易市场、完善利益协调机制，持续激发市场活力。

统筹推进能源安全与绿色低碳转型已成为新时代我国能源高质量发展的重要主题，天然气作为相对低碳、清洁、灵活的化石能源正迎来更大发展空间。川渝地区天然气资源富集，是我国天然气增储上产的重要区域，长期以来在保障全国天然气供应中发挥了"压舱石"作用，为国家能源结构调整作出了重要贡献。两地正着力推动成渝地区双城经济圈建设，共同推进能源一体化发展，联手打造总投资7100亿元的天然气千亿立方米产能基地，有利于为两地天然气全产业链发展创造更好条件。为此，积极推进两地天然气行业一体化高质量发展，为保障国家能源安全、促进区域经济增长和实现"双碳"目标贡献更多川渝力量，值得高度关注。

一、川渝天然气行业高质量发展基础

（一）资源优势较为突出

一是川渝地区天然气资源开发潜力大。川渝地区所处的四川盆地天然气（含页岩气）总资源量达到40万亿立方米，约占全国总资源量的1/3，其中技术可开发量近10万亿立方米，经济可开发量约5万亿立方米。盆地内天然气资源目前探明率仅15%左右，随着勘探开发工作向新区、新层系、新类型领域纵深推进，天然气资源开发潜力有望进一步加快释放。川渝地区主要气田及其探明地质储量见表1。

表1　川渝地区主要气田及其探明地质储量

气田名称	所在地	已探明地质储量规模（亿立方米）	备注
安岳气田	四川	>10000	截至2021年底
川南中浅层页岩气田	四川	>10000	
川中蓬莱气区	四川	有望达10000	
普光气田	四川	4349.0	
元坝气田	四川	3030.0	
涪陵页岩气田	重庆	8975.2	截至2022年底
綦江页岩气田	重庆	1459.7	

二是川渝地区是全国天然气生产的中坚力量。2022年，川渝天然气（含页岩气）产量合计超660亿立方米，较上年增产约30亿立方米，产量、增产量均占全国的30%左右。其中，四川、重庆天然气（含页岩气）产量分别达到513.4亿立方米、148.8亿立方米，同比增长6.1%、6.6%。两地全年页岩气产量近240亿立方米，其中中石油川南页岩气产量占全国页岩气产量的50%以上，中石化涪陵页岩气田产气71.96亿立方米，同比增长0.4%。

（二）储运体系较完善

一是全国天然气输配网络区域枢纽初步形成。川渝管网系统是全国较为健全的大型区域性环形输气管网系统，总里程超过5000千米，综合输配气能力超过 300 亿立方米/年，并通过中贵线（宁夏中卫—贵州贵阳）、忠武线（重庆忠县—湖北武汉）与全国骨干管网系统连通。随着“川气东送”管道年输气能力提升至 170 亿立方米，“川气出川”通道的输送能力进一步提升。截至 2022 年底，四川、重庆分别累计外输天然气超过 1000 亿立方米、300 亿立方米。

二是储气调峰与应急保供能力较强并将不断提升。西南地区首座、全国日采气量最大的重庆相国寺地下储气库于 2014 年开始调峰采气，设计库容 42.6 亿立方米，应急调峰最大日采气量可达 2855 万立方米，单期调峰能力超过 23 亿立方米，成功开启川渝、全国管网双向调峰保供。两地目前正携手打造百亿立方米储气库群，规划新建铜锣峡、黄草峡、万顺场、牟家坪、老翁场等地下储气库，至 2025 年有望实现 50 亿立方米工作气量，将对两地及部分周边省市天然气季节调峰与应急保供需求提供有力支撑。

（三）下游利用市场较成熟

一是天然气消费总量与比重居全国前列。2021 年，川渝地区天然气消费量达 391.7 亿立方米，同比增长 10.3%，约占全国天然气消费总量的 1/10。其中四川和重庆天然气消费量分别为 268.0 亿立方米和 123.7 亿立方米，分别位列全国第 3 位和第 11 位，占一次能源消费的比重分别为 16.7% 和 18.9%，大幅高于 8.9% 的全国平均水平。“双碳”目标导向下，两地天然气中短期市场需求依旧强劲，四川、重庆分别提出到 2025 年天然气在一次能源消费中的占比将进一步提升至 19% 和 20%。

二是天然气化工产业发展势头良好。川渝地区是全国重要的天然气化工生产基地，已形成较为完整的天然气化工产业体系，“十三五”末天然气化工产业用气量约占全国天然气化工用气总量的 23%。2021 年，四川以天然气为主要原料的一二次加工业产值达 1000 亿元，天然气化工全产业链产值规模近 3000 亿元，在全国处于领先地位。“十三五”期间，重庆以天然气化工为主体的化工产业实现产值 896 亿元，年均增长 7.3%，构建起聚氨酯、聚酰胺等合成材料产业链，建成全球最大己二酸生产基地。

（四）技术与装备积淀深厚

川渝地区拥有一批全国一流高等院校、科研机构和科技型企业，在天然气勘探开发、天然气化工新材料、天然气发电等领域集聚了多家国家重点实验室、国家级工程技术研究中心等重要科研平台，具备全国领先的技术研发优势和装备制造能力。如川渝多项页岩气开发关键技术达到国际先进水平，具备天然气（页岩气）勘探开发全部工程装备制造能力和全国一流燃机发电成套装备制造能力，部分天然气化工技术、工艺和装置国内外领先①。

专栏　川渝天然气相关领域部分重点研发平台（省部级以上）

天然气勘探开发领域：

煤矿灾害动力学与控制国家重点实验室（重庆大学）：前瞻提出“超临界二氧化碳强化非常规天然气高效开发与地质封存一体化”技术，对高页岩气采收率、有效节约水资源具有重要意义，并为我国二氧化碳规模化封存提供新选择。

油气藏地质及开发工程国家重点实验室（西南石油大学、成都理工大学）：成盆成藏动力学研究促进了四川盆地海相碳酸盐岩天然气理论创新与特大型气田战略发现，引领、推动了我国钻井液技术和欠平衡钻井技术的发展，储层保护学科持续保持国内领先地位。

页岩气勘探开发国家地方联合工程研究中心（重庆地质矿产研究院）：提出了重庆地区页岩气选区标准，形成了重庆地区常压页岩储层钻完井、压裂、排采及产能评价关键技术，推动了渝西区块页岩气勘探突破。

① 天然气制乙炔技术国际领先，天然气制二甲醚技术、氟橡胶产品质量达到国际先进水平，甲烷氯化物制有机氟技术国内领先。

天然气化工新材料领域：

高分子材料工程国家重点实验（四川大学）：突破了国外在石油聚乙烯、聚丙烯大装置等方面的专利技术限制，建立专有聚合技术，开发出了高附加值专用树脂。

工业排放气综合利用国家重点实验室、国家碳一化学工程技术研究中心（西南化工研究设计院）：变压吸附技术全球领先，开发出煤和天然气制备甲醇、醋酸、二甲醚等大宗化学品新技术、新工艺，开发出天然气提氦、提氢的变压吸附工艺技术，打破了欧美公司在气体分离、有机合成领域工艺技术和催化剂产品的垄断地位。

国家有机硅工程技术研究中心、国家受力结构工程塑料工程技术研究中心（中蓝晨光化工研究设计院）：在有机硅、工程塑料、特种纤维及特种氟材料等领域长期处于国内领先水平，率先在国内研发出了众多关键技术和产品，是中国高分子材料行业的领导者。

挥发性有机物污染控制材料与技术国家工程实验室（成都）（中国科学院成都有机化学有限公司）：在高端催化剂领域具有技术优势，围绕天然气转化、基础化工原料、高分子单体合成、精细化学品制备和环境催化等领域，形成了多项大宗化工催化剂的国产化替代和新型催化过程的开发，经济效益和社会效益巨大。

（五）体制改革创新效应初显

重庆是国家油气体制改革综合试点城市之一，建成运行全国第二个国家级油气交易平台——重庆石油天然气交易中心，实现管道气、LNG、LPG、成品油等现货油气产品常态化交易，还成立了全国首家混合所有制天然气地下储气设施运营管理企业，通过混合所有制改革探索储气库独立运营模式。央地合资合作开发天然气（页岩气）方面也取得一定突破，国内首个央地合作页岩气开发公司和首个央地合资常规天然气开发公司均诞生于四川，“十三五”期间，四川 7 家相关合资公司累计纳税 88.3 亿元、地方累计分得股利9.2亿元。

二、川渝天然气行业高质量发展面临的问题和挑战

（一）供应保障能力有待进一步提升

一是天然气稳定增储上产难度加大。老气田是四川盆地天然气生产压舱石，但以川东石炭系为代表的主力气藏多数已跨入开发中后期，产量递减加快，气井稳产能力变差，老井维护难度加大，开发成本上升。四川盆地超深层天然气、深层页岩气资源丰富，是未来增储上产主阵地，但受地质条件、技术设备及经济性等因素制约，目前探明率较低，开发建设难度大、风险高。

二是自有储气调峰能力较薄弱。受投资主体单一、调峰保供责任划分不明、市场化运营模式不健全等影响，川渝及全国地下储气库建设总体滞后。川渝目前地下储气库工作气量仅占天然气消费量的6%左右[①]，虽高于3%左右的全国平均水平，但与12%~15%的世界平均水平差距较大。当前唯一投运的相国寺地下储气库定位为全国性季节调峰、事故应急和战略储备，地方政府并无相关调度权和优先使用权，加之两地城市燃气企业建成投用的高压球罐、LNG储罐等储气设施主要承担城镇燃气日调峰和小时调峰任务，无法满足季节性调峰需求，导致川渝地区当前天然气季节性供需矛盾较为突出。

（二）部分下游利用产业发展效能有待进一步提升

一是气电调峰作用发挥不足。四川水电装机比重大[②]，水电出力与用电负荷存在结构性错配，受极端气候影响易导致电力供需严重失衡，配置一定比例的气电调峰电源十分必要。由于需保障北方冬季供暖用气需求，川渝天然气管网冬季输送压力大，加之本地配套储气能力不足，导致川渝天然气电站冬季用气紧张问题突出，外加两地现行政策下燃气发电机组相较传统火电机

---

① 根据国际经验，地下储气库工作气量一般不能低于天然气总消费量10%的红线，否则将不足以应对极寒天气、进口波动、需求激增等突发事件下调峰保供面临的严峻挑战。

② 2021年末，四川水力发电装机容量达8947.0万千瓦，占电力装机总量的比重超77%。

组尚无价格优势，进一步制约两地气电发展。截至2021年底，四川、重庆燃机发电装机容量分别仅96.0万千瓦、93.4万千瓦，占全省（市）电力装机的比例不到1%、4%，低于全国平均水平（>4%），更低于全球水平（>20%）。

二是天然气化工高质化、精细化发展不足。当前川渝地区天然气化工以基础化工为主，主要产品为尿素、甲醇、三聚氰胺等，多应用于农业化肥、建筑等行业。受烯烃、芳烃等基础原料供给能力有限，高附加值产品生产工艺路线建设不足等影响，川渝地区天然气化工产业链整体处于低端，精细化程度不高，难以满足两地汽车、电子等行业对高端化工产品的需求，细分行业在国内外的竞争力有待进一步提升。

（三）天然气市场配置及利益协调机制有待进一步完善

一是天然气交易市场还不够活跃。受平台交易上游主体流动性不足、储输服务与商品流转衔接机制不畅、资源线下渠道配置占比过大等因素影响，重庆石油天然气交易中心作为国家级能源交易平台，在资源配置、价格发现等方面的基础功能尚未得到充分发挥，交易量不高。从2018年4月启动交易至2022年底，重庆石油天然气交易中心累计成交天然气1015亿立方米，仅相当于上海油气交易中心一年交易量规模（2022年为928.6亿立方米）。

二是资源地供气倾斜支持机制有待完善。随着国家油气体制改革不断深入，近年来天然气资源向价格承受能力强的发达地区配置呈上升态势。2021年，四川和重庆城市天然气用气户数分别位列全国第3位和第8位，用气人口分别位列全国第4位和第12位，用气总量分别位列全国第6位和第14位。川渝地区天然气上游市场主体偏少，仍以中石油、中石化两大央企为主导，竞争程度有限。两地虽已组建多家央地合资常规天然气和页岩气公司，但现有合作机制创新推广不足，在国家放开页岩气价格的背景下，资源开发企业响应资源地“留气”诉求的动力不足，川渝本地合同用气足额保障难度偏大。

三、对策建议

（一）提升天然气供应保障能力

一是“稳”“增”并重强化天然气勘探开发。精准高效挖潜两地老区老井，精细勘探、开发和管理工作，强化新工艺新技术试验评价、推广应用和效果跟踪，着力提高老气田采收率。聚焦超深层常规天然气、深层页岩气和致密气，加大新区目标层系勘探力度，持续开拓规模增储新阵地，加强关键核心技术攻关，统筹做好勘探开发高效衔接，加快新区产能建设进度。

二是加快补齐储气调峰短板。加快推进川渝储气库（群）建设，加强项目调度保障，着力提升两地储气调峰设施规模。总结储气设施建设领域混改先行探索经验，积极推动地下储气库投资主体多元化，进一步创新运营管理机制，建立健全储气库独立运营模式及储气服务市场化交易机制。加强气源、库容/罐容、管输能力三方资源统筹，积极推动调峰储气设施公平准入，提高设施互联互通水平。强化政企协同，健全政府储备与供气企业、城镇燃气企业和大用户等企业社会责任储备结合互补的多层次储备调峰体系。探索完善需求侧管理机制，积极发挥终端用户调峰能力。

（二）提质天然气下游利用产业

一是更好发挥气电调峰作用。鼓励油企电企深度合作，在成渝都市圈负荷中心地区有序发展燃机发电项目与燃机热电联产项目。引导发电企业结合两地电力负荷需求与气源设施分布做好电站选址工作，推动石油企业在满足西气东输和中心城市用气需求外，结合天然气电站等用气大户的需求提前做好资源储备与合理调配。加快推进电价市场化改革，进一步完善燃机发电两部制电价、气电价格联动和电力市场交易参与机制，努力提高天然气发电机组经济效益。

二是联合打造具有国际竞争力的天然气化工新材料产业集群。围绕国家产业战略备份，积极争取国家支持，依托两地天然气资源优化天然气制烯烃产能布局，提升有机化工原料自给能力。以两地重点化工园区为依托，共建天然气精细化工与新材料产业合作示范区，围绕锂电溶剂、高性能氨纶、生物可降解塑料等高附加值产品，补齐做强 BDO－BGL－NMP、BDO－PTMEG/PBAT 等产业链。紧跟国内外以及本地高端合成材料市场需求，联合争取重大天然气化工项目在川渝优先布局建设，打造成渝地区双城经济圈天然气化工新材料就地高效转化利用基地。充分发挥川维化工、万华化学、巴斯夫等国内外行业头部企业的带动作用，协同开展精细化工产业链招商，主动承接东部优质化工企业转移，推动更多精细化工重点企业入川入渝发展。

（三）加强天然气市场配置与利益协调机制创新

一是活跃天然气市场化交易。发挥好川渝天然气生产地、消费地、管网枢纽地和金融高地“四地合一”优势，不断丰富重庆石油天然气交易中心现货交易品种与交易形式，满足差异化交易需求，稳步提升交易规模。巩固现有成熟交易，推动合同外用气竞拍、LNG 工厂原料气、合同内预售及流转等已形成较强市场影响力的交易增量扩面。在挂牌、竞价、中远期仓单及二次转让等交易方式基础上加强创新，深化储气服务等新领域交易业务研究与实践，更好发挥交易平台资源配置与价格形成的标杆作用。

二是完善资源地天然气倾斜配置机制。围绕川渝地区特殊的天然气产输销一体化运营管理体制和机制，积极争取国家政策倾斜，强化地企对接，持续完善地企天然气（页岩气）开发后端利益增值共享机制。重点支持天然气多元化、混合所有制开发，积极推动管网设施公平准入，在落实全国天然气保障供应任务的前提下鼓励加大川渝资源产地供气倾斜支持力度，合理增加留存气量，落地落实低于天然气基准门站价格执行留存气价、降低基准门站价格上浮比例等价格优惠政策，保障两地重大项目合同用气需求，更好促进资源地经济社会发展。

［重庆市综合经济研究院

主研：易小光　丁　瑶　余贵玲　李　霞　李　俊

执笔：李　俊］

弥补“隐形冠军”短板，助力重庆制造业高质量发展

内容摘要：“隐形冠军”已成为各国（地区）制造业发展竞争力的重要体现。党的十九大提出加快建设制造强国，培育具有全球竞争力的世界一流企业，促进产业迈向全球价值链中高端。近年来，重庆逐步加大“隐形冠军”培育力度，但与国内外先进地区相比，重庆还存在明显差距。建议学习借鉴发达国家和国内先进地区经验，从多方面为重庆培育“隐形冠军”企业打造良好的产业创新生态：一是着力完善市场相关法制，建立政府与企业协同联动机制，营造公平竞争的市场环境；二是突出追求卓越的企业文化和企业家战略培训，引导企业差异化选择细分领域深耕；三是强化知识产权保护意识，鼓励企业树立持续创新的思维理念；四是重视资金保障和国际运营能力提升，加强对“隐形冠军”潜力企业的精准支持；五是建立专门的人才培养和激励机制，支持企业成为各类人才向往的乐园。

世界级管理大师赫尔曼·西蒙于1986年最早提出“隐形冠军”[①] 概念并作出界定：领域内全球市场份额第一或第二，抑或在欧洲市场排名第一；年销售额低于10亿美元；在大众之中知名度较低。制造业“隐形冠军”企业专注小范围的某一品类产品，同时通过全球化变得强大，在全球产业链中地位凸显，成为全球市场领导者，日益受到各国重视。党的十九大以来，我国提出加快建设制造强国，培育具有全球竞争力的世界一流企业，培育一批具有

① 赫尔曼·西蒙：《隐形冠军：来自全球500家不为人知的优秀企业的启示》，1996年版。

创新能力的“排头兵”企业，促进产业迈向全球价值链中高端。当前，重庆正推动制造业高质量发展，更需要发挥制造业基础优势，培育一批“隐形冠军”企业作为支撑。但重庆“隐形冠军”企业培育与国内外先进地区存在很大差距，亟待借鉴国内外有益经验，提出有助重庆制造业“隐形冠军”企业培育的对策建议，补齐短板，推动制造业高质量发展。

一、重庆“隐形冠军”企业培育与国内外比较

（一）重庆培育现状

培育成效。根据2018年重庆出台的《关于实施中小企业“万千百十”五年培育成长计划的通知》认定标准，目前全市已培育认定“专精特新”企业259家，“小巨人”企业30家，“隐形冠军”企业10家。10家“隐形冠军”企业涉及电子制造、生物医药、机电制造和互联网科技等多个领域，但这10家企业与真正意义上的“隐形冠军”企业还存在较大差距。在首批“专精特新”企业中，获得高新技术企业称号的有225家，全国细分市场占有率排名第一的企业达到34家，99%的企业拥有发明专利或软件著作权，80%的企业具备“新产品、新技术、新业态、新模式”特色，这类企业有较大潜力成长为在全球有影响力的“隐形冠军”企业。

现有政策。一是融资支持，重点支持“专精特新”入库企业使用转贷资金，创新开展中小企业商业价值信用贷款改革试点工作。二是财政奖励，对在重庆股份转让中心挂专精特新板的企业给予一次性奖励。三是支持智能化改造，运用工业互联网、产业互联网等平台实现上线企业22万家，帮助企业降本增效。四是对接资源，鼓励企业参加“创客中国”创新创业大赛，孵化优质项目。

（二）与国内外的差距

从国际看，根据2019年第二届中国国际进口博览会“隐形冠军”发展高峰论坛上赫尔曼·西蒙发布的最新统计，目前全球共发现近3000家“隐形冠军”企业，其中德国数量仍然最多，有1300多家，美、日分别有366家、

220 家，位列第二位、第三位，我国虽然从 2005 年的 68 家增至 92 家，但作为世界第二大经济体，“隐形冠军”企业数量仍然较少，国际化业务也处于初期阶段。同时，我国入围的全球 92 家“隐形冠军”企业主要集中在沿海发达地区，没有重庆本土企业入围。

从国内看，2016 年工业和信息化部印发《制造业单项冠军企业培育提升专项行动实施方案》（工信部产业〔2016〕6 号），明确制造业单项冠军企业是指长期专注于制造业某些特定细分产品市场，生产技术或工艺国际领先，单项产品市场占有率位居全球前列的企业（视为“隐形冠军”）。2019 年底工业和信息化部公布 507 家中国制造业“隐形冠军”清单，沿海发达地区“隐形冠军”企业占比过半，其中浙江 101 家、山东 97 家、江苏 73 家，三省合计 271 家，占比达 53.5%，而重庆仅有 4 家企业[①]入围，数量排全国第 18 位，且基本属于化工医药行业，与沿海发达地区省市差距较大，也与陕西（10 家）、四川（8 家）有一定差距。作为国家重要现代制造业基地，重庆在“隐形冠军”企业培育上还需进一步加大力度。全国制造业“隐形冠军”数量分布及省市排名见表 1。

表1　全国制造业“隐形冠军”数量分布及省市排名

序号	省份	单项冠军					培育企业				单项冠军产品				总计
		第一批	第二批	第三批	第四批	合计	第一批	第二批	第三批	合计	第二批	第三批	第四批	合计	
1	浙江	6	14	11	15	**46**	6	8	6	**20**	3	19	13	**35**	**101**
2	山东	12	12	16	20	**60**	8	4	10	**22**	5	7	3	**15**	**97**
3	江苏	7	8	14	10	**39**	8		1	**9**	7	10	8	**25**	**73**
4	广东	6	3	3	7	**19**		1	1	**2**	6	4	3	**13**	**34**
5	福建	2	6	4	2	**14**	1	1	1	**3**		3	2	**5**	**22**
6	北京	1	3	1	3	**8**	3			**3**	1	2	4	**7**	**18**
7	安徽	3	2	4		**9**	3	1	1	**5**		1	3	**4**	**18**

① 单项冠军示范企业：重庆昌元化工集团有限公司（锰酸盐、高锰酸盐）；单项冠军产品：重庆市赛特刚玉有限公司（棕刚玉）、重庆莱美药业股份有限公司（纳米炭混悬注射液）、重庆华峰化工有限公司（己二酸）。

续表

序号	省份	单项冠军					培育企业				单项冠军产品				总计
		第一批	第二批	第三批	第四批	合计	第一批	第二批	第三批	合计	第二批	第三批	第四批	合计	
8	河南	3	4	4	1	**12**			1	**1**		1	4	**5**	**18**
9	湖北	2	2	4		**8**	2	1		**3**	1	3	3	**7**	**18**
10	上海		3		1	**4**	1		2	**3**	2	4	3	**9**	**16**
11	辽宁	2	3	1		**6**	2			**2**	1	2	3	**6**	**14**
12	湖南	1	1	1		**3**	1		2	**3**	2		4	**6**	**12**
13	陕西	2	1			**3**	1	1		**2**	3	2		**5**	**10**
14	江西		1	1	2	**4**	3			**3**	1			**1**	**8**
15	四川	1	1	2		**4**		1		**1**		1	2	**3**	**8**
16	天津		2		1	**3**						2	1	**3**	**6**
17	河北	2	1		1	**4**	1			**1**			1	**1**	**6**
18	重庆		1			**1**						2	1	**3**	**4**
19	贵州		1			**1**	1		1	**2**		1		**1**	**4**
20	宁夏										2		2	**4**	**4**
21	甘肃						1	1		**2**		1		**1**	**3**
22	新疆	1	1			**2**						1		**1**	**3**
23	山西	1		1		**2**									**2**
24	吉林						2			**2**					**2**
25	黑龙江		1		1	**2**									**2**
26	内蒙古	1				**1**									**1**
27	青海							1		**1**					**1**
28	广西										1			**1**	**1**
29	云南			1		**1**									**1**
合计		53	71	68	64	**256**	44	20	26	**90**	35	66	60	**161**	**507**

资料来源：工业和信息化部网站。

二、“隐形冠军”企业培育的国内外经验借鉴

（一）发达国家培育经验

德国。德国“隐形冠军”的绝对数量和每百万人拥有量都位居世界榜首，

主要经验在于：一是企业实施重点集中战略。企业目标占领全球市场、专注细分市场、直接与客户联系、为顶级企业配套、技术创新和流程服务创新并举、与强者同行、少联盟少外包、企业文化强大，以“专、特、精、新”为取胜之道。二是政府完善法制，确保市场公平竞争。制定的法律法规从源头上切断由于非市场化运作带来的侵蚀，德国负责中小企业促进的机构均以实体化模式存在和运作，一般属于非营利组织。三是政府为企业融资建立了完善的体系。政府针对中小企业建立了不同阶段的多层次、全方位融资体系，主要通过无偿贷款、无息贷款和低息贷款三种形式对中小企业进行扶持，由联邦、州、县三级政府共同出资组建投资银行、担保银行，有效地解决了中小企业的融资问题。四是实体化的行业协会发挥重要作用。德国拥有十分完善和具有权威性的协会、行会组织，均以实体化模式存在。五是强化配套机制设计，特别是企业人才培养方面，采取双元制职业培训①，源源不断地为各行各业提供技术人才。

日本。主导日本经济成就的主力是零配件、材料和设备领域的“隐形冠军”企业，成功经验在于：一是企业采取能力驱动战略，立足于自己特有的核心技术力，通过长期研发，巩固核心技术，提高差异度，并向其他客户、其他产业迅速扩张实现企业规模和市场占有率的提升，达成产品在全球缝隙市场中的主导地位。二是重视企业文化建设。独特的日式与欧式混合组织文化辅佐，最核心的层面是有强势的领导，同时员工的认同感强、稳定性高，创新氛围浓厚。

（二）国内先进地区经验

浙江。浙江“隐形冠军”企业培育的核心内容主要有：一是建立“隐形冠军”企业培育梯队。优先在块状经济中，选择一批专业化程度高、产品市

① 双元制职业培训是联邦德国职业义务教育。凡接受 9 年普通义务教育后不再升学的青年，就业前均须接受 3 年职业义务教育。因由私营工厂企业和公立职业学校共同实施（以工厂企业为主），故名“双元制”。

场份额大的企业作为“隐形冠军”企业重点培育对象，并实行动态管理，优胜劣汰。二是支持“隐形冠军”重点培育企业与核心客户企业建立高层次的合作关系，政府着力解决双方初始信任问题，从要素保障等相关政策方面，为双方深度合作关系的建立提供条件。三是为“隐形冠军”重点培育企业的持续创新搭建平台。浙江通过支持企业建立自主创新体系，引导企业的市场创新和制度创新，促进企业的市场竞争力和创新文化加快形成。四是加快“隐形冠军”重点培育企业的自主品牌建设。

山东。在培育创新型民营企业上深耕细作。近几年，山东把一些创新能力强、成长性好的民营企业纳入“隐形冠军”企业重点培育。一是推出扶持政策，助力企业创新研发。对“专精特新”中的一企一技术研发中心，各级财政给予50万元的奖励。加大科研奖励力度，对承担国家科技重大专项的企业，省财政将按项目上年实际国拨经费的3%~5%奖励研发团队，并对获得国家科技大奖的企业给予一次性最高500万元的补助。二是搭建平台，组织企业与金融机构、科研院所开展合作，促进他们走专业化、精细化、特色化、新颖化发展道路。

江苏。一是突破创新资源困境，连续14年开展“科技长征”，积极对接国内“大院大所”，鼓励中小企业与大院、大所建立实打实的合作，增强研发创新能力和产品开发能力。二是鼓励企业家创新精神，“知识产权保护中心”为企业创新保驾护航。三是跨国合作培育高质量技能型人才，严把产品“质量关”。出台校企合作培养高技能人才项目实施办法，还积极对接国内外创新资源，依托中外合作产业园，跨国合作培养高质量技能人才。四是量身打造扶持方案，引导资金向潜在“隐形冠军”企业流动。基于“互联网+投融资+平台”服务，构建“集成式企业成长全过程服务链”，为潜在“隐形冠军”企业成长提供全流程服务。

三、对重庆的启示及建议

学习借鉴国内外“隐形冠军”企业培育经验，从制度建设、要素配套、政策扶持等方面，着力营造宽松的创新创业生态，为重庆隐形冠军企业诞生及成长创造良好的环境条件。

（一）着力营造公平竞争的市场环境

“市场公平竞争”是保证中小企业从发育到壮大的最根本的生存环境，其中制度保障是关键。一是突出完善市场相关法制，进一步放开市场准入，限制市场垄断行为，为细分领域的“隐形冠军”企业进入国内外产业链营造公平的竞争环境，让企业能一心一意地做自己在行的产品。二是建立政府与企业协同联动机制。发挥政府和市场各自在资源配置上的优势，强化企业的市场主体地位，政府做好相关服务，运用行政资源帮助企业解决一些需要政府出面的问题，协调好国内外龙头企业和单项“隐形冠军”企业之间的关系，为“隐形冠军”企业市场拓展提供必要的帮助。

（二）引导企业差异化选择细分领域深耕

专注深耕细分市场是“隐形冠军”企业获得核心竞争优势的重要途径。一是鼓励高度专注、追求卓越的企业文化建设。“隐形冠军”企业崇尚“专精特新”的文化，助力企业形成“宏大目标、专注重点、全球营销、持续创新”的战略思维和企业文化。二是鼓励中小企业选择确立细分市场。坚持全球化、高端化方向，围绕先进制造业和战略性新兴产业，从细分领域入手，持续深耕，不断加大研发投入，把有限的资源集中在极少数产品的核心技术上，专注于做好一个产品，并做到极致，形成独具特色的企业品牌和错位竞争优势，努力占领全球市场。三是加强企业家战略培训，邀请全球知名专家，组织相关讲座，引导企业家从注重短期获利向注重企业长远发展转变，培育一大批具有国际视野和远见卓识的企业家。实施民营企业家队伍建设“百千万工程”，重点培养“百名领军型企业家、千名成长型企业家、万名企业经营管理人才”。

（三）鼓励企业树立持续创新的理念思维

持续创新是“隐形冠军”企业成功的重要特质，引导企业通过持续创新在细分市场建立优势。一是支持企业全面的持续创新。“隐形冠军”企业的创新不是对技术颠覆性突破的盲目追求，而是一种持续性完善的过程，包括技术、运营流程、系统化和全方面服务，这才是它们的核心理念，其中技术领先地位被排在首位。完善创新支持政策，鼓励中小企业持续改进产品性能和质量，促进产品和服务的全面创新。二是加强企业知识产权保护，建立跨区域的知识产权远程诉讼平台和提供全方位证据服务的知识产权公证服务平台，为企业创新和国际市场竞争保驾护航，激发中小企业创新活力。

（四）加强对“隐形冠军”潜力企业的精准支持

广大的中小科技型企业是“隐形冠军”企业的根基，应着力从创新型企业中培育“隐形冠军”企业。一是强化融资支持。企业在细分领域要扩大国内外市场规模，需要提供强有力的融资支持，帮助企业降低市场拓展风险。积极推广实施国家支持创新相关改革举措，主动协调银行与专业投资机构建立市场化长期性合作机制支持科技创新型企业，实施政银保联动授信担保提供科技型中小企业长期集合信贷机制，积极建立银行跟贷支持科技型中小企业的风险缓释资金池。二是提高企业国际化经营能力。政府部门、行业协会要强化服务意识，加强对培育企业的指导、跟踪和服务，相关行业协会要加强服务，指导企业开展对标，提供培育提升诊断咨询服务，同时帮助企业与国内外顶尖企业对接，组团到国外去宣传推广，促进企业产品打入全球产业链。

（五）建立专门的人才培养和激励机制

“隐形冠军”企业需要一批有持续创新意识和能力且愿意长期留在企业工作的人才。一是重视工匠精神培养，大力培养高质量技能人才。创新技术人才培养模式，加强产业、行业、企业、职业、专业五业联动，整合资源，优势互补，协同创新校企共同育人的人才培养模式，不断夯实和提高人才培养质量，培养造就一批大国工匠。二是鼓励人才留企业。企业不仅要提供优厚的报酬和待遇，更要为有能力的人才提供施展自身才华的空间，包括提供培训、进修等机会和鼓励人才自由发展；同时针对中小企业制定专门的人才引进政策，在全市技术人才引进和留任上向中小企业倾斜，增强人才对中小企业的认同感，提高人才在企业工作的稳定性，为“隐形冠军”企业成长提供人才支撑。

[重庆市综合经济研究院
主研：易小光　丁　瑶　余贵玲　王　利　陈　殊　夏　月　简华球
执笔：王　利　余贵玲]

借鉴学习先进省市政策经验，助推重庆“专精特新”企业快速成长

内容摘要：有效的政策是促进“专精特新”企业健康发展的重要手段，浙江、广东、江苏、上海、北京、湖南等省市“专精特新”企业发展走在全国前列，政策主要聚焦在提高资金奖励标准、加强组合式税费支持、优化信贷政策、强化人才支撑等四大方面，结合重庆“专精特新”企业发展及政策实际，建议：一是完善分层分类的优质企业梯度培育体系，强化“链主”龙头企业引育力度，促进大中小企业融通创新发展；二是畅通“专精特新”企业挂牌上市、信贷融资、知识产权质押等融资渠道，加快破解企业融资难题；三是精准落实企业研发费用税前加计扣除、增值税留抵退税等新的组合式税费支持政策，激发企业创新发展活力；四是完善企业人才支持政策，促进人才链、产业链、创新链深度融合。

“专精特新”企业是中小企业的优秀代表，长期深耕细分领域，专业化程度高、创新实力强、市场占有率高、掌握核心技术，处于产业链供应链的关键环节，对补链强链、解决“卡脖子”难题等具有重要支撑作用。我国高度重视“专精特新”企业发展，各级政府部门相继出台一系列政策文件，引导中小企业走“专精特新”发展之路。截至目前，我国“专精特新”中小企业达到4万多家，“小巨人”企业有4762家，其中浙江（470家）、广东（429家）、江苏（285家）、上海（262家）、北京（255家）、湖南（232家）、四川（207家）等“小巨人”企业位居前列。近年来，重庆市对推动“专精特

新”企业高质量发展出台了系列政策措施，但在新的发展阶段，面临新发展环境和要求，也存在诸多新问题和新矛盾。为此，我们梳理分析国内部分先进省市“专精特新”企业支持政策情况，希望对重庆市“专精特新”企业支持政策的“查漏补缺”、提升政策“组合拳”效能起到一定借鉴作用。

一、先进省市“专精特新”企业支持政策比较分析

（一）各地资金补贴政策力度加大而且形式多样

资金支持是最广泛且最有效的政策手段，为促进“专精特新”中小企业发展，国家及地方层面出台了各项资金奖励标准。一是部分省市资金补贴力度较大。目前，中央及部分地方层面对“专精特新”企业给予了较为充足的资金支持，且国家、省、市、区级补贴金额和地方各类别补贴金额可以相互叠加，整体补贴力度逐步增强。如中央层面对新认定的国家级专精特新“小巨人”企业给予600万元/家，每年200万元的资金奖励；北京的国家级“小巨人”企业各阶段累计可获得3000万元以上的政府补贴。二是部分省市资金补贴制度加快完善。资金补贴发放制度优化重点在于提升政策效能，部分省市资金补贴制度设计体现分阶段支持、全过程跟踪的特征。如北京对“专精特新”企业的不同项目划分了具体发展阶段，在各阶段目标达成后，给予分层、逐级递增的奖补支持。

比较而言，重庆对“专精特新”企业资金补贴标准相对较低、补贴方式有待完善。当前，重庆对首次获得国家级“小巨人”企业、市级“专精特新”中小企业的资金奖励分别是不超过60万元、30万元，远低于广东的200万元、50万元。从资金补贴方式看，北京采取按项目实施进程分阶段递增奖补政策；江苏采取连续三年按其当年新增地方经济贡献超过全市平均增幅部分的50%给予奖励政策；重庆采取一次性给予奖励政策，有待进一步优化。先进省市对“专精特新”企业的资金奖励标准见表1。

表1　先进省市对“专精特新”企业的资金奖励标准

先进省市	“专精特新”企业资金奖励情况
浙江	对国家级专精特新“小巨人”企业给予一次性奖补50万~100万元，省级中小企业发展专项资金重点用于培育发展“专精特新”中小企业，省级其他涉企专项资金将“专精特新”中小企业作为重要支持对象
广东	对国家级专精特新“小巨人”企业给予一次性扶持200万元，对省级“专精特新”中小企业给予一次性扶持50万元
江苏	对国家认定的单项冠军示范企业，相关专项给予不超过100万元的奖励；对国家级专精特新“小巨人”企业，连续三年按其当年新增地方经济贡献超过全市平均增幅部分的50%给予奖励
上海	上海市各区出台了“专精特新”企业扶持政策，对市级“专精特新”企业给予20万~50万元的奖励
北京	对国家级专精特新“小巨人”企业给予一次性30万~50万元的现金奖励，对北京市“专精特新”中小企业给予300万~1000万元奖励；按项目实施进程分阶段予以奖补支持，最高补贴1500万元
湖南	对国家级专精特新“小巨人”企业给予最高100万元的奖励
四川	对首次进入国家级专精特新“小巨人”名单的企业，给予不超过50万元的一次性奖励补助
重庆	对国家级专精特新“小巨人”企业，每户奖励不超过60万元；对重庆市“专精特新”企业，每户奖励不超过30万元

资料来源：根据工业和信息化部、各省市工信厅官网公布信息整理得到。

（二）各地出台专属金融扶持政策破解融资难题

针对“专精特新”企业融资难融资贵困境，各地出台了多层次资本市场、银行、保险、融资担保、知识产权质押等特色金融扶持政策，赋能“专精特新”企业做强做优。一是部分省市设立“专精特新板”促进企业挂牌上市。浙江、广东、上海、北京等省市依托区域股权交易中心设立“专精特新板”，四川提出与北交所共建“北交所—区域性股权市场互联互通机制”，为当地企业提供挂牌展示、托管交易、投融资、培训辅导等服务。二是部分省市创新推出“专精特新贷”等特色金融产品。江苏、北京、四川等创新推出“专精特新贷”“卡脖子专项贷”“专精特新保”等专属金融服务产品，鼓励通过担保业务奖补、贷款风险补偿、贷款贴息、风险分担等方式，为“专精特新”企业提供特色化融资支持。

比较而言，重庆对“专精特新”企业金融扶持政策有待进一步优化落地。当前，重庆虽出台“专精特新板”、“专精特新贷”、“专精特新”企业跨境融资便利化试点等支持政策，但部分政策措施有待建立健全。例如，重庆股份转让中心“专精特新板”对推进企业挂牌上市全周期服务功能亟须完善，支持企业上市的资金奖励标准、奖励方式还不明确，应与北交所共建的“北交所—区域性股权市场互联互通机制”尚未建立；对“专精特新”企业债、园区贷、集合债等金融产品创新支持力度不够，“专精特新险”、首台（套）重大技术装备保险、新材料首批次应用保险、知识产权保险等融资产品亟待加快推出。先进省市对“专精特新”企业的金融支持政策见表2。

表2　先进省市对“专精特新”企业的金融支持政策

先进省市	“专精特新”企业金融扶持政策措施
浙江	上市支持：鼓励在A股或境外主要证券交易所上市的企业给予一定奖励；引导“专精特新”中小企业发行公司债、企业债和在银行间市场发债融资；推动设立中小企业发展基金，在浙江股权交易中心设立“专精特新”专板 **融资支持**：对“专精特新”企业给予专项授信额度、贷款期限、利率优惠等政策倾斜；鼓励金融机构创新“专精特新”专属信贷产品，开展首台（套）重大技术装备保险、新材料首批次应用保险、知识产权保险等业务；鼓励担保业务奖补、贷款风险补偿、贷款贴息、风险分担等
广东	**上市支持**：对“专精特新”企业上市产生的费用，分阶段按照50%的比例予以补助，单个企业最高不超过300万元 **贷款利息补助**：对国家级“小巨人”企业、省级“专精特新”中小企业的贷款利息补助，按照比例最高不超过利息的50%，补助金额最高不超过100万元
江苏	**融资支持**：推动与北交所开展“三个1000”战略合作，助力1000家创新型中小企业挂牌或上市、新增服务1000家“专精特新”企业、提供专项授信1000亿元；将“技术流”评价作为“资金流”评价的补充，为专精特新“小巨人”企业增信；支持推出“科创e贷”，单户最高贷款额度可达1000万元 **南京**：设立“专精特新保”融资担保产品，为企业融资提供增信服务 **无锡**：推动在当地中小微企业信用保证基金项下新设“专精特新贷”；支持开发“小巨人贷”“专精特新贷”“科技成果转化贷”等专属信贷产品 **常州**：对市级以上“专精特新”企业专利权质押贷款1000万元以下的，按同期LPR标准的50%给予贴息，同一企业最高50万元

续表

先进省市	“专精特新”企业金融扶持政策措施
上海	**多元合作机制：**建立“市、区、园区、银行”四方合作新机制，将企业的融资需求与银行进行有效对接 **融资支持：**设立政策性融资担保“批次包”业务，市融资担保中心对单户授信额度在1000万元以下的中小微企业予以批次担保
北京	**上市支持：**用好北京股权交易中心“专精特新板”，支持企业在A股或境外主要证券交易所上市，市级财政按规定给予每家总额不超过300万元的资金补贴，区级财政资金补贴不低于市级奖励标准 **融资支持：**支持推出“专精特新贷”，引导政府性融资担保机构开发“专精特新保”，鼓励保险机构推出“专精特新险”；探索“专精特新”园区贷、集合债等金融产品创新，鼓励担保机构提供增信。鼓励开发知识产权质押贷款产品，支持企业通过融资租赁方式购置研发、检测、生产等设备
湖南	**上市支持：**大力支持专精特新“小巨人”企业登陆主板、科创板、新三板、区域性股权市场等专业资本市场 **融资支持：**支持开展“专精特新”企业跨境融资便利化试点，符合条件的企业可以在等值500万美元额度内自主借用外债；积极促进银企精准对接，优先推荐专精特新“小巨人”企业纳入全省制造业产融合作“白名单”
四川	**上市支持：**对在北交所首发上市的“专精特新”企业，按实际募资净额（扣除发行费用）的1%给予最高不超过350万元奖励 **融资支持：**对在北交所上市的“专精特新”企业，通过配股、增发、发行公司债、可转债、中期票据、短期融资券、区域集优票据等进行再融资，按融资净额（扣除发行费用）的投入成都的5‰给予最高不超过50万元奖励 **金融产品：**推动开发“川银—专精特新贷”“专精特新信用贷”等专项信贷产品，成立科技成果转化天使投资基金，筹备“专精特新”产业基金，探索专利研发、首台（套）等保险金融服务 **后备企业综合支持：**支持天府（四川）联合股权交易中心设立“专精特新”专板，与北交所共建“北交所—区域性股权市场互联互通机制”，推动更多优质中小企业在北交所上市
重庆	**上市支持：**优化重庆股份中心“专精特新板”服务功能，引导“专精特新”企业完善公司治理、规范运营管理，实现股改挂牌融资 **融资支持：**支持高新技术和“专精特新”企业跨境融资便利化试点；支持开发“专精特新贷”系列产品；鼓励政策性担保机构针对“专精特新”企业开发专属信用担保类产品，适当降低担保费用；在“渝企金服”平台搭建“专精特新”企业银企对接通道 **产业基金：**依托重庆科创投集团等，组建重庆市“专精特新”企业发展基金，引导政府产业基金和社会资本、投资机构重点支持“专精特新”企业

资料来源：根据各省市工信厅官网公布信息、相关网络资料整理得到。

（三）各地进一步落实新的组合式税费支持政策

今年以来，各地积极推动新的组合式税费支持政策落实落地，通过减税、免税、缓税、退税等政策叠加发力，助推稳定市场主体预期、助企纾困解难。一是各省市落实落细新的组合式税费支持政策。各地推动增值税留抵退税、研发费用加计扣除、高新技术企业减按15%征收企业所得税、“六税两费”减免、制造业中小微企业缓缴税费等税费支持政策落地见效，进一步简流程、简材料、简方式，力求政策红利以最快速度直达“专精特新”企业。二是部分省市创新服务方式推动政策红利精准落地。广东等利用税收大数据“配对”植入政策辅导落实全流程，把制造业中小微企业细分为符合缓缴条件、符合退库条件、新增享受缓缴、延续享受缓缴、金额万元以上、金额万元以下等多个类别，针对不同纳税人关注的重点问题定制“差异化”辅导方案，开展“精准滴灌”式宣传辅导，确保缓缴退税政策落地生效。

比较而言，重庆落实组合式税费支持政策的直达快享机制有待进一步优化。当前，重庆虽对增值税留抵退税的重点支持领域扩大到制造业等六大行业和符合条件的小微企业，但相较于浙江建立资金紧急调度绿色通道、云南建立留抵退税补助资金在州市间“调盈补缺”横向动态调整机制，重庆在大中型企业存量留抵退税的实施时间、审批流程、拨付到位等亟待优化。相较于江苏免征受疫情影响严重的六个行业纳税人和小规模纳税人全年房产税、城镇土地使用税，重庆对旅游、住宿、餐饮等受疫情影响较大的行业企业纾困政策有待增强。对打通政策落地“最后一公里”，相较于江苏、广东等通过“省财政厅—市财政局—联系点企业”模式，重庆在建立企业定点联系机制、跟踪调研企业享受政策反馈机制等方面亟待优化。先进省市“专精特新”企业的税费支持政策见表3。

表3 先进省市"专精特新"企业的税费支持政策

先进省市	"专精特新"企业税费支持政策
浙江	**免税**：对小规模纳税人，实施阶段性免征增值税；增值税小规模纳税人适用3%征收率的应税销售收入，免征增值税；适用3%预征率的预缴增值税项目，暂停预缴增值税 **减税**："六税两费"减半征收，对政策适用主体按50%的幅度"顶格享受"减半征收政策。对小型微利企业年应纳税所得额不超过100万元的部分，延续2.5%的税负率；年应纳税所得额100万元至300万元的部分，实际税负由10%降到5% **退税**：实施大规模增值税留抵退税政策
广东	**免税**：对月销售额15万元以下（含15万元）的增值税小规模纳税人，免征增值税 **减税**：推动增值税留抵退税、研发费用加计扣除等在中小企业落地实施；对小型微利企业和个体工商户经营所得年应纳税所得额不超过100万元的部分，在现行优惠政策基础上，再减半征收所得税
江苏	**退税**：推进大规模增值税留抵退税政策实施，特别是聚焦小微企业和制造业等行业，将增量留抵和存量留抵并退 **免税**：对于增值税小规模纳税人适用3%征收率或是预征率的，免征或暂停预缴增值税。对受疫情影响严重的住宿餐饮、文体娱乐、交通运输、旅游、零售等困难行业以及小规模纳税人，免征房产税、城镇土地使用税 **减税**：研发费用加计扣除比例从75%提升至100%，增值税税率从16%降到13%；对中小微企业新购置的设备、器具，单位价值在500万元以上的，可按一定比例在税前扣除；对小规模纳税人、小型微利企业和个体工商户按最高幅度50%减征"六税两费"；对小型微利企业年应税所得额超过100万~300万元的部分，再减半征收企业所得税 **缓税**：对制造业中小微企业继续延缓缴纳去年第四季度部分税费，延缓缴纳第一季度、第二季度部分税费，延缓缴纳期限为6个月 **降费**：继续实施国家阶段性降低失业保险、工伤保险费率政策；降低灵活就业人员职工基本医疗保险缴费比例
上海	**退税**：加大增值税期末留抵退税力度，存量留抵税额和增量留抵税额进行全额退还 **免税**：增值税小规模纳税人适用3%征收率的应税销售收入，免征增值税；适用3%预征率的预缴增值税项目，暂停预缴增值税 **减税**：提高科技型中小企业研发费用税前加计扣除比例。对小型微利企业年应纳税所得额超过100万元但不超过300万元的部分，减按25%计入应纳税所得额，按20%的税率缴纳企业所得税。中小微企业新购置的设备、器具，单位价值在500万元以上的，按照单位价值的一定比例自愿选择在企业所得税税前扣除

续表

先进省市	“专精特新”企业金融扶持政策措施
北京	**退税：**实施增值税期末退税政策，加强小企业和制造业、科研技术服务等六个行业的退税政策，从先进制造业每月全额退还增量税政策范围扩大到合格的小企业和制造业 **免税：**对小规模增值税纳税人适用3%的应税销售收入，免征增值税 **减税：**企业研发费用加计扣除比例从75%提高到100%；单位价值超过500万元的中小企业新购设备、器具，可实行一次性扣除等加速折旧政策。小型微利企业所得税年应纳税所得额为100万元至300万元，在去年减半征收的基础上再减半征收，实际税负只有5%。对小规模增值税纳税人、小型微利企业和个体工商户，按照国家规定的最高50%减免“六税两费” **缓税：**实施制造业中小微企业延缓缴纳部分税费政策，延续实施6个月
湖南	**退税：**加大小微企业增值税期末留抵退税政策力度，将增值税增量留抵税额政策范围扩大并一次性退还 **减税：**加大中小微企业设备器具税前扣除力度；对工业增值税小规模纳税人、小型微利企业和个体工商户，在50%的税额幅度内减征“六税两费”。对工业小型微利企业年应纳税所得额超过100万元但不超过300万元的部分，减按25%计入应纳税所得额，按20%的税率缴纳企业所得税 **降费：**延续实施阶段性降低失业保险、工伤保险费率政策
四川	**减税：**企业开发费用税前加计扣除比例从75%提高到100%；增值税小规模纳税人、小型微利企业和个体工商户按照50%减征“六税两费”，并扩大适用范围和执行顶格标准 **降费：**实施阶段性降低失业保险费率政策；对中小微工业生产企业在厂区范围内的各类新建民用建筑，执行防空地下室易地建设费零收费标准
重庆	**减税：**对中小微企业扩大“六税两费”减征政策适用主体范围，对小型微利企业年应纳税所得额超过100万元但不超过300万元的部分再减半征收，对增值税小规模纳税人适用3%征收率的应税销售收入阶段性免征增值税，加大中小微企业设备器具税前扣除力度等。将科技型中小企业研究开发费用税前加计扣除比例从75%提高到100%，延长科技企业孵化器、大学科技园、众创空间增值税、房土两税优惠政策执行期限，延续执行创业投资企业和天使投资个人投资初创科技型企业等有关政策 **退税：**将先进制造业按月全额退还增值税增量留抵税额政策范围扩大至六大行业和符合条件的小微企业 **缓税：**继续对制造业中小微企业实行缓税的措施，其中中型企业可以延缓缴纳部分税费金额的50%，小微企业可以100%全部延缓缴纳部分税费

资料来源：根据各省市工信厅官网公布信息、相关网络资料整理得到。

（四）各地出台专项人才扶持政策强化人才支撑

各地针对“专精特新”企业人才要素资源紧缺的现实困境，相继出台人才引进培育、创新型人才职称认定、人才培训、专家服务、产学研合作等人才扶持政策，推动人才链、产业链、创新链深度融合。一是部分省市加大“专精特新”企业人才引育用留政策支持力度。北京、上海等对符合一定条件的“专精特新”企业亟须人才给予落户支持。湖南出台“专精特新”企业“十大人才支持措施”，明确提出在专精特新“小巨人”企业中发掘培育一批优秀经营管理人才和技能人才，支持纳入省工业新兴优势产业链人才队伍建设，享受资金奖励、职称认定、专家选拔特殊通道等政策支持。二是部分省市明确给予“专精特新”企业人才支持名额。广东等对符合要求的国家级专精特新“小巨人”企业、省级“专精特新”中小企业分别给予2个、1个企业人才支持名额，并按其工资薪金所得的综合贡献给予奖励。同时，工业和信息化部正推动各地建设一批工程师协同创新中心，为企业搭建高层次人才供给通道，在国家人才计划中对专精特新“小巨人”企业予以倾斜。

比较而言，重庆专门针对“专精特新”企业的人才政策支持力度有待进一步增强。当前，重庆专门针对“专精特新”企业亟须人才的政策支持力度不够，相较于湖南出台的“专精特新”企业高级技术人才、经营管理人才、专业技能人才等不同类别人才的引育用留支持政策，重庆在企业人才评定、用工招聘、人才培训、产学研合作等支持力度方面有待增强，特别是对“专精特新”企业的人才支持名额、科研人才平台建设、专家对接服务等支持政策有待具体化和精准化。先进省市对“专精特新”企业的人才支持政策见表4。

表4　先进省市对“专精特新”企业的人才支持政策

省市	“专精特新”企业人才支持政策
浙江	**人才引育：**实施浙商青蓝接力工程和新生代企业家“双传承”计划，培育企业家队伍；加快中小企业经营管理者素质提升，大力培养高级经营管理人才；加快新时代工匠培育，建设工程师协同创新中心，培育一批高级工程师、高技能人才和产业工匠 **人才评定：**对符合浙江省高层次创新型人才职称直通车申报条件的，可直接申报相应高级职称；在省级以上“专精特新”企业中，经省市认定为高层次人才的可享受当地同城待遇，在人才评价、住房、子女教育等方面给予支持 **人才平台：**支持“专精特新”中小企业设立博士后工作站，校企联合开展博士后招收培养

续表

省市	“专精特新”企业人才支持政策
广东	**人才支持**：支持“专精特新”企业探索在产业人才专项“揭榜挂帅”或自主举荐。对国家级专精特新“小巨人”企业、省级“专精特新”中小企业，分别给予每家企业2个、1个企业人才支持名额 **人才引留**：完善人才住房保障，将“专精特新”企业纳入共有产权住房定向分配范围，支持镇街（园区）将部分共有产权住房指标定向分配给企业 **人才培训**：对接北京大学、清华大学等一流大学培训资源，针对“专精特新”企业发展的突出共性问题，举办“专精特新”企业家、高级管理人员、核心技术人才专项培训
江苏	**产学研合作**：探索校企合作数字化创新人才培养机制，鼓励支持高校在专业设置、师资培养、招生规模等方面向数字化人才倾斜。增加大院、大所研发成果和企业技术研发需求对接，推动协同创新，促进科技创新资源流动，完善产、学、研、用多主体共赢共享合作机制
上海	**人才培训**：针对“专精特新”中小企业中高层管理人员实施“中小企业领军人才培训计划”“中小企业专业英才培训计划”以及针对全市成长型中小企业实施的“中小企业信息普及培训计划” **人才引进**：加大人才支持力度，培育引进高端人才，支持“专精特新”企业设立博士后工作站，强化产学研合作
北京	**校企合作**：定期梳理企业急需紧缺人才需求，支持市属高校、职业院校围绕产业需求开设对应专业学科与课程，实施订单培养模式，建立“高校—企业”实训基地，壮大高水平工程师和高技能人才队伍；鼓励市属高校面向企业聘用一批产业导师，参与高校学科团队建设，联合开展科技项目攻关 **落户支持**：对国家级“小巨人”企业招聘世界大学综合排名前200位的国内高校本科及以上毕业生，或“双一流”建设学科硕士研究生给予落户支持 **人才引留**：支持“小巨人”企业引进高端人才或急需紧缺人才，组织开展“专精特新”企业经营管理人才培训，对“小巨人”企业实现全覆盖
四川	**校企合作**：针对企业创新人才和资源短缺的问题，通过推动校企合作等方式，帮助企业延伸创新链 **人才引留**：探索人才引进与企业入驻挂钩机制，为企业领军人才提供购房、医疗、子女教育等服务保障，助力产业人才安心创业、舒心发展

续表

省市	“专精特新”企业人才支持政策
湖南	**专业技术人才：**设立“专精特新”中小企业卓越工程师培养专项，定向调训专业技术人员；探索把企业经济效益、社会效益纳入评价标准，特别优秀人才可直接申报高级职称；对新职业、新业态可单设评价标准开展产业专场职称评审，人才工作者可参与人力资源管理专业高级职称专场评审 **经营管理人员：**对获评“全国优秀企业家”“湖南省优秀企业家”的人员，获评后两年内所在企业主体税种税收增长超过10%的年份，分别给予优秀企业家50万元、20万元奖励；给予“湖湘制造先锋”获奖者最高100万元奖励 **技能人才成长：**支持职工岗位技能提升，对符合条件的企业给予一定培训补贴；积极推荐“小巨人”企业建设国家技能根基工程培训基地；推行“新八级工”制度，增设“特级技师”“首席技师”，并与岗位工资挂钩 **科研攻关平台和专家服务：**对处于行业领先或在“卡脖子”关键核心技术领域有突出表现的，推荐申报国家级博士后科研工作站；定期开展“院士专精特新中小企业行”活动，鼓励设立“产业顾问”“首席专家”等特设岗位 **专家选拔：**在国务院政府特殊津贴专家、省政府特殊津贴专家以及省优秀专家的推荐选拔中，为“专精特新”中小企业单列推荐选拔指标 **人才招聘：**定期发布人才需求目录，开设公益性招聘专场，组织“专精特新”中小企业面向全国知名高校开展“智汇潇湘”系列引才活动
重庆	**人才评定：**做好“专精特新”企业专业人才评定工作，做好落实政策待遇和服务工作 **用工招聘：**各区县、园区要建立“专精特新”企业用工统筹招聘机制，开展“直播带岗”等活动 **两江新区：**将对符合要求的国家专精特新“小巨人”企业、市级“专精特新”企业分档给予不超过8个人才支持名额，按其工资薪金所得对两江新区综合贡献的100%给予奖励，奖励期限为3年

资料来源：根据各省市工信厅官网公布信息、相关网络资料整理得到。

二、对策建议

通过比较分析，结合重庆“专精特新”企业发展及政策实际，从企业梯度体系、财税、融资、人才等方面完善相关政策措施，促进重庆市“专精特新”企业快速成长。

（一）完善梯度培育体系，促进大中小企业融通发展

继续优化重庆市“专精特新”企业“育苗”支持政策，通过“产业研究院+产业园区+产业基金”的方式，实现企业由“种子”到“苗子”的转变，同时借鉴相关省市经验建立健全以下政策措施。一是构建优质企业梯度

培育体系。面向新一代信息技术等7个重点产业方向和33条产业链关键技术需求，借鉴浙江、广东等经验，抓紧培育一批专注细分市场、创新能力明显、成长性好的优质中小企业，支持有条件的“小巨人”企业和单项冠军企业发展成为产业链龙头企业，构建分层分类、动态跟踪管理的企业梯队培育名单。借鉴广东、湖南等地经验，提高“专精特新”企业的资金奖励标准，建议对首次获得国家级“小巨人”企业、市级“专精特新”中小企业的资金奖励分别提高到100万元、50万元，并允许区县进行叠加奖励。二是优化大中小企业融通发展生态。搭建产业链领航企业与“专精特新”企业创新合作平台，通过产业链供应链与中小企业开展配套对接，构建创新协同、产能共享、供应链互通等新型产业发展生态。鼓励引导组建跨行业的产业配套联盟，利用“5G + 互联网”等搭建新型产业链创新生态，增强产业链自主可控和供应链安全稳定。

（二）畅通多元融资渠道，加快破解企业融资难题

继续强化“专精特新板”、“专精特新贷”、“专精特新”企业跨境融资便利化试点、专属产业发展基金等支持政策，进一步明确企业挂牌上市资金奖励细则和方式，同时借鉴相关省市经验建立健全以下政策措施。一是进一步完善企业挂牌上市培育机制。借鉴北京、浙江等地经验，进一步完善重庆股份转让中心“专精特新板”，在板块内部增设培育层、成长层、精选层，为企业提供挂牌展示、托管交易、投融资、培训辅导等服务，并对登陆主板、科创板、新三板或境外主要证券交易所上市的“专精特新”企业给予一定奖励。二是强化金融机构对企业的信贷融资支持。借鉴江苏、北京等经验，鼓励金融机构提供“小巨人贷”“专精特新贷”“科技成果转化贷”“专精特新保”“专精特新险”等专属金融服务，提升产融对接水平。借鉴上海等地经验，注重发挥政策性金融作用，完善支持“专精特新”中小企业融资的长效机制，设立政策性融资担保“批次包”等业务，推动政策性银行对中小企业提供金融补助。借鉴四川等地经验，加快设立“专精特新”专项产业基金，引导社

会资本参与，支持风险基金投入研发成果产业化。三是建立健全企业知识产权评估机制和交易平台。借鉴江苏、北京等地经验，建立健全有效的知识产权评估机制和规范的评估流程，探索运用大数据技术实现知识产权在金融领域的“信用化”，以一系列量化指标评价企业持续创新能力，并对创新能力强、有市场潜力的企业给予差别化增信支持。建立和完善知识产权交易平台，提高金融机构处置知识产权质押物的便利度。

（三）落实税费支持政策，激发企业创新发展动力

继续深化落实增值税留抵退税、研发费用加计扣除、“六税两费”减半征收等税费支持政策，强化调查研究和“一企一策”特色化服务，同时借鉴相关省市经验建立健全以下政策措施。一是依托税收大数据精准落实税费支持政策。借鉴广东等地经验，以税收大数据为支撑，对“专精特新”企业“开业”即“建档”，根据不同企业类型设置不同监测指标模型，通过“一对一”辅导、“线上＋线下”精细服务等方式，精准推送税费优惠政策，帮助企业智能化自动判别资产重组等交易中的税费成本，并提供研发项目前置鉴定等“一站式”服务，助力企业发展壮大。二是最大限度释放研发费用加计扣除等政策效应。以科技型中小企业、“专精特新”中小企业、“小巨人”企业、制造业单项冠军等四类企业为重点，建立健全企业数据信息库，强化高新技术企业所得税减免、企业研发费用税前加计扣除、制造业增值税期末留抵退税等支持科技创新税费优惠政策的“滴灌式”辅导和定期“把脉会诊”，推动税收优惠政策落稳落实，充分激发企业发展动力，精准助力“小巨人”释放“大能量”。

（四）完善人才支持政策，促进人才链、产业链、创新链深度融合

继续完善人才职称评定、人才引育、人才培训等支持政策，进一步细化明确支持“专精特新”企业人才发展的专属措施，同时借鉴相关省市经验提出以下建议。一是完善企业人才引育用留机制。借鉴四川、浙江等地经验，探索人才引进与企业入驻挂钩机制，为“专精特新”企业领军人才提供购房、医疗、子女教育等服务保障，助力产业人才安心创业、舒心发展。借鉴广东等地经验，加大对“专精特新”企业人才支持力度，对“小巨人”企业、“专精特新”中小企业分别给予每家企业2个、1个人才支持名额，并配套10万~30万元一次性资金扶持。借鉴北京、上海等地经验，对国家级专精特新“小巨人”企业招聘世界大学综合排名前200位的国内高校本科及以上学历毕业生，或“双一流”建设学科硕士研究生给予落户支持。二是优化企业人才评价制度。借鉴浙江、湖南等地经验，职称评审坚决破除“四唯”，探索把企业经济效益、社会效益纳入评价标准，对“专精特新”企业特别优秀人才、急需紧缺人才可直接申报高级职称。对新职业、新业态可单设评价标准开展产业专场职称评审，人才工作者可参与人力资源管理专业高级职称专场评审。贯通中小企业技能技术人才职业发展通道，对在国家级、省级职业技能大赛中获得优异成绩的技能人才，可以破格晋升相应职业资格。

［重庆市综合经济研究院
主研：易小光　丁　瑶　余贵玲　李　霞　李　俊
执笔：李　霞　李　俊］

四川支持极米光电高效统筹疫情防控和安全生产的做法及启示

内容摘要：极米光电从2013年成立到2018年打破国外垄断，首次成为中国投影机市场出货量第一的品牌，再到如今获评国家专精特新“小巨人”和国家制造业单项冠军示范企业，和当地政府部门创新区域合作模式、引入扶持政策“活水”、提供人力资源支持、打好疫情防控“组合拳”等系列举措密不可分。结合重庆市实际，建议：一是加强开放式协同创新，加快创新链产业链对接；二是充分释放政策红利，助推民营经济高质量发展；三是推进要素资源一体化，提高跨区域协作水平；四是坚持筑牢底线思维，确保防疫生产两不误。

2022年6月，习近平总书记考察四川宜宾极米光电，了解企业加强自主创新、产品研发销售、带动就业和当地支持民营经济发展、出台纾困帮扶政策等情况，并强调要推进科技创新，在各领域积极培育高精尖特企业，打造更多“隐形冠军”，形成科技创新体集群。2022年8月，国家发展改革委主要领导主持召开全国上半年发展改革形势通报会，提及当地积极引导极米光电在智能投影领域开创了多项引领行业的创新技术，在高效统筹疫情防控和安全生产方面也有好的做法值得学习。为此，我们积极向四川省发展改革委和宜宾三江新区管委会以及极米光电学习了解相关情况，探索和总结其有益做法，为重庆企业科技创新提供借鉴。

一、基本情况

宜宾三江新区是四川首个省级新区，拥有国家级临港经开区、国家综合保税区、国家临时开放口岸、中国（四川）自贸区宜宾协同区、省级经开区和省级高新区等众多开放开发平台。其智能终端产业园规划总面积8800亩，重点发展手机终端、智能家居、智能穿戴、智慧医疗、智慧教育、智慧安防、机器人及配套模具、主板、屏、壳体等核心零部件，现已成为中国产学研合作创新示范基地和四川省智能终端特色产业基地，成功创建国家级智能终端特色产业基地。园区签约落户智能终端项目233个，投产项目144个，引进到位资金600亿元，2021年实现产值455亿元。其中，极米光电作为成都极米科技股份有限公司的全资子公司，于2018年签约落地宜宾三江新区，专注于智能投影和激光电视领域，连续4年蝉联中国投影机市场出货量第一，打破国外品牌在中国投影市场的垄断局面，先后荣获国家级工业设计中心、国家知识产权优势企业等称号。2021年，极米光电营业收入40.38亿元，同比增长43%，净利润4.83亿元，同比增长80%，实现了疫情下的逆势攀升，并在上交所科创板挂牌上市。

二、主要做法

（一）创新区域合作模式

宜宾聚焦四川省第十二次党代会明确的川南省域经济副中心定位，积极参与全省“一干多支”发展战略和成渝地区双城经济圈建设，将极米光电作为与成都“加强区域合作，共推南向开放”签约合作后的首个项目，在省内开创“研发设计在成都、转化生产在宜宾”“总部在成都、基地在宜宾”的区域合作实践新模式。在这一模式推动下，装备制造产业园、成宜国际物流园、医药产业配套园等成宜合作重点项目相继落户宜宾。

（二）引入扶持政策“活水”

当地科技等部门联合银行为科创企业量身打造贷款产品“科创贷”，切实解决企业融资难融资贵等问题。在此基础上，从科技专项资金中安排超 6 亿元的风险补偿资金，设立总规模超 115 亿元的风险补偿资金池，解决银行为科技型中小企业贷款的后顾之忧。其中，帮助曾处于亏损状态的极米光电成功申请“科创贷”700 万元，及时化解了企业备战“双十一”资金短缺的“燃眉之急”。之后，又帮助其先后成功申请战略性新兴产品研发、市级工程技术研究中心建设、重大科技创新项目开发等专项补助资金用于科技研发和攻关。电力保供方面，三江新区管委会在高温限电期间鼓励企业错峰生产，并对区内重点智能终端企业租买自用发电设备实施一定额度的财政补贴，避免因川渝地区近期出现的电力供应紧张导致停工减产。

（三）提供人力资源支持

宜宾三江新区制定创业扶持、安家支持、人才补贴、企业引才留才奖励、服务保障等配套政策，为区内 5 万余市场主体保驾护航。发布《关于支持智能终端产业高质量发展的十条措施》，将企业技术创新需求和本地人才与创新资源进行有效对接，为当地社会经济发展提供造血功能。以极米光电为例，宜宾本地员工占比超过 80%，其中研发人员 40 岁以下占 95% 以上，2021 年企业研发投入同比增长 89%，达到 2.63 亿元，并与宜宾南溪职业技术学校等院校开展校企合作，深入推进“产、学、研、教、训”融合。

（四）打好疫情防控“组合拳”

社区和管委会充分动员极米光电等企业发挥自身科技优势，在园区及各车间出入口启用高清智能化体温检测及口罩佩戴识别设备。在园区安排独立隔离场所，由企业食堂提供隔离送餐服务，安排专车接送员工去社区医院进行核酸检测。同时，在园区内探索实施车、人、环境三方面闭环管理。外来车辆管理闭环方面，所有进入园区的物流车辆需提前报送行程码、核酸检测阴性报告。内部人员管理闭环方面，所有园区内部人员严格实行生活居住区、园区工作区“两点一线”生活作息，每天按比例进行核酸抽检。重要环境消杀管理闭环方面，对物流园区设置的固定消杀场所和外来车辆、人员指定停留场所进行病毒消杀。

三、工作建议

（一）加强开放式协同创新，加快创新链产业链对接

抢抓成渝地区双城经济圈和川南渝西融合发展试验区建设重大发展机遇，加强永川高新区、荣昌高新区、大足高新区、铜梁高新区、綦江（万盛）工业园区与宜宾三江新区的跨区域科技创新交流合作，主动学习借鉴极米、康佳、朵唯等宜宾电子信息企业的科技自主创新以及海外市场开拓经验。积极引导重庆市毗邻地区聚焦动力电池、新能源汽车、电子信息等宜宾重点产业，灵活运用产业链协同招商，推动重点产业延链补链强链，构建全产业链生态圈。

（二）充分释放政策红利，助推民营经济高质量发展

推动重庆市加快实施民营企业创新引领行动，通过政策奖补、项目引领、主体培育、平台建设等，引导民营企业进一步强化自主创新意识，加大研发和人才投入力度，提升核心竞争力，赋能企业创新发展。支持重庆市民营科技领军企业聚焦国家重大需求，牵头组建体系化、任务型产业创新联盟。设立科技成果转化引导基金，支持科技型民营企业转移转化科技成果，提升技术创新水平。健全优质民营企业梯度培育体系，支持掌握关键核心技术的专精特新“小巨人”企业或单项冠军企业创新发展。

（三）推进要素资源一体化，提高跨区域协作水平

充分发挥川渝毗邻地区各自政策、产业、资源等优势，协同推进实施重大科技创新项目“揭榜挂帅”制，为加强两地科技人才交流、科技成果转化等领域合作提供制度保障。探索实施川渝两省市“创新联合体”等产教融合示范项目，进一步拓宽产教融合新路径。以政府搭台、校企唱戏，汇聚各方资源，搭建政校企融合平台，形成政府引导、校企参与、三方融合的协同发展模式。推动重点企业与高校、科研院所开展校企深度合作，加快科技创新资源互惠共享，不断拓宽两地科技合作空间。

（四）坚持筑牢底线思维，确保防疫生产两不误

按照“疫情要防住、经济要稳住、发展要安全”的工作要求，持续完善疫情防控与安全生产双线嵌合机制。一方面，压实企业安全主体责任，指导企业开展安全生产自查自纠工作，全面排查整治安全隐患，坚决杜绝重特大安全生产事故。另一方面，当企业受疫情影响出现产业链上游断供或者物流中断时，建议以园区为单位进行人员闭环管理和组织生产，指导企业灵活调整生产计划，协调解决供应链断裂、客户保供等问题，从而降低不利影响。

［重庆市综合经济研究院
执笔：曹　亮］

第四部分

科技创新

重庆高水平建设国家科技创新中心助力成渝地区双城经济圈建设有关建议

内容摘要：纵观全球，科技创新中心是新知识、新技术、新产品、新产业的策源地，也是全球创新网络中的枢纽，具有科技创新资源密集、科技创新活动集中、科技创新实力雄厚、科技成果辐射范围广等特征，在全球供应链、产业链、价值链、创新链中占据领导和支配地位。相较于国内外其他科技创新中心，重庆存在科技创新研发投入不足，科技创新平台偏少，高端创新资源集聚不够，创新成果转化率偏低等问题，与建设国家科技创新中心的要求还有很大差距。建议：一是加快重大科技创新平台建设，夯实自主创新物质技术基础；二是吸引全球人才资金要素集聚，形成创新资源聚合裂变效应；三是完善政产学研用协同创新体系，畅通科技成果转化转移通道；四是强化规划引领完善服务体系，充分释放创新创业巨大潜能。

纵观全球，科技创新能力是大国崛起的核心支撑和主要标志。科技创新中心是新知识、新技术、新产品、新产业的策源地，也是全球创新网络中的枢纽，对全球创新和产业发展具有强大的聚集力、影响力、控制力与辐射力。近年来中美贸易摩擦也让我们清醒地认识到，国家综合国力的竞争很大程度上是科技的竞争。2018 年 5 月 28 日，习近平总书记在中国科学院第十九次院士大会上指出：中国要强盛、要复兴，就一定要大力发展科学技术，努力成为世界主要科学中心和创新高地。2020 年 1 月 3 日，中央财经委员会第六次会议明确提出，使成渝地区成为具有全国影响力的科技创新中心。重庆高水平建设国家科技创新中心是贯彻落实国家战略部署的重大举措，对于重庆加快实现国家战略定位，助力成渝地区双城经济圈建设具有重要的现实意义。

一、重庆高水平建设国家科技创新中心重大意义

（一）是全面贯彻落实国家战略部署的根本要求

当前，我国正处于大国崛起和民族复兴的关键阶段，迫切希望改变关键领域核心技术“受制于人”的被动局面。重庆作为中西部地区唯一的直辖市，是国家参与全球创新竞争、抢占科技创新制高点的重要载体，肩负着服务国家创新驱动发展战略、引领国家经济转型、实现科技强国梦的重大使命。高水平建设国家科技创新中心，是推动成渝地区双城经济圈建设的重要任务，是引领新时代重庆发展的战略举措，有利于提升自主创新能力，增加自主创新成果的有效供给，在国家创新体系中发挥支撑、带动和示范作用，推动中国经济从高速增长向高质量发展转型；有利于在关键领域、“卡脖子”的地方下大功夫，着力解决技术软肋和制约创新突破的瓶颈问题，增强原始创新能力，提升基础研究水平，为我国建设世界科技强国做出独特而重要的贡献。

（二）是增强国家中心城市核心竞争力的内在需要

科技创新中心是一个国家或地区乃至全球创新的发动机，对提升城市发展能级、增强城市核心竞争力具有重要支撑作用。重庆作为国家中心城市，面临科技教育基础薄弱、创新研发能力不强、人才国际化水平不高、创新创业环境不优等问题。高水平建设国家科技创新中心，有利于汇聚国际化高端人才、一流大学和科研机构、创新创业企业、科技金融等创新要素，强化科学研究、技术创新、产业驱动等功能，提升重庆在全国乃至全球供应链、产业链、价值链、创新链中的地位；有利于提升城市科技创新竞争力和国际影响力，在激烈的国际创新竞争中形成后发优势，在世界分工体系中占据领导和支配地位，成为支撑和引领国家中心城市发展的核心动力源。

（三）是增强重庆高质量发展内生动力的实际行动

科技创新是高质量发展的核心动力，是推动产业转型升级、培育新经济增长点的重要途径。用科技创新驱动高质量发展，是贯彻新发展理念、破解当前经济发展突出矛盾和问题的关键所在。目前，重庆正处在转变发展方式、优化经济结构、转换增长动能的攻坚期，迫切需要推动质量变革、效率变革、动力变革，促使创新潜能有效地释放出来并转化为现实生产力。高水平建设国家科技创新中心，有利于推动经济发展方式从要素驱动转向创新驱动，提升全要素生产率，提高经济发展的质量和效益，不断增强重庆经济发展的内生动力；有利于建立起新技术、新产品、新服务等新优势，全面激活经济发展活力和市场竞争力，实现产业转型升级、经济可持续发展，为重庆高质量发展提供新的成长空间、关键着力点和主要支撑体系。

二、重庆高水平建设国家科技创新中心存在的问题

近年来，重庆强化科技创新引领，创新步伐不断加快，创新投入屡创新高，为经济发展注入了新动能。2019 年，全市研发经费支出达到 460 亿元，研发经费投入强度达到 1.95%。但与国内外其他城市相比，重庆存在科技创新研发投入不足，高端创新资源集聚不够，创新创业生态环境不优，创新能力不强等问题。

（一）科技创新平台偏少

一是有实力的大院大所较少。全市“双一流”高校仅 2 所、中央部门所属的在渝院所 3 家，远低于四川的 8 所、27 家和陕西的 7 所、38 家；国家重点实验室、国家工程技术中心分别只有 10 个、10 个，低于四川的 13 个、16 个和陕西的 21 个、7 个。二是大科学工程建设滞后。目前，重庆大科学装置和重大科技基础设施仍未实现零的突破，在数量规模上与四川（4 个）、陕西（4 个）、湖北（2 个）存在一定差距，导致源头创新与核心技术创新能力不足，前沿创新成果不多。三是创新“领军”企业缺乏。重庆缺少具有国际影

响力、行业平台型和行业引领型的创新企业。2019 年，重庆“独角兽”企业只有 2 家，低于北京（87 家）、上海（40 家）、四川（4 家）、湖北（4 家）；重庆“瞪羚”企业 429 家，远远落后于北京（3190 家）、深圳（2740 家）、上海（1723 家），也落后于成都（470 家）、武汉（432 家）。

（二）科技创新要素集聚不足

一是人才结构不佳制约创新能力提升。受产业结构限制、创新产业链不完整、薪酬缺乏竞争力等因素影响，人才结构分布不合理，对高层次创新人才和团队吸引力不足，且大部分高层次人才集中在高校和科研机构，向产业创新一线汇集不够，参与产业创新的作用不大。2019 年，重庆两院院士有 16 人，不到陕西（71 人）的 1/4、四川（33 人）的 1/2。二是科技金融不发达制约企业创新发展。重庆资本市场不发达，企业融资渠道相对单一，主要依靠银行贷款，直接向市场融资占比偏低，很大程度上制约了企业科技创新能力。截至 2019 年底，重庆拥有上市企业 52 户，不足四川（124 户）、湖北（117 户）的 1/2。此外，重庆财政资金支持创新发展的产业基金达 20 余只，呈分散化、碎片化，难以形成合力。

（三）产学研协同创新不够

一是企业、高校、科研院所之间的合作不够深入。高校、科研院所研究方向与市场需求没有有效结合，各自优势没有有效发挥，企业在产业创新中的主体地位没有显现，造成科技创新与产业需求脱节，成果转化率较低。2019 年，重庆技术合同成交金额 150.3 亿元，仅为陕西的 10.24%、四川的 12.36%；技术合同成交金额占 GDP 比重为 0.64%，远低于陕西（5.69%）和四川（2.60%）。二是技术转移服务平台发展滞后。重庆独立的技术转移中介服务机构比较少，且大多经营模式不成熟，服务能力不强。技术成果转移服务环节缺失，无法将社会和产业界的需求信息反馈至高校和科研院所，使企业界与科技界难以实现有效互动。

（四）创新创业生态环境不优

一是区域创新协同机制尚未形成。重庆科技资源布局较为分散，各科技园区“单兵作战”，尚未形成协同合作、联结共生以对接外部创新资源的体制机制。二是缺乏专业化的创新服务平台。既缺乏提供法律、会计、技术、市场咨询等专业化服务平台，也缺乏企业参与国际科技与产业资源配置的制度性、规范性的工作机制和平台。三是高端人才所需的生活配套服务不完善。目前，重庆创新空间大多是由开发区、科技园、工业园区组成的园中园结构，产城分离、重产轻城，造成科技服务滞后、生活配套服务不匹配等问题，难以适应创新创业功能与城市功能融合发展的趋势。

三、重庆高水平建设国家科技创新中心有关建议

（一）加快重大科技创新平台建设，夯实自主创新物质技术基础

以成渝地区双城经济圈建设为契机，争取国家重大科技专项布局重庆，高水平建设一批科研院所、科研基础设施，全力打造综合性国家科学中心。

一是加快布局国家重大科技项目。依托国家西部（重庆）科学城建设，聚焦大数据、人工智能、生命科学等领域，布局国家网络数据安全中心、人工智能超算中心、西部医学中心等国家重大科技创新项目，形成重大源头创新与前沿突破的强力支撑。

二是高水平建设应用型研究机构。加强与国内外大院大所、知名企业的合作，共同设立新型研发机构，推动与中国航天科技集团共建全球低轨卫星移动通信与空间互联网系统创新基地，与中国通信研究院共建数字经济研究中心，与兵装集团共建军民融合协同创新中心，与吉利等国内外知名车企共建新能源汽车研究院、智能网联汽车研发中心，争取在空间互联网、车联网、云 VR/AR 等重大科技创新领域突破一批关键性技术。

三是加强企业创新平台建设。鼓励企业建立海外研发机构，建设具有自主知识产权的“专利池”，提升企业科技创新国际影响力。培育发展一批高新技术企业、高成长型科技企业，逐步形成“专精特新”中小企业、隐形冠军、专精特新“小巨人”企业、“瞪羚”企业、“准独角兽”企业、“独角兽”企

业六级梯队，为产业创新提供强大动力。

（二）吸引全球人才资金要素集聚，形成创新资源聚合裂变效应

以引进高端创新人才、完善科技金融支持体系为抓手，加快构建与高端创新要素集聚相适应的创新体制机制，全面激活区域创新活力。

一是创新海内外高层次人才引进机制。借鉴杭州经验，探索“以赛代评”“市场化评价”引才新模式，通过举办国际性大赛对前三等次参赛项目领衔人、年应纳税所得额20万元以上或在公司中股权估值高于300万元的企业管理人员，可以直接评定为相应层次的人才。建立“举荐人”制度，将全市两院院士、国家级专家、行业领军企业负责人纳入“举荐人”名单，每人每年举荐1~2名人才。建立与国际接轨的人才招聘、科研资助、科研项目全球招标制度，争取国家支持外籍科学家领衔国家科技项目试点。完善外籍人才居留权制度，扩大向外籍创新创业人才发放“中国绿卡”范围，更好集聚国际各类优秀人才。

二是创新金融产品和服务。依托内陆国际金融中心建设，筹建科技创新基金，积极争取西部证券交易中心，发展多层次资本市场体系。完善科技金融对接服务机制，推动银行、风投公司、保险公司等共建促进创新发展的金融合作联盟，为企业提供全生命周期一站式的融资服务。鼓励发展面向“瞪羚”企业、“独角兽”企业私募债券、私募股权融资、供应链融资，推动银行金融机构扩大知识产权、股权、应收账款等质押贷款业务规模。针对科技型中小微企业，构建以天使投资、风险投资、私募投资、贷款融资和债券融资等为主的全链条科技金融支持体系。

（三）完善政产学研协同创新体系，畅通科技成果转化转移通道

全面深化创新改革，进一步加强重庆市与国内外高校院所科技合作，构建开放式政产学研用协同创新体系，提升创新成果转化能力。

一是完善产学研用协同创新机制。鼓励企业联合高校或科研院所申请科技计划项目立项，对于应用型技术成果，着重考核成果转化情况以及成果的产业带动性。顺应新时代重庆产业发展需要，加快推动重庆邮电大学、重庆交通大学、重庆科技大学由普通本科院校向“双一流”应用技术型大学转变，增设大数据、人工智能、高端装备等新专业，推动传统工科专业与新技术融合发展，从而更好地服务重庆本地产业创新。

二是提升科技成果转化能力。加快建设中国西部技术转移中心，争取国家支持在渝设立国家知识产权交易中心。支持龙头企业与高校院所共建研发机构、技术转移中心、成果中试（转化）基地，开展关键技术、共性技术的协同创新和联合攻关，为科技成果转化架起桥梁。

三是激发科技人员积极性。建立以增加知识价值为导向的激励机制，探索实施“包干制”、高端人才年薪制改革，依法赋予创新领军人才更大人财物支配权，将科技成果转化情况作为对科研单位及人员评价、获取科研资金支持的重要依据。

（四）强化规划引领完善服务体系，充分释放创新创业巨大潜能

结合中国西部（重庆）科学城建设，加强规划引领，完善政策保障机制，努力营造良好的创新创业生态环境。

一是加强顶层设计和规划引领。围绕建设国家科技创新中心，联合国内外知名智库，组织工作专班，展开前瞻性、战略性、系统研究，制定《重庆建设具有全国影响力的科技创新中心实施方案》，形成顶层规划指引。建立第三方评估机制，编制重庆科创指数，定期出版《重庆科技创新评价报告》，为科学实施各项创新政策提供依据。

二是完善创业创新服务体系。面向全球引进法律、财务、知识产权保护、资本融资、人才引进、创业辅导等专业化服务机构，更好地为企业提供创新服务。鼓励行业协会、企业商会等社会组织，举办人才沙龙、项目路演、高端论坛、创新创业大赛等活动，推动人才交流、项目洽谈、资本对接、成果转化，形成聚集和配置创新要素的磁场效应。

三是完善高端人群生活配套。建设一批国际化人才社区、青年创新创业

社区和外籍人才创业社区，引进国际高端教育资源、医疗资源，建设国际学校、国际医疗机构，满足外籍人才、归国留学人员子女的教育、医疗服务需求。

［重庆市综合经济研究院

主研：易小光　丁　瑶　邓兰燕　苏　凡　贾静涛　王志军　邱　婧

执笔：贾静涛］

成渝地区双城经济圈共建科技创新中心的几点建议

内容摘要：建设具有全国影响力的科技创新中心是成渝地区双城经济圈建设的重大战略任务之一。借鉴国内外科技创新中心的建设经验，结合重庆市和四川省科技创新基础条件和协同发展新要求，川渝两地共建科技创新中心战略目标应包括五个方面：国内创新产品的制造基地、培育创新人才的世界窗口、国际创新资源的聚集中心、为全球科技领导型企业提供战略支撑、科技创新体制改革示范区。为实现上述战略目标，建议：一是着力共建“三城一廊多点”的创新空间格局；二是聚集科技创新核心要素；三是促进创新基础能力和制造创新网络融合；四是提升科技创新生态吸引力；五是协同推进科技成果转化市场化改革；六是共同打造区域性技术转移平台；七是共建国际科技创新合作基地。

建设具有全国影响力的科技创新中心是成渝地区双城经济圈建设的重大战略任务之一。研究成渝地区双城经济圈共建科技创新中心的目标及路径，对促进重庆市和四川省科技创新合作具有重大意义。

一、成渝地区双城经济圈共建科技创新中心战略目标

借鉴国内外科技创新中心的发展实践案例，客观分析成渝地区双城经济圈科创基础条件和发展要求，成渝地区双城经济圈共建科技创新中心要以制造业为核心，聚集科技产业创新高端人才、高成长性企业和高附加值产业，发挥引导和组织跨区域创新的能力，在科技与产业融合发展方面发挥重要引

领作用，对我国科技、产业发展形成重要战略支撑，其战略目标至少包括五个方面：

一是成为国内创新产品的制造基地。发挥制造业基础优势，着力提升制造企业能级，壮大一批工程研究中心，在此基础上运用新技术新材料新工艺，实现产品创新或迭代升级，不断满足国内需求。

二是成为培育创新人才的世界窗口。聚焦基础科学理论、科技发展重大前沿基础和国家战略科技工程，聚集最优秀的国内外大学资源，培育研究型人才或工程技术人才，为战略性新兴产业全球化提供源源不断的智力资源。

三是成为国际创新资源的聚集中心。高质量建设西部科学城，建设综合性国家科学中心重要承载区和国家自主创新示范区，打造西部科技创新走廊，聚集高水平的国内外创新资源，汇聚科技金融资本，提升技术交易市场影响力，形成多层次的国际科技合作新格局。

四是为全球科技领导型企业提供战略支撑。培育形成并聚集一批创新引擎企业，为全球科技领导型企业提供高端制造服务或产品研发服务的战略支撑。

五是成为科技创新体制改革示范区。深化改革开放，在科技战略管理、科技协同创新、科技成果转化、科技金融服务、科技产业融合等方面树立全国性的示范效应，营造最具竞争力的创新氛围，把成渝地区双城经济圈建设成为全国科技创新体制改革的示范区。

二、川渝共建科技创新中心的几点建议

（一）共建“三城一廊多点”的科技创新空间格局

依托联通重庆市和四川省的高铁、高速公路等骨干交通网络，发挥创新载体的作用，共建“三城一廊多点”的科技创新空间格局。

三城，即西部（重庆）科学城、西部（成都）科学城和中国（绵阳）科技城三大创新城。聚集科技创新核心要素，建设成为国家自主创新示范区核

心区，创建国家综合性科学中心。西部（重庆）科学城着力建设国家重大科技基础设施，聚集国内外优质创新要素，服务制造业升级和军民融合科技协同创新，打造国际科技合作示范基地，建设链接全球创新网络的改革开放先行区。西部（成都）科学城着力建设西部地区重大科技基础设施、科研院所和大学创新平台汇集区，建设国家级研发平台和国际技术转移中心。中国（绵阳）科技城以服务国防建设为基础，以军民融合为重点，努力形成成渝地区双城经济圈的创新高地，探索打造区域科技创新特区。

一廊，即成渝科技创新走廊。依托成渝高铁、成渝高速公路等复合型交通通道，对标广深科技创新走廊和沪宁线创新走廊，集中两地创新资源，把重庆市—成都市—内江市—绵阳市连成一条产业联动、功能贯穿的科创经济带。强化重庆两江新区和成都天府新区两大核心创新引领作用，增强西部（重庆）科学城、西部（成都）科学城、中国（绵阳）科技城、两江协同创新区等的协同创新能力，打造科技创新“双引擎”。成渝科创走廊是开放共享的创新经济带，具有辐射西部地区、带动西部创新发展、高质量发展的重要作用。

多点，即以国家高新区为载体的创新平台或制造基地。发挥重庆高新区、成都高新区、璧山高新区、荣昌高新区、绵阳高新区、内江高新区、德阳高新区等园区的聚集优势，建成竞争力强的先进制造基地、国家级科技创新基地、国家级科技成果转化中心。

（二）聚集科技创新核心要素

着力聚集以最优秀大学和创新型企业为核心的科创要素资源，为创新提供源源不竭的动力。

一是聚集最优秀的科研资源。瞄准科学、技术、工程、数学四大领域，把国内最优秀的大学资源引进重庆市和成都市，支持设立分校、研发机构。引进世界前100位的国外优秀大学资源，采取联合办学形式，在重庆市或成都市设立分校，共同培养国际化人才。

二是做大做强创新引擎企业。大力培育高新技术企业，促进国家级高新技术企业持续增加，争取5~6年数量翻一番。支持规上工业企业建立国家和地方重点工程实验室、省级以上企业工程（技术）研究中心、国际科技合作示范基地等。

（三）促进创新基础能力和制造创新网络融合

聚焦国家重大战略需求，面向制造业高质量发展，加强科技创新基础能力建设和制造业创新网络建设，构建特色鲜明的创新集群。

一是完善多层次的创新平台体系。创建综合性国家科学中心。依托西部（重庆、成都）科学城和中国（绵阳）科技城，布局国家大科学基础设施及其相关领域的前沿研究和应用研究。重庆要争取资源环境、生命医学、智慧交通、新材料等重大科学基础设施落户。成都要争取信息网络、人工智能、智慧城市等重大科学基础设施落户。绵阳要争取核聚变、超算中心、航空航天等重大科学基础设施落户。完善实验室体系。按照国家战略布局，发挥交通运输设备制造、电子信息制造、机械制造、装备制造、新材料等产业优势，在新兴前沿交叉领域创建国家重点实验室或部省（市）共建国家重点实验室，加强与发达国家重点实验室合作。建设技术创新平台。重点支持大型企业与大学、科研院所共建省级以上工程研究中心、技术创新中心、制造业创新中心，支持龙头企业建设博士后科研工作站、院士工作站。支持企业在美国、德国、日本、法国、英国、以色列等建立海外创新中心。壮大新型研发机构。重点支持新能源汽车、宽禁带半导体材料、集成电路制造装备、人工智能、信息安全、电子化学、大型商用飞机关键零部件、工业互联网等领域的科技企业与高校、科研机构合作建立技术研发中心、产业研究院、中试基地等新型研发机构，壮大新型研发组织规模。

二是增强制造业关键核心技术优势。培育世界级制造业技术优势。电子信息产业重点增强集成电路、新型显示、网络安全、超高清视频等技术。高端装备制造重点增强航空航天、核能及核技术应用、新一代轨道交通、清洁能源装备、节能环保装备等技术。先进材料产业重点增强钒钛、稀土、光伏、特种电子材料、石墨烯等技术。医药化工产业重点增强生物医药及大健康、精细化工、生物化工、高分子化工等技术。增强供应链产业链稳定性和竞争力。重点增强产业核心基础零部件（元器件）、关键基础材料、先进基础工艺、产业技术基础技术，加快制造业供应链安全体系建设，推动产业链核心环节本土化。推进产业链改造升级，加大技术更迭、工艺优化、装备升级投资，提升全产业链设计、制造、工艺、管理水平。突破“卡脖子”技术，提升产业链自主可控能力，加快降低成熟制程芯片、汽车电子、工业软件、航空发动机等核心技术对美国的直接依赖程度，制造业企业上游环节国内配套能力达到90%以上。

三是提升制造业集群创新网络优势。瞄准基础研究和产业化能力，提升制造业集群创新网络优势。重点支持信息技术、生物医药、材料、大飞机、航空发动机与重型燃机、轨道交通、节能环保、新能源汽车、动力及储能电池、高端农业装备、工业互联网、工业软件、绿色食品等优势制造创新网络建设。重点培育人工智能、生物工程、精准医疗、增材制造、前沿新材料、卫星互联网、氢燃料电池、智能网联汽车等新兴制造创新网络。

（四）提升科技创新生态吸引力

以知识产权、科技金融服务、双创文化为重点，提升科技创新生态吸引力。

一是建设知识产权运用和保护高地。建设西部知识产权保护高地，开展集专利快速审查、快速确权、快速维权为一体的一站式国家知识产权运营服务体系，统筹做好反垄断、公平竞争审查等工作。逐步扩大国家知识产权示范园区、国家知识产权试点园区、国家知识产权强县工程试点县（区）等建设。围绕现代交通运输工具（大飞机、新能源汽车、高技术船舶）、电子信息、新材料、装备制造（重型机械、半导体制造设备）、精细化工、生物医药等制造业集群和新兴产业，布局一批高价值专利，建立产业知识产权联盟。

两地共建知识产权法庭，集中管辖技术类知识产权案件，推动知识产权刑事、行政案件的集中管辖，开展知识产权联合执法，打击知识产权侵权行为。加强创造、运用、保护、管理服务全链条专业化建设和人才队伍建设。

二是建设科技金融服务基地。推动成渝共建国家金融科技认证中心，支持优秀金融科技企业和研发创新团队，围绕人工智能、大数据、云计算、区块链等底层关键技术，形成一批知识产权和专利，促进金融科技资源要素聚集和自由流动。两地共建新兴产业投资基金，吸引国内外创新资本，面向国内和川渝两地，共同投资集成电路产业、智能产业、新材料产业和数字产业。以资本市场为纽带，两地共同支持科技型企业上创业板和科创板。促进重庆两江新区和四川天府新区、重庆高新区和成都高新区的科技金融服务平台对接，为科技型中小企业开展知识产权质押融资、融资担保、贷款贴息等科技金融服务，为中国西部（重庆）科学城实体单位提供服务。对两地企业年金、社会资本等以合法方式投资对方的科技类上市公司，不设置特殊壁垒。争取国家部委支持重庆建设西部金融科技中心和深化四川省金融科技试点工作。

三是建设双创文化高地。大力培育创新精神和创客文化。持续办好重庆国际创投大会、中国创投行业发展（成都）论坛等活动，支持优秀项目参与国际大赛。开展具有国际影响力的创新创业论坛，在“一带一路”沿线国家宣传推广双创政策。

（五）协同推进科技成果转化市场化改革

川渝两地统筹推进科技成果市场化改革，统一改革政策和力度，规范标准化工作流程。

一是共建通行通用的技术成果评价标准。支持国家技术转移中心西南中心牵头起草《科技成果评价规范》，成为两地评价科技成果的重要的地方标准。推动两地共同起草《知识产权评价规范》，作为两地评价知识产权重要的地方标准。以上两条标准将作为获取投资、许可、转让、合作中对技术成果价值的重要评判依据。

二是共同推进职务科技成果产权改革。两地科教行政管理部门共同协商科研院所职务科技成果产权改革事宜，统一规范所有权比例原则和确权程序。在国有企业混合制改革中，共同引入试点单位职务科技成果。支持职务科技成果入股。

三是共同推进知识产权综合管理改革。实现两地高新技术产业开发区在知识产权数据信息资源方面开放共享。促进两地开展知识产权审查合作，共建国家知识产权运营服务体系。

（六）共同打造区域性技术转移平台

围绕重点领域，共同打造服务成渝地区双城经济圈、辐射西南地区的技术转移平台，配套科技金融融合服务。

一是面向重点产业集群，打造一批具有行业影响力的特色化的技术转移平台及服务体系。在部地合作方面，争取科技部进一步支持川渝两地共建国家技术转移西南中心交易平台体系和成德绵国家科技成果转移转化示范区。在重庆市方面，加强与四川省合作，共同打造两江新区智能汽车技术和电子信息技术转移平台、巴南区生物医药技术转移平台、重庆市科学技术研究院军民融合创新服务平台、重庆联合产权交易所等技术转移平台。在四川省方面，携手重庆市，共同打造成都市轨道交通技术转移平台、中医药技术转移平台、食品技术转移平台、数字新媒体技术转移平台、成都知识产权交易中心、西南联合产权交易所、德阳市智能装备技术转移平台、绵阳市新材料技术转移平台等技术转移平台。

二是共同提升技术转移机构服务能力。立足技术转移平台特色化发展方向，相互支持提升国家技术转移示范机构服务质量，提升高校、科研院所专业化技术转移机构服务能力；设立培训基地，共同培养职业化技术经纪人或技术经理人。

（七）共建国际科技创新合作基地

依据双边或多边合作协议，共同拓展国际科技创新合作，推动与“一带一路”国家的科技要素跨境流动。在中欧全面投资协定（中欧 CAI）框架下，川渝共同推进知识产权领域国际合作，共建新能源汽车、航空航天、绿色制造、精密制造等国际科技合作项目或跨国技术转移中心。在区域全面经济伙伴关系（Regional Com-prehensive Economic Partnership，RCEP）框架下，川渝共同在东盟国家布局农业、食品、汽车、纺织服装等产业技术服务平台和技术转移中心。在中新（重庆）战略性互联互通示范项目下，开展中国—新加坡创新要素跨境便利流动试点，吸引四川科技资源共同开展金融科技、产业技术等项目合作，并在新加坡设立研发服务中心。在中日韩自由贸易区内，川渝共建汽车、电子、半导体、新材料等跨国科技服务平台和技术转移中心。

[重庆市综合经济研究院
执笔：罗宇航　李　权　黎　慧]

加快推动成渝地区双城经济圈创新链与产业链融合的建议[①]

内容摘要：创新链和产业链融合发展水平不仅决定了一个国家（地区）在全球价值链中的地位和竞争力，也是一个地区高质量发展内生动力强劲与否的重要体现。当前成渝地区推动创新链与产业链融合还处于起步阶段，主要面临基础创新和协同创新能力不强、产业链协同重塑的短板效应突出、科技成果本地转化应用率偏低、具有竞争力的科创型链主企业少、创新与产业融合的金融支撑不足五大短板制约。为此，我们提出“构建一套机制、聚焦五个重点”的建议：一是发挥政府引导作用，强化融合的促进机制建设；二是聚焦科创中心建设，强化创新协同发展和打造西部人才特区；三是聚焦产业协同重塑，强化产业链创新需求整合；四是聚焦成果转化应用，强化科技服务高地打造；五是聚焦企业创新主体，强化科创型链主企业培育；六是聚焦金融支撑服务，强化创新资本的优化配置。

习近平总书记强调，“要围绕产业链部署创新链、围绕创新链布局产业链，推动经济高质量发展迈出更大步伐”。创新链和产业链融合发展水平决定了一个国家（地区）在全球价值链中的地位和竞争力，在全面开启现代化建设的新征程中，成渝地区必须立足国家战略使命，进一步强化科技创新对经

① 本文是重庆市社会科学规划智库特别委托重点项目“成渝地区双城经济圈创新链与产业链耦合研究”阶段性研究成果（项目批准号：2022ZDZK09）。

济社会发展的支撑和引领作用，加快补齐制约创新链与产业链融合的关键短板，切实提升区域产业链韧性和现代化水平，增强产业综合竞争能力和高质量发展的内生动力，更好地融入和服务国内国际双循环新发展格局。

一、创新链与产业链融合的基本内涵

围绕产业链部署创新链，强调的是科技对产业链各环节以及产业现代化水平提升的支撑作用；围绕创新链布局产业链，强调的是科技创新的供给和成果应用转化对培育新兴产业的引领作用。创新链与产业链融合本质就是通过科技创新和产业链重塑实现产业基础高级化和产业链现代化，创新具有核心作用。同时，围绕这些经济活动和创新活动又形成了相互关联的资金链、政策链、人才链、信息链等各种“链”。党的二十大报告也强调要“推动创新链与产业链资金链人才链融合”，但创新链与产业链相对而言更具有根本性和主体性作用，二者螺旋式相互促进，推动产业升级和创新能力提升。在当前全球科技革命和产业变革持续深化的大背景下，由政府主导并推动创新链与产业链融合模式正成为发展主流。

一般来说，创新链与产业链融合的水平取决于区域的科技创新供给能力、科技成果转化应用能力、科技与产业政策的协同能力、产业升级的创新需求动力，以及是否构建了相对完善的融合促进机制等。从区域发展阶段看，由于区域创新资源禀赋和产业基础不同，发达地区主要表现为“创新链推动产业链”的融合模式，欠发达地区多表现为“产业链带动创新链”的融合模式，在承接发达地区产业转移的过程中不断产生创新。从政府与市场发挥作用看，政府从宏观战略上制定创新链和产业链的发展目标与方向，统筹协调产业链和创新链的区域布局，并建立健全跨地区产业链创新链融合体制机制，弥补创新领域的市场失灵；市场则是通过需求机制、价格机制以及竞争机制对创新链和产业链的双向融合产生影响。从主导创新链的主体来看，企业与大学、科研院所在创新链环节上互为补充，共同推动双链融合发展。其中，大学和科研院所主导的创新链相对完整，包括基础研究、应用研究、技术开发、产品设计、试制反馈、技术改进、推广普及、价值实现等多个环节和步骤，创新成果影响深远，但研发周期太长且与产业链融合较慢，倾向于以基础创新引领产业技术革新；而以科技领军企业主导的创新链，与企业的发展战略、技术瓶颈等紧密相关，具有明显的生产导向性和技术实用性，创新内容通常是与产业应用相关的具体工程技术、生产工艺和组织管理模式创新，与产业链天然紧密相关，链条相对较短。此外，金融机构、中介服务等社会组织为创新主体提供在创新成果产业化进程中所需的各种创新中间投入产品及服务，降低交易成本和获取壁垒，加速科技成果产业化。因此，推动创新链与产业链深度融合是一个涉及多链多环节的系统整合工程。

二、成渝地区创新链与产业链融合面临的主要问题

“十四五”以来，成渝地区双城经济圈加快制度创新和资源整合，着力构建现代产业体系和打造科技创新中心，积极推动创新链与产业链融合，但总体仍处于双链融合的起步阶段，实现双链深度融合还主要面临五个方面的制约。

（一）基础创新和协同创新能力总体不强

较强的基础创新能力和完善的协同创新机制是决定地区综合创新能力强弱的重要因素，目前成渝地区在这方面还有较大的提升空间。一是高端创新资源和平台较少。无论是国家级重点实验室、国家工程技术研究中心、双一流学科大学和学科数目，还是两院院士、国家“千人计划”等塔尖型领军人才，川渝两地与北京、上海、广州、深圳等发达地区和周边的陕西、湖北都存在一定差距，严重制约其基础创新能力。2021 年国家级重点实验室总数仅为上海的 57%、北京的 20%；双一流高校学科数仅为上海的 30%、北京的 20%；成渝地区两院院士总人数 79 人，占全国比例仅 4.8%，不足京津冀、长三角的 20%。二是川渝协同创新机制不健全。川渝两地创新资源分布不均，主要集聚在重庆中心城区、成都和绵阳市，由于跨行政区域的协同创新机制

尚不健全，创新投入基本处于各自为政的状态，创新研发联合攻关体系尚未形成，区域技术交易市场规模较小，交易市场规则标准不统一，创新资源尚未得到高效整合、创新链碎片化现象依然突出，目前成渝地区发明专利授权数量不足长三角的20%，约为京津冀和粤港澳的30%左右，协同创新助力产业转型的支撑不强。

（二）产业链协同重塑的短板效应明显

推动区域产业链协同重塑，共促产业链关键环节技术创新是提升区域产业链现代化水平的重要举措。虽然川渝地区一体化发展进程加快，但产业领域的合作短板依然明显。一是川渝产业协作的领域有限。长期以来，两地电子信息、装备制造、汽车制造等优势产业错位发展不足，产业相似度高，再加上受地方行政区经济考核与发展阶段等因素影响，川渝产业合作主要局限于要素和项目合作，产品配套和供应链更多专注本地区域，在制定标准、联合研发、拓展市场、平台互用、产业准入、金融创新、服务机构互设互认等领域的合作有限。同时，跨省市的川渝区域创新合作平台总体也仍处于探索阶段，无论是产业基础还是创新资源都极其薄弱，也缺乏产业链优势环节的合作。二是产业重塑的创新需求缺乏有效整合。“十四五”期间，重庆和成都加快围绕产业链布局创新链，分别梳理了33条、20条重点发展产业链，初步建立了“链长制”并形成了“一链一策”的政策配套机制。虽然都明确了产业链的关键环节和技术需求，但总体还是缺乏有效对接，尚未将产业重塑升级的创新需求进行有效整合，特别是像新能源汽车、集成电路、新型显示、生物医药等两地共同发展的重点产业集群，在关键环节和共性技术的研发攻关、资源配置等方面缺少统筹，川渝科技资源共享服务平台亟待建立。

（三）科技成果的区域转化应用率偏低

科技成果转化作为创新链的末端环节，对创新链与产业链融合具有决定性作用。长期以来，由于区域内产学研协同机制、知识产权保护机制、成果转化机制等不健全，导致区域创新成果本地市场化、产业化应用率不高。一是高校研发活动的知识溢出不足。高校科研活动与产业实际技术需求还有距离，2020 年重庆和四川高校专利转化率分别为 2.7% 和 2.9%，均远低于上海（5.1%）、北京（4.6%）水平。二是一体化的技术交易市场长期缺位。由于两地技术交易政策不统一、技术交易供给不充分、交易信息获取不便等诸多因素，成渝地区技术交易合同数量和交易金额均远低于发达地区。2021 年，四川、重庆技术合同登记交易额分别排全国第 10 位和第 19 位，川渝两地成交总额共计 1708 亿元，约为北京的 24%、广东的 40%、江苏的 57%、上海的 60%、陕西的 73%。从技术流向看，川渝地区吸纳技术成交额共 1782.3 亿元，分别约为广东的 32%、北京的 51.8%、江苏的 63.4%，技术吸纳转化水平不高。三是科技中介服务不发达。川渝两地在研发服务、技术咨询、专利代理、知识产权服务、信息服务等科技中介服务领域发展相对滞后，专业化的科技转化机构和技术经纪人队伍缺口较大，难以支撑本地科技成果的落地转化。譬如，执业专利代理师重庆和四川分别为 346 人、766 人，远低于上海的 1516 人、广东的 2659 人、北京的 8403 人。

（四）具有竞争力的科创型链主企业少

科技创新型企业是主导产学研合作、推动创新链与产业链深度融合的重要载体，特别是主导产业链运行的链主企业对科技成果转化和产业化水平提升具有极强的引领支撑作用，川渝地区科创型链主企业缺乏主要表现在：一是主导产业的龙头企业创新带动力不强。川渝地区汽车、电子信息、装备制造、生物医药等主要优势产业总体上还处于全球产业链中低端，控制产业链关键环节和具有全国影响力的领军企业还极为匮乏。譬如汽车产业在系统控制、汽车电子、电机电池等关键环节尚处于起步阶段，龙头企业长安集团缺乏自主高端品牌；电子信息等产业多为组装环节的代工品牌商，核心零部件研发制造能力有待提升；装备制造业缺乏系统集成企业，成套化供给能力不强；生物医药业拥有自己的研发团队和能自主完成中试放大、工艺验证、药品注册、GMP 合规生产、质量合规管理、临床研究管理的药企还较少。二是专精特新“小巨人”企业培育不足。专精特新“小巨人”企业是专注细分市场、创新能力强、市场占有率高、掌握关键核心技术、服务于产业链关键环节的优质企业，最有可能成为新兴产业和未来产业的领头羊。以重庆为例，重庆在集成电路、石墨烯薄膜、智能网联汽车等细分领域有 200 多项技术达到国内领先水平，但相关的科创型企业培育却明显不足。从 2021 年工业和信息化部认定的前四批国家级专精特新“小巨人”企业数量看，四川（348 家）和重庆（245 家）分别位居西部第一和第二，但远低于浙江（1078 家）、广东（878 家）、山东（767 家）、江苏（707 家）等省份。

（五）创新与产业融合的金融支撑不足

创新链与产业链融合离不开高效的金融支撑，特别是科技金融与产业资本是推动双链融合的黏合剂。长期以来成渝地区创新投入基本处于各自为政的状态，金融支持科技创新的作用尚未有效发挥。一是区域科技金融体系不完善。区域内科技贷款、科技担保、股权投资、科技保险、科技租赁等科技金融业态发展不充分，特别是金融机构针对初创期的科技型企业的融资产品创新不足，风险投资、私募股权基金投资不活跃，科技融资主要是依靠政府引导基金、银行信贷等传统渠道。二是区域一体化资本市场尚未形成。川渝众多要素交易市场处于两地分割状态，一体化发展刚刚起步。譬如重庆联合产权交易中心、天府（四川）联合股权交易中心资源尚未有效衔接整合，通过科技创新型企业股权报价系统和科技创新型股份报价转让系统融资额度有限，场外交易市场（OTC）的企业孵化功能还不强，不能很好助推科技企业在更高资本市场融资。目前重庆 67 家上市公司中仅有 1 家科创板企业，国家级专精特新“小巨人”上市仅 4 家。三是创新资本形成机制有待优化。部分资金投资风格急功近利，投资偏好仍停留在过热的短周期行业，对科技含量较高的长周期行业望而却步，两地跨行政区域的产业基金、创新基金亟须整合。

三、对策建议

（一）发挥政府引导作用，强化融合的促进机制建设

充分发挥政府的战略规划和引导作用，建立跨区域的高效协作促进机制，是推动成渝地区创新链与产业链融合的重要保障。一是完善组织机制。依托既有的推动成渝地区双城经济圈建设科技协同创新专项工作组和川渝两地重点产业链“链长制”，定期召开由两地主要领导主持的联席会议，推动创新链与产业链耦合的重大工程、重点项目、重要政策、重要资源和重点任务的配置及落实，协调解决工作中存在的突出问题。二是强化政策协同。建立川渝两省市各部门联动工作机制，加强川渝两省市产业、科技政策衔接和重大产业规划的对接。鼓励川渝两省市共塑一体化科技创新制度框架，共同推动创新资源开放共享和高效配置，加大人才支持政策的共享协调力度，联合提升创新创业服务支撑能力，进一步推动人才、资金、信息等资源要素跨区域顺畅流动。

（二）聚焦科创中心建设，强化创新一体化协同发展

成渝地区要以科创中心建设为契机，促进主要创新资源与主导产业耦合集成，围绕创新链布局产业链。一是共同争取国家创新资源。争取重大科创项目、基础前沿领域的大科学装置在成渝地区布局，合力建设成渝综合科学中心，筹划共建成渝国家技术创新中心，共同开展重大科学研究；争取在西部科学城（重庆）建设“西部未来产业研究院”，针对未来产业开展基础技术攻关研究，从源头提升产业基础能力。二是完善区域协同创新机制。加快优化整合区域内创新资源，打造成渝科技创新共享服务平台，积极探索“企业出题、政府立题、协同解题”的产学研用合作之路，加快在两江新区、天府新区、自贸区、国家级高新区等核心区域探索政产学研用联盟机制、创新利益分享机制和军民协同创新机制，探索建立以成果转化为导向的科技立项与成果评价体系，完善知识产权保护机制。建立共同面向全球的科技成果遴

选转化机制，增强战略性产业前瞻布局。三是强化应用研究矩阵体系建设。重点突出在各类高新区探索建立工程研究中心、技术创新中心和产业研究院，形成上下对接，左右联动的应用研究矩阵体系，主要承接科技成果转移转化、初创型企业孵化、产品小试中试等环节工作，促进科技成果产业化，切实增强创新对产业发展的引领作用。四是加快西部人才特区建设。参照北京中关村、海南自贸港特区式人才政策体系，支持西部科学城建设国际化创新人才特区，加快引进和培养紧缺型创新人才，推动人才招引政策一体化，建立高端人才柔性流动引进机制。

（三）聚焦产业协同重塑，强化产业链创新需求整合

成渝地区要围绕“先进制造业中心”“智造重镇”建设，以开放的视野加快产业协同重塑和创新需求整合，围绕产业链部署创新链。一是统筹编制成渝地区重点产业链图谱。立足国家战略定位，对标世界先进产业体系，按照构建世界级产业集群、国家级产业集群、特色产业集群和未来产业集群，统筹推进成渝地区产业强链补链工作，明确近期、中期、远期产业链发展图谱和关键薄弱环节，研究并实施产业技术路线图，组建产业协同创新联合体或者产业技术创新联盟，协同开展技术攻关，避免各自为政。二是打造创新链与产业链融合的示范阵地。按照错位互补、特色集聚发展原则，协调布局并打造一批创新要素集中、成果应用活跃、高新技术产业密集的“双链融合”主阵地，重点在两江新区、天府新区、重庆高新区实施先进制造业培育工程、制造业强链创新工程“双示范”，力争在部分优势产业链关键环节实现创新突破。三是主动全面融入全球价值链。协同开展产业链招商，实施“产业＋技术＋人才”一体化招商。支持本土企业并购拥有核心技术、重大发明专利和知名品牌的国外企业。引导有条件的企业布局海外创新中心，鼓励优势企业参与研制国际标准，推动建立海外创新产业孵化园、面向成果转化和产业应用的跨国产业技术研究院。

（四）聚焦成果转化应用，强化科技服务业高地打造

在经济发达地区和技术创新活跃区域，科技服务业通常相对发达，对创

新链与产业链融合效率具有积极促进和媒介作用，成渝地区要加快推动科技服务业高地建设。一是培育打造一批科技服务业集聚区。围绕创新全链条加快发展科研服务、专业技术服务、技术推广、科技信息交流、科技培训、技术咨询、技术孵化、技术市场、知识产权服务、科技评估和科技鉴证等现代科技服务业。鼓励国内外高校、科研机构在西部科学城、两江协同创新区、自贸区、高新区等区域设立科技成果转化机构和创新中心，吸引国际科技成果转移转化，打造一批科技服务业集聚区。二是构建区域一体化的技术交易市场。统一规范川渝两地技术交易中心交易规则，实行组织机构一体化、平台建设一体化、技术交易政策标准一体化。加快协同构建跨区域技术交易与成果转化机制，共建技术市场交易和技术转移服务联盟，打造区域技术转移协作网络。依托重庆联合产权交易所、重庆智博会等展会平台资源，力争建成中国西部（重庆）国际技术交易服务中心。三是打造高素质技术经纪人才队伍。加快引进和培育一批兼具技术、管理、市场经验的技术经纪人，为技术供需双方提供需求匹配、资源整合，打通科技成果转化“最后一公里”。鼓励支持企业技术人员以“兼职技术经纪人”的形式挂靠到科技服务机构，提升科技中介服务机构在技术对接方面的专业能力。

（五）聚焦企业创新主体，强化科创型链主企业培育

推动成渝两地联合实施新一轮创新型领军企业培育行动，培育壮大科技型企业群体，切实增强科技型企业对推动创新链与产业链融合的带动能力。一是引导行业龙头企业向链主型企业转型。充分发挥龙头企业研发平台资源、产业链资源、销售渠道资源等优势，建立科技成果快速转化和商业化通道，推动有条件的龙头企业由“制造商”向“平台商”转型，以提供创新、投融资和孵化等服务。支持产业链上企业构建工业互联网平台生态，鼓励产业链“链主”企业牵头组建体系化、任务型的创新联合体，加快新型应用场景培育开放，持续丰富产业建圈强链新场景新产品。二是深入实施“科创企业森林”建设工程。针对重点产业链找准企业技术创新体系的短板弱项，加快“育种”

“引苗”“护木”，构建大中小科技企业梯度化发展的“全生态”系统。重点强化科技企业孵化载体建设，培育打造更多细分领域专业化“小巨人”企业和单项冠军企业，推动科技型企业、高新技术企业和高成长型科技企业集群发展，建设以先进制造业为引领的产业创新前沿高地。三是强化链主企业与中小科技企业的对接。发挥链主企业的产业链主导优势，精选产业链上下游优势互补的目标企业，开展“点对点”式强链补链对接活动，促进以大带小、以小补大，把产业链断点、堵点变为合作企业新的利润增长点，增强重点产业链韧性。

（六）聚焦金融支撑服务，强化创新资本的优化配置

促进创新链与产业链深度融合，必须突出科技、产业、金融融合行动，打通“科学技术化、技术产品化、产品产业化、产业资本化”路径，构建科技、产业、金融一体化的市场运作体系，引导金融活水配置产业创新。一是加快一体化的金融要素市场建设，围绕共建西部金融中心，尽快整合川渝两地各类分散的要素交易市场，加快形成高效一体化的多层次资本市场，为推动科技创新和产业发展提供更多的投融资机会和渠道。二是大力引进培育投资品牌机构。重点培育聚焦成渝地区产业发展的本土投资机构，打造覆盖全创新链、产业链的投资金融体系，为创新创业提供天使基金、创业投资、融资担保、资产评估交易等业务的综合性一站式科技金融服务，支持重庆打造国内重要的科技金融服务高地。三是强化产业发展基金运作。整合川渝两地产业发展资金，重点针对世界级产业集群、未来产业集群成立产业联合发展基金，聚焦重大项目，加大投资力度，促进产业集聚，尽快形成规模经济和品牌效应。四是推动国有产业投资机构改革。结合市场需求与产业技术特点，建立健全国有企业或国有控股产业投资机构，完善其经营管理机制，推动其从“保值增值”向“风险投资”发展导向转型，积极引入战略性投资机构，推动国企混合所有制改革。五是增强财政科技投入引导。加强财政科技投入与银行信贷、创业投资资金、企业研发资金及其他社会资金的结合，引导全社会增加科技投入，增强财政科技投入的引导作用和放大效应。

［重庆市综合经济研究院
主研：苟文峰　赵炜科　赵　伦　曲　燕　简华球　施小兰
执笔：苟文峰］

以大数据为重点推进重庆科技创新孵化体系升级的三点建议[①]

内容摘要：重庆市科技创新孵化体系存在信息化基础薄弱、专业化人才缺乏，技术服务薄弱、产业发展路径不清晰，创新源头服务欠缺、成果转化效率低三个问题。为此建议：一要加强新形势下孵化体系升级的顶层设计；二要加强大数据服务孵化体系升级的标准和试点建设；三要加强孵化体系与成果转化体系机制创新。

习近平总书记提出："我国经济社会发展和民生改善比过去任何时候都更加需要科学技术解决方案。"科技孵化器从20世纪50年代在美国发源，21世纪之交在中国发展，随着"大众创业万众创新"深入推进得以快速壮大，在振兴区域经济，培养新的经济增长点等方面发挥了巨大作用。但随着政府补贴的逐步退出，特别是2020年疫情的"考验"，部分孵化器运营问题也逐渐显露出来。加快大数据服务科技孵化体系转型升级，逐步建立核心服务能力和市场竞争力，有利于健全科技孵化体系，优化市场环境，加快科技成果转化，也是实施以大数据智能化为引领的创新驱动发展战略、推进西部（重庆）科学城"五个科学、五个科技"建设举措的重要组成部分。

---

① 研究成果来源于重庆市决策咨询与管理创新项目"基于大数据分析的科技创新孵化体系升级研究"（cstc2020jsyj－zzysbAX0055）。

一、重庆市科技创新孵化体系存在的问题

据科技部火炬中心《中国创业孵化发展报告 2020》数据显示，截至 2019 年底，全国创业孵化载体数量达到 13206 家，其中孵化器 5206 家，众创空间 8000 家。共有国家备案的创业孵化载体 3065 家，国家备案的专业化众创空间 73 家。重庆于 1988 年建立最早的一批国家级高新技术创业服务机构，“十三五”期间，市级以上孵化器 77 家，其中包含国家级孵化器 15 家，综合性孵化器 50 家，专业型孵化器 27 家；市级以上众创空间 287 家，其中国家备案的众创空间 43 家。从国家级孵化平台的数量和专业性角度分析，仍存在不小的差距。

（一）信息化基础薄弱，专业化人才缺乏

目前，重庆市孵化服务整体处于载体驱动型向服务驱动型转变的初级阶段。一是信息化服务薄弱。孵化器服务领域以软件、电商、文创等软产品服务居多，主要提供物业场地、网络水电、工商财税等基础服务，在技术创新研发、创新资源整合及创新服务方面的信息化能力缺乏。创业者对于所处的行业动态不明晰、竞争环境不清楚，创新研发缺乏方向性指引。二是专业化人才匮乏。随着重庆市孵化体系的快速发展，对专业管理服务人才的需求日益增大，但重庆市在创新创业载体投资建设、经营管理、专业服务等方面的人才供给却严重不足，无法满足当前全市孵化服务载体发展的需求。

（二）技术服务薄弱，产业发展路径不清晰

在当前国际和国内经济形势的双重压力下，企业只有将更多的精力投入技术创新过程中，将拥有核心技术和知识产权作为企业参与市场竞争的基本要素，才有可能在日益变化的外部环境中获得持续性的发展。然而对重庆多个孵化器（众创空间）企业进行实地深入调研发现，一是产业动态和路径不清晰。创新型企业需要明确其在相关领域面临的国际国内环境，许多入驻的小微企业，甚至规模较大的企业在创新过程中都存在自身定位判断不准、技

术路径不清晰、创新效率不高等问题亟待解决。二是前瞻性技术服务薄弱。通过大数据深入分析技术发展趋势及竞争全景，可帮助企业明确自身在产业链、技术链、创新链中所处的发展定位及优劣势，前瞻识别、研判可能的发展风险及挑战，明确未来技术发展方向及可能的发展路径，为其制定发展规划、支撑创新决策、引领技术研发、优化成果保护、获取竞争优势等提供策略举措支持，目前孵化器能提供类似服务的较少。

（三）创新源头服务欠缺，成果转化效率低

实地调研走访发现，一部分孵化器由于缺乏收入来源关门歇业或依靠政府购买服务勉强维持运营。这些孵化器自身的“造血”能力不强，基本不能够进行独立的市场化发展。其中很重要的原因，一是孵化器创新源头服务不足。商业模式创业项目多，技术创业项目少，高校院所等源头对接不畅，创新基础薄弱，导致入驻企业或团队创新成果较低，缺乏市场竞争力。二是成果转化服务不足。孵化器对成果转化的服务手段匮乏，高质量成果在源头的创新培育以及转化运用服务不足，企业或创新团队研发成果转化效率低，不能很好地形成市场价值。

二、推进重庆科技创新孵化体系升级的建议

围绕新时期创业者和中小企业提出的行业动态分析、技术路径遴选、高质量成果培育转化等新问题，有关部门和单位开展了一系列探索实践，特别是运用全球专利大数据在竞争对手、技术图谱、产业导航等方面的优势，在传统孵化器中升级构建以竞争对手动态供给为核心的科技创新孵化基础服务、以“专利导航标准”为特色的技术路径筛选服务、以“运营四步法”为关键的源头孵化创新及科技成果转化服务等三大体系，并在10家孵化器初步升级相关管理与服务方面取得了一定的效果。为加速在孵创业者和中小企业的人才培养、资源对接、技术升级和成果转化运用，进一步形成基于大数据的科技创新孵化生态发展新模式，提出如下建议。

（一）加强新形势下孵化体系升级的顶层设计

一是加强孵化体系升级问题研究，形成舆论导向。鉴于孵化器已经经历近30年的发展，科技孵化的思路、措施、任务、目标以及对象正在发生积极的变化，建议全市组织开展新形势下科技企业孵化创新大讨论，从思想和观念上来一次思想盛宴和改革的洗礼，全面展示重庆创新孵化成果，吸收国内外创新孵化的先进经验和做法，推动各级孵化器真正建立市场化的成长路径，用舆论引导孵化从业者改变经营意识和运营模式，为重庆市高质量发展和即将面临的成渝地区双城经济圈孵化升级打下坚实的思想基础。

二是建立购买专业服务的孵化器升级支撑机制。大数据升级的架构和模式，需要政府部门组织研究，结合各个孵化器的应用需求，以及主管部门对孵化数据的全面掌握需求，综合设计相应的服务模式，以减少孵化体系大数据升级后的各种更改、更新和应用成本；同时，大数据具有“汇通用”的特性，数据的采集、清洗、应用，需要大量的时间和设计运用试验，政府资金的前瞻性支持尤为重要。建议进一步优化政府资金对孵化器的支持模式，调整和增加对孵化器大数据升级的支持力度，采取政府购买服务或其他方式，建立财政资金对孵化器大数据升级的良性支撑机制。

（二）加强大数据服务孵化体系升级的标准和试点建设

一是围绕高校创新圈打造一批孵化升级示范点。充分发挥高校在创新孵化中的作用，与当前科技企业孵化从商业模式孵化向技术成果孵化转型的趋势是吻合的。2019年，教育部、国家知识产权局、科技部联合印发《关于提升高等学校专利质量促进转化运用的若干意见》，突出了专利申请前评估和高价值专利培育转化的要求，进一步说明专利大数据分析在科技研发和成果转化中的重要作用。“运营四步法”在环西南大学创新圈运行半年，帮助筛选和培育一批高价值专利组合，受到国家有关部委采纳和市场应用，证明率先在高校开展一批大数据升级试点，能够有效积累经验，借助高校丰富的创新成果和较完备的人才优势，可以闯出一条特色的孵化升级道路。建议围绕重庆市环高校创新生态圈打造一批孵化升级示范点，为解决孵化器在创新源头的培育以及在创新后端的成果运用转化探索经验。

二是完善建设标准，打造专业化创新孵化服务团队。科技企业孵化体系升级的关键，在于能否形成专业化的创新孵化服务团队。除了思想动员、舆论影响和试点推进，重要的手段在于标准引领。目前的考核体系囿于全国孵化器管理考核体系模式，物业场地、网络水电、工商财税等基础服务要求具体、量化指标多，在技术创新研发、创新资源整合及创新服务方面指标少，导向性不足，对大数据、专业化的特色孵化器引导性不足，没有形成较强的导向作用，指标更多向孵化器级别、规模、产值、人员数量等倾斜，评价类别单一，不利于新型孵化器的产生和培育发展。以竞争对手动态供给为核心的科技创新孵化基础服务、以“专利导航标准”为特色的技术路径筛选服务、以“运营四步法”为关键的源头孵化创新及科技成果转化孵化服务在相关孵化器和服务领域均取得了较好的效果，建议在新一轮孵化器管理考核指标中予以吸纳。可采取先试点再推广的模式，也可采用特色孵化器建设引导模式，推动孵化器在大数据升级上获取更强的核心服务能力和生存竞争力，带动各类特色创新孵化服务团队的建立和完善。

（三）加强孵化体系与成果转化体系机制创新

一是加强孵化体系的全口径管理。大数据升级后，各种专业化服务面临相互融合、互相支持的新局面，孵化器也必将面对这一改变。孵化行业大数据升级发展最大的改变，就是科技创新孵化器进一步发展为与人才、工商、农业等多部门创业空间同台竞技、同步发展的平台，建议在大数据升级中实现同步数据共享和数据资源管理服务。

二是实行孵化器与科技成果转化机构一体化机制创新。一方面，孵化器由于具备了行业动态分析、技术路径遴选、高质量成果培育转化等孵化服务，有利于形成从“0～1”再从“1～100”的科技创新生态发展新模式；另一方面，由于孵化器一边对接源头创新单位和成果，一边发挥原有优势，对团队和企业需求及问题对接十分紧密，其成果转化的相关机制设计必将更加合理，相关问题的反馈和解决也更加快捷。势必倒逼原有科技成果转化机构，以及高校和相关单位内设成果机构的改革和创新，推动孵化机制和成果转化机制的全面对接和创新局面的快速形成。建议有关部门在政策设计上，充分把握这一发展趋势，将孵化器与科技成果转化机构扶持政策有机结合、统一设计、统一评比、统一管理，在市场导向的潮流下，推动社会化机构的资源整合和高效运行。

［重庆市知识产权保护中心
执笔：刘　伟］

第五部分

国际消费目的地

成渝地区双城经济圈
共建巴蜀文化旅游走廊的几点建议

内容摘要：《成渝地区双城经济圈建设规划纲要》明确要求把成渝两地建设成为富有巴蜀特色的国际消费目的地，共建巴蜀文化旅游走廊是实现成渝地区双城经济圈文化旅游高质量协同发展的现实需要和重要途径。目前两地在游客互认、门票互惠、宣传互动、线路互通等方面迈出了坚实的步伐，但在旅游线路设计、区域旅游统筹发展、市场主体培育、配套设施建设等方面都亟待提升和完善，建议：一是促进A级旅游景区和传统村镇联动，做靓巴蜀文化旅游主轴；二是以5A串联4A、3A，构建多层次特色化市场旅游线路；三是完善设施补齐短板，夯实区域旅游融合发展根基；四是提升服务繁荣市场，共同促进旅游行业规范化发展。

旅游产业作为综合性绿色朝阳产业，承载、展示、交流、传播不同的文化，是文化价值得以实现、文化影响力得以提升、文化力量得以增强的有效途径。成渝地区山水相连、人文相亲、经济相融，在加快构建以国内大循环为主体、国内国际双循环相互促进的新发展格局背景下，特别是随着国内旅游从逐步重启向全面复苏发展，协同打造巴蜀文化旅游走廊是推动成渝地区双城经济圈建设的重要组成部分，是更好利用国内国际两个市场、两种资源的重要支撑，在拉动经济增长、改善民生福祉、弘扬传统文化、加强生态文明建设、增强对外交往等方面都将发挥重要作用。

一、成渝地区双城经济圈文旅资源区域格局特征

成渝地区地处西南地区腹地，地势西高东低，地貌复杂，以山地为主要特色，山地、丘陵、高原与平原分界明显，独特的地形地貌、灿烂的历史文化、鲜明的地域文化，孕育了独特的自然与文化旅游资源，区域旅游经济纵深发展具有较好基础。

（一）川渝两地旅游吸引力不断增强

成渝两地 A 级旅游景区数量约占全国比重的 7.4%，稍高于全国平均水平，世界遗产类型全品质高，带动旅游业发展势头整体趋好。一是 4A 级及以上旅游景区占比大。截至 2021 年初，重庆市共有 A 级旅游景区 262 个，其中 5A 级旅游景区 10 个，4A 级旅游景区 121 个，4A 级及以上旅游景区占比达到 50%。四川省共有 A 级旅游景区 751 个，其中 5A 级旅游景区 15 个，4A 级旅游景区 282 个，4A 级及以上旅游景区占比接近 40%。二是世界遗产类型全品质高。川渝两地拥有联合国世界遗产 7 处，其中重庆市 2 处，四川省 5 处，约占我国世界遗产总量的 12.73%（截至目前我国成功申报世界遗产 55 项），其中世界文化与自然双重遗产 1 处（我国共 4 处），世界文化遗产 2 处，世界自然遗产 4 处。三是旅游接待游客数量和收入同步增长。2019 年川渝旅游总收入达到 1.73 万亿元，其中重庆约占 33%，四川约占 67%，同比分别增长 32.1%、14.7%。川渝接待国内游客人数 14.01 亿人次，其中重庆约占 46%，四川约占 54%，同比分别增长 10%、7%。携程《2021“五一”旅游大数据报告》显示，成都、重庆均进入十大热门旅游城市。重庆市文化旅游委统计数据显示，重庆市 2021 年“五一”期间 A 级旅游景区共接待游客 1019.8 万人次，同比增长 146%，按可比口径较 2019 年增长 10.4%。成渝地区 A 级旅游景区数量概况见表 1。

表 1　成渝地区 A 级旅游景区数量概况

省（市）	5A 级旅游景区数量（处）	4A 级旅游景区数量（处）	3A 级旅游景区数量（处）	2A 级旅游景区数量（处）	A 级旅游景区数量（处）	合计
重庆市	10	121	81	49	1	262
四川省	15	282	343	108	3	751

（二）川渝两地 5A 级旅游景区互补性较强

长期以来川渝互为旅游目的地和重要客源地，自然资源和文化具有很强的互补性和差异性。一是四川以人文资源为主、重庆以自然资源为主，互补性强。两地 5A 级景区资源丰富各具特色，涉及宗教、革命、红色、石刻、遗址、古城、古镇、民族、民俗等人文要素资源和山岳、峡江、喀斯特、高海拔山岳等自然要素资源。其中，重庆的 5A 级景区中人文型旅游资源仅有大足石刻景区 1 处，四川则有涉及石刻、红色、古城、地震遗址等类型的 6 处。重庆自然型 5A 级旅游景区类型丰富，包括山岳、喀斯特山岳、峡江等类型共 7 处，四川自然型 5A 级景区类型包括山岳及高海拔山岳共 6 处。二是沿渝湘、银昆、京昆、兰海等高速串联分布。川渝 5A 级旅游景区沿高速公路串联分布格局较为明显，渝湘高速沿线分布着南川金佛山景区、武隆喀斯特旅游区、彭水阿依河景区、黔江濯水景区、酉阳桃花源景区，银昆高速沿线分布着邓小平故里旅游区、朱德故里景区、巴中光雾山景区，京昆高速沿线分布着剑门蜀道剑门关旅游景区、北川羌城旅游景区、碧峰峡景区，兰海高速串联分布阆中古城、剑门蜀道剑门关旅游景区。三是以 5A 串联 4A、3A 的市场化运作线路基本形成。川渝 5A 级旅游景区 30 公里以内分布的 4A、3A 级旅游景区数量达到川渝 4A、3A 级旅游景区总量的 17%。重庆市武隆喀斯特、彭水阿依河景区因周边高品质旅游资源较为富集，以 5A 串联 4A、3A 的市场化旅游线路正逐步形成规模。四川省青城山—都江堰、碧峰峡、峨眉山、乐山大佛、北川羌城、阆中古城等一批 5A 级景区周边 4A、3A 级旅游景区分布集中，通达性好，景区软硬件建设水平较高，游客选择广体验感好，形成了成熟的 5A 串联 4A、3A 的市场化旅游线路。

（三）名城名镇名村串联巴蜀文化走廊

川渝国家级名城名镇名村凝聚了巴渝悠久历史和不同时期的独特风貌和地方特色，是川渝优秀历史文化遗产和丰富文化资源的重要空间载体。一是川渝国家级历史文化名城名镇名村资源丰富。川渝两地现拥有国家级历史文化名城名镇名村 70 个，占全国总量的 7.5%。其中重庆市 25 处（国家级历史文化名城 1 个，国家级历史文化名镇 23 个，国家级历史文化名村 1 个），四川省 45 处（国家级历史文化名城 8 个，国家级历史文化名镇 31 个，国家级历史文化名村 6 个）。二是名城名镇名村是巴蜀历史文化走廊的重要空间载体。蜀道、茶马古道、川盐古道是川渝地区最具巴蜀特色、底蕴深厚的历史文化走廊，沿线历史文化名城名镇名村数量众多，见证了蜀道、茶马古道、川盐古道的发展兴衰，是展示、理解、感受巴蜀历史文化的重要切入点。蜀道是中国历史上巴蜀与北方统治中心来往的重要交通、军事、商贸要道，串联起川北—成都平原、川北—渝西的历史文化名城名镇。茶马古道（川藏线、巴楚线）是历史上巴蜀与边疆地区进行茶马交易所形成的古代交通路线，是重要的商贸、文化交流通道，串联起重庆主城—渝西—成都平原—川西历史文化名镇。川盐古道是川盐外运的通道，是川渝和周边地区的经济与文化连接道，主要串联川南、渝西、渝东南、渝东北的众多国家级名城名镇。

二、存在的问题

成渝地区文化旅游资源优势尚未充分挖掘，经济优势、对外影响力相对不足，尤其是在旅游线路设计、区域旅游发展程度、市场培育与运作、配套设施建设等方面问题较为突出。

（一）旅游线路设计有待进一步优化

科学合理的旅游线路能实现旅游资源整合和深度开发，促进旅游产业规模化发展。川渝地区旅游线路开发设计上产品同质化、内涵挖掘不够等现象依然较严重。单条旅游线路景点同质化现象依然存在。部分旅游线路设计基于资源导向型的开发理念，在旅游线路节点的选择上，疏于不同资源类型景点的搭配，致使同一旅游线路中，出现全是自然或人文旅游景点的重复组合。线路设计的历史人文内涵挖掘不足。川渝地区旅游资源丰富，但产品开发利用多停留在表面，欠缺对周边事物的认知性、文化性、知识性的深度挖掘，对蜀道、茶马古道、川盐古道等历史文化资源的系统研究和开发利用不足，对宗教、革命、红色、石刻、遗址、古城、古镇、民族、民俗等人文旅游线路的文化发展缺乏深度剖析。旅游线路“冷、热点”搭配不尽合理。川渝旅游线路设计中追求将所有“热点”串起来，对“冷、热点”搭配不足。以重庆市红色旅游为例，重庆市红色旅游线路以白公馆、渣滓洞、红岩魂广场为主，红岩联线其他景点知名度与游客接待量均较低，这导致热门景区游客过多，体验感较差，其他景区旅游资源没有得到充分利用，旅游品质难以整体提高。

（二）景点布局与旅游发展程度区域差距较大

在川渝旅游整体快速发展背景下，在线路开发运营、旅游人数及收入占比等方面，显示出区域旅游发展不平衡现象。市场化运营线路集中在成渝中心城区及部分主要节点。川渝市场化运营线路80%以上集中于重庆和成都两个中心城区、武隆、都江堰、峨眉山、九寨沟等主要旅游节点，重庆境内主要集中于中心城区和主城都市区的南川、大足、綦江、江津等地，渝东北、渝东南城镇群、川东北地区线路较少，偏远区域缺乏市场化运营线路布局，其中川东北与渝东北之间，渝东北与渝东南之间几乎没有运营线路。渝东北、川西北旅游发展效率相对较差。渝东北三峡库区城镇群、川西北生态示范区与成渝地区双城经济圈其他区域相比其旅游发展收益较低。其中渝东北三峡库区城镇群占重庆市A级旅游景区数量的29%，分别完成了全市旅游接待人数、旅游收入的19%、20%，川西北生态示范区以四川省A级旅游景区数量的17%，分别完成了四川省旅游人数、旅游收入的5%、4%，旅游发展任重道远。2019年四川省五大经济区旅游景区、旅游接待人数及收入情况见表2，

2019 年重庆"一区两群"旅游景区、旅游接待人数及收入情况见表 3。

表 2　2019 年四川省五大经济区旅游景区、旅游接待人数及收入情况

旅游景区	国内旅游人数		国内旅游收入		A 级旅游景区	
	数量（万人次）	占比（%）	金额（亿元）	占比（%）	数量（个）	占比（%）
成都平原经济区	65293.4	51.26	8424.16	58.00	277	36.88
川南经济区	22825.05	17.92	2225.07	15.32	119	15.85
川东北经济区	24984.83	19.61	2340.79	16.12	164	21.84
攀西经济区	7838.78	6.15	946.07	6.51	61	8.12
川西北生态示范区	6441.74	5.06	589.02	4.06	130	17.31

资料来源：国内旅游人数、国内旅游收入数据来源于《2020 年四川省统计年鉴》。

表 3　2019 年重庆"一区两群"旅游景区、旅游接待人数及收入情况

旅游景区	旅游接待人数		旅游收入		A 级旅游景区	
	数量（万人次）	占比（%）	金额（亿元）	占比（%）	数量（个）	占比（%）
主城都市区	41816.35	63.64	3495.84	60.91	147	56.11
渝东北三峡库区城镇群	12337.69	18.78	1126.95	19.64	77	29.39
渝东南武陵山区城镇群	11553.99	17.58	1116.28	19.45	38	14.50
合计	65708.03	100	5739.07	100	262	100

资料来源：旅游接待人数、旅游收入数据来源于《2019 年重庆市旅游业统计公报》。

（三）市场主体培育不足市场化运作不够

成渝地区核心景区吸引力较强，但旅游产业集群发展亟待加强，旅游高质量供给不足，市场主体培育和市场化运作任重道远。市场化企业、人才较为缺乏。成渝两地的旅游开发运营以政府主导模式为主，有竞争力的领军民营和私营企业缺乏，旅游龙头名牌和精品工程创建乏力，专业旅游管理团队和高品质旅游人才不足的现象突出。旅游产业链条延伸不够。川渝旅游资源优势向产业优势、经济优势的转化不充分，众多景区仍以"过境游""观光游"为主，游客停留时间不长，消费吸引力整体较弱。抛开新冠疫情对旅游产业的特殊影响因素，我们以 2019 年或 2019 年以前年份的数据对比分析，川渝旅游产业短板较多，如文化和旅游部《旅游抽样调查资料 2018》显示，中国2017年入境过夜游客在各城市平均停留时间最长的达到7.7天/人，在川渝地区停留时间普遍不长，成都、重庆分别为4.4天/人、4.2天/人，阿坝州、绵阳分别为2.6天/人、2.1天/人。2019年国庆期间重庆市接待游客数3859.61万人次，旅游总收入187.62亿元。根据各省份公布资料，游客人均花费最高的海南省达到1915元，超过1000元的省份达到7个，重庆游客人均花费仅486元，在公布数据的28个省份中位居第27位。四川省游客人均花费782元，居第14位。同样位于西南地区的贵州省游客人均花费达到1520元。

（四）旅游配套设施有待进一步完善

随着川渝旅游市场的不断发展，旅游配套设施跟不上井喷式、多元化、个性化市场需求的现象普遍存在。自驾游、夜间游等特色化配套设施建设不足。自驾游已经成为重要出游方式，但川渝汽车营地发展起步较晚，所提供的旅游服务多限于水电供给和基本露营活动组织，交通基础设施、休闲游乐设施、标识系统、停车场停车位、汽车应急维修等配套设施建设还不健全。夜间游交通保障还不到位，夜间时段公共交通与旅游景区之间的交通衔接有待提高。景区服务设施的人性化设置有待提高。川渝地区旅游设施建设的人性化服务理念不够，母婴设施、无障碍通道及设备、无线网络、急救设施、安全设施、休息设施等人性化设计不足，建设数量和品质都亟待提高。智能化旅游平台建设有待加强。川渝地区智能化旅游平台建设总体还比较落后，尤其是在旅游高峰期预警预报、视频监测、应急指挥、流量统计、信息分析等方面的实时支撑能力不足，难以有效实现对游客出行、目的地游览和食宿消费等及时高效的科学引导。

三、相关建议

“十四五”时期，要紧抓成渝地区双城经济圈建设机遇，深挖两地文化旅游资源潜力，协同打造巴蜀文化旅游走廊，进一步激活沿线资源禀赋，整合资源深挖特色，合力打造“巴蜀文旅”精品品牌，在更大范围内促进川渝文化旅游资源的高效配置，增强文化旅游业的辐射带动作用，将跨区域文旅发展作为推动区域一体化发展的重要举措。

（一）促进A级旅游景区和传统村镇联动，做靓巴蜀文化旅游主轴

以特色文化旅游资源为基点，串点成线，以线带面，布局文化遗产保护利用和文旅深度融合的重大项目，打造以蜀道、茶马古道、川盐古道为主题极具巴蜀自然、人文、历史特色的巴蜀文化旅游轴。一是着力构建古蜀道特色旅游轴。以蜀道中川渝境内的金牛道、米仓道、荔枝道为核心走向，大力打造成都—北川羌城旅游区—昭化古镇—剑门蜀道剑门关旅游景区—阆中古城/巴中光雾山景区—达州真佛山景区—开州刘伯承同志纪念馆/汉丰湖景区—重庆三峡移民纪念馆/万州大瀑布群旅游区—忠县石宝寨/白公祠文博景区—丰都名山风景区/丰都雪玉洞景区—涪陵白鹤梁水下博物馆景区/816工程景区—重庆的古蜀道追忆之旅。二是精心培育茶马古道历史旅游轴。以川藏茶马古道为核心，串联巴楚茶马古道上若干在历史上具有重要物资运送功能、保存着历史印记的古镇，精心打造串联走马古镇/丰盛古镇—重庆黄桷古道—成都—平乐古镇—上里古镇—泸定海螺沟冰川森林公园的茶马古道探寻之旅。三是品质化打造川盐古道核心旅游轴。以川盐古道长江水路为核心，串联自贡、巫溪宁厂、乐山犍为、忠县涂井、云阳云安、彭水郁山等川渝传统历史盐场，积极培育乐山犍为盐场/乐山大佛景区/清溪古镇—自贡盐场/仙市古镇—松溉古镇/茶山竹海—白沙古镇/四面山—彭水郁山盐场/阿依河景区—忠县涂井盐场/石宝寨/烽烟三国—西沱古镇—云阳云安盐场/龙缸风景区—巫溪宁厂古镇/红池坝为核心的川盐古道主题旅游轴带。

（二）以5A串联4A、3A，构建多层次特色化市场旅游线路

大力发挥热门核心区域、热门景区的辐射和带动效应，突出川渝平原—山地的立体自然风光特色，以境内世界遗产、5A级旅游景区等高等级旅游景点，沿交通路网串联4A、3A等优质资源，打造“川进渝出”“渝进川出”的

层次丰富、特色鲜明的旅游线路。一是沿景区密集高速打造串联成渝地区内部的自驾游精品线路。围绕成渝环线、渝蓉、渝昆、内荣等高速公路打造串联重庆—璧山观音塘湿地公园/古道湾公园—铜梁安居古城/玄天湖景区—大足石刻/荷花山庄—内江石牌坊旅游区/大千园旅游景区—乐山大佛/乌木文化博览苑—自贡盐业历史博物馆/恐龙博物馆—宜宾蜀南竹海风景名胜区/五粮液旅游景区—泸州老窖旅游区/天仙硐旅游区—永川茶山竹海旅游景区/松溉古镇—江津四面山景区/陈独秀旧居陈列馆—重庆的川南渝西自驾游精品路线。沿沪渝、沪蓉、包茂、恩广、巫云开（在建）等高速公路谋划串联万州三峡移民纪念馆/大瀑布群旅游区—忠县石宝寨/白公祠文博景区—梁平百里竹海观音洞/双桂堂—垫江牡丹樱花世界景区/恺之峰旅游区—广安邓小平故里旅游区/华蓥山旅游区—达州真佛山景区/賨人谷旅游景区—开州汉丰湖/刘伯承同志纪念馆—巫溪红池坝森林旅游景区/观峰村景区—巫山小三峡—小小三峡/神女景区—奉节白帝城—瞿塘峡景区/天坑地缝景区—云阳张飞庙/龙缸景区的渝东北川东北自驾游精品路线。沿渝湘、石渝、张南高速等打造串联黔江濯水景区/小南海旅游景区—酉阳桃花源/龚滩古镇—秀山西街民俗文化景区/洪安边城景区—彭水阿依河景区/蚩尤九黎城景区—武隆喀斯特旅游景区/白马山天尺情缘景区—涪陵武陵山大裂谷景区/816 工程景区—丰都名山风景区/雪玉洞景区—石柱西沱古镇景区/千野草场的渝东南渝东北自驾游路线。二是策划丰富多彩的四季休闲旅游线路。充分发掘提炼历史、革命、抗战、三线建设、石刻、民俗、美食、建筑等巴蜀文旅主题，突出自然山水风光和巴蜀历史人文内涵，加强旅游景点串联策划，大力完善渝西、川南、渝东北、川东北春季赏花采摘游，山岳型旅游景区夏季纳凉游，渝东北、渝西、川西及各城市近郊秋季观赏采摘游，高海拔地区冬季冰雪游，不断推陈出新实现川渝地区四季皆可游。

（三）完善设施补齐短板，夯实区域旅游融合发展根基

将“两新一重”作为成渝地区双城经济圈旅游规划的重要内容，补齐基础设施及旅游服务设施短板，打通旅游交通、配套设施“最后一公里”。一是加强以交通为核心的基础设施建设。加快推动出渝出川重大通道建设，重点推动东向、南向高铁建设，充分发挥武隆仙女山机场、巫山机场、黔江武陵山机场、九寨沟黄龙机场、阆中机场等支线机场在串联旅游资源上的巨大作用，积极推动潼南、秀山、万盛等区县通用机场建设，依托精品景区打造航空旅游，促进国际中转旅客、区域支线中转旅客的快速集散。充分利用长江航道功能，推动旅游航道建设，串联长江沿线旅游资源。强化川渝间交通基础设施建设，进一步加快公路、水运、城市公交等交通设施建设，加快构建毗邻地区旅游环线。加快渝东北、渝东南地区巫云开、沿江（南线）、两巫、渝湘复线等高速建设，促进“两群”地区加快形成便捷高效的旅游交通网络，完善旅游接待、集散功能。二是完善特色化配套设施建设和服务。在川渝建设一批高质量自驾车旅居车旅游目的地，围绕自驾游交通网络，完善旅游交通和营地标识，完善自驾服务中心、加油站、维修站、停车场、旅游厕所、观景平台等配套服务设施，发展汽车旅馆、主题酒店、餐吧，鼓励在营地周边配套徒步、登山、垂钓、航空、马术等户外运动设施。优化夜间文旅消费集聚区公共交通设施，围绕夜间旅游特点及时调整、加密公交车辆运行班次，延长运营时间。三是提升旅游智能化管理和服务水平。增强景区服务设施的人性化设置，促进云计算、大数据、人工智能等新一代信息技术、智能技术在川渝地区文旅场馆的应用，探索建立“大数据＋智能化＋互联网”模式，实现在线预约、实时客流监测、入馆无感通行等功能。着力推动智能停车场、智能酒店、智能餐厅、无人商店等景区公共服务配套设施建设。

（四）提升服务繁荣市场，共同促进旅游行业规范化发展

积极构建“大联动、大效应、大发展”的一体化运营模式，共同打造无障碍旅游协作区，探索建立跨区域投资管理平台，促进川渝两地旅游市场融合共享。一是培养和引进市场主体、促进多元化发展。加大旅游招商引资力度，吸引更多金融资本、产业资本、民间资本参与旅游业发展，共同努力争取迪士尼、环球影城等国际知名企业在成渝地区建设主题乐园。鼓励和引导重庆旅游投资集团、四川省旅游投资集团面向资本市场融资，谋划布局并落地实施一批有影响力的标志性产品和项目。二是加强旅游人才培养和使用。推进旅游企业集团、旅游教育机构与川渝两省市旅游院校开展教育和培训合作、创新合作模式，培育建设产教融合型旅游企业，加快培育应用型、复合型、跨国型的高级人才和实用人才队伍。加强对旅游业从业人员旅游服务技能的培训，完善人才使用机制，打造旅游专业化人才队伍，提升旅游市场服务质量。三是提升旅游业现代化治理能力。切实加大川渝旅游联合治理力度，提升旅游公共服务标准化、智慧化水平，健全旅游公共服务标准规范，强化旅游公共服务智慧化管理服务。积极争取成渝两地 144 小时过境免签政策联动，为境外游客提供更多灵活的出行选择。建立更加协同高效的旅游综合监管机制，加大对旅游市场的执法和整治力度，健全旅游投诉处理机制，进一步优化旅游市场环境，增强旅游者权益保护力度。

[重庆市综合经济研究院
主研：易小光　丁　瑶　邓兰燕　苏　凡　贾静涛　王志军　邱　婧
执笔：邓兰燕　邱　婧　王志军]

重庆建设国际消费中心城市的路径思考[①]

内容摘要：国际消费中心城市具有较强的国际消费资源集散和高端消费供给能力，一般应具备较好的经济区位优势、较高的城市到达便捷度、完善的国际配套服务功能、优越的国际消费环境，一般也是重要的区域经济中心、国际交往中心和国际旅游城市。重庆近年来持续深化内陆开放高地建设，国家战略聚焦叠加，具有建设国际消费中心城市的较好基础。加快将重庆建设成为与其国家战略地位相匹配的、具有全球影响力的国际消费中心城市，建议从四个方面着力有序推进：一是聚焦"五大名城"培育建设，提升重庆的国际高端消费供给能力和重庆消费美誉度；二是强化国际枢纽口岸建设，提升重庆的国际消费资源集散能力和城市到达便捷度；三是加快国际交往中心建设，提升重庆的国际化城市品牌影响力和国际都市知名度；四是着力国际消费环境建设，提升重庆对国际国内游客的感召力和放心消费体验度。

国际消费中心城市具有较强的国际消费资源集散和高端消费供给能力，一般应具备较好的经济区位优势、较高的城市到达便捷度、完善的国际配套服务功能、优越的国际消费环境，一般也是重要的区域经济中心、国际交往中心和国际旅游城市。重庆近年来国家战略聚焦叠加，内陆开放高地建设成效显著，已具备建设国际消费中心城市的较好基础，加快将重庆建设成为与

① 本文是课题组受重庆市商务委委托开展"重庆市国际消费中心城市培育建设试点实施方案"研究编制的阶段性成果。

其国家战略地位相匹配的、具有全球影响力的国际消费中心城市，全面提升重庆的国际化水平和国际竞争力，更好地发挥“三个作用”，必须对标国际化要求，有序系统推进，重点要突出四个方面的建设和能力提升。

一、聚焦五大名城培育建设，提升重庆的国际高端消费供给能力和重庆消费美誉度

同全球知名国际大都市和国内发达一线城市相比，重庆建设国际消费中心城市最大的短板在于国际消费的供给能力不足，主要表现为消费城市功能定位不明、国际化的消费载体不强、国际品牌集聚度不高、消费体验特色不突出等。当前要充分发挥重庆作为“一带一路”和长江经济带联结点、中西部地区唯一直辖市和重要的国家中心城市等区位和战略优势，依托独特的山水人文资源，打造国际范儿与巴渝风兼具的国际“购物、美食、会展、文化、旅游”五大名城，明确消费城市的功能定位和特色内涵，推动五城联动共建，实现消费融合互促，打响“不夜重庆、时尚重庆、山水重庆、味道重庆、康养重庆”五大品牌，培育渝货精品，共同形成“重庆消费”国际名片，增强国际消费供给能力。重点要充分发挥重庆“多组团、多中心”商圈特色优势，聚焦“总部、品牌、时尚”三大元素，强化与意大利米兰、美国纽约、法国巴黎、英国伦敦等国际知名时尚城市的合作交流，加快国际消费集聚区培育、标识性消费场景塑造、重庆记忆特色商业街区建设，将中央商务区、解放碑商圈打造成具有全球影响力的超级智慧商圈，将重庆建成重要的全球新品首发地、高端品牌首选地、消费品牌策源地，增强“重庆消费”的体验性、获得感和国际美誉度。

二、强化国际枢纽口岸建设，提升重庆的国际消费资源集散能力和城市到达便捷度

重庆近年来持续深化内陆开放高地建设，是内陆地区口岸开放最多的省份之一，基本形成了东西南北“四向”联通、公铁水空多式联运的国际性物流枢

纽体系，对外开放的通道、枢纽、平台功能叠加。随着西部陆海新通道建设的提速，辐射西部、联通全球的国际物流分拨体系和消费市场体系正加快形成。当前重庆要重点加快铁路、航空、港口、高速、轨道等交通基础设施建设，积极开拓国际航线，争取在基地航空建设、国际航线航权分配、空域和时刻资源释放等方面取得新突破。推动重庆国际物流园、渝北空港物流园、果园港物流基地和南彭贸易物流基地四大物流枢纽互联互通，加强国际多式联运集疏体系建设，降低国际联运物流成本。加快建设内陆口岸高地，大力发展航空口岸，积极争取万州机场正式开放，做大做强铁路和水运口岸，打造内陆国际物流分拨中心和亚欧铁路货物转运中心；突出发展口岸商业，拓展进口商品展销、保税延展等消费新业态，推动在自贸区、保税港区培育一批国际消费品展示交易平台，打造中高端消费品集散中心，建设外国进口商品国家馆、“名品名店免税购物一条街”。参照海南自由贸易港政策，争取设立内陆自由贸易港，着力将重庆打造成我国西部地区高端知名品牌“引进来”和本土自主品牌“走出去”的桥头堡，形成“买全球卖全球”的国际消费大格局。

三、加快国际交往中心建设，提升重庆的国际化城市品牌影响力和国际都市知名度

从国际经验看，推动国际交往中心城市建设对扩大城市国际知名度、吸引国际消费资源和游客具有重要的促进作用。重庆直辖以来积极开展国际交往，截至 2019 年底，驻渝领馆 11 家、国际友好城市 48 个、国际航线 95 条，均远低于成都水平。同时，重庆具有影响力的国际展会不多，与国际接轨的涉外公共服务水平不高。当前要重点加强培育国际交往载体，建设国际组织集聚区，设立重庆国际领事馆办公区，争取国际组织来渝设立地区总部或分支机构，规划建设一批国际化社区、国际学校和涉外医院。拓展并加强与友好城市交往，办好“重庆日”“重庆周”“重庆之夜”等活动，打造更多品牌性公共外交和民间外交活动。积极宣传“山城夜景”“长江三峡”以及“火锅之都”“温泉之都”“世界桥都”等重庆既有的国际名片，打造重庆购物

节、重庆时装周等新的消费名片，充分挖掘现有的特色消费节庆资源，开展整体营销，增强全球消费吸引力。同时，加强与国际机构合作，积极策划在渝举办常设性的国际展会，争取举办类似达沃斯论坛、国际组织峰会等具有全球影响力的高端会议，把重庆打造成我国西部地区的国际交往中心，全面提升重庆的国际知名度，拓展“重庆消费”的全球影响力。

四、着力国际消费环境建设，提升重庆对国际国内游客的感召力和放心消费体验度

国际化的消费环境是城市软实力和商业竞争力的重要体现，当前重庆市要主动对标国际化要求，重点从消费维权、商务诚信、服务质量创新三个方面改善消费环境，打响重庆“放心消费”国际品牌。首先要加快健全完善消费者权益保护体制机制，加强工作保障和维权能力建设，探索在核心商圈、保税港区和开放口岸开展“放心消费”示范店和示范景区建设，持续深化跨境电商综合试验区建设，建立常态化电子商务消费维权、网络商品质量监测机制，探索在消费集聚区实行消费纠纷先行赔付制度，深入开展消费仲裁合作，不断创新维权方式。其次要加强商业诚信体系建设，推进跨地区、跨部门信用奖惩联动，推行“诚信商户”等公开标识制度，探索以商务信用为核心的现代流通治理模式，推动商务信用数据交互共享，形成市场主体自治、行业自律、社会监督、政府监管的社会共治格局。同时，强化推动消费集聚区、商圈、购物中心和景区等公共场所国际化标识改造，支持企业和行业协会制定符合国际惯例的行业标准，以核心商圈、骨干企业为重点，开展大范围多层次的语言、礼仪等服务技能培训和职业道德教育，全面提升国际消费服务质量。

[重庆市综合经济研究院
主研：易小光　丁　瑶　苟文峰　赵炜科　邹於娟　王　利
张　超　邓吉敏　陈　可　汪　婧　郑秋霞
执笔：苟文峰]

对重庆建设内陆国际会展名城的建议

内容摘要：建设内陆国际会展名城，是2020年重庆市政府工作报告作出的重要战略部署，也是重庆建设国际化现代城市和内陆开放高地的重要抓手。因此，重庆市需要充分利用成渝地区双城经济圈建设重大历史机遇，加快补齐发展短板、优化发展环境，尽早建成内陆国际会展名城。建议：一是发挥国际会展企业带动作用、深化政府“放管服”改革，政企合作营造国际化会展营商环境；二是培育国际化的本土会展企业和人才，夯实产业发展根基；三是统筹推进现有高端展会品牌价值提升和国际会展新项目培育引进，增强“重庆会展”全球影响力；四是坚持“以人为本”和“产城融合”发展理念，推动会展产业发展与城市功能紧密对接，深化会展产业与城市的协同发展。

“建设内陆国际会展名城”是2020年重庆市政府工作报告作出的重要战略部署，有利于带动城市经济发展和完善城市服务功能、提升城市品质，是重庆建设国际化大都市的重要抓手。因此，重庆市必须抢抓成渝地区双城经济圈建设的重大发展机遇，以“产业国际化”和“产城融合”为发展主线，加快找差距补短板，推动会展产业持续高质量发展，努力建成内陆国际会展名城，提升重庆市在全球城市网络体系的节点位置。

一、重庆建设内陆国际会展名城的短板差距

1988年重庆工业品贸易中心的落成，标志着重庆市会展业的起步。以主城区为全市会展集聚区，经过30多年的发展，重庆市会展场馆设施不断完

善，会展活动持续增加，会展与旅游、文化演艺等业态加速融合发展，以德国杜塞尔多夫会展公司为代表的一批国际知名展览企业相继进入重庆会展市场，会展经济外向度持续提升、综合效益持续增加，外部发展环境不断利好，初步具备了建设内陆国际会展名城的基础条件。然而，对比北京、上海、广州等会展一线城市以及成都、武汉、西安等周边内陆城市，重庆建设“内陆国际会展名城”还存在一些短板和差距，主要表现在以下三个方面。

一是展会品牌化、国际化不足。虽然近年来重庆举办了智博会、西洽会、中新金融峰会等系列高规格展会，但总体来看，重庆展会仍然以地方性、区域性展会为主，品牌化、国际化展会引进培育力度不够，数量偏少。根据国际会议协会（ICCA）统计，2018 年重庆举办的国际会议数量不足北京、上海的 1/10，约为西安的 1/3、成都的 1/2。北京举办了第 29 届夏季奥林匹克运动会、承办了 2022 年冬季奥运会，上海举办了第 41 届世界博览会、第一届和第二届中国国际进口博览会，武汉举办了第七届世界军人运动会，均为全球性盛会。广州的广交会已连续举办 60 年、120 多届，是中国会展业的标志性自主品牌。相比之下，重庆还缺乏全球瞩目与参与的顶尖盛会和具有国际国内持续影响力的自主展会品牌，会展对城市对外营销、扩大城市国际知名度、美誉度的溢出效应、带动作用有限。

二是缺乏专业化、国际化的会展企业和人才。虽然引进了一批国内外知名会展企业，重庆组展商、搭建商、物流公司等会展服务企业主体整体发展水平依然不高，“散小弱”特征突出，具有大型展会组织、策划、运营、管理等较强专业化运作能力的龙头展会公司数量偏少。截至 2019 年底，重庆市获得国际展览业协会（UFI）认证的展会企业只有 2 家，不到北京、上海的 1/10，仅为广州的 1/8，约为成都的 1/5，与武汉、郑州、杭州等城市相比，也还存在一定差距。此外，相比沿海发达国家中心城市，重庆严重缺乏熟练掌握外语，熟悉国际会展规则惯例，擅长项目组织管理、创意策划的高素质复合型会展人才，较大程度上制约了会展产业发展效率和专业化水平。

三是会展产业与城市服务功能融合不足。当前，重庆会展场馆设施在中西部地区总体处于领先梯队，但会展场馆周围的交通、住宿、餐饮等配套设施建设滞后，会展产业与城市协同发展不足，拉低了综合服务水平和展会体验感，也削弱了展会对周边经济的拉动效应。例如，龙头展馆——重庆国际博览中心周边路网结构单一，进出道路仅两条，地面公交线路只有 3 条，交通配套设施不足，客流疏解能力有限，大展大会交通拥堵现象较为严重。场馆内部及周边餐饮、住宿、药店等生活设施配套较少，远远满足不了大型展会大规模人群消费需求。随着中国国际智能产业博览会永久落户重庆以及高规格展会不断新增落地，配套设施不足的短板更为凸显。此外，2019—2020 年新春交际之时暴发的新冠疫情，充分暴露出展馆的医疗卫生、应急救援设备物资配套不足，重大突发事件应对能力低。重庆与其他 15 个会展重点城市的国际会议/专业企业数量比较见表 1。

表 1　重庆与其他 15 个会展重点城市的国际会议/专业企业数量比较①

类型	城市	2018 年举办国际会议（场）	2019 年 UFI 认证企业数量（个）
国家中心城市	北京	93	29
	上海	82	28
	天津	7	0
	广州	20	16
	重庆	8	2
	成都	16	9
	武汉	13	4
	郑州	4	3
	西安	27	2
会展实力较好城市	杭州	28	5
	深圳	12	13
	南京	20	6
	青岛	13	4
	昆明	11	1

① 国际会议数量来自 ICCA《2018 年国际协会会议市场年度报告》，UFI 认证企业数量查找整理自 UFI 网站。

续表

类型	城市	2018 年举办国际会议（场）	2019 年 UFI 认证企业数量（个）
会展实力较好城市	厦门	7	1
	大连	6	0

二、重庆建设内陆国际会展名城的对策建议

会展业是推动城市产业升级、品质提升的重要抓手，是衡量城市发展活力、潜力与开放度的重要标志，是城市面向全球展示综合发展实力与魅力的重要窗口。因此，重庆市应基于“产业国际化”和“产城融合”两条发展主线，抢抓成渝地区双城经济圈上升为国家战略的重大机遇，聚焦主城会展集聚区提质增效，充分利用好各项政策优势，加快补齐会展产业发展短板，推动会展产业持续高质量发展，努力建成内陆国际会展名城。

（一）营造国际化会展营商环境

营商环境也是生产力，重庆应强化供给侧结构性改革，借力国际会展知名企业，努力营造开放型、国际化的会展产业营商环境，以良好的营商环境引领推动重庆会展产业高质量发展。

1. 营造开放型会展环境

进一步深化与新加坡展览集团、德国杜赛尔多夫展览集团等国际知名展览企业的国际会展合作。在此基础上，以“一带一路”沿线国家和重庆国际友好城市为重点区域，大力引进英国励展集团、德国汉诺威公司、意大利米兰国际展览公司等国际大型会展企业，制定优惠政策鼓励支持其在渝设立分公司和办事处。鼓励国际企业深化与重庆市内企业合作，扩大协作办展范围，增强外资企业在重庆的根植性。深入学习国际会展集团先进管理经验、运营模式，引入国际通用的会展行业规范和管理标准，引领带动重庆会展营商环境加快接轨国际。

2. 优化会展政务环境

深化会展产业领域的政府“放管服”改革，破除制约会展业发展的瓶颈

和障碍，提高会展便利化水平。协调公安、交通、商检、海关等有关职能部门，简化国际展品入境手续，对境外展品入境实行担保监管方式，免收关税保证金，建立国际展品绿色通道。优化会展举办申报流程，利用互联网信息平台，提高企业报审资料的办理时效。规范会展收费，降低企业办会办展成本。

（二）培育国际化的本土会展企业和专业人才

企业和人才是会展产业高质量发展的根基，重庆应对标国内外会展成熟城市，提升本土会展企业和从业人员专业化国际化水平。

1. 培育壮大会展企业主体

支持重庆国际博览中心有限公司、重庆立嘉会议展览有限公司两大通过UFI认证的龙头企业，通过参股控股、兼并收购等形式，推进规模化、集团化发展，进一步提升国际竞争力。甄选一批有发展潜力的中小会展企业，鼓励和支持其做活做优，走“小而专、小而精”的专业化特色发展道路，提升在展会策划、招商招展、宣传推广、场馆布置、现场管理、配套服务等关键环节的专业化操作水平。鼓励市内会展企业积极获取国际认证。

2. 培育引进具有国际视野的复合型会展人才

整合政府、大专院校、行业协会等多方力量，建立会展专业人才协同培养机制，联合培养具有全球视野、熟悉行业标准，懂新技术运用的复合型会展人才。探索建立会展人才认证培训体系，加强注册会展经理（CEM）、全国会展策划师、会展管理师等会展人才认证培训项目的推广。建议将会展产业高层次人才引进纳入“重庆英才计划”[①]，加强对国内外会展业的高级管理人才和策划、营销、公关人才的引进，尤其强化国际知名展览企业技术管理团队和国际会展组织机构专业人才的引进。按政策分层分类，为各级会展人才

① 根据《重庆英才计划实施办法（试行）》和《重庆英才·优秀科学家项目申报指南》，英才计划所覆盖的重点产业领域为汽车、摩托车、电子、装备、化工、医药、材料、消费品、能源等九大支柱产业及大数据、智能化等高技术产业，服务业只有文化旅游业。

提供住房、落户、配偶就业、子女入园入学、医疗、创业扶持等服务保障。

（三）提升“重庆会展”全球影响力

立足重庆优势产业和特色文化旅游资源，发挥现有大型展会平台引领作用，提档升级存量展会，积极争取新的高端展会项目，着力打造一批在国际国内叫得响、立得住、传得开的会展品牌。

1. 提升现有高端展会的品牌价值

常态化持续办好“智博会”、中新金融峰会，将两会尤其是“智博会”建设成“广交会”一样的全球知名百年展会品牌。加强与国际展会规则的对接，进一步提升中国西部国际投资贸易洽谈会、中国国际军民两用技术博览会等国家级展会的专业化和国际化水平。推动重庆国际汽车展览会、重庆国际火锅食材用品展览会等市级品牌展会引入国际标准化组织（ISO）质量管理体系，申报通过 UFI、ICCA 等国际机构认证。

2. 积极培育或引进新的国际会展项目

协同其他 12 个城市，高水平办好 2023 年第 18 届男足亚洲杯。借鉴 2022 年北京冬奥会北京市和河北张家口市两地合办经验，借助成渝地区双城经济圈建设机遇，加强与成都的会展合作，探索两地联合举办全球性的体育赛事、文化活动等。利用重庆建设国家（西部）科技创新中心的契机，强化重庆大学、西南大学、中国科学院重庆智能技术研究院等高校和科研院所资源的对接，共同申办一批知名国际学术会议，将重庆打造成面向“一带一路”的国际大事件、大思想的策源地。发挥重庆区位优势，积极策划面向“一带一路”的国家元首会晤、国家发展论坛。结合国际消费中心城市建设，积极策划国际品牌新品发布会。

3. 加大宣传推广力度

将重大国际会展活动纳入城市国际营销计划，加强与境内外主流媒体的合作，做好重庆国际会展宣传报道。更加积极地融入“一带一路”倡议及多双边和区域经贸合作，鼓励品牌展会“走出去”办展。

(四)深化会展产业与城市的协同发展

坚持“以人为本”和“产城融合”发展理念，加快完善会展场馆周边地区市政设施配套，推动会展产业发展与城市功能紧密对接，推动“会展流量”变现成“会展留量”。

1. 完善会展交通配套设施

利用重庆作为首批国家交通强国试点的政策机遇，以主城会展集聚区为重点区域，加快构建立体便捷的会展交通体系。协同多部门联合构建航空、地铁、公交、直通大巴无缝衔接的会展交通接驳体系，在主城区增设会展快速通道，强化停车配套，按国际化标准完善城市交通导视系统。增设通往悦来国际会展城的公交车班次，加快建设轨道交通5号北延伸段、13号线以及悦居隧道、悦来滨江大桥等骨干桥梁隧道，实现悦来会展城与主城区解放碑商圈、观音桥商圈等重要商务、生活机能中心的快速紧密串联。

2. 完善综合生活服务设施

以悦来国际会展城为重点区域，加快完善场馆周边区域的餐饮娱乐等生活配套设施，以完善的配套服务触发更大的经济效益。加快布局商务型、常住型、会议型、连锁型、公寓型等各类精品酒店，强化住宿配套功能。大力布局国际化餐饮旗舰店、国内知名连锁餐饮机构、特色餐饮小店，提供完善餐饮服务保障。加快建设文化馆、特色书店、小型剧场、体育中心等休闲娱乐设施，提供多样化文化娱乐服务。强化符合国际人士需求的生活配套，完善规范公共空间双语多语种标识，建设布局一批国际化特征鲜明的餐饮酒吧、精品剧院画廊等服务设施。

3. 增强会展企业、场馆的应急救援能力

认真汲取新冠疫情危机教训，重视会展产业的公共危机防范应对。对比消防设施配套的严格要求，全覆盖推进会展场馆场地配备足量红外线体温检测仪、消毒洁具、急救药品器材等医疗卫生和急救设施设备，展会活动强化公共卫生检查。在此基础上，推进会展企业、会展场馆与医院、卫生防疫站、疾病预防控制中心、安全生产应急救援指挥中心等组织机构建立常态化合作机制，结合这些组织机构的专业意见安排会展活动的公共卫生防范措施。在会展场馆场地设立医疗救助站，将会展公司、会展场馆自身危机预警应急系统链接对接到大型医院、政府应急管理部门平台，强化突发危机事件的第一时间应对效能，提高会展业抗风险能力。

[重庆市综合经济研究院
主研：易小光　丁　瑶　苟文峰　李　林　汪　婧　郑秋霞
执笔：汪　婧]

建设国际消费中心城市亟须从五方面发力本土品牌

内容摘要：国际消费中心城市是现代国际化大都市的核心功能之一，既体现为全球消费的目的地和制高点，也体现为生产制造和消费良性互促、本土品牌产品创造和制造的集聚地。当前，重庆市消费品品牌在经济效益、品牌价值、消费氛围上与国际消费中心城市的定位和要求还有较大差距，亟须从五方面重点着力，营造消费品品牌研发、生产、集聚、推广、扶持的全生命周期生态。建议：一是坚持培育中高端消费品，积极探索个性化定制等创意设计模式，提升消费品创新策源能力；二是建设汽摩、大健康、家居及时尚类等重点消费品行业，壮大区县特色产业集群，优化消费品制造业空间布局；三是针对具有战略意义的关键产品，坚持项目化牵引，进一步完善消费品政策扶持机制；四是坚持品牌化提升，持续打造一批名品、名企、名园，打响“重庆制造”品牌集群方阵；五是依托重庆8D魔幻网红城市特色，借助国际消费中心的浓厚氛围，多渠道宣传本地消费品牌。

国际消费中心城市是现代国际化大都市的核心功能之一，既体现为全球消费的目的地和制高点，更应该是本土品牌产品创造和制造的集聚地。品牌是体现国际消费中心城市核心竞争力的重要标志，作为传统支柱产业之一，重庆市消费品品牌建设具有悠久的历史和良好的基础。但调研发现，目前重庆市的消费品品牌发展与国际消费中心城市相匹配的经济效益、品牌价值、消费氛围还有较大差距，亟须从五方面重点发力，实现消费品产业高质量发展，建设重庆品牌产品的创造和制造集聚地。

一、重庆市消费品品牌对国际消费中心城市建设支撑不足

当前，重庆市消费品品牌在经济效益、品牌价值、消费氛围上与国际消费中心城市的定位和要求还有较大差距。

（一）本地品牌产品对国际消费中心城市消费能级的引领带动不足

纵观国内外，国际消费中心城市不仅是消费资源的集聚地，也是生产制造和消费良性互促、供给创造需求的引领示范地。当前，国民消费结构持续升级，居民消费的高端化、个性化、定制化等趋势性变化更加明显，国内消费市场的供需矛盾也在加剧。虽然全市消费形势持续向好，汽车、珠宝、体育娱乐等品类持续实现20%以上的高增长，但是全市消费品市场上本土品牌知名产品则占比较低。调研显示，在国金中心和星光68等市内中高端商场中几乎没有国内品牌。市内汽车销售高增长的主要原因是宝马、奔驰等高端车型和新能源汽车的带动。2020年，全市规模以上消费品工业产值规模超过3200亿元。2021年1—9月达到2705亿元，同比增长15.7%。而浙江仅2021年上半年规模以上消费品工业产值就实现了10503亿元。消费品工业高附加值产品不足，与重庆在全国的经济体量和实力不相符合，对国际消费中心城市消费市场繁荣的引领和带动不足。

（二）本地品牌产品对国际消费中心城市的竞争力和美誉度支撑不足

全市消费品行业主要集中在特色食品、绿色包装、特色纺织品、个护美妆四大类，形成了江小白、朗萨家居、欧碧倩OBEG、玛格家居、谭木匠、宜简苏打水、冷酸灵等区域性品牌，但是在行业领域独占鳌头的“重庆造”品牌较少。世界品牌实验室发布“2021年中国500最具价值品牌榜”，从上榜数量和质量（品牌价值）看，北京、广东、山东、上海等居全国前列。重庆仅8个品牌上榜，且具有全国影响力的工业品牌较少，排名靠后。重庆中国驰名商标数量（159个）与浙江（646个）、广东（773个）相比差距较大。

调研显示，与广东构建家居、珠宝等品牌集聚区，福建构建服装、纺织品等品牌集聚区相比，重庆区域品牌集群方阵还未形成，对增强国际消费中心城市的竞争力和美誉度支撑不足。2021 年中国 500 最具价值品牌榜区域分布情况见表 1。

表 1　2021 年中国 500 最具价值品牌榜区域分布情况

排名	省份/地区	品牌数（个）	占比（%）	代表性品牌
1	北京	91	18.2	燕京、小米、李宁
2	广东	86	17.2	华为、格力、马可波罗
3	山东	44	8.8	海尔、青岛啤酒、鲁花
4	上海	42	8.4	圣象、光明、老凤祥
5	浙江	38	7.6	吉利、娃哈哈、农夫山泉
6	江苏	33	6.6	苏宁、红豆、波司登

（三）本地品牌产品与国际消费中心城市现代城市氛围融合不足

重庆的城市文化特色优势相对明显，拥有“网红城市”美誉，但是历史文化特色和现代化城市氛围的融合不够充分，未能形成与现代国际化大都市相匹配的品牌价值。调研显示，与国际知名品牌纷纷开设品牌旗舰店、体验店等不同的是，部分企业对消费场景营造的重视度不高，商场超市是消费者购买本地品牌产品的单一渠道。以高端品牌集聚度领先的上海静安区为例，打造集“时尚发布、艺术展览、创意体验”于一体的全球最新最潮新品发布平台，充分发挥南京西路沿线商业“世界橱窗”优势，提高品牌展示度。成都打造水井坊博物馆成为集时尚、文化、旅游、展示、商贸等诸多元素于一体的消费平台。根据普华永道发布的《2021 全球消费者洞察调研报告》，31% 的中国消费者认为新奇有趣的体验有助于保持品牌忠诚度。不少消费者表示，重庆在个性、时尚、潮流的城市消费氛围的营造上还比较欠缺。

二、从五方面着手推动重庆市消费品品牌加快发展

以满足消费升级下人民日益增长的美好生活需要为根本，加强创新链、

供应链、产业链协同作用，营造消费品品牌研发、生产、集聚、推广、扶持的全生命周期生态，从五方面重点着力，实现产业高质量发展，打响重庆消费品品牌。

（一）坚持高端化发展，提升消费品创新策源能力

以契合消费升级下的前沿消费需求为导向，打造中高端消费品生产基地，提升产品附加值。一是加强新产品开发。积极推进下一代移动通信终端、超高清视频端、虚拟现实以及智能汽车、可穿戴设备、人工智能家居等新兴消费品发展，支持绿色消费、体验消费、品质消费等市场前景广阔的中高端消费品发展。加大新产品的研发投入，引导消费品制造企业提升技术水平和产品附加值。二是加强产品设计。开展工业设计中心、产品设计创新中心创建，引导企业运用互联网思维创新设计研发方式，积极探索基于互联网的个性化定制、众包设计等创意设计模式，鼓励创建网络众创平台，加快建设以用户为中心、平台化服务、社会化参与的新型设计组织体系。促进文化创意与中高端消费品融合发展，提高产品的文化附加值。

（二）坚持集群化建设，优化消费品制造业空间布局

围绕汽摩、大健康、家居及时尚类等重点领域，加快集聚各类创新资源，着力推进集群化、特色化发展。一是加快发展新能源与智能网联汽车、整车及零部件制造，推动汽车产业新能源化、智联化、共享化、国际化、品牌化发展，支持本市汽车龙头企业加快战略转型；加快推动汽车工业与飞机、高端装备制造融合，着力打造汽摩与航空产业集群。二是加快发展生物医药、高端医疗器械、智能健康产品制造，推动核心技术、关键装备材料、成果转化等环节链式突破，加快新型健康养老产品和设备的研发和产业化，发展智慧引领、普惠民生的健康服务新业态、新模式，着力打造生命健康产业集群。三是加快发展时尚服饰、特色食品、智能家居制造，培育市场竞争力强的新锐品牌，壮大区县特色产业集群，如江津的高端家居产业集群、荣昌的陶瓷产业集群，着力提供优质高端消费品。

（三）坚持项目化牵引，进一步完善消费品政策扶持机制

针对具有战略意义的关键产品，建立前沿新产品重难点问题清单，加快推动新产品供需对接。一是精准对接企业需求，定期发布惠企政策清单和公共服务产品清单。完善招商引资政策和市区投资促进工作网络，创新平台招商、场景招商、价值链招商、线上线下招商等精准招商模式，加强招商引资工作队伍建设。二是积极向国家争取增设一批离境退税商店和免税政策，出台针对性的促进中高端消费品的专项支持政策，设立免税品经营公司，打造中高端免税消费中心，吸引市外消费回流。三是市、区县分级建立消费品工业重点培育品牌项目库，遴选试点示范项目，分年度开展重点示范试点品牌集中宣传推广，培育打造一批国际化优势品牌。

（四）坚持品牌化提升，打响“重庆制造”品牌集群方阵

聚焦“重庆制造”，推进精品制造供给、企业梯队培育、品牌园区建设，持续打造一批名品、名企、名园。一是支持行业协会等第三方机构整合资源，推进统一品牌形象、统一质量标准、统一追溯机制、统一包装标识建设，塑造渝产消费品品牌新形象。二是实施世界级领军企业、链主企业、硬核科技企业、“专精特新”企业的梯队培育链建设，做优链主企业，支持占据产业链价值链关键环节的企业，拓展周边关联产品。谋划“重庆品牌 100 +”评选活动，开展品牌推广关联活动。三是加快推进品牌园区、特色园区的体系建设，依托现有园区基础统筹全市园区发展，突出产品的差异化、特色化，针对每个区县产业基础谋划最具潜力的主导产业和特色产业，着力培育市级特色消费品产业园区。

（五）坚持全面化营销，依托城市特色融入品牌宣传

重庆是全国知名的网红城市，拥有 8D 魔幻的城市景观，集文艺范与烟火气于一体，“山水之城·美丽之地”城市形象深入人心，应借助国际消费中心的浓厚氛围，利用好网红城市的天然流量，依托利用专题网站、新媒体等多种平台，多渠道宣传本地消费品牌。一是策划一批博览会、设计大赛等重大

品牌活动，加大优质品牌宣传力度，提高消费者对自主品牌的认知度和忠诚度。制作消费地图，在机场、酒店等外地客人较多区域摆放领取，提高重庆市消费的便利度。二是打造富有重庆特色的中高端文体赛事平台。借助亚洲杯、国际马拉松等一批有影响力的国际国内赛事，推动足球、越野、户外等运动装备和器械不断提档升级，努力拓展品牌赛事的消费空间，着力实现以赛促销、以销促产。三是鼓励全市知名品牌商建设美术馆、工业博物馆等体验式业态，引入 AI 等黑科技设计空间场景强化品牌文化与历史，打造新型展销空间。

[重庆市综合经济研究院
主研：易小光　丁　瑶　苟文峰　赵　伦　曲　燕　孙茂曦　杨琇涵
执笔：曲　燕]

建议借鉴淄博烧烤火爆出圈经验，打好“三张牌”，创建双城经济圈美食地标

内容摘要：2023 年以来，一场始于烟火、归于真诚的烧烤热潮从淄博席卷全国。在“进淄赶烤”的双向奔赴中，山东淄博顺势而为，通过以“自救”模式加快产业结构优化升级、以“烧烤＋”理念打造多元文化体验、以“便利”服务激发市场主体活力等创新举措，让城市热度火起来、群众生活火起来、改革发展火起来。当前，重庆正加快培育建设国际消费中心城市，创建双城经济圈美食地标，结合重庆市实际，建议：一是打好“温情牌”，展示山城文化底蕴；二是打好“流量牌”，培育更多城市地标；三是打好“诚信牌”，提升重庆影响力美誉度。

2023 年 3 月以来，淄博烧烤持续火爆，通过“一串烧烤”撬动一座城市，凭借良好的营商环境、诚信的服务理念、高效的治理水平，引发社会和舆论广泛关注点赞。“五一”期间，淄博每日接待游客约 20 万人次，酒店预订较 2019 年同期增长 20 倍；淄博站累计发送旅客超 24 万人次，较 2019 年同期增长 8.5 万人次，增幅达到 55%。当前，重庆市正按照《成渝地区双城经济圈建设规划纲要》提出的“支持塑造城市特色消费品牌”“创建美食地标”等任务，积极打造国际消费中心城市。为此，我们积极向山东省委财办、省发展改革委学习了解相关情况，探索和总结淄博烧烤经验做法，为重庆市提供借鉴参考。

一、淄博烧烤主要做法

（一）以“自救”模式探索城市转型

一是正视转型压力和老龄化难题。淄博作为资源枯竭型、独立工矿区、老工业基地三者并存的城市，化工、纺织等传统产业占70%，其中重化工业占传统产业的70%；2018年、2019年连续两年出现人口负增长，老龄化率达23%，居全省第三。面临发展压力，抓住济南都市圈建设契机，推进新旧动能转换，探索解决吸引和留住年轻人难题，推动城市转型发展。

二是抢抓夜间经济机遇。淄博于2019年出台《关于挖掘消费潜力繁荣发展夜间经济的实施意见》，通过发展夜间经济提升城市“时尚气质”和“活力指数”。2020年，淄博市委、市政府主要领导带头街边撸串，夜间经济成为官方重要研究课题；同年9月，“淄博麦田音乐节”邀请国内知名歌手为淄博烧烤现场“打call”（助力）。2021年，淄博烧烤在B站国内首部聚焦烧烤的纪录片《人生一串3》中“出镜”，斩获8.9分的豆瓣高分，夜间经济成为淄博拉动消费新引擎。

三是聚力擦亮城市名片。疫情期间，山东大学数千名学生被隔离在淄博方舱受到关怀厚待，解除隔离时，当地政府用淄博烧烤做告别宴并约定疫后相见。2023年3月，几千名大学生怀着感恩之心如约而至，“大学生疫后组团坐高铁去淄博撸串”冲上热搜。淄博协调开通往返济南与淄博的“烧烤专列”，精心准备伴手礼并发放25万元消费体验券；重新规划公交路线，使主城区42条公交线覆盖33家烧烤店，新增21条烧烤公交专线。“五一”期间，全市207家党政机关事业单位停车场、厕所免费对外开放，全体公职人员假期无休甘当志愿者，烧烤成为淄博城市IP。

（二）以“烧烤+”理念打造多元文化体验

一是“烧烤+夜游”丰富夜间体验场景。淄博陶瓷琉璃博物馆作为国内展示面积最大、档次最高、展品最全的专业陶瓷博物馆，“五一”期间延长开放时间至21时，连续4日突破单日进馆人数最高纪录。夜间开放齐鲁欢乐世界、红叶柿岩、颜神古镇等6家热门景区，吸引众多游客夜间游览。同时，发展户外夜间露营烧烤，举办“行走山水——2023淄博露营季”，开放三水源湖畔部落等13家露营地营业，提供帐篷露营、特色木屋、家庭派对等特色服务。

二是“烧烤+非遗”丰富旅游文化新内涵。举办山东省第六届非物质文化遗产精品展暨“齐好GOU（购）”淄博非遗市集，吸引省内110余家非遗项目参展，参观人数13.5万人次，同步开通“线上逛展”直播，观看人数133.2万人次。

三是“烧烤+养老”加强舆论引导。面对“五一”期间日均20万人客流量（单日接待能力8万人），邀请新华社以“淄博又上大分 这次不是烧烤”为题报道当地“长者食堂”，将1000余处长者食堂作为弘扬孝老敬老爱老传统的平台，采取“政府补贴+村集体+老人家庭”模式，月均午餐服务老年人30万人次，使淄博再次登上热搜。

（三）以“便利”服务激发市场主体活力

一是支持成立烧烤协会引领行业发展。搭建烧烤行业服务平台，指导成立淄博市烧烤行业协会和张店区、沂源县、高新区烧烤行业协会。支持协会发挥行业引领作用，推进全市烧烤行业规范化、精细化、特色化经营发展，助力打造“淄博烧烤”地方品牌。

二是设立“烧烤行业一件事”服务专窗。在各县（区、市）行政审批服务局设立“烧烤一件事”专区专窗，开通“绿色通道”。以餐饮服务类、小饼生产类、酒水生产类等烧烤行业涉及生产经营内容为主线，延伸至住宿、演出等行业，将营业执照办理、食品经营许可、门头牌匾设置备案、营业性演出审批、旅馆业行业许可等事项纳入专窗集成办理。通过“一套材料、一表申请、一窗办理”，推动烧烤行业“一件事一次办”。

三是创新行政审批服务举措。行政审批服务系统围绕“烧烤+”政务服务需求，创新开展口述办证（照）、信用审批、容缺受理、证照联办、集群注册、AI 智慧制图、智慧勘验等便利化服务，对热食类制售餐饮服务经营许可实行信用审批“承诺即入”办理模式。同时，对烧烤餐饮单位食品安全主体责任进行告知提醒，审批办结后及时将行政许可信息推送至监管部门，确保审管无缝衔接。

二、工作建议

（一）“人间烟火气，最抚凡人心”——打好“温情牌”，展示山城文化底蕴

在全国范围彰显新时代重庆人“有恩相报”的人文精神，邀请来渝实地感受重庆人开放包容、豪爽耿直的火辣热情。挖掘“红岩精神”内涵，营造沉浸式、多业态娱乐休闲空间，打造“红色”IP 沉浸式商业综合体业态。讲好“鲁渝东西协作一家亲”等感人故事，在山东等地举办以“山城感恩回馈”为主题的美食节活动，为当地游客发放餐饮专属消费券。探索两群地区“美食 + 旅游 + 文化”融合路径，采取发放补贴券、门票减免、打折优惠等措施，让游客体验多元饮食文化。用好万州格格、巫山烤鱼、城口腊肉等渝东北特色美食，策划万州大瀑布、巫山小三峡、城口亢谷等精品旅游线路，体验万州“三峡绣”、巫山“手工怀鼓”、城口“大木漆艺术品”等非遗产品制作，让“老手艺”绽放“新活力”。

（二）“火树银花合，星桥铁锁开”——打好“流量牌”，培育更多城市地标

抢抓疫后重庆市消费市场加速回暖、服务业快速复苏的良好契机，用好“唯一入选《孤独星球》（*Lonely Planet*）的中国旅游城市”“中国城市夜经济影响力三连冠”“除夕夜最美烟花秀”“五一出游最热打卡地”等知名头衔，解密“8D 魔幻”重庆背后的美食“密码”。利用抖音（TikTok）等国内外主流短视频平台向全球发布《2022 年首批“重庆地标菜”名单》，对入选的渝

北水煮鱼、李子坝梁山鸡、南山泉水鸡等 145 道地方特色菜品发布美食制作、明星代言、网红品鉴等视频，加大“圈粉”“吸粉”“宠粉”力度。同时，在重庆市众多特色历史文化元素中，聚焦“吃住行游购娱”，精选兼具消费需求、群众触手可及、价格亲民、特色鲜明且有“话题度”的文化符号，打造小切口、个性化独特 IP。提高民心佳园煎炸烧烤、山城步道巷子火锅、嘉陵江户外石滩夜市等全国市场公众认可度，辅之以立体化、多样化、持续性营销。此外，面对突发网络舆情，优化“堵、盖、封”等传统应对方式，及时顺应、巧妙吸引流量。

（三）“海岳尚可倾，吐诺终不移”——打好“诚信牌”，提升重庆影响力美誉度

由政府部门、市场主体和市民百姓共同营造诚信消费环境，为重庆美食“出圈”提供“有氧环境”，确保来渝游客吃得放心、吃得舒心、吃得安心，持续推动“流量”变“留量”、“网红”变“长红”。进一步打造高效便捷的政务服务环境，畅通特色美食专窗审批“绿色通道”，实行一窗受理、专员对接、即来即办，对重庆市“小而精”“小而优”“小而美”新入市餐饮企业的经营许可实行“承诺即入”，业务当场办结、免于核验。推动全流程网上办理，提供有温度、有速度的帮办代办服务。打造“证照联办”准入准营一体化模式，编制零基础申报模板，持续压减审批时限，降低开业成本。进一步提高全市餐饮行业法治化和规范化水平，加快推行市场主体失信警示提醒机制，对于垄断经营、强买强卖、哄抬价格、以次充好等破坏公平竞争的违法行为，及时通报调查结果，处理涉事企业及责任人，确保“舌尖上的安全”，共享“山城美食”名片。

[重庆市综合经济研究院

执笔：曹　亮]

第六部分

生态环保

成渝地区双城经济圈流域合作存在的主要问题及对策建议

内容摘要：加强流域协同合作是贯彻落实习近平总书记“共抓大保护，不搞大开发”生态文明思想的重要举措。成渝地区双城经济圈水网密布，跨界河流广泛串联川渝毗邻地区，长江、嘉陵江、渠江、涪江等主要河流纵深连接成渝地区双城经济圈内各地，连通西南及西北其他省区，腹地宽广，流域合作有着广阔的区域空间。加强流域合作将有力促进川渝毗邻、非毗邻地区资源共享、环保共治、协同联动、互联互通，建议：一是强化流域合作顶层设计和制度建设，推进流域跨区域统筹协调；二是加强流域基础设施互联互通，构建一体化发展的良好载体；三是推动上下游产业分工协作，加快流域生态经济综合开发；四是加强流域水环境联防联控一体化，推进生态共治共享。

流域是人与自然共生的重要空间载体，承载着广大的人口和经济。成渝地区双城经济圈地处长江上游，境内水系丰富、流域广阔、山水相连、人文相融，拥有充裕的流域发展承载空间，各条跨界河流广泛串联川渝 29 个毗邻区县级单元，长江、嘉陵江、涪江、渠江干流纵深连接两地 58 个非毗邻区县级单元，嘉陵江、渠江还对外联结西北陕西、甘肃等省份，历来是西部地区连通南北的重要通道。推动成渝两地流域合作，有利于打破“一亩三分地”的行政区思维定式，打开一体化发展战略视野，打通互动协同“经络血脉”，联动双城经济圈内各大板块。有利于加快推进流域生态文明建设，共建长江上游重要生态屏障，助力重庆在推进长江经济带绿色发展中发挥示范作用。有利于成渝地区双城经济圈进一步联动西北地区和西南地区，畅通与“一带一路”、长江经济带、西部陆海新通道的高效连接纽带，促进新时代西部大开发战略的深入实施。

一、成渝地区双城经济圈跨界流域基本现状

（一）跨界流域分布广泛

川渝之间流域面积在50平方千米以上的跨界河流达52条（由川入渝30条，由渝入川22条），广泛串联双城经济圈近50%的区县级单元。其中，长江干流串联重庆18个县区以及川南宜宾、泸州11个县区，嘉陵江干流串联重庆6个区以及川东北广安、南充等14个县（区、市），涪江干流串联重庆潼南、铜梁、合川3区以及遂宁、绵阳等10个县（区、市），渠江干流串联重庆合川区以及川东北广安、达州、巴中等10个县区。琼江、御临河、大洪河、濑溪河、铜钵河、南河、前河、任河等以及其余跨界中小河流广泛串联两地毗邻县区，流域合作有着广阔的区域空间。川渝主要跨界河流流经两地区域概况见表1。

表1　川渝主要跨界河流流经两地区域概况

序号	河流	干流长度（千米）		干流流经区域	
		重庆段	四川段	重庆段	四川段
1	长江	691	225.6（宜宾以下）	永川、江津、九龙坡、大渡口、巴南、南岸、渝中、江北、渝北、长寿、涪陵、丰都、忠县、石柱、万州、云阳、奉节、巫山	宜宾（6个县区）、泸州（5个县区）
2	嘉陵江	218.8	796	合川、北碚、沙坪坝、渝北、江北、渝中	广元（5个县区）、南充（7个县区市）、广安（2个县）

续表

序号	河流	干流长度（千米）		干流流经区域	
		重庆段	四川段	重庆段	四川段
3	渠江	77	666	合川	巴中（3个县区）、达州（3个县区）、广安（4个县区市）
4	涪江	153.4	516.6	潼南、铜梁、合川	绵阳（5个县区市）、遂宁（4个县区市）、阿坝州（1个县）
5	琼江	112.2	122.8	潼南、铜梁	资阳（1个县）、遂宁（1个区）
6	御临河	76.6	113.4	渝北、长寿	达州（1个县）、广安（1个县）
7	大洪河	39	113	渝北、长寿	达州（1个县）、广安（1个县）
8	濑溪河	131	107	大足、荣昌	泸州（2个县区）
9	铜钵河	30	65	梁平	达州（3个县区）
10	南河	72	20	开州	达州（1个区）
11	前河	57	198	城口、巫溪	达州（1个县）
12	任河	128	26.3	城口	达州（1个县级市）

（二）流域自然环境复杂多样

成渝地区双城经济圈位于我国自然地势第二阶梯四川盆地，地处大尺度复合性生态过渡区，境内河流多穿流山区、丘陵等不同地理单元，上下游地表环境差异显著。长江横穿盆地东南缘丘陵山区，嘉陵江发源于秦巴山区，上游山高坡陡、生态脆弱，中下游盆地低山丘陵地区工农业生产发达。涪江发源于川西高原山区，流经盆地中部，流域内山区、丘陵占比达94.8%。渠江发源于大巴山，穿流于华蓥山与川东方山丘陵之间。御临河、铜钵河、前河、任河等中小河流周边高山环绕，地形地貌复杂。琼江、濑溪河等流经盆地中部丘陵、平坝地区，支流少、汇水急。而重庆地处盆地东部三峡库区腹地，地势低洼，境内河流多属水系下游，在生态建设、流域治理等方面涉及点线多、面域广、任务重。

（三）流域交通联系紧密

水运上形成了以重庆为核心连通长江干流、嘉陵江、渠江以及其他主要河流的扇状航道网，重庆朝天门以下的长江干流达一级航道，长江川渝段拥有重庆果园港、宜宾港、泸州港、江津港等12个重要港口，嘉陵江沿线分布合川港、南充港、广元港等较大港口，渠江分布广安港、达州港等较大港口。陆路交通上，高速公路基本串联沿江重点城市，兰渝铁路、襄渝铁路、遂渝铁路、达成万铁路等分别连接嘉陵江、渠江、涪江沿线各级城镇。南充、达州、宜宾、泸州等城市支线航空迅速发展，公铁水运输能力逐步增强。

（四）流域产业发展潜力巨大

流域产业园区众多，川渝间各条跨界河流干流流经县区分布省级以上工业园区达到85个，占两省（市）总量的46.4%，其中国家级开发区16个，占两省（市）总量的66.7%，长江、嘉陵江、涪江沿线分布最为集中，分别达28个、19个和13个，产业发展平台丰富。流域文旅资源广布，嘉陵江、涪江、渠江、濑溪河、御临河、铜钵河、南河干流流经区县A级以上旅游景区达205个，占两省（市）总量的25.9%，其中4A级以上旅游景点达到95个，占两省（市）总量的23.9%。嘉陵江、涪江、渠江沿线A级以上旅游景点分别达到90个、43个、31个，文旅产业极具挖掘潜力。

二、存在的问题

（一）跨界流域管理创新不足

一是流域协作共建机制缺乏。从全国看，汉江、淮河、西江等流域均制定了经济社会领域战略发展规划并上升为国家战略，而川渝缺乏统筹跨界流域发展的战略规划和流域协作发展机制。长三角区域出台了《长三角区域水污染防治协作实施方案》，建立了太湖流域水环境综合治理信息共享平台，汉江等流域已制定跨省的水环境保护条例，而川渝尚未建立统一的流域水环境治理法规标准体系和水污染防治规划，缺少统一的操作流程和规则，涪江、嘉陵江、渠江等流域缺乏环保信息大数据共享平台。淮河、太湖等均设有流域管理局，赣江已设流域环境资源法庭，而川渝尚未建立统筹跨界流域的管理、司法、执法机构。二是跨界生态补偿机制不健全。流域横向的生态要素交易机制尚未建立，排污权交易等未有效开展，流域上下游多以水质升降进行单一补偿，纵向的生态转移统筹支付机制、流域治理与发展的投融资机制等亟待探索，未形成统筹补偿因素、补偿方式、资金来源的综合性常态化机制。

（二）跨界流域基础设施互联互通水平不高

一是水利设施不完善。航道疏浚整治有待加强，长江重庆至宜宾段仅为三级航道，嘉陵江重庆段规划的 3 座梯级枢纽仅建成草街航电枢纽 1 座，渠江重庆段三级航道未全面贯通。涪江、琼江等洪涝灾害频繁，防洪建设需进一步提升。渝西以及毗邻的资阳、遂宁等缺水区蓄水工程有待加强，2019 年大足、荣昌、潼南、铜梁、合川五区人均水资源量仅 652 立方米，远低于重庆市人均水资源量 1594 立方米的水平。

二是交通建设滞后。缺乏高铁、城铁，嘉陵江、涪江沿线仅有兰渝铁路、遂渝铁路，渠江沿线仅有襄渝铁路等普铁线路，客货运输难以分流，运力保障不足。潼南、铜梁等涪江沿线城市以及合川、广安、阆中等嘉陵江沿线城市无通航机场，港口建设有待提升，公铁水运输衔接不畅。御临河、铜钵河、前河、任河等流域高山环绕，高速公路布局不足，内外连接不畅。

（三）跨界流域产业协同融合不足

一是跨区域产业协同配套不足。流域上下游差异大，工业园区相互配套较少，分工协作体系不健全，如嘉陵江沿线合川工业园以汽车、摩托车、信息技术为主，而相邻的广安武胜经开区以农副产品加工、医药等为主导。濑溪河沿岸的荣昌高新区以农牧高新技术、装备制造、轻工陶瓷等为主，而下游泸县经开区以酿酒、精细化工、新材料为主。铜钵河沿岸的梁平工业园以集成电路、不锈钢制品等为主，而相邻的达州高新区以能源、化工、机械为主。二是文旅产业联动发展不够。流域人文、自然旅游开发有待挖掘，如嘉陵江沿线合川钓鱼城、阆中古城等重要旅游节点缺乏整体规划，未形成品牌联动效应。涪江沿线龙舞文化、革命文化、观音文化、“三线”文化等文旅资源融合发展不够，缺乏产业带动效应。

三、相关对策建议

（一）强化流域合作顶层设计和制度建设，推进流域跨区域统筹协调

一是围绕保护开发抓好流域整体发展谋划。从成渝地区双城经济圈建设战略高度出发，协同四川加快制定嘉陵江、涪江、渠江等流域经济发展规划。市域：充分识别和培育流域重点城镇及新的增长点，高水平规划引导流域各类要素资源科学配置，高质量推动“全产业链”协同布局，推进水网、路网、绿网、产业网、旅游网“五网合一”建设，积极培育高效畅联的流域增长轴带。省际：充分发挥重庆中心城区的龙头辐射带动作用和流域重点城市的枢纽传导功能，以干流和重要骨干交通为纽带，加强与四川基础设施共建共享、产业协同布局和商贸文旅一体化发展。嘉陵江沿线重点推进重庆至广元段主要城镇和地区协作，涪江沿线加强潼南、铜梁与遂宁、资阳等地一体化发展，渠江沿线加强合川、北碚、渝北与广安、达州等地合作互动。积极推动流域合作向区域合作深化，逐步形成点、线、面、体紧密联结的区域发展格局，纵深拓展重庆经济腹地，协同推动嘉陵江、涪江等流域发展战略向国家层面上升。

二是加强流域综合管理能力建设。推动流域综合管理体制机制创新，增强跨界流域统筹能力。在管理职能方面：协同四川统筹设立嘉陵江、涪江等流域管理职能机构，明确流域管理责任，理顺流域和行政区域在流域统筹规划、水生态管理、基础设施建设、经济协同发展等方面事权划分，赋予流域机构恰当的监测调查、仲裁处罚、应急处置等职权，促进流域管理与行政区

域管理统筹协调。探索合作设立流域发展银行等金融机构，创新发展绿色信贷、绿色基金，增强跨区域的流域发展资金保障。在法规制度方面：推动建立流域统一的法规制度，完善跨行政区的水环境政策法规标准体系以及分级分区管控体系，强化水环境责任和考核评价。完善流域各级各部门广泛参与的议事协调联席会议制度，开展定期交流对接和专项合作。加强流域水政执法能力建设，完善流域管理信息公开和公众参与机制，促进流域管理效率提升。

（二）加强流域基础设施互联互通，构建一体化发展的良好载体

一是加强流域水利港航设施建设。在港航方面：加强水系航道疏浚，推动梯级港航枢纽建设，嘉陵江沿线加快谋划井口等航电枢纽建设，协同四川将长江（重庆至宜宾段）、嘉陵江（重庆至南充段）、涪江和渠江重庆段全面提升为三级以上航道，推动合川、潼南等沿江港区向枢纽港提升改造，共建长江上游航运中心。在防洪调蓄方面：大力增强调蓄防洪能力，推进长江沿岸城镇以及潼南、荣昌、合川等滨水城市防洪堤改造提升，加强濑溪河、御临河、铜钵河、南河等中小流域综合治理。加快渝西水资源配置工程、长征渠引水工程建设，协同四川规划建设涪江与琼江、渠江与嘉陵江等水系连通工程，提升水网调配互补能力。

二是完善流域立体交通网络。在铁路方面：推动连接“一带一路”、西部陆海新通道的大通道建设，嘉陵江沿线推进兰渝高铁等连接西北与西南的大通道规划建设，加快渝西高铁建设步伐，增强客货运能保障。积极谋划长江沿线渝泸城际铁路，嘉陵江沿线重庆至南充、阆中、广元等地的城际铁路，渠江沿线渝广城际、达渝城际、重庆至巴中铁路等线路，涪江沿线加快市域铁路璧铜线向遂宁等地延伸，推动绵阳至遂宁城际铁路向重庆市内延伸，提升流域城际交通便捷性。在公路方面：加快形成支撑区域功能、产业、城镇发展的复合交通廊道，规划建设御临河沿线长寿至邻水、渠江沿线合川至广安、铜钵河沿线梁平至达州的高速公路，推动布局前河、任河等流域高速公

路，提升内畅外联水平。推进合川与广安、潼南与遂宁、荣昌与泸州等毗邻区跨界断头公路连通，加快公交一体化服务体系建设，沿流域轴线打造高效、畅达的公路交通网。在水运方面：加强港口联动发展，依托重庆果园港口、两路寸滩保税港，加强与泸州、宜宾、南充、达州等在港区运营、多式联运、全程物流等方面合作，利用长江、嘉陵江等航运优势合力构建铁水、水水联运通道，降低全流域物流成本，协同推动“无水港”建设拓展，加强流域各地与长江黄金水道的连通，助力重庆内陆国际物流枢纽建设。在航空方面：积极培育流域内重要的立体化交通枢纽节点，加快合川、潼南通用机场建设。

（三）推动上下游产业分工协作，加快流域生态经济综合开发

一是加快流域文旅产业融合发展。坚持生态优先，推动流域资源加速向资产转化。首先，充分激活流域文化。协同四川加强嘉陵江、涪江、渠江、御临河等流域文旅资源普查，充分挖掘文化资源。推动制定流域文化旅游发展规划，加强流域生态、人文旅游资源整合，大力推进沿江文旅产业项目，加快沿江景区等级创建，完善文化服务设施，支持乡村旅游发展，不断壮大发展主体，依托巴山秀水、红色旅游、巴蜀文化、古城古镇打造流域文化旅游产业带，拓展巴蜀文化旅游走廊。其次，增强文旅供给力和吸引力。协同四川积极出台流域文化旅游精品线路建设方案，围绕食、住、行、游、购、娱六大要素业态以及商、养、学、闲、情、奇等新型要素业态，不断丰富各流域文旅发展要素，加强重点旅游线路串联策划。推动嘉陵江沿线缙北钓、阆中古城、剑门蜀道等旅游节点联动发展，依托梯级航电枢纽大力发展水上旅游。推动涪江沿线铜梁、潼南、遂宁、绵阳加速古镇文化、革命文化、佛道教文化，李白文化、三线文化景点串珠成链，协同共建涪江流域文化旅游产业带。渠江沿线充分发掘红色革命文化，联动华蓥山等自然景点，协同建设红色文化旅游景观廊道，推动资源优势向产业优势转化。最后，提升流域文旅影响力。加强流域文艺创作、流域文化遗产保护利用与活态传承，以流域文创产品陈列展示和非遗活态展演为重点强化流域文化联合宣传，深化流域沿线城市合作，协同探索创办流域文旅博览会，积极建立嘉陵江、涪江、渠江流域文化旅游走廊联盟。

二是加强跨界流域工农业协作联动。充分发挥重庆产业优势和平台优势，拓宽流域上中下游经济分工合作领域与模式。在工业方面：积极创新利益共享机制，与四川在产业转移、产业培育、产业分工方面紧密互补，协同规划建设工业集中发展平台，探索建立流域产业合作联盟等。涪江沿线重点加强潼南高新区、铜梁高新区与遂宁经开区、绵阳高新区等产业延伸互补，通过飞地建园相互拓展发展空间，协同建设双城经济圈中部现代制造业集聚区。濑溪河沿线加强荣昌、大足等开发园区与泸州开发园区的产业融合、功能配套，共建创新平台，共同提升开放能级。嘉陵江、渠江沿线加强合川与南充、广安园区平台共建，御临河沿线加强渝北与广安、长寿与邻水的园区合作，加强产业延链补链和区域市场拓展，形成跨界联动的流域产业协作带。在农业方面：重点推动琼江、铜钵河、南河、前河等流域依托自然山水、结合乡村振兴，大力发展沿岸特色农业、乡村旅游观光，协同共建流域特色生态农旅发展示范带。

（四）加强流域水环境联防联控一体化，推进生态共治共享

一是加强跨界流域水系空间管控。深化河长制，严格涪江、琼江、嘉陵江等水生态空间管理，以水系河道、水源地、自然保护区等为重点，加强用水总量、用水效率、限制纳污“三条红线”控制。协同四川加强跨界河流生态脆弱区、水源涵养地保护，共同实施水生态修复、绿岸建设工程，共建水体绿色生态廊道，加强流域水土保持。系统地实施长江流域禁捕政策，强化生物多样性保护工作，拓展流域绿色发展空间。

二是补齐流域水环境联防联控设施短板。从环境监测、保护、治理网络上推动流域联防联控一体化。整合川渝两地水利、环保等系统资源，加快完善各流域水生态可视化监测站点、智慧河长系统以及水环境联防联控大数据平台，推动水环境质量和污染源同步监测、交叉采测，加强跨界河流上下游

数据共享。统筹推进标准化、一体化的治污设施建设，推动河流沿线污水处理设施增容提质、城镇雨污排水管渠改造，加强城乡环境综合整治，确保流域水体长治久清。

三是健全流域生态补偿机制。推动建立以受益主体付费为主的流域生态补偿机制，横向上共同建立生态要素交易平台，建立流域生态损害赔偿制度，完善以排污权、用水权为载体的区际补偿机制，推动川渝水生态权益交易试点。纵向上共同争取财政生态转移支付的政策倾斜，积极建立流域生态补偿基金，加强流域重点生态功能区特别是上游落后地区的生态补偿，健全纵横向、干支流常态化生态补偿机制。

[重庆市综合经济研究院
主研：易小光　丁　瑶　邓兰燕　苏　凡　贾静涛　王志军　邱　婧
执笔：邓兰燕　王志军　苏　凡]

以路径创新和制度创新为突破口，推进重庆“绿水青山”和“金山银山”双向转化

内容摘要：切实打通“两山”转化通道，形成生态富民的内生发展动力机制是推进我国绿色发展和生态文明建设的重大课题。近年来，重庆市以恢复自然系统的生态平衡为出发点，着力改善、保护、治理生态环境，突出“两山”转化实践创新示范带动，进行了一系列路径探索和制度创新。同时也面临协同推进难度大、统计评价制度不健全、市场化推进机制不完善、“两山”转化路径单一等问题。为此建议：一是突出部门协调发力，推进生态修复与生态产业培育同步发展的顶层设计；二是加强“两山”转化统计体系、标准规范及制度体系建设，畅通“两山”双向转化的制度通道；三是多途径推动生态产业化和产业生态化，壮大生态经济体系；四是完善生态产品价值实现的市场化交易体系和资金支持体系，培育更多“两山”双向转化市场主体。

党的二十大报告提出“必须牢固树立和践行绿水青山就是金山银山的理念，站在人与自然和谐共生的高度谋划发展”。及时总结重庆“两山”转化成效和转化模式，找准阻碍两山转化的路径和制度性问题，提出相应的对策建议具有现实价值。

一、重庆“两山”转化实践取得较好成效

近年来，重庆围绕“山清水秀美丽之地”的发展定位，推进山水林田湖

草等各种生态要素协同治理，生态产业化和产业生态化加快推进，“绿水青山”和“金山银山”双向转化路径不断创新。

（一）“两山”转化基底进一步夯实

重庆通过深入实施“碧水、蓝天、绿地、田园、宁静”五大环保行动以及实施山水林田湖草生态保护修复国家工程试点，长江上游重要生态屏障进一步筑牢。生态保护与修复成效显著，全面完成涉及渝北、万盛等26个区县废弃露天矿山生态修复工作，治理废弃露天矿山面积2214公顷。持续开展国土绿化行动，2021年森林覆盖率提高到54.5%。生态系统质量明显提升，空气质量优良天数为326天，较2015年增加34天；长江干流重庆段水质为优，42个国考断面水质优良比例达到100%；耕地质量明显改善；生物多样性得到有效保护。

（二）“两山”转化路径探索成效初显

近年来，全市在产业发展、绿色空间打造、生态导向开发、生态产品交易等方面进行了有益探索。2021年，重庆现代山地特色高效农业综合面积达到3100万亩，产值4500亿元，“巴味渝珍”授权农产品累计达到637个，柑橘、榨菜、中药材等山地特色农业实现集群化发展。通过推进工业节能节水、清洁生产、工业固体废物综合利用等方式促进制造业绿色发展，截至2021年底，累计创建国家级绿色工厂52家、绿色园区5个，分别居全国第23位、第19位。依托江城特色、长江三峡、武陵山等生态资源，形成各具特色的生态文旅发展模式。在缙云山、广阳湾智创生态城成功探索生态环境导向的开发模式（EOD），生态修复后的缙云山片区和广阳湾智创生态城片区初步具有“金山银山”反哺“绿水青山”的能力。南岸区广阳岛、武隆区、渝北区、北碚区、巫山县成为国家级“绿水青山就是金山银山”实践创新基地。自2018年地票交易从单一的耕地拓展为耕地、林地、草地等复合生态交易功能以来，创新生态产品指标交易方式，约800个农村集体经济组织参与地票生态交易，促进农户获得地票生态收益近5亿元。

（三）“两山”转换制度通道加快建立

全市自然资源资产产权确权登记即将完成，在生态环境损害赔偿制度、流域横向生态补偿、探索生态产品统计体系、生态产品权益交易、“两山”转化投融资等方面均进行了有益探索，一方面畅通“绿水青山”转化为“金山银山”的通道，另一方面完善“金山银山”反哺“绿水青山”的机制，为更高层级阶段“绿水青山”建设蓄积能量。重庆市成为全国生态环境损害赔偿制度改革试点省市之一，构建了“1＋10”[①] 生态环境损害赔偿制度框架和实施机制。已在龙溪河、璧南河等19条跨区流域面积500平方千米以上的次级河流建立了“谁污染、谁补偿，谁保护、谁受益”的流域横向生态保护补偿激励约束机制。北碚开展GEP核算，推进绿水青山“可量化”。上线全国首个覆盖碳履约、碳中和、碳普惠的“碳惠通”生态产品价值实现平台，打通“绿水青山”转化为“金山银山”的价值通道。重庆绿色贷款、绿色债券规模逐步扩大，绿色金融创新步伐加快，截至2022年9月末，全市绿色贷款余额达4972.33亿元，是2019年初的2.8倍，绿色贷款占各项贷款余额比重近10%；绿色债券余额超357亿元，是2019年初的2.7倍。

二、重庆“两山”转化存在的主要问题

（一）“两山”转化协同推进机制尚未形成

当前，全社会对生态产品、“两山”转化认识不统一，协同工作机制尚未形成，生态环境系统保护修复与转化同步设计的系统观念不够。一是部门合力不足。以矿山修复为例，在矿山价值转化过程中涉及市规划、林业、环保、农业等多个部门，由于部门利益分割等问题，责任部门市规划和自然资源部门推动协调难度大，难以形成合力。二是政策协调性不足。全市“两山”转

① “1＋10”，其中“1”是指《重庆市生态环境损害赔偿制度改革试点实施方案》；“10”是指生态环境损害赔偿事件报告、鉴定评估机构管理办法、咨询服务专家管理办法、磋商办法、治理修复项目绩效管理办法、资金管理办法、信息公开办法、鉴定评估技术指南等10个配套制度。

化政策体系主要围绕生态环境保护展开，如探索建立了生态环境损害赔偿制度、生态保护补偿机制等，而专门针对生态产业和生态产品的支持措施较少，在很大程度上制约了生态产品价值的实现。三是“两山”转化重“生态”轻“经济”现象较明显。“两山”双向转化通道存在正向和反向发力不均情况，部分项目重生态导向型开发、公益性运营，轻产业开发、经济价值转化，导致项目难以可持续运营，影响企业、农民等各方积极性。

（二）“两山”转化统计评价制度体系建立难度大

由于生态产品统计核算难点较多，生态产品产权制度不明晰，全市“两山”转化的统计评价制度建立还有较大难度。一是“两山”转化底数难以准确评估。重庆生态资源十分丰富，类目繁多、环境复杂，生态产品的所有权和使用权界定不易，对生态产品的质量等级、数量范围难以确定，许多生态产品的产权类别认定仍处于探索阶段。部分区县对本地生态自然资源开展的统计工作还存在底数不清、数据统计口径不统一、相关部门间数据不一致等基础数据质量方面的问题。二是“两山”转化发展质量统计体系尚未形成。“两山”发展与转化核算和统计尚无国家层面的权威认可方法与规范，生态系统生产总值（GEP）等生态经济核算方法处于探索过程中，同时缺少高效的数字化生态评估决策体系。目前全市仅有北碚区在2021年委托相关研究机构开展了GEP核算，其适用性和应用价值尚待观察，而浙江省丽水市于2021年已经对所辖市、区、县进行首个GEP综合考评和排位。三是跨区域生态资源的协同统计评价机制建立难度大。跨省市区域生态服务权属界定不清，流域横向生态补偿存在补偿主体不清、标准不统一、效率不高等问题，给生态统计评价工作带来了困难。如河流走向迂回穿插于不同省市、不同区县，以及河的两岸分属不同行政区时，难以界定流域横向生态补偿责任。

（三）“两山”转化路径创新力度亟须加大

当前，全市“两山”转化的路径创新模式不足，与数字经济结合程度不够，“两山”转化效率较低。一是对“两山”转化传统路径依赖程度较高。

目前，生态产品价值转化方式主要还是发展生态农业、生态旅游的传统模式，生态资源与历史文化资源结合不够，生态资源的整合价值转化程度较低。同时，全市大部分生态产品的价值通过生态补偿方式实现，各级政府仍然是最主要的生态价值实现主体和定价主体，社会主体参与渠道不足。二是地票、林票生态价值交易转化潜力不足。从2008年开始重庆市地票交易已经持续了15年，由于土地资源的稀缺性，市内经济欠发达地区可供复垦的农村闲置建设用地资源潜力不断下降，未来全市通过地票交易实现生态价值转化的潜力也相应降低。同时，重庆市大规模连片发展林业产业的面积少，林权呈现分布碎片化特点，给林权交易带来了难度，导致全市林权市场化交易不活跃，难以大规模转化林权的生态价值。三是数字化驱动生态资源价值转化的能力不足。在信息化时代，生态资源价值转化更加需要依靠大数据等先进信息技术手段实现，但目前，生态环境大数据存在数据采集、有效集成、精炼统一等数字化技术创新难题，还面临生态环境的数据分析、信息数据安全等专业人才严重短缺等问题，生态资源价值难以实现加速转化。

（四）“两山”转化市场化推进机制欠缺

由于生态产品交易、社会资金投入等市场化推动机制方面尚待完善，全市“两山”转化的市场化步伐还有待加强。一是生态产品交易机制不充分。有些生态产品的公共产品属性相对较弱，市场属性相对明显，更需要市场来充当生态价值实现主体这一角色。例如，目前全市仅有排污权、碳排放权等少数“生态权”进入交易市场且不活跃①，节能交易、水权交易、排污权交易、生态补偿等市场化机制不完善。生态导向型开发项目由于公共基础设施配套、产业开发不足难以可持续运营。二是市场需求拉动机制尚未形成。生态产品认知处于低层次阶段，如生态农产品与普通农产品辨识度不高，标准不统一，消费生态产品激励程度不够，严重影响了生态产品的市场需求。三

---

① 重庆碳市场累计交易总量低，仅占7个试点地区碳市场总和的3.75%，而广东占比接近全国的一半。

是社会资金筹措难度较大。“两山”转化投融资模式单一，社会资金参与程度不高，“金山银山”转化效率低，造成“金山银山”反哺“绿水青山”的能力短时间难以形成。生态产品普遍存在盈利周期长、经营风险高、评估成本高、资产流动性差等问题，社会融资主要是抵押借贷、生态补偿融资等直接融资方式，未建立多元化的融资渠道，“两化”转化缺乏长期稳定的社会资金投入保障。如北碚区缙云山生态保护修复整治、渝北区铜锣山废弃矿山生态修复等项目在生态修复期间几乎都是由财政资金推动的，仅后期生态产业培育期间才引入了一定的社会资金参与。

三、对策建议

（一）强化“两山”双向转化顶层设计

“绿水青山就是金山银山”指明了生态环境保护与经济效益和社会效益协同共生的新路径，必须强化顶层设计并持之以恒，将系统化、数字化、一体化、现代化思维贯穿于“两山”转化全过程。

一是完善协同推进机制。建议成立由市委、市政府主要领导任组长、其他分管市领导为专项小组长的“两山”转化推进机制，促进市区两级联动协调和部门分工协同。政策导向重点突破生态产品价值评估、生态产品交易、生态人才培养等生态产品价值转化环节的制度设计，制定多层次多维度的顶层设计及落地实施方案。

二是将“生态产品价值实现”思维根植于“两山”双向转化全过程。筑牢长江上游重要生态屏障，实行以自然恢复为主、自然恢复与人工恢复相结合的机制恢复，人工恢复过程中注重挖掘生态产品价值。将山水林田湖草等各类自然资源作为统一有机整体来推动生态产品开发、管理、监管。突出“两山”转化全程的数字化、系统化和生态文化建设，推进“两山”转化经济价值、文化价值、生态价值可量化、可转化。

三是注重结合国家战略目标协同推进“两山”双向转化。结合“双碳”

战略目标和乡村振兴战略，推进“两山”转化体系化构建。在生态修复阶段为生态型开发项目预留用地空间，实现生态修复与生态产业培育同步发展，助力乡村振兴和共同富裕。在加强生产生活节能减排的同时，要积极推进生态固碳，以便顺利实现“双碳”战略目标。

（二）加快建设生态资源价值实现评价体系

破解生态产品价值“难度量、难抵押、难交易、难变现”问题，加强统计体系，标准规范及制度体系建设，畅通“两山”转化的通道。

一是加强“两山”转化的生态价值核算。加强自然资源确权登记、生态产品信息普查及价值评价，厘清生态要素产权主体占有、使用、收益、处分等责权利关系，形成公共产品、私人产品、非标准化产品等各类目录清单。先期在渝北、北碚、武隆等全市生态文明示范区和“两山”创新实践基地的区县，探索开展GEP核算试点，统筹开发一体化试算信息系统，量化生态产品价值。

二是强化“两山”转化标准建设和技术支撑。参考借鉴浙江丽水生态产品价值实现标准，制定全市统一层面的基础通用标准、生态环境资源标准、生态产业发展标准、生态产品价值实现标准，加快生态产品价值核算、价值转换、生态信用等重点标准研究制定。构建基于数字技术的高精度数字化资源系统，打造具有实时监测、实时预警、实时管控功能的“天眼＋地眼”相结合的生态大脑系统平台。通过信息技术推动生产产品各环节可追溯的全生命周期管理。

三是加快完善“两山”转化规范制度。完善自然资源资产产权、生态价值核算、生态产品资金管理、生态产品交易、绿色金融等关键领域的规范制度体系。探索建立生态信用制度体系，建立生态信用档案。完善生态产品标识认证，确定产品目录、制定产品的环保性能标准、认证体系、使用规范。借鉴安徽省、浙江省两省的新安江流域治理生态补偿模式，完善流域横向生态补偿等生态补偿和损害赔偿制度，探索建立跨省市、跨区县的流域横向生态补偿试验区。结合区域生态产品价值评估和负面清单管理，建立一般性转移支付动态优化机制，逐步提升公益林生态补偿标准。实行生态损害第三方认定、赔偿公示和修复效果终身追责制度。

（三）拓展生态产品价值实现路径

根据重庆市实际，避免盲目复制异地“两山转化”模式，推动有基础、有特色、有优势的区县加快推进生态产业化和产业生态化，壮大生态经济体系。

一是提升农业农村生态产品供给能力。系统治理“山、水、林、田、湖、草、路、景、村”，明晰农村生态产品产权，绘制乡村生态资源和生态产品“基础地图”。挖掘森林、江河、农田、湿地等固碳潜力，大力推动经济林、人工林建设，稳步提升森林生态系统固碳增汇能力。持续推动高山蔬菜、高山茶叶、草食牲畜、特色林果、生态渔业等特色产业向“集约化、标准化、规模化、品牌化”发展。壮大“巴味渝珍”区域公共生态绿色品牌影响力，扩大“富硒”农产品规模。

二是推动工业生态化。着力优化能源结构，推动产业深度减碳，积极参与国家核证自愿碳减排量交易（CCER）[①] 体系建设，扩大产业发展自愿减排量。借鉴福州市打造循环经济生态园，利用重庆市垃圾发电技术优势，深度推进垃圾资源化利用。全面推进绿色制造，加快重点行业清洁生产改造和煤电机组节煤减排改造，大力培育节能环保产业。

三是推动文化旅游融合发展。深度挖掘长江经济带生态资源和传统文化，将生态价值与文化底蕴有机融合。推进服务主体生态化、服务过程清洁化、生产性服务专业化、高端化。大力发展绿色产业和文化产业，树立生态产业品牌营销意识。推动生态、文化、旅游融合发展，不断拓展完善生态产品价值链。

---

① CCER 是指对我国境内可再生能源、林业碳汇、甲烷利用等项目的温室气体减排效果进行量化核证，并在国家温室气体自愿减排交易注册登记系统中登记的温室气体减排量。

四是提升生态空间供给能力。统筹城市生态品质提升和乡村生态振兴，继续推进“两江四岸”核心区整体提升，积极推进生态环境导向的城市开发（EOD）模式试点，创建国家公园城市。重点打造西部（重庆）科学城等绿色低碳综合示范区、零碳低碳示范区，构建以广阳岛片区为核心的平行岭谷生态文明典范。打造绿色生产生活示范空间，开展“近零碳”工厂试点，打造绿色学校、绿色社区、绿色餐厅、绿色商场、绿色建筑等绿色空间，大力推进创建绿色示范企业、家庭。打造巴渝特色美丽乡村、美丽家园。

（四）构建多元主体参与的市场体系

推动“两山”双向转化的市场主体建设，促进生态产品供需精准对接，打通生态资源转化的“最后一公里”。

一是构建“政府引导、市场主体、群众参与”的多元主体参与模式。积极搭建政府引导、企业和社会各界参与市场化运作的生态资源协同治理与转化的运营服务体系。政府重点做好提供公共性生态资源供给、生态环境保护和制定规范工作。企业重点推动生态资源转化为生态资本，实现项目产业化、发展融合化、业态多元化、运营品牌化。农村地区要充分发挥集体经济组织的主体作用，实现生态资源统一开发，促使人民群众成为打通“两山”双向转化通道的直接参与者、坚定支持者、最大受益者。推动集体经济组织以出租、入股、托管、信托等方式与其他市场主体开展合作。

二是畅通生态产品价值实现的市场化交易体系。积极推动林业碳汇交易、节能交易、水权交易、排污权交易的市场化体系建设。加快融入全国碳交易市场建设体系，探索碳排放权总量及配额等交易，促进各行业企业主动加强碳排放管理。推进林业固碳减排、碳票市场化交易，加速碳汇项目开发，推进森林资源变资产资金。逐步探索调节气候、涵养水源、生物多样性以及因保护而失去公平的发展权等难以衡量的生态权交易。

三是完善“两山”转化资金支持体系。积极争取中央财政的生态保护修复相关转移支付资金，增加地方财政生态补偿资金，鼓励社会资本参与。整合乡村山水林田湖草生态保护修复资金等各类财政资金，建立生态基金统筹用于乡村生态产品价值实现机制。积极构建“金山银山”反哺“绿水青山”的社会资本支撑体系，支持金融机构开展绿色信贷、绿色债券、绿色信托、绿色担保、绿色保险等绿色金融业务，试点气候投融资；打造生态资源集中转化的“数字银行”，开发周期长、利率低的绿色金融产品。

［重庆市综合经济研究院
主研：易小光　丁　瑶　余贵玲　李　权　蒋安玲　黎　慧　罗宇航
执笔：蒋安玲　黎　慧　罗宇航］

借鉴国内外经验
促进重庆产业低碳转型发展的对策建议

内容摘要：加快重庆产业向绿色低碳转型是实现碳达峰碳中和的必然要求。国内外发达地区经验表明，加快产业低碳转型需要注重加快产业结构调整、注重低碳园区建设引领、注重强化低碳节能技术支撑、注重发挥政府宏观调控引导。重庆作为西部后发地区，在产业低碳转型方面仍面临传统工业低碳转型压力大、对煤炭依赖程度深、新兴产业发展基础薄弱等困难。为此，建议从五方面推进重庆产业低碳转型发展：一是推动能源产业向清洁化转型，促进能源领域低碳可持续发展；二是聚焦钢铁、化工、水泥等高排碳工业和交通运输业，促进高排碳产业向低排碳产业转型；三是大力发展新一代信息技术、先进制造业、环保和绿色金融等战略性新兴产业，促进现代化低碳产业发展；四是强化低碳技术创新支撑，促进传统工业全生命周期绿色低碳发展；五是强化政府引导和政策推动，促进企业向低碳转型升级。

力争2030年前碳达峰、努力争取2060年前实现碳中和，是我国向世界做出的庄严承诺。实现碳达峰碳中和的中长期目标，既是我国积极应对气候变化、推动构建人类命运共同体的责任担当，也是我国贯彻新发展理念、推动高质量发展的必然要求。通过多年的努力，重庆初步构建了以先进制造业、现代服务业和现代农业为主的产业体系，但与此同时，产业尤其是工业也成为全市碳排放的主要来源之一，迫切需要借鉴国内外发达地区产业低碳转型经验，加快绿色低碳转型发展，实现产业发展新升级，适应我国碳达峰碳中和新要求。

一、国内外发达地区产业低碳转型经验

自20世纪90年代以来，国内外发达地区以产业结构调整为主线，加快循环经济体系和低碳绿色技术产业发展，相继走向绿色发展之路，为重庆谋划低碳产业转型升级提供了有较高价值的实践经验。

（一）注重加快高碳产业结构向低碳产业结构调整的根本

产业结构向低碳产业演进、逐步实现产业链高级化是发达国家实现低碳转型的根本路径。一是推动以煤炭为主的高碳能源结构向以可再生能源为主的清洁能源结构转变。煤炭行业是碳排放量第一大行业，可再生能源替代煤炭能源是大幅度减少碳排放量的最重要手段之一。例如，德国早在1980年就提出走向绿色能源的转型目标，煤炭开采量从1982年的5亿吨下降到2019年的1.3亿吨；1990—2020年，煤炭发电的比重从58%下降到25%，可再生能源（风电、光伏）在发电结构中占比从0上升到46%；1990—2016年，德国GDP增长50.5%，温室气体排放下降27.4%。二是利用全球化产业分工实现高排碳低附加值产业链向发展中国家转移，自身加快建立低排放高附加值的高新技术产业。2000年以来，在全球化产业转移的大背景下，尤其是中国加入世界贸易组织的重大产业转移时期，欧美等发达国家和地区把高排碳低收益制造链向中国等发展中国家转移，把低排碳高收益的研发、服务等产业链留在国内，既实现了产业分工与升级，又完成了碳排放向发展中国家的转移。例如，美国和德国的汽车产业、石油化工产业向中国转移，汽车制造、石油冶炼制造等高排放高耗能环节就直接从美国、德国转移到了中国，而美国和德国则顺势发展低排放高效益的汽车电子、精细化工、医药化工等新兴产业。发达国家高排放产业链转移与高新产业培育情况见表1。

表 1　发达国家高排放产业链转移与高新产业培育情况

发达国家	转出制造产业链	培育高新产业
美国	化工制造	精细化工、医药化工
	汽车制造	汽车设计及汽车电子
	电脑手机制造	芯片、互联网等电子信息产业
德国	化工制造	精细化工、医药化工
	汽车制造	汽车设计及汽车电子
	煤电	核电、光伏、风电
	机械制造	精密制造
日本	家电、办公设备制造	电子产业
	汽车制造	汽车设计及汽车电子

（二）注重低碳园区建设对产业园区发展转型的引领

低碳园区是低碳产业的核心载体，是引领发达国家、发达地区产业园区实现升级发展的重要方式。一是把传统高排放工业园区改造为现代产业园区、绿色循环经济园。德国鲁尔区是世界最大的煤钢联合体重工业区，从 20 世纪 70 年代中期开始，逐渐淘汰煤钢企业，培育生物技术、信息技术、环保科技、医药、新材料等新兴产业以代之；2000 年以来，鲁尔区积极培育工业旅游、博物馆、歌剧院、广告设计、音乐等新文化产业，设立大学和研究机构，恢复农田、公园、绿地，进而发展为欧洲文化之都、欧洲境内大学密度最大的工业区、世界最著名工业旅游区之一。丹麦卡伦堡工业园区从 20 世纪 90 年代开始，推动园区内的企业建立资源、工业剩余物协作，从而形成了共生循环产业园区。一项数据显示，以 2015 年作为基线，共生体系中的企业已减少了 80% 二氧化碳的排放，每年节约了 58.6 万吨的二氧化碳①。美国、加拿大、荷兰、英国、日本和韩国等工业化国家纷纷开展模仿探索，并在进入 21 世纪后引发了世界范围内生态工业园区建设的热潮。二是开展国际合作建设低碳园区样板。通过国际合作，借鉴发达国家先进治理经验，是顺利推进低碳园

① 循环经济发展圣地——丹麦卡伦堡生态工业园区实践与经验，腾讯网，https://xw.qq.com/cmsid/20220616A02VCJ00。

区建设的重要途径。2015 年，广东省落实中英两国政府合作协议，在东莞建设中英（国际）低碳环保产业园，借鉴和引进国内外先进的环境治理模式，引导节能环保、新能源、新材料、生命健康、高端装备制造、低碳服务业等低碳环保产业在园区集聚发展。自 20 世纪 90 年代以来，中国和新加坡政府共建的苏州工业园、天津生态城，中国和德国政府共建的中德（沈阳）高端装备制造产业园，中国和芬兰政府共建的中芬（北京）生态谷，中国和以色列政府共建的国际科技合作产业园等，都已经成为国内绿色低碳发展园区的样板和示范。

（三）注重强化低碳节能技术对产业发展的支撑

低碳节能技术为制造工艺的改进、产业升级转型提供了强有力的支持。一是高效节能技术在高耗能高排放产业的广泛应用。例如，日本近 20 多年持续改进钢铁冶炼工艺，逐渐用天然气替代煤炭、改进原料和烧结技术提高炼钢效率、提高焦煤焦炭效率等，日本钢铁工业达到了世界最高水平的节能效率。2000 年以来，我国大力推广新型干法水泥生产技术以替代湿法立窑技术，河北、安徽等省的水泥制造碳排放量、单位能耗显著减少，水泥制造业实现了产业升级。二是通过大气污染治理，推动传统产业变革和新产业催化。为了有效减少大气中 PM_{10}、$PM_{2.5}$ 等颗粒物和温室气体，发达国家既促进环保产业发展，又推动传统产业变革。例如，日本对汽车尾气的治理，促进燃油汽车向新能源汽车变革。欧盟履行《京都议定书》的减排义务，2005 年建立碳排放交易市场，催生出碳金融产业。

（四）注重发挥政府宏观调控对低碳产业发展的引导

发达国家注重发挥法治效力和产业政策宏观调控作用，引导低碳产业发展。在法治方面，欧美国家和地区在推动国家绿色发展中都非常重视法治，任何绿色战略、能源计划都是在国家法治效力下逐步推进。例如，欧盟在推行生态环保、碳减排、碳交易等绿色发展过程中，先要在各个领域制定法律制度框架，确立欧盟总目标、总任务和成员国的责任义务，为后续相关战略或计划实施扫清最大的障碍。在产业政策方面，优先实施重点领域低碳技术产业政策，以带动全领域绿色发展。例如，2019年以来，欧盟实施“欧洲新工业战略”“建设新欧洲伙伴关系”等政策，着力发挥清洁能源、清洁生产技术优势，优先支持钢铁、制造、建筑、运输、电池等重点行业绿色发展或零碳发展。美国实施“清洁能源汽车提案”，确定汽车电气化技术优势，扩大在绿色能源和交通运输等领域的投资，意图成为世界清洁能源领导者。这些宏观调控手段充分保障了国家低碳产业创新发展方向。

专栏1　先行实现碳达峰国家或地区的路径特点梳理

根据有关发展实际情况分析发现，发达国家实现碳达峰后，社会和经济仍然保持了良性的发展态势，其达峰路径整体上呈现三个特点：一是碳排放达峰时间大多是在完成工业化之后。20世纪70年代，欧美等发达国家或地区基本完成了工业化阶段，经济发展呈现以结构优化、质量提高为特征的内涵式增长，再加上石油危机后注重节能和提高能效，能源消费弹性系数下降到0.5以下，所以其人均碳排放陆续达到峰值。美国和欧盟15国1973年就实现了人均碳排放达峰。而它们实现碳排放总量达峰时间要滞后于人均碳排放达峰时间，其年碳排放总量达峰时间分别为2008年和1980年。二是碳排放总量达峰时间早于能源消费总量达峰时间。欧美发达国家或地区在碳排放总量达峰后，经济社会仍在继续发展，但是每年的能源需求总量仍在不断增加。此时，它们通过发展可再生能源，优化能源结构，使得单位能耗的碳排放强度不断降低。能源总需求量的上升主要由非化石能源的增长来满足，使能源消费总量的峰值时间滞后于碳排放总量达峰时间。欧盟15国在2005年能源消费总量才达到峰值，比碳排放总量峰值滞后了25年。三是工业部门要早于总体实现碳排放达峰。发达国家工业化阶段基本完成后，产业结构调整加速，工业在GDP中的占比明显下降，高耗能重化工产品生产能力逐步调整并向发展中国家转移，产业向高端发展，工业能耗呈下降趋势，使工业部门碳排放率先达到峰值。同时，随着城市化进程和国民生活水平的提高，碳排放的增长点从生产端转移到消费端，交通、服务业和居民生活的能耗保持了长时期的持续增长。经济合作与发展组织的34国从1973年到2009年，工业能耗下降了23.5%，而交通能耗则增长了68.6%，服务业和居民能耗增长了36.9%，直到2010年后主要发达国家的交通和服务业能耗才出现了下降趋势。

专栏2　我国实践先行城市碳达峰进程主要特点

从我国的情况看，北京市和上海市碳达峰进程也呈现出类似发达国家的主要特点：一是基本完成了工业化后实现了碳达峰。北京市和上海市在"十五"时期就进入了工业化后期，北京在2010年碳排放达峰，上海力争在2025年前实现碳达峰。二是工业部门提前达峰。由于首钢集团在2005年率先启动整体搬迁出北京，由此带动了近1000家制造企业相继搬迁至河北，北京的工业部门碳排放峰值出现在2004年；2014年北京启动非首都核心功能疏解，在京的水泥、建筑材料、化工类、家具家装及印染等2800余家制造企业搬迁出京，北京工业部门碳排放量、工业部门化石能源消费量、产业能耗等指标在"十三五"期间逐年降低。2011—2020年，上海的工业增加值一路攀升，但工业碳排放总量和工业能耗已呈下降趋势，可以判定工业部门已实现达峰。三是碳排放峰值早于能源消费总量峰值。北京和上海的交通、服务业和居民生活能源消费总量目前仍在持续增长，能源消费总量尚未达峰。以北京市为例，常住人口从2016年末的峰值2195万人下降到2019年末的2190万人，但是全市能源消费总量从2016年的6962万吨标准煤增长到2019年的7360万吨标准煤。

二、重庆产业低碳转型发展面临的主要困难和问题

重庆作为西部后发地区，还处于工业化城镇化加速发展阶段，短期内碳

排放还将上升，要在2030年实现碳达峰背景下，克服传统重工业碳排放占比大、产业发展对煤炭依赖度高等困难和问题，实现产业低碳转型任务十分艰巨。

（一）传统重工业低碳转型压力大

传统重工业一直是重庆碳排放的主要来源。目前，重庆工业部门二氧化碳排放量占全市二氧化碳排放总量的比例约为80%，其中，石油、煤炭及其他化石燃料加工业，化学原料和化学制品制造业，非金属矿物制品业，黑色金属冶炼和压延加工业，有色金属冶炼和压延加工业，电力、热力、燃气及水生产和供应业等六大高耗能行业的排放贡献平均达84.2%。近年来，在全市深入开展节能降碳工作带动下不少行业已经提前释放节能降碳潜力，但全市燃气及水高排碳工业产值能耗水平不降反升，全市工业低碳转型压力陡增。“十三五”期间，除了非金属矿物制品业，黑色金属冶炼和压延加工业、电力热力、燃气及水生产和供应业、化学原料和化学制品制造业、煤炭开采和洗选业、有色金属冶炼和压延加工业五大工业产值能耗上升幅度较大，单位工业产值的碳排放增加，碳减排难度加大。因此，推动高耗能高碳排放的重工业加快转型升级仍然是当前重庆产业低碳转型的关键。1997—2017年重庆市工业部门碳排放构成情况见图1，重点高耗能工业产值能耗比较见表2。

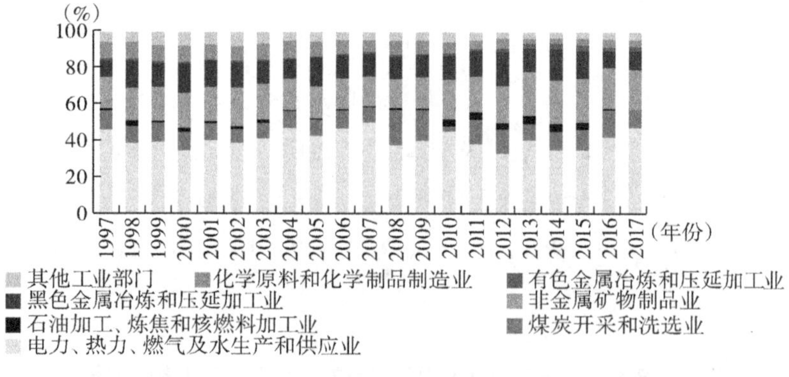

图1　1997—2017年重庆市工业部门碳排放构成情况

资料来源：中国碳核算数据库（CEADs）。

表 2 重点高耗能工业产值能耗比较

行业	2015 年（吨标准煤/万元）	2019 年（吨标准煤/万元）	增幅（%）
煤炭开采和洗选业	0.42	0.49	16.7
化学原料和化学制品制造业	1.03	1.21	17.5
非金属矿物制品业	0.76	0.56	–26.3
黑色金属冶炼和压延加工业	0.46	0.71	54.3
有色金属冶炼和压延加工业	0.34	0.39	14.7
电力、热力、燃气及水生产和供应业	1.00	1.23	23.0

数据来源：《重庆统计年鉴》2020 年、2017 年，规模以上工业企业。

（二）短期内降低产业对煤炭的依赖难度大

由于重庆发展阶段、发展质量滞后于发达国家和地区，产业结构重化特征明显，煤炭、石油、天然气等化石能源消费占比超过 76%，其中煤炭是重庆最大消费能源品类，也是最大的碳排放源。2021 年全市工业部门煤炭消费 5030 万吨，占全市煤炭消费的 98%，其中用于发电、供热、炼焦等加工转换用煤占 63.4%，这部分用煤作为基本能源保障，在中短期内不可能削减，只能通过节能降耗来削减，提高效率、降低单位能耗和排放量。同时，降低工业终端消费对煤炭的依赖也是重大挑战。2021 年全市工业终端煤炭消费约 1800 万吨、占全市工业用煤量的 36%，其中，非金属矿物制品业、化学原料和化学制品制造业、黑色金属冶炼和压延加工业、有色金属冶炼和压延加工业等四大行业煤炭消费占 94%，这部分煤炭消费可以通过使用其他能源进行替换，削减空间相对较大。但由于现阶段替代技术和手段的缺乏，短期内这些行业煤炭消费难以实现大幅削减，全市产业低碳转型任重道远。

（三）新兴产业发展基础比较薄弱

发展新兴产业是促进一个国家或地区产业低碳转型的重中之重。近年来，重庆加快发展高技术和战略性新兴产业，对全市产业转型升级形成较大的支撑，但是总体看，具有低碳特性的新兴产业发展基础还比较薄弱，产业低碳转型动力亟待增强。一是以绿色低碳特性为主的高技术制造业规模尚未占据主导地位。目前，重庆高技术制造业占全市规模以上工业增加值的比重为20%，在工业发展中的地位还需进一步提升，需要加快培育以新一代信息技术产业、新能源汽车、节能环保为核心的绿色低碳产业。二是碳相关产业还处于起步阶段。作为解决碳排放的碳捕集、碳封存等技术还处于研发阶段，尚未实现推广应用甚至产业化。储能、氢能等领域发展刚起步，碳金融、绿色金融等发展规模也较小。碳交易规模不大，2021年重庆碳排放权交易总额仅3.4亿元，企业参与碳交易积极性还不够。

（四）产业低碳创新支撑能力亟待提升

产业低碳转型需要依靠低碳技术的突破和发展支撑。目前，重庆和全国多数地区一样，还处在低碳技术创新初始阶段，尚未具有支撑产业低碳转型升级的能力，需要进一步培育低碳技术创新生态。一是低碳创新政策不足，由于国家低碳创新政策缺乏体系化设计，重庆也尚未针对性地出台低碳科技创新相关政策。二是全市在低碳技术创新上投入还不够，人才相对缺乏，整合国内外创新资源攻克低碳技术的能力不够，紧跟国内外低碳技术研究能力还比较弱。三是绿色低碳技术工业化应用不足，科研院所、高校、企业在碳减排领域的研究尚未实现融合，低碳技术产业转化能力还有待加强，科技创新和产业低碳转型结合还不够。四是全市碳密集行业总体产业规模较大，由于自身创新程度低，低碳技术和装备更新成本高，绿色低碳技术替代动力不足。

三、推动重庆产业低碳转型发展的对策建议

结合重庆产业特征，借鉴国内外发达地区产业低碳转型经验，以能源产业、高碳产业低碳转型以及大力发展战略性新兴产业为根本路径，同时强化技术支撑和政策引导，全面推动全市产业向低碳结构调整。

（一）推动能源产业清洁转型

借鉴发达国家及我国北京、上海等地“碳排放总量达峰时间早于能源消

费总量达峰时间”这一规律[①]，结合重庆产业对煤炭依赖降低难度大等现实问题，加快推动能源产业清洁化转型，为全市经济社会发展提供有力的能源支撑。一是加快清洁能源发展布局和合作。有序实施长江、乌江、涪江、嘉陵江水电开发，加强风能、太阳能发电项目建设，推动集中式和分布式发电系统相结合的混合配置模式的电力系统。加强与四川的合作，共建清洁能源基地，聚焦氢能源电池产业，共同打造“成渝氢走廊”。积极对接水电、风电和光伏发电量较大的新疆、西藏等西部地区在清洁能源领域的深度合作，形成多元化、多方式的能源保障体系。二是全面提升全社会能源电气化水平。电气化是国际上公认最有效的减排手段之一，鉴于重庆新增能源主要依靠外购电，需进一步加强电网建设，加速包括智能电网、能源存储、分布式系统和其他数字技术的集成等在内的电力基础设施升级。扩大智能电气化基础设施，如输电和配电网、分散系统、电动汽车智能充电网络、集中供热和制冷系统，以及绿氢市场和分配的集成设施。鼓励广泛使用热泵、智能表和其他智能电器。健全电力需求侧响应管理体制机制，保障全市电力供需平衡。三是有序推动煤电低碳转型。鉴于煤电在短时期内依然是重庆市电力主要来源，在继续发挥煤电基础性作用的同时，推进煤电清洁化转型。统筹考虑煤电节能改造、供热改造、灵活性改造及机组的技术特性，对不同类型的机组采用不同的供电煤耗改造基准线，避免煤电机组改造升级“一刀切”等问题，推动煤电领域低碳可持续发展。

（二）加强高排碳产业转型

借鉴国际经验，结合重庆传统重工业低碳转型压力大等实际情况，聚焦工业、交通[②]两大高排碳行业，推动产业低碳转型升级。一是以节能减排、增

---

① 相关研究显示，发达国家及地区在碳排放总量达峰后，经济社会仍在继续发展，能源需求总量仍在不断增加。此时，发达国家及地区通过发展可再生能源，优化能源结构，使得单位能耗的碳排放强度不断降低。能源总需求量的上升主要由非化石能源的增长来满足，使能源消费总量的峰值时间滞后于碳排放总量达峰时间。

② 相关统计显示，重庆碳排放结构中，工业和交通占全市碳排放的六成以上，其中工业占比超过45%、交通占比超过17%。

质、优强度为重点，推动水泥、钢铁、化工、有色等高排碳工业绿色智能化发展。钢铁行业加快高效电热转换技术、电储热技术的研发与推广，以及电锅炉和电窑炉应用。水泥行业是重庆市煤炭消耗和碳排放重点行业①，应加快化解过剩产能、严格项目审批，推动全产业链节能减排和智能数字化转型，建立与各类固废及危废排放紧密衔接的循环经济生产体系。推动化工行业向高端化精细化发展，进一步延伸化工产业下游产业链，提升产品附加值，降低单位产值的能耗成本。抓住有色金属产品进入报废高峰期这一机遇期，继续完善相关产业政策，加快推动再生铝、再生铜等再生有色行业发展，完善绿色供应链，推进再生有色行业企业规范化、规模化发展。二是以提升能效水平、清洁能源替代、优化运输结构为重点，推进交通运输业低碳发展。通过加快淘汰更新高排放老旧柴油火车、汽车、轮船等交通工具，进一步提升汽车等交通工具能效，开展交通基础设施绿色化提升改造等手段持续提升交通行业能效。通过进一步加大新能源汽车推广力度，提升大中型客货车、重型船舶、飞机、铁路等交通工具（长途交通）的电气化水平，完善新能源汽车、岸电设施等配套基础设施等手段加快推进清洁能源替代。促进大宗货物“公转铁”“公转水”，大力发展公—水—铁—空、空—铁—水、空—水、空—铁等多式联运和建设城市绿色物流体系，进一步优化运输结构。

（三）大力发展战略性新兴产业

发展高附加值、低消耗的战略性新兴产业是发达国家和地区产业低碳转型发展的重要途径之一，但目前重庆新兴产业发展基础还比较薄弱，需要大力发展战略性新兴产业推动产业低碳转型。一是继续培育发展能耗产出比较高的优势支柱产业。以做大新一代信息技术产业、建设国家重要的新能源及智能网联汽车产业集聚区等为重点，推动新一代信息技术、生物技术、先进

---

① 从煤炭消耗角度看，2021 年，全市水泥行业煤炭使用量占全市煤炭消费的 13.5% 左右。从工业生产过程碳排放角度看，水泥行业生产过程中的碳排放占全市工业生产过程碳排放总量的 75.8%，占全市碳排放总量的 18.1%。

材料、高端装备、智能网联新能源汽车、节能环保装备等先进制造业集群发展。二是深入推动互联网、大数据、人工智能、数字孪生等同各产业深度融合，推进新兴产业提质降碳。加快培育大数据、云计算、人工智能、物联网、软件及信息服务、网络信息安全等产业，推动人工智能核心技术研发，打造人工智能创新高地。进一步提升产业数字化水平，以规范发展平台经济为牵引，大力发展智能制造，推进生活性服务业数字化，加快发展数字农业，充分利用新技术新模式新业态全方位、全角度、全链条赋能传统产业。三是积极培育环保服务和绿色金融服务等对低碳绿色经济有较强支撑作用的服务业。大力发展为节能、降碳、固碳所需技术支撑类型的节能环保服务业。充分发挥全国首家区域性气候投融资产业促进中心、试点区域碳市场等平台作用，鼓励在渝金融机构不断创新绿色金融产品、加大绿色信贷发放力度、积极参与国家及国际绿色金融标准体系建设。

（四）强化低碳技术创新支撑

纵观各发达国家的低碳产业发展中，均将加强低碳技术创新作为重点，但目前重庆处于低碳技术创新初始阶段，更需要加强低碳技术研发和应用。一是以信息技术改造提升传统产业，促进传统产业低碳高效。借助于各种先进制造技术、制造工艺、管理技术，促进绿色发展理念贯穿于制造产品从设计、生产、包装、运输、使用到报废处理的全生命周期，推动传统产业全生命周期节能降碳。二是加快碳技术基础研究及碳关键核心技术攻关。结合产业碳排放规律及重庆碳排放现状，在能源、工业、交通、建筑、居民生活、农业等重点领域选择需要突破的关键核心技术，持续加大研发投入。能源领域重点是可再生能源发电技术、储能技术、智能电网技术、零碳电力技术创新、零碳非电能源技术等。工业领域重点是零碳工业流程重塑、低碳技术集成与优化、碳捕获利用与封存技术（Carbon Capture Utilization and Storage，CCUS）、生产性服务业技术等。交通领域重点是新能源汽车动力电池与充电技术、交通系统智能化技术、智能物流技术等。三是加强低碳技术的示范应用推广。积极培育绿色市场主体，高质量建立健全绿色制造体系，重点加快低碳零碳园区、绿色工厂、节水型企业等建设。特别是借鉴发达国家经验，以提升资源产出率和循环利用率为目标，优化园区空间布局，推动全市符合条件的园区全部开展零碳电力技术、信息技术、CCUS 技术和商业模式的运用，积极打造低碳零碳园区。

（五）强化政府引导和政策推动

政府在推动区域产业低碳转型升级中要积极发挥引导作用，要通过规划引导、政策支持、财税激励等多种方式支持企业加快低碳转型步伐。一是要加快出台产业低碳转型引导性政策文件。结合全市产业发展基础和产业发展特性，按照全市碳达峰碳中和工作部署，分别研究出台行业碳达峰碳中和实施方案，并针对具体行业出台低碳转型发展意见等政策文件。二是加大对低碳转型园区和企业的政策支持力度。重点支持低碳园区、绿色园区建设，支持企业开展低碳技术推广应用和生产工艺低碳化改造等项目，推动企业加快低碳转型升级步伐。三是要强化绿色金融、碳金融对产业低碳转型发展的支持。研究设立产业低碳转型引导基金，引入社会资金参与企业低碳技术改造升级项目。进一步支持碳交易市场加快发展，让更多有碳交易需求的市场主体通过各种方式进行交易，实现企业低碳转型升级。

[重庆市综合经济研究院
主研：易小光　何靖波　李　权　罗宇航　蒋安玲　李　霞
黎　慧　蒲昌权
执笔：李　权　罗宇航　黎　慧]

第七部分

改革开放

补齐五大短板，构建九大机制，加快推动成渝地区双城经济圈经济区与行政区适度分离改革

内容摘要：成渝地区双城经济圈建设中行政区管理体制的局限性在一定程度上限制了经济区要素流动和生产集聚所需要的各种“软硬”环境的形成，成渝两地合作空间对接不足、交通网络化水平不高、产业链协作不紧密、公共服务政策衔接不顺畅、利益分享机制尚不健全等五大问题亟待解决。建议：一是强化政府间多层次联动，建立规划精准对接机制；二是争取国家部委支持，完善GDP跨区分计，统一地方税种征收标准，营造无差异投资环境，探索基于价值链供应链的产品和服务税收分享机制；三是统一市场准入和产业招商政策，强化产业融合补链升级；四是共建公共服务共享机制，消除人口人才流动隐性壁垒；五是强化区域性流域性协作，共建生态共治共保机制；六是创新多元化投融资方式，建立基础设施共建机制；七是探索土地指标省际流转使用，共建统一土地市场；八是建立科技创新合作机制，共同打造创新平台，联合攻关，共建一体化技术交易市场；九是推动政务服务联网标准互认，为经济区企业和社会营造更加便利的发展环境。

《成渝地区双城经济圈建设规划纲要》中明确提出了探索经济区和行政区适度分离、建立互利共赢利益分享机制的重要改革事项。随着国家区域协调发展战略深入推进，跨行政区的经济区正成为引领区域高质量发展的重要空间载体。京津冀、长三角、粤港澳大湾区都积极开展了经济区和行政区适度分离的改革探索，积累了不少有益的经验，对于推进体制机制创新、释放改

革红利，推动要素市场化的配置以及区域一体化纵深发展具有重要的示范引领作用。相比前三个经济圈，成渝经济区、成渝城市群虽已建设多年，但交通网络化水平不高、产业链协作不紧密、服务衔接不顺畅、优惠政策协同化水平低、区域性要素市场割裂等矛盾依然存在，行政区的各自为政在一定程度上限制了经济区要素流动和生产集聚所需要的各种“软硬”环境的形成。因此，在推动成渝地区双城经济圈建设中，迫切需要加快探索经济区与行政区适度分离改革，加快推动区域一体化发展进程，以改革开放来争取更大的发展空间。

一、经济区与行政区的关系及成渝两地的探索

一是经济区与行政区既有区别又有联系。行政区是国家出于政治统治和行政管理上的需要，遵循一定的制度性规范和划分原则，将所辖国土分成具有不同层级、不同规模的行政区域管理系统，行政区包括管辖范围、行政中心、行政层级等基本要素，拥有严格的行政等级和行政权力、精确的地域空间面积和人口数量规模。经济区则不然，它既没有严格的地界划分，也没有精准的人口数量，可以理解为一种客观意义上的包括经济中心、经济腹地和经济网络在内的经济集合体，以专业化地区经济为特色，以各级中心城市为依托，在生产、分配、流通方面紧密联系、互相协作，内部具有很强的集聚性。行政区是经济区组织开展经济活动的基本载体，经济区不可能脱离行政区独立存在，而必须依靠并倚重行政区的发展基础和资源禀赋，但当其发展到一定阶段，又不可避免地期望超越行政区的空间限制，以追求经济生产和资源配置的效率更高。

二是成渝地区开展了诸多探索。重庆直辖初期，“小车跑成都，大车跑重庆”成为常态，以“环渝经济圈”为代表的川渝合作初具雏形，但当时的重庆经济总量较小，对外辐射及带动能力较弱，因此未能形成真正意义上的“环渝经济圈”。随着“成渝经济区”到“成渝城市群”再到“成渝地区双城经济圈”，成渝地区在全国区域发展中的战略地位不断提升，成渝相向发展步

伐逐步加快，川渝合作也从政府和专家层面轮流举办论坛研讨、政府部门互访、签订合作备忘录，到在川渝毗邻的部分地区建设川渝合作示范区，并逐渐拓展到基础设施互联互通、市场一体化建设、产业协作、公共服务对接共享、生态环境保护、规划对接等各个领域开展了相当多的务实合作。

二、成渝地区融合发展存在五大短板

2020 年，成渝地区双城经济圈经济总量接近 6.6 万亿元，在西部地区以不到 3% 的土地面积创造了 30% 以上的 GDP，重庆主城都市区和成都市区常住人口城镇化率在 70% 以上，核心城市发展引擎作用突出。但相比较而言，经济密度还远远低于长三角地区、珠三角经济区和京津冀地区，同时在不打破行政区管理体制的前提下，实现经济区成本共担利益共享的最核心制度设计也尚未建立起来。

一是前期发展战略导向的差异致使两地合作空间对接不足。成渝两地所处发展阶段相同，重庆直辖时，两地都正处在工业化、城市化初期向中期快速迈进的阶段，重庆和成都两个中心城市对周边地区的极化作用大于辐射作用。出于壮大自身实力的需要，两地对资源要素的争夺比较激烈：产业发展上竞争大于合作，招商引资出现低水平的同质化竞争；城市发展的空间导向上也经历了相当长一段时期的背向发展——成都向南、重庆向北——导致成渝两地连接地带出现明显的“中部塌陷”。随着成渝经济区、成渝城市群的推动建设，成都提出东进战略，重庆也以重庆高新区、西部（重庆）科学城为重点逐步向西发展，两地在发展战略的导向上基本体现了空间对接，《成渝地区双城经济圈建设规划纲要》和《成渝地区双城经济圈综合交通运输发展规划》已相继出台，两地共同编制了《成渝地区双城经济圈国土空间规划（2021—2035 年）》，还有一系列毗邻地区的国土空间规划也在编制中。但仍存在着规划与支持政策之间缺乏统筹，协调难度较大，部分领域、部分地区推进一体化发展的举措还停留在“协议”和“口头”层面，部分合作示范区在经济区与行政区分离层面的探索不足、推进缓慢，实际实施效果尚不明显等问题。

二是紧密协作的区域性产业集群尚未形成。成渝两地资源禀赋相似、发展水平相当，过去较长时期在招商引资、资源配置等方面存在激烈竞争，部分领域甚至出现一定程度的恶性竞争。自推动双城经济圈建设以来，两地开始携手联合招商、联合成立产业发展工作专班如工业互联网、汽车摩托车、电子信息等，推动重点产业融合发展。但目前，这个区域产业资源、创新资源的整合和融合仍不深，各经济板块的优势和特色不够显著，产业链配套水平不高，错位发展、协同配套的产业发展格局尚未形成。特别是成渝的支柱产业如电子信息、汽车制造、高端装备、生物医药等领域，依然存在初级加工环节的低水平竞争多，上下游产业链的高水平协作偏少，产业链、价值链、创新链整体提升较慢等问题，离具有国际影响力的产业集群差距依然较大。

三是互联互通水平难以支撑区域一体化发展。成渝地区交通基础设施建设历史欠账较多，渝西川东地区城际快铁建设尚处于初期阶段，城市之间高速公路网密度不足，同时由于两地交通规划统筹对接不够，在部分重要通道规划建设、道路标准等级统一等方面衔接不足，中欧班列、西部陆海新通道等重大交通物流通道、枢纽和平台之间的协作机制尚未有效建立和推动，一定程度上阻碍了人流、物流、信息流的跨区域顺畅流通。

四是公共服务政策缺乏衔接不利于人才跨区域流动。目前成渝两地在社保、医保、教育、养老等公共服务领域的制度标准规则不尽统一且缺乏衔接，在就业创业扶持、人才认定及评价等方面也存在一定政策差异，公共服务信息系统尚未实现互联互通，这种以行政区为界限的公共服务制度衔接不畅，已成为人才跨区域流动的主要障碍之一，难以为成渝一体化发展奠定坚实社会基础。

五是利益分享机制尚不健全难以激发活力。虽然当前合作共赢成为成渝两地发展共识，已在某些川渝毗邻的试点区域探索搭建起财税利益分享政策框架，以共建产业园区和共同推动合作项目为载体，开展跨区域合作和财税利益分享。但由于行政体制的现实分割，两地在区县财税分成政策、毗邻地区的产业发展、财力基础、要素价格、招商引资政策等方面存在较大差异，社保标准不一，基金统筹难度大，GDP 核算、税务征缴、市场监管等都是国家纵向管理，各条线的制度和管理流程都是基于行政区设计的，上下自成一体，为经济区改革留的接口不足。加之两地对跨区域利益分享机制的认识不足、经验不足、模式创新不足，成渝两地在一些跨行政区域的重大事项和重大利益上存在分歧，目前仍是按照“一事一议”原则，利益分享机制尚未建立和健全，使得成渝两地在人流、物流、资金流、技术流、信息流等互通方面还存在障碍。

三、构建九大机制，推动形成使各类要素自由流动的经济区发展“红利”

重点围绕成渝地区双城经济圈“两中心两地”的目标定位，以区域一体化发展为导向，坚持政府引导市场主体的原则，加快试点、循序渐进，着力推进改革创新，以建立规划对接机制为基础，以建立财税利益分享机制为突破口，以基础设施互联互通、科创产业深度融合、生态环境共保联治、公共服务普惠共享、土地市场制度统一等为重点，在不改变行政隶属关系的基本前提下，创新探索经济区与行政区适度分离的新模式、新空间、新路径，促进要素自主有序流动，形成点上有突破、面上可推广的多层次成本共担、利益共享的新机制，加快形成成渝地区间统一大市场，助推成渝地区双城经济圈一体化发展。

（一）强化政府间多层次联动，建立规划精准对接机制

实施规划有机对接，减少区域一体化发展的行政壁垒，有利于提高经济集聚度、区域连接性和政策协同效率，对促进经济区和行政区适度分离，推动区域一体化发展从项目协同走向区域一体化制度创新，建立成本共担和利益共享机制具有先导性作用。一是强化地方规划与国家规划的纵向对接。特别是跨流域和跨行政区的重大基础设施、重大开放开发平台、重大战略性项

目布局，预留好发展和要素配置空间。二是强化川渝地方规划间的横向对接。加强毗邻区县规划的对接，强化跨行政区的流域建设、合作示范，统筹布局生产生活空间。三是强化实施规划的政策支撑创新对接。围绕促进区域一体化发展和规划项目落地，充分发挥成渝地区双城经济圈区域合作办公室的协调作用，推动川渝两地各项发展协议落地落实。

（二）推动税源共育价值共享，建立财政税收分享机制

一是完善 GDP 跨区分计。成渝两地先共同协商确定企业增加值分享统计办法，按产业项目转移、研产分离项目、总部与分支机构等类型，按一定比例进行跨区域 GDP 指标数分享，探索形成项目输出地与承接地的 GDP 划分机制，争取国家部委的支持。二是统一地方税种征收标准。探索在经济区范围内协同城镇土地使用税、耕地占用税等地方税种征收条件和适用税额标准，协同企业所得税相关政策执行口径，营造各类企业平等准入的无差异投资环境。三是构建地方税收分成机制。探索针对跨行政区的迁移企业，在一定年限内实行迁出地和迁入地的税收分享；探索基于价值链供应链的产品和服务税收分享机制；鉴于成渝两地人员流动的频繁性，可探索个人所得税基于居住地和工作地的税收分成机制。

（三）加强产业融合补链升级，建立产业分工协作机制

借鉴京津冀合作共建产业园区的做法，构建基于产业链、供应链、价值链、创新链融合发展的产业分工协作模式。一是探索建立一批跨区域产业合作园。围绕产业合作加强政策协同，在企业登记、土地管理、环境保护、投融资、财税分享、人力资源管理、公共服务等政策领域建立政府间协商机制。探索飞地经济共同打造国家级开发示范园区。二是统一产业发展市场准入与招商制度。建立双城经济圈产业联盟，实行区域统一的市场准入制度，规范招商引资和人才招引政策，建立招商协作机制，消除税收返还、土地租金、工商登记等优惠政策的地方差异，先行试点，逐步在成渝双城经济圈内实行统一的招商优惠政策。三是成立多层次的产业协同发展基金。争取国家支持，

国家和川渝两地共同投资建立双城经济圈产业发展统筹基金，用于发展具有全国影响性的共建互惠产业项目，支持产业转移、承接和结构升级，加快提升区域整体对市场资源的配置能力，深度融入全国市场、共塑全球市场竞争力。

（四）消除人口流动隐性壁垒，建立公共服务共享机制

一是优先推进基本公共服务共建共享。重点围绕基本医疗、义务教育、基本养老、就业培训、公交出行、安居保障等基本公共服务，优先推进两地标准协同、机制衔接、工作联动，真正提高成渝两地同城化水平。二是持续推进优质公共服务合理共享。重点围绕高品质生活宜居地建设，加快促进高端医疗、优质教育、文化体育、创业培训、人才住房等改善型公共服务协同打造共同利用，满足多层次人才流动的需要。三是着力提升公共服务统筹供给力度和协同水平。重点围绕减少人口跨区流动的制度障碍，在养老、医疗、教育、社保等关键领域适时推进经济区内供给标准的有机衔接、逐步过渡、最终统一，实现公共服务制度供给的一体化。

（五）强化区域性流域性协作，建立生态共治共保机制

一是推动建立生态共建环境共保机制。深化跨流域跨区域生态保护合作，围绕长江、嘉陵江、涪江等河流，共同规划推进生态廊道建设，建立跨界河流河长联席会议机制，协同推进流域性环境保护。围绕明月山、华蓥山等山脉，共同推进环山绿色生态经济区协作，共同探索建立省（市）市（区、县）两级政府引领、多元社会主体参与的生态环保基金。二是深化完善生态环境联防联控机制。重点围绕空气污染、流域性水体污染，加强区域环境风险联合防控和联合执法，共同保护长江、共担上游责任，共同争取设立区域性生态要素交易市场，推动成渝地区区域内部之间以及与长江中下游省市之间探索建立流域性补偿机制。

（六）创新多元化投融资方式，建立基础设施共建机制

一是建立完善成渝地方财政协同机制。充分发挥地方财政对重大基础设

施建设项目的支撑作用，成渝两地共建基础设施财政协同投入机制，对跨区域建设的重大基础设施项目综合考虑对各区域的正、负外部性影响，共同协商按一定比例注入开发建设资本金，进行建设成本横向分摊，并以此为基准进行后期项目收益分享。将经济区地方税收留存部分预留一定比例，统筹用于支持经济区各项基础设施建设。二是灵活运用基金、债券等金融工具。共同发起设立成渝地区双城经济圈基础设施建设投资基金，充分发挥金融对基础设施项目建设资金需求的杠杆作用。重点投向成渝跨区域重大基础设施项目建设。配套设计发行政府专项债券，并争取国家给予限额和指标倾斜。三是探索股份合作等市场化操作手段。借鉴上海和浙江洋山港建设股份合作的成功经验，充分运用市场化手段灵活开展交通、能源、水利、信息等基础设施项目跨区域建设合作，加快提高基础设施互联互通水平。

（七）探索指标省际流转使用，建立统一土地市场机制

一是统筹跨区域土地指标资源。优化整合成渝两地土地政策，充分用好国家《城乡建设用地增减挂钩节余指标跨省域调剂实施办法》中的政策规定，在经济区范围内根据总体空间布局规划合理配置土地指标资源，争取适度增加建设用地指标。探索建立跨行政区域土地指标交易机制，通过土地指标调剂来统筹盘活经济区土地资源，针对土地价值差异探索通过土地收益核算来进行分享反哺。二是探索土地跨区域一体化开发。按照经济区功能定位和产业发展导向，开展土地一体化布局和用地功能设计。探索建立经济区统一的建设项目土地审批管理制度、土地储备和出让制度以及年度土地供应计划等，设计明确经济区土地利用绩效考核、土地开发强度、容积率制定等土地管理政策，最大化减少土地跨区域管理的制度性成本，促进土地资源跨区域统筹集约高效利用。探索构建基于土地价值、土地产出绩效和产业项目等因素综合考虑的跨行政区域土地收益分享机制。

（八）推动“一城多园”建设，建立科技创新合作机制

一是完善共同打造创新平台的体制机制。结合成渝地区前沿科研力量，共同推动重大科学装置、国家重点实验室、军民协同创新平台等重大创新平台建设。共同建设“一带一路”科技创新合作区和国际技术转移中心。二是完善联合攻关核心技术的体制机制。聚焦新能源汽车、智能制造、电子信息等重点优势产业和新兴技术发展需求，加强关键核心技术攻关协作，协同打造具有核心竞争力的重大战略科技产品和创新产业集群。打造环大学创新生态圈，协同组建一批产学研综合体和创新联盟网络平台，推动基础创新、技术创新与产业创新深度融合。三是完善推进重大科技成果转化的机制。推动成渝地区加强科技成果对接，共建技术转移服务平台联盟，打造一体化技术交易市场。推进知识产权保护，依托两地作为重要国防工业基地的雄厚基础和新兴军民技术创新的优势，协同打造西部地区军民技术成果转化平台。

（九）推动服务联网标准互认，建立政务一体协同机制

一是促进“渝快办”和“蓉易办”联网互认。加快推进成渝地区政务服务无缝衔接，加强相关信息和数据交流共享。对区域内企业搬迁、人口迁移等跨行政区事务，相互开设网上绿色通道。以网上政务为优先对接口，跨行政区全面推行“一窗综办、集成服务”，推动两地协同深化“最多跑一次改革”。二是协同优化涉外开放领域政务服务。以建设川渝自贸试验区协同开放示范区为依托，推动港口、机场口岸扩大开放，深化“单一窗口”建设，两江新区、天府新区联动打造内陆开放门户。一体化探索开展外国人在成渝地区工作许可、居留、出入境便利服务改革，推动成渝地区外籍人才流动资质互认和外商投资企业登记材料互认。

[重庆市综合经济研究院

主研：易小光　丁　瑶　苟文峰　赵　伦　赵炜科　李　林

张　佳　施小兰

执笔：丁　瑶]

对新时期重庆深度融入“一带一路”倡议发挥带动作用的对策建议①

内容摘要：进入新历史时期，面临百年未有之大变局，面对国内外经济形势、逆全球化倾向和重大疫情冲击，全球产业链、供应链、价值链、创新链将面临重大调整，重庆要完成习近平总书记提出的“在‘一带一路’中发挥带动作用”要求，必须深度融入“一带一路”建设，力争走得更广、更深、更实。建议从八个方面进行努力：一是突出重庆建设国际物流枢纽的战略作用；二是依托开放口岸和物流枢纽构建开放型经济体系；三是推动科技教育文化卫生软实力建设与合作；四是深耕东南亚、东盟并稳步向南亚等地区扩展；五是提升重庆国家中心城市功能和地位；六是努力成为西部地区最佳营商环境城市；七是大力服务“走出去”企业，提高“走出去”企业素质；八是积极争取国家政策支持。

自2013年习近平总书记在哈萨克斯坦和印度尼西亚分别提出建设“丝绸之路经济带”和“21世纪海上丝绸之路”以来，“一带一路”建设取得了积极进展，进入了新的阶段。重庆是中西部唯一的直辖市、国家中心城市，处在“一带一路”和长江经济带联结点上。2019年《西部陆海新通道总体规划》的出台，丰富了我国南向对外大通道，更确立了重庆连接“一带”和

---

① 本文是课题组承担的由中国工程院、重庆市人民政府、中国工程科技发展战略重庆研究院联合委托的咨询研究项目“重庆融入‘一带一路’发展战略研究”的阶段性研究成果。

"一路"的纽带作用。六年多来，重庆在推动"一带一路"国际国内大通道、多式联运枢纽建设，以及探索国际物流班列、陆上贸易规则、供应链金融创新、综合保税开放、自由贸易发展等方面取得了显著成效。进入新历史时期，面临百年未有之大变局，面对国内外经济形势、逆全球化倾向和重大疫情冲击，全球产业链、供应链、价值链、创新链将面临重大调整，重庆要完成习近平总书记提出的"在'一带一路'中发挥带动作用"的要求，必须深度融入"一带一路"建设，力争走得更广、更深、更实。

一、新时期全球经济格局下重庆融入"一带一路"倡议的重要考量

（一）深刻认识新时期"一带一路"建设呈现的新特点

在新全球化背景下，主要呈现六个方面的新特点：一是"一带一路"建设已成为化解逆全球化倾向的新一轮全球化和区域化的推进动力。二是"一带一路"建设加快带动我国对外开放从东部沿海向内陆及沿边区域深化，推动形成了新一轮开放新格局。三是促进全国东中西部、南北地区趋向协调发展，增强了区域协调发展新动力。四是通过创新思维、加强与"一带一路"沿线国家合作，创新了区域开发开放新模式。五是加大改革力度，破除体制机制障碍，增强了改革创新发展新动能。六是更好"走出去"与更高质量"引进来"相结合，增强了全球资源配置能力。

（二）明确重庆融入"一带一路"倡议的重点范围与取向

一是要从充分体现国家战略、发展需求、重庆优势和共商共建等角度来全面认识重庆"融入"的内涵。二是明确"融入"的重点范围，要着眼于产业、设施、软实力等三大领域。三是明晰"融入"的战略取向。产业领域以实现综合成本降低或市场扩大、实现投资贸易与服务相通为取向，设施领域以提升沿线国家和地区沟通效率为取向，科教文卫软实力交流以实现政策沟通、民心相通为取向。

（三）立足重庆融入“一带一路”倡议前期探索的现实基础

一是率先打通中欧班列（渝新欧）国际物流大通道，探索建立了“五国六方”铁路联席会议、跨国海关国际协调、货量与运价挂钩的量价联动等机制。二是率先开展陆上贸易规则探索，已在多式联运、国际运邮、汽车平行进口试点、陆上贸易货物提单信用证结算、铁路国际行邮常态化运行、物流供应链金融创新、美元快付等方面取得显著成效。

（四）破解重庆融入“一带一路”倡议面临的瓶颈制约

一是合力不够，开放通道互联互通水平还需提升，中欧班列无序竞争，造成资源浪费和铁路运力紧张。二是开发开放平台潜力有待发挥，开放型经济体系还不完善，本地集货能力不强。三是科教文卫软实力不强，小语种人才、高层次应用复合型人才总量不足，文化交流活动偏少，医疗援助模式单一，医药产品和服务进入沿线国家存在政策和技术等方面的壁垒。

二、新时期重庆融入“一带一路”倡议要体现新思路

新时期重庆要充分看到国家战略地位日益提升、自身虽地处内陆但大开放的格局日渐形成、国家赋予牵头促进区域协同发展的重大使命等一系列新机遇，积极融入“一带一路”建设。在“融入”时必须体现新思路，即坚持以习近平新时代中国特色社会主义思想为指导，按照习近平总书记对重庆市发展的重要指示要求，坚持新发展理念，充分发挥重庆“一带一路”和长江经济带的联结点区位优势、长江上游绿色生态优势、国家老工业基地及物流枢纽产业优势、西部唯一直辖市体制优势，坚持从全局谋划一域、以一域服务全局，紧紧对接全国六大对外经济走廊建设，以开放促改革、促发展，以内陆国际物流枢纽建设、开放型经济体系建设、文明交流与合作为重点，立足重庆、联动成渝地区双城经济圈及西部地区，努力展现新作为、实现新突破、培育新动力，把重庆建设成为面向“一带一路”的内陆开放新高地、西部陆海新通道运营中心和国际化国家中心城市，在新时代“一带一路”建设

中做出重庆贡献。

三、对策建议

（一）突出重庆建设国际物流枢纽的战略作用

对接六大通道，有效改善货物组织效率、物流成本、枢纽功能。一是进一步完善多式联运班列通道。优化“欧洲—重庆—日本”“欧洲—重庆—新加坡”等铁空公水联运班列，完善“班列+班列+海运”等集装箱运输，创新和规模化发展进口药品、汽车笼车、冷链、跨境电商、国际邮包运输班列等定制班列，在现有“一带一路”主通道基础上强化重庆至昆明快速通道融入孟中印缅经济走廊、中国—中南半岛经济走廊建设。二是加快建设国际物流分拨中心。完善国际采购、中转集运、配送分拨、转口分销功能，依托重庆一类口岸和指定口岸建设汽车、冷链、医药、肉类、花卉等西部集散分拨中心。沿中欧班列（渝新欧）国际物流大通道设立境外和国内边境口岸集采分拨中心，深化枢纽间合作。三是加快建设通道物流和运营组织中心。创新体制机制，搭建合作平台，增强全球资源配置能力，围绕铁路、航空、水运、公路口岸建设国际箱管中心、出口拼箱中心、公共订舱平台、共同配送平台，开展物流资源、集装箱、物流线路、货代、货主统筹运营、规则设计、货源调配，提升对货物的控制力。

（二）依托开放口岸和物流枢纽构建开放型经济体系

加强同中西部地区特别是西南、西北地区合作，共同培育产业、贸易、消费市场比较优势，避免无序竞争。一是加强区域产业协同扩大产品供给。扩大本地供给是提高物流效率的重要条件，积极承接沿海产业转移，围绕电子信息、汽车、智能产业等重点领域，与周边地区共同优化分工体系，扩大本土产品生产和供给，进而参与到“一带一路”乃至全球产业链、价值链、供应链中去，防止行业断链和企业外移。二是加强区域贸易联动实现贸易集散。大力发展一般贸易，围绕优势品类商品，培育形成一批自主品牌跨国企业和自主知识产权出口企业，孵化一批规模总部贸易企业。鼓励发展转口过境贸易，支持建设东南亚商品中转中心。优化发展加工贸易、服务贸易，加快向产业链、价值链高端升级。三是加强区域消费驱动挖掘市场需求。扩大本地需求规模能更好地参与国际交换，要加快建设国际消费中心、旅游目的地，引领带动西部地区培育强大国内市场。

（三）推动科技教育文化卫生软实力建设与合作

在推动经济贸易融入的同时，依托高校、医院等本土优势，积极推动文化、教育、科技等软实力产品对外输出和引进交流合作，巩固合作社会基础。一是加强重庆本土软实力建设。落实共建新加坡国立大学（重庆）研究院，支持国际技术转移中心建设。加强重庆优势学科建设，支持鼓励高校拓展“一带一路”沿线国家非通用语种专业、紧缺型工种专业建设，增加东南亚留学生招收，成为西部国际人才培养和培训基地。引进中东欧医疗机构在渝设立国际医院、康复中心、养老院等机构。二是打造区域人文合作新范式。采取“文化＋市场”“互联网＋文化”“教育＋”“医疗＋”等创新方式，在海外建设国家工程师实训基地，加强川味、川剧以及荣昌折扇、綦江版画、秀山花灯等巴渝文化产品、旅游产品输出，以丰富的活动、多样的形式吸引沿线国家民众的积极参与。主动开展医疗支援项目建设，援建包括综合性医院、流动性医院、中医中心等在内的医疗设施项目。三是打造具有重庆特色的医疗服务品牌。因地制宜结合重庆市康养资源，以温泉疗养、中医及少数民族特色医疗为重点，研究中医等医疗、食疗国际标准，开发配套产品，探索放宽海外中医药从业人员的劳务政策和往来签证等管理，打造重庆特色品牌。

（四）深耕东南亚、东盟并稳步向南亚等地区扩展

在融入“一带一路”策略上要适度聚焦，瞄准重点国家、重点产业和重点领域，创新第三方合作方式。一是将东南亚、东盟、南亚作为重庆融入“一带一路”增量的重中之重。在中美贸易争端背景下，重庆要充分利用西部陆海贸易新通道，以新加坡、马来西亚、泰国、印度为重点，深耕东南亚、东盟、南亚，同时联合西北地区加快对中亚的布局。二是创新第三方合作开拓境外市场的方式。加强与西欧政府、企业、国际组织专业机构合作，在汽车、电子信息等领域引入西欧领军企业、隐形冠军企业以及国内龙头企业，聚焦制造业研发能力提升和加工贸易转型升级，共同开拓东南亚市场，并稳步向南亚、中亚推进。面向中亚地区，除了注重同西欧的第三方合作，还要重视同俄罗斯的合作。

（五）提升重庆国家中心城市功能和地位

重庆国际知名度、认同度还不高，要对标国际化大都市和世界城市，着力提升城市影响力。一是将智慧城市建设和公园城市建设作为关键内容。改革开放和科技创新动力的培育关键在于宜居宜业环境的改善、创新人才的集聚，要着力补齐5G基建、特高压、城际高铁和轨道交通、新能源汽车充电桩、大数据中心、人工智能、工业互联网等新基建短板，依托自然人文底蕴建设全域公园城市。二是建设“重庆服务”品牌和标准。以国际交往、国际消费、国际会展、国际金融、国际科创等为重点，研究形成一批领先西部乃至全国的服务品牌和标准，扩大在“一带一路”国家和地区的知名度。三是提升城市国际影响力和竞争力。培育开展城市国际化运营的市场主体，加强国家中心城市的无形资产建设和运营。

（六）努力成为西部地区最佳营商环境城市

抢抓纳入世界银行中国营商环境样本城市的机遇，完善高效运营环境。一是加快构建以市场主体为导向的审批和监管环境。世界银行评价体系囊括了各类市场主体从成立到无障碍进入市场、获得资源并实现公平竞争发展壮大乃至退出市场的全过程，不仅要有规范、便利的制度规则体系，更要有高效的执行体验，要加快建立健全政府机关、事业单位政策制度落实监督机制、反馈机制、修正机制。二是简化事前监管，完善事中、事后监管。从调查来看，重庆企业开办、审批许可等事前监管相比上海、北京仍有较大差距，获得电力、纳税、跨境贸易、办理破产、政府采购等时间和成本的竞争力不强，事中、事后效率还可进一步提高。三是聚焦“五通、四流、三链”吸引市场主体。加快建成西部地区服务效率最高、管理最规范、综合成本最低的营商环境高地，着力引入产业链头部企业、供应链枢纽企业、价值链核心企业，成为西部领先的投资目的地。

（七）大力服务“走出去”企业，提高“走出去”企业素质

一是促进对外投资和对外贸易便利化。深耕东南亚，争取扩大贸易和外汇收支便利化试点，争取海关、外事、信用保险、检验检疫等便利化试点，支持通过设立海外股权投资基金、转移部分生产加工环节、国际兼并收购与重组、对外承包工程、扩大出口等开展对外投资和对外贸易。积极探索与“一带一路”沿线国家共建工业园区等形式，拓展国际产能合作。二是培育发展专业化的服务体系，加强企业培训。积极培育和引进发展熟悉国际规则和惯例的财务、税收、法律等专业咨询服务机构，开展公共培训服务，协助“走出去”企业提高防范风险能力。三是发挥国内外各类非政府组织作用，促进中外经贸交流。鼓励设立对外合作各类行业协会，加强与国外各类协会等非政府组织的交流合作。

（八）积极争取国家政策支持

努力发挥好重庆在推进共建“一带一路”中的带动作用。一是统筹建立西部地区国内外协调机制。推动成渝地区共建“一带一路”科技创新合作区和国际技术转移中心，共同举办“一带一路”科技交流大会。发挥重庆通道物流和运营组织中心的带头作用，建立沿线国家基础设施建设协调机制，全面落实国际货运班列、海运监管互认、信息共享、执法互助，建立健全跨境多式联运标准、运量、运价、运力、安全等方面的协调机制。二是构建口岸开放新机制。争取将重庆铁路口岸正式开放项目纳入国家“十四五”口岸开放项目，将重庆铁路口岸确定为启运港。扩大重庆各类指定口岸、转运口岸的数量和业务范围。争取组建中国铁路重庆局集团有限公司，争取试点创新现行铁路统营、统运管理体制，将货物编组功能下放到重庆、阿拉山口等主

要节点城市和口岸，从体制上保障这些城市和口岸的集货功能作用。三是争取国家给予更多政策支持。争取国家将重庆设立为“一带一路”与长江经济带融合发展示范区。支持重庆探索陆上贸易规则，修改国内立法实现物权化，推动修改国际铁路货物联运协定，实现国际规则突破。发行特别国债支持重庆等西部地区铁路、公路、水运、航空等重大基础设施建设。争取亚洲基础设施投资银行、丝路基金、国家政策性银行、中央财政资金及地方财政、社会资本共同出资设立产业基金支持面向南亚、东南亚、中东、非洲等区域的产业合作、对外投资等。设立财税专项补助资金，对航空物流、国际航线、铁路运费、质押融资、货物保费等给予专项资金补贴。加强中央税费减免优惠，对公铁水空转口、集运类物流企业给予增值税财政补助。支撑重庆开展融资多元化、融资国际化、国际结算等金融探索。争取世界名校选址重庆，支持重庆组建中外合作办学研究平台。

[重庆市综合经济研究院
主研：孙永福　易小光　林仲洪　陈德敏　蒲勇健　丁　瑶
邓兰燕　余贵玲　梁　栋　王　睿　牛　丰等
执笔：丁　瑶　邓兰燕　余贵玲]

川渝融入国际循环的主要不足和几点建议

内容摘要：近年来川渝地区积极融入全球产业链分工体系，对外贸易发展地位不断提升，但与全国平均水平相比，还存在较大差距。一方面川渝地区的贸易规模仍有待进一步提高，另一方面川渝地区全球产业链嵌入程度不高，本地企业出口竞争力不强，外贸自主发展能力较弱等问题制约外贸的高质量发展。建议：一是强化对美国、欧盟的外贸风险防范，巩固和提升对新兴市场的开拓；二是优化中间产品出口结构，提高全球产业链嵌入程度和供应链地位；三是聚焦产业转型与科技创新发展，提升本地企业出口竞争和进口替代能力；四是全面推进加工贸易转型升级，进一步强化企业外贸自主发展能力。

加快构建以国内大循环为主体、国内国际双循环相互促进的新发展格局，是党中央根据国内外形势变化，对“十四五”和未来更长时期我国经济社会发展作出的重大战略部署。新发展格局下我国将推动更深层次的对外开放，加强与重要国家和周边地区的产业链合作，进一步巩固和增强与东盟、韩国、日本等国家和地区的产业链供应链联系，依托“一带一路”构建具有更大主动权的国际分工体系，为国内大循环的优化升级提供有力支撑。川渝地区作为我国西部产业基础最雄厚、市场空间最广阔的区域，在国家新发展格局中具有重要战略地位，近年来川渝地区积极拓展国际市场，对外贸易发展地位持续提升，但与全国平均水平相比，还存在较大差距。疏解川渝地区对外贸易发展的制约端和难点区，深度融入国际产业链分工体系，加快提升开放型经济发展水平，是推进川渝地区内陆开放高地建设的重要内容。

一、川渝对外贸易的基本特征

（一）对外贸易保持较快增长，外贸占全国份额显著提升

受国际国内经济形势的影响，川渝对外贸易在经历了2008年全球金融危机以及2015年全球经济深度调整后，于2017年开始恢复增长，2018年川渝对外贸易增速恢复到25.4%。新冠疫情暴发以来，由于我国在全球率先控制疫情、经济率先全面复苏，来自海外的订单量逐步恢复，特别是生物医药、医疗器械等防疫物资主要依赖于国内市场，2020年川渝的进出口增速由2019年的7.9%上升到15.7%，出口增速较2019年提升7.3个百分点，对外贸易保持较快增长。从外贸的区域分布格局来看，2019年东部地区①进出口额占全国进出口总额的比重为80.7%，较2015年下降2个百分点，中部地区进出口额占全国进出口总额的比重为7.5%，较2015年增加1.1个百分点，西部地区进出口额占全国进出口总额的比重为8.5%，较2015年增加1.3个百分点，其中川渝地区增加0.8个百分点，西部地区尤其是川渝外贸份额提升幅度较大。川渝对外贸易增速见图1。

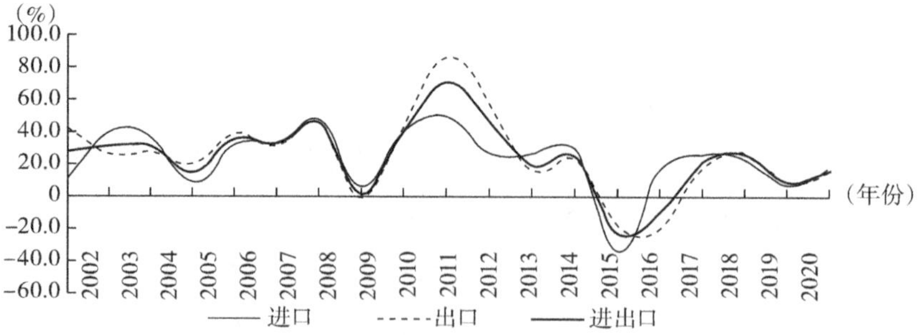

图1　川渝对外贸易增速

数据来源：中经网统计数据库。

---

① 东部地区包括北京、河北、天津、江苏、浙江、福建、上海、广东、山东、海南10个省份，中部地区包括山西、河南、安徽、湖北、江西、湖南6个省份，西部地区包括重庆、四川、贵州、云南、广西、陕西、甘肃、青海、宁夏、西藏、新疆、内蒙古12个省份，东北地区包括辽宁、黑龙江、吉林3个省份。

（二）进出口结构总体稳定，部分行业贸易方式逐步改善

长期以来，川渝对外贸易仍以资本和劳动密集型产业为主，外贸行业结构未发生明显变化，进出口主要集中在电子信息、电气机械、通用设备制造、化学原料及化学制品、汽车制造等行业，其中电子信息行业作为川渝主导优势产业，近年来进出口份额大幅提升，进口份额从 2009 年的 23.5% 上升到 2019 年的 60.9%，提升 37.4 个百分点，出口份额从 2009 年的 16% 上升到 2019 年的 65.8%，提升 49.8 个百分点。同时，对外贸易中部分主导行业一般贸易占比不断提升，贸易方式更趋合理，例如，在电气机械行业出口方面，一般贸易占比由 2009 年的 50.1% 上升到 2019 年的 65.4%，提升 15.3 个百分点；通用设备制造行业出口方面，一般贸易占比由 2009 年的 56.8% 上升到 2019 年的 73.2%，提升 16.4 个百分点；纺织业出口方面，一般贸易占比由 2009 年的 75.9% 上升到 2019 年的 87.5%，提升 11.6 个百分点。川渝进出口主要行业结构见图 2。

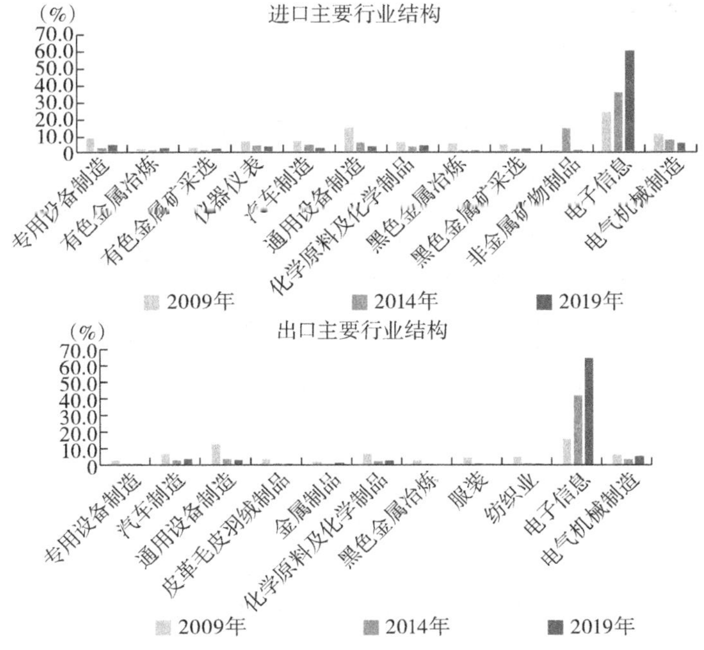

图 2 川渝进出口主要行业结构

数据来源：中国海关统计数据库，行业分类由 HS 6 位码对照工业行业整理。

（三）对外贸易市场多元化，与东盟贸易份额快速增长

川渝地区的外贸市场主要分布在欧盟、美国、东盟、南亚、韩国、日本等国家和地区，国际市场开拓呈现多元化特征。由于受中美贸易摩擦的影响，川渝地区与美国的贸易份额在2018年后出现明显下降，同时随着与日本贸易份额的下滑以及与东盟贸易往来的日益紧密，2010年后东盟逐渐取代日本，与欧盟、美国成为川渝地区的前三大贸易伙伴，2019年川渝地区与欧盟、美国、东盟的进出口额占进出口总额的60%左右。与韩国的贸易份额稳中有升，2019年达到6.6%，较2010年增加3个百分点。与南亚、中亚、非洲的贸易份额略有下降，例如与南亚的贸易份额由2010年的5.2%下降到2019年的2.3%，下降2.9个百分点，与非洲的贸易份额由2010年的3.1%下降到2019年的1.6%，下降1.5个百分点，与中亚的贸易份额由2010年的1.7%下降到2019年的0.2%，下降1.5个百分点。川渝地区与主要贸易伙伴进出口额占进出口总额的比重见图3。

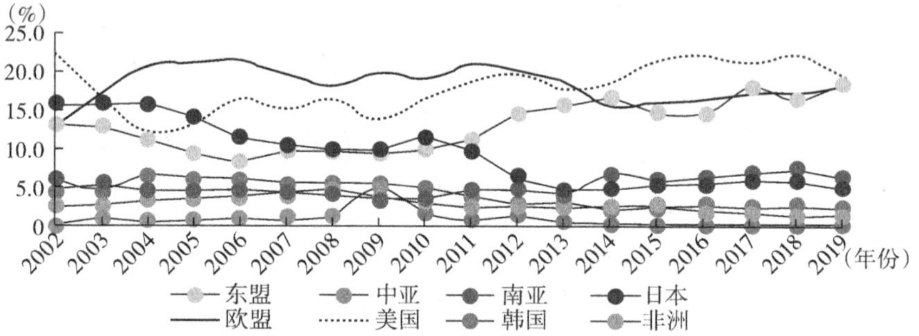

图3 川渝地区与主要贸易伙伴进出口额占进出口总额的比重

数据来源：中国海关统计数据库。

二、川渝对外贸易发展存在的主要不足

（一）外贸依存度显著低于沿海，外贸市场结构较为集中

川渝地区外贸依存度低于全国平均水平，对外贸易在区域经济发展中的地位不高。川渝地区的外贸依存度总体呈上升趋势，2020年外贸依存度为

19.8%，低于全国11.8个百分点。同时期的京津冀、长三角、珠三角的外贸依存度均在全国平均水平之上，例如当前京津冀、长三角和珠三角的外贸依存度分别为39.9%、54.4%、80%。川渝地区外贸发展显著低于全国平均水平，尤其与京津冀、长三角、珠三角地区存在较大差距。另外，当前川渝地区的贸易主要集中在美国、欧盟等发达国家和地区，与美国和欧盟的贸易份额约占40%，与东盟、南亚、中亚、非洲等新兴市场的贸易份额不足25%，在美国和欧盟持续加大对我国经济打压和技术封锁的国际形势下，川渝地区的外贸抗风险能力有待进一步加强。川渝及全国对外贸易依存情况见图4。

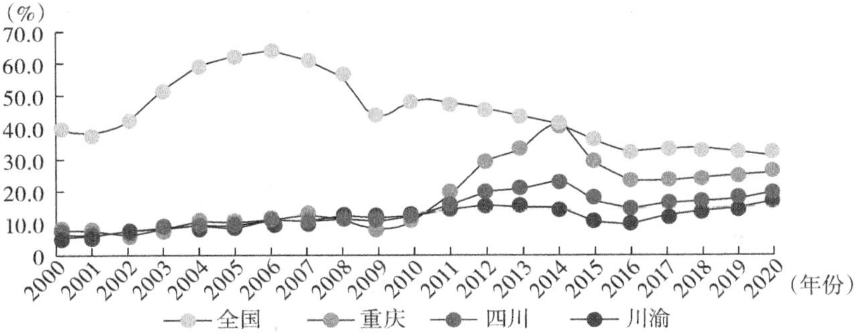

图4　川渝及全国对外贸易依存情况

数据来源：中经网统计数据库。

（二）中间产品出口占比较低，全球产业链嵌入程度不高

川渝地区高价值中间产品[①]出口占总出口的比重显著低于全国平均水平。全国中间产品出口占总出口的比重从2002年的36.1%上升到2020年的43.4%，呈稳步上升态势，反映出我国参与国际产业分工持续深化，全球对我国中间产品出口依赖不断增强。川渝地区中间产品出口占总出口的比重呈下降趋势，2020年川渝地区的中间产品出口占比为30.3%，低于全国13.1个百分点。细分中间产品类别来看，川渝地区中间产品出口占比的下降主要源

① 根据广义经济分类（BEC）标准，中间产品包括用于工业的初级或加工的食品和饮料、初级或加工的工业用品、初级或加工的燃料和润滑剂、资本品零部件、运输设备零部件。

于工业品和资本品零部件出口占比的大幅下降，2020 年工业品、资本品零部件出口占比较 2008 年分别下降 13. 3 个百分点和 17. 1 个百分点，其他类型中间产品的变化较小，例如运输设备零部件的出口占比下降 5. 4 个百分点，食品和饮料、燃料和润滑剂的出口占比均下降 0. 1 个百分点。当前川渝地区的食品和饮料、燃料和润滑剂、运输设备零部件的出口占比与全国平均水平基本持平，具有较高价值的工业品、资本品零部件中间产品的出口占比分别低于全国 6. 7 个百分点和 4. 6 个百分点。川渝及全国中间产品出口占总出口的比重见图 5。

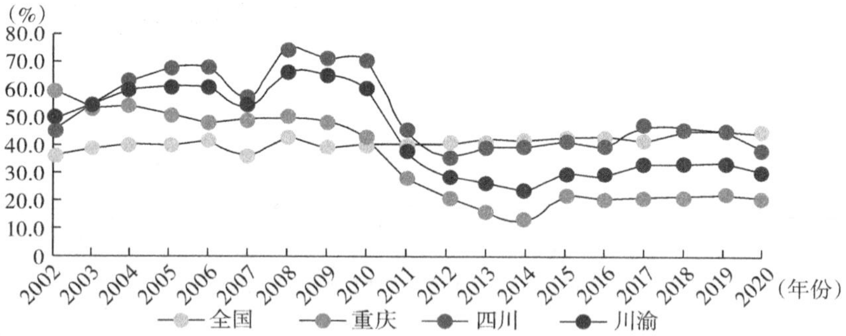

图 5　川渝及全国中间产品出口占总出口的比重

数据来源：中国海关统计数据库。

（三）外资企业出口占比较高，本地企业出口竞争力不强

川渝地区的外资企业出口占总出口的比重显著高于全国平均水平，出口主要由外资企业主导，本土企业的出口贸易占比较低。总体来看，外资企业出口占我国总出口的比重在 2006 年后开始下降，2020 年下降到 36%，川渝地区则呈现明显上升趋势，2020 年川渝地区外资企业出口占比为 61. 7%，高于全国 25. 7 个百分点。从川渝地区内部来看，重庆、四川外资企业出口占比分别为 56. 7%、66. 2%，四川的外资企业出口占比相对更高。川渝地区的对外贸易表现出较为明显的跨国公司主导的垂直型分工，同时也反映出川渝地区的本地企业不具备生产率优势，企业的出口国际竞争力不强。川渝及全国外资企业出口占总出口的比重见图 6。

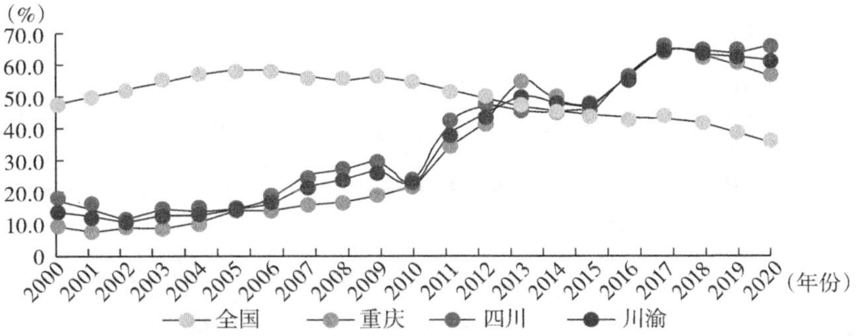

图6　川渝及全国外资企业出口占总出口的比重

数据来源：中经网统计数据库。

（四）加工贸易出口占比较高，外贸自主发展能力较弱

川渝地区加工贸易出口占总出口的比重显著高于全国平均水平。全国加工贸易出口占总出口的比重从2002年的55.3%下降至2020年的27.1%，川渝地区加工贸易出口占总出口的比重呈上升趋势，2020年为60.9%，高于全国33.8个百分点。细分行业来看，川渝地区化学原料及化学制品、仪器仪表、医药制造、有色金属冶炼、服装等行业的加工贸易出口占比低于全国平均水平，具有较强的对外贸易自主发展能力。川渝地区汽车制造、专用设备制造、电子信息业的加工贸易出口占比高于全国平均水平，从川渝地区内部来看，四川的汽车制造、专用设备制造业加工贸易出口占比分别高于全国67.6个百分点和19.6个百分点。重庆的电子信息行业，四川的汽车制造、专用设备制造、电子信息行业的外贸自主发展能力较弱。川渝及全国加工贸易出口占比、主要行业加工贸易出口占比见图7。

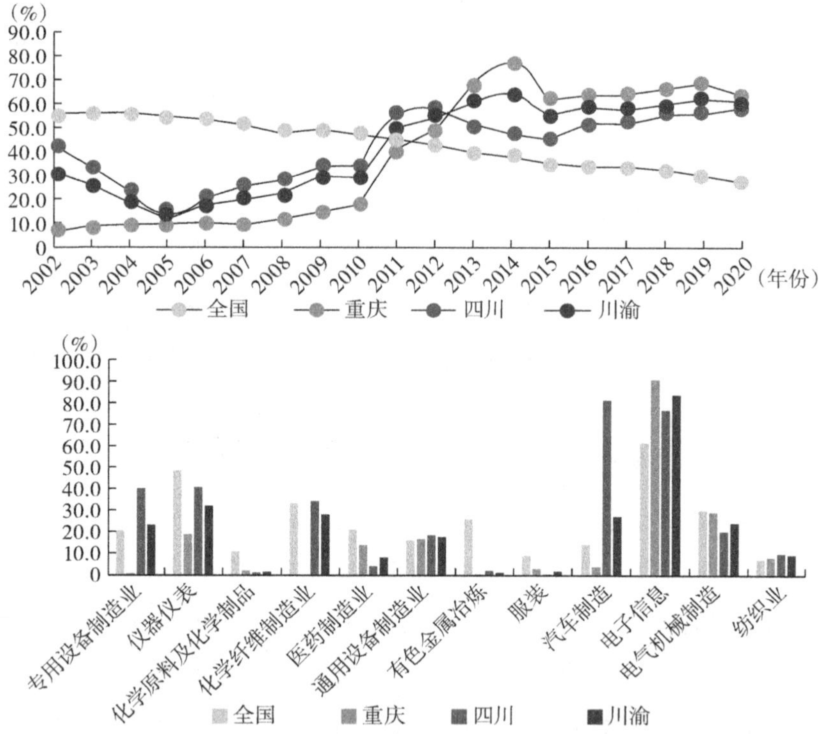

图 7　川渝及全国加工贸易出口占比（上）、主要行业加工贸易出口占比（下）

数据来源：中国海关统计数据库，行业分类由 HS 6 位码对照工业行业整理。

三、对策建议

（一）强化对美国、欧盟的外贸风险防范，巩固和提升对新兴市场的开拓

针对川渝地区外贸市场份额较大的美国和欧盟，加强外贸风险防范，同时进一步加强对新兴市场的开拓，推动外贸的安全稳定发展。一是建立外贸风险预警机制，加强对美国和欧盟市场的风险防范。发挥行业协会、进出口商会作用，积极建立面向美国和欧盟外贸市场的风险预警机制，对智能终端芯片、高端传感器、装备制造核心部件和材料等进口依赖较强的产品，以及出口规模较大的电子信息、电气机械等产品，加大进出口监测和预警信息收

集发布，强化企业外贸风险防范能力。二是大力拓展与东盟、中东欧等国家和地区的外贸合作。立足川渝地区与东盟、中东欧等国家和地区的产业互补优势，发挥中欧班列、西部陆海新通道功能，深化与东盟、中东欧等国家和地区的贸易合作，推动汽车摩托车、笔电、大型成套设备、技术和服务的出口。三是深入挖掘南亚、中亚、非洲等新兴国家和地区的外贸市场。围绕川渝地区汽车制造、电子信息、装备制造等主导优势产业，鼓励企业加强对南亚、中亚、非洲等新兴市场的开拓，积极建设外贸大数据精准营销系统，建立跨行业“企业联盟”，促进市场信息资源共享，推动企业拓展海外市场。

（二）优化中间产品出口结构，提高全球产业链嵌入程度和供应链地位

针对当前川渝地区中间产品出口占比较低的工业制品和资本品零部件，多措并举扩大出口规模，推动全球产业链供应链地位不断提升。一是积极扩大高价值工业品中间产品的出口。发挥重庆、四川自由贸易试验区功能，强化川渝保税港区、综合保税区、出口加工区等载体作用，面向韩国、日本等国家，加大集成电路、液晶显示板、化学原料等工业品的出口。二是加大对资本品零部件中间产品出口的推介。强化西洽会、陆海新通道国际合作论坛等国际展会辐射效应，面向境外重点市场举办一批线上线下融合自办展，加大对东盟、南亚、中亚等国家和地区通用设备、专用设备、电气机械设备零部件的出口宣传和推介。三是加强对相关外贸企业的金融政策支持。适当加大对重点中间产品出口企业的信贷支持力度，鼓励出口信用保险机构创新保险产品和服务，发挥出口信用保险作用，进一步降低经营成本，强化出口风险防范。

（三）聚焦产业转型与科技创新发展，提升本地企业出口竞争和进口替代能力

以产业转型发展与技术创新为核心，推动本地企业出口竞争力水平提升，培育川渝地区外贸竞争优势，同时提高本地企业进口替代能力，促进国内循环参与水平提升。一是加快传统产业转型发展。以建设川渝地区国家新一代人工智能创新发展试验区为契机，加快产业数字化发展，推动电子信息、装备制造、化工等传统产业向高端化、智能化、绿色化方向迈进。二是协同推进产业技术创新。鼓励川渝地区科技企业、科研机构等创新主体深入合作，促进两地科技创新要素跨区域流动，加快建设创新资源共建共享机制，提升平台共建、技术研发、专利互惠、产业链创新链互补等合作水平，推动产业技术创新能力稳步提升。三是推进外贸产品质量提升。开展出口质量安全示范区和生态原产地产品保护示范区建设，全面加强质量管理建设，重点培育一批具有较高知名度和国际竞争力的品牌，提升出口商品整体质量。

（四）全面推进加工贸易转型升级，进一步强化企业外贸自主发展能力

立足外贸高质量发展，发挥川渝地区作为加工贸易承接转移示范地的优势和作用，加快推进外贸转型升级基地建设，优化贸易方式结构，推动产业链、价值链向高端拓展。一是推动内外资加工贸易企业转型升级。引导外资加工贸易企业把与制造相关的国际物流、供应链服务和其他生产服务等环节向本地转移，支持内资加工贸易企业进行技术改造和创新，增加对核心和关键技术的投入，着力培育一批本地加工贸易转型升级示范企业，带动本地加工贸易企业转型升级。二是延长加工贸易国内增值链。聚焦重庆的电子信息以及四川的汽车、电子信息、专用设备制造等加工贸易出口占比较高的主导行业，支持加工贸易企业进入关键零部件和系统集成制造领域，逐步向研发设计、营销服务、品牌经营等产业链上下游延伸，提高产业分工的国内附加值水平。三是支持研发高端终端产品，提升一般贸易发展水平。围绕化学原料及化学制品、仪器仪表、医药制造等一般贸易出口占比较高的行业，鼓励引导企业加大对新技术、新产品、新工艺的研发投入，支持高端终端产品的开发和设计，推动一般贸易企业高质量发展。

[重庆市综合经济研究院
主研：易小光　丁　瑶　邓兰燕　王春宇
执笔：邓兰燕　王春宇]

推动成渝地区双城经济圈口岸发展建议

内容摘要：口岸是由国家指定对外往来的门户，是国际货物运输的枢纽，是对外贸易货物、进出境人员、行李物品、邮件包裹进出的重要载体。目前，成渝地区双城经济圈已具备较完善的口岸功能，但由于地处内陆，与沿海口岸城市相比，仍存在一类口岸数量少、整体规模相对较小、口岸物流协调不强、口岸入境便利化水平不高等问题。建议：一是通过综合运营平台、成渝地区大通关机制、口岸功能共享共用机制等方面合作，建设成渝口岸合作发展体制机制；二是共同争取国家政策支持，在口岸正式开放、“单一窗口”跨区域合作试点、144 小时过境免签政策扩展免签区域等方面给予支持；三是加大重大物流项目合作，打造“达州—万州—长三角”铁公水多式联运物流体系，共同推进建立长江口岸贸易物流便利化联动机制，共建现代物流产业集群。

口岸作为国际来往的门户，在发展国际贸易，汇集人流、物流、资金流、信息流等要素，推动基础设施建设和国际物流、经济合作、旅游购物、供应链金融等方面具有重要的作用。成渝地区作为我国内陆地区南向、西向开放的重要门户，是西部陆海新通道班列（车）、中欧班列的始发地和引领者，是连接中原及沿海发达地区和西藏、云南等地的重要枢纽和沟通东亚与东南亚、南亚的重要通道。目前，成渝地区水陆空立体口岸体系基本形成，口岸功能日渐完善，口岸经济日益成熟，已建成全国重要综合交通物流枢纽、内陆多式联运中心、西部地区货物集散地。因此，统筹规划成渝地区双城经济圈口岸建设，可以拓展以成渝地区为核心的经济辐射和区域发展空间，打造联通欧亚、陆海统筹的内陆开放战略高地，建设参与国际合作的新基地，实现“一带一路”和长江经济带在成渝地区融会贯通，对推动重庆建设国家重要先进制造业中心、内陆国际金融中心、西部国际综合交通枢纽和国际门户枢纽、国际消费中心城市具有重要基础和支撑作用。

一、成渝地区口岸建设情况

（一）口岸开放平台体系初步建立

目前，成渝地区已建成一批“空铁水公”口岸开放平台，具备较完善的内陆开放功能。其中，3 个一类开放口岸，即重庆港、重庆江北机场、成都双流机场，5 个一类临时开放口岸，即团结村铁路、重庆万州机场、青白江铁路、泸州港、宜宾港。11 个二类开放口岸，即涪陵港、新港、长寿化工港、永川理文码头、江津玖龙纸厂码头、上清寺邮政、绵阳外贸货物装卸点、攀枝花外贸货物装卸点、乐山外贸货物装卸点、成都外贸货物装卸点、成都国际邮件。10 类特殊商品进口指定口岸，分别是：汽车整车、冰鲜水产品、水果、肉类、活牛、食用水生动物、粮食、药品及生物制品、植物种苗和金伯利进程（毛坯钻石）。2019 年成渝地区口岸分布情况见表 1。

表 1　2019 年成渝地区口岸分布情况

序号	分类	口岸名称	性质	所在区域	特殊商品进口功能
1	空港	重庆江北机场	一类口岸	渝北区	肉类、水果、冰鲜水产品、食用水生动物、金伯利进程、进口药品及生物制品
2		成都双流机场		双流区	水果、药品及生物制品、植物种苗、冰鲜水产品、食用水生动物、水果
3		重庆万州机场	一类临时口岸	万州区	

续表

序号	分类	口岸名称	性质	所在区域	特殊商品进口功能
4	水港	重庆港	一类口岸	寸滩、果园	肉类、活牛、水果、粮食、冰鲜水产品、药品及生物制品
5	水港	泸州港	一类临时口岸	泸州市龙马潭区	粮食
6	水港	宜宾港	一类临时口岸	宜宾港志城作业区	粮食
7	水港	涪陵港	二类口岸	涪陵区	
8	水港	新港	二类口岸	大渡口区	
9	水港	长寿化工港	二类口岸	长寿区	
10	水港	永川理文码头	二类口岸	永川区	
11	水港	江津玖龙纸厂码头	二类口岸	江津区	
12	铁路港	团结村铁路	一类临时口岸	沙坪坝区	汽车整车、进口药品及生物制品
13	铁路港	青白江铁路	一类临时口岸	青白江区	汽车整车、肉类、粮食
14	铁路港	攀枝花外贸货物装卸点	二类口岸	攀枝花	
15	铁路港	乐山外贸货物装卸点	二类口岸	乐山	
16	铁路港	绵阳外贸货物装卸点	二类口岸	绵阳	
17	公路港	成都外贸货物装卸点	二类口岸	龙泉驿区	
18	邮政	上清寺邮政	二类口岸	渝中区	
19	邮政	成都国际邮件	二类口岸	双流区	

（二）口岸通道初步实现四向联通

当前，成渝地区已初步建成以重庆和成都为中心，立足西部、辐射全国，东西南北互联互通、公铁水空多式联运的国际物流大通道。东向通过长江水道、沿江铁路实现国际远洋出海出境，15～40 天可达全球主要城市。2019 年，成渝地区水运总量为 2.8 亿吨，增长约 8%。西向通过中欧班列（渝新欧、蓉欧）可达欧洲腹地直至大西洋，实现亚欧大陆全覆盖，累计开行突破 10000 列，占比超过全国的 40%，是全国开行中欧班列数量最多的地区。南向依托西部陆海新通道实现与东南亚、太平洋、印度洋的跨境运输，铁海联运累计开行 2200 列。北向依托渝满俄、蓉欧北线，经满洲里或二连浩特出境接中蒙俄经济走廊，累计开行 1300 列。空中通道累计开通国际（地区）航线 223 条，2019 年运输国际及地区旅客 700 万人次，货邮 30 万吨。2019 年重点城市中欧班列开行情况统计见表 2。

表 2　2019 年重点城市中欧班列开行情况统计

名称	开行时间	班列（班）		货值（亿元）	
		年度班列	累计班列	年度货值	累计货值
中欧班列（重庆）	2011 年 1 月	1542	4539	547	1800
中欧班列（成都）	2013 年 4 月	1576	约 4600	1250	—
中欧班列（西安）	2013 年 11 月	2133	约 3500	324. 2	—
中欧班列（郑州）	2013 年 7 月	1000	2760	231. 4	812. 7
中欧班列（武汉）	2012 年 10 月	322	约 1500	150	—

（三）口岸功能不断增强

成渝地区积极构筑立体化口岸通关体系，为提升外贸水平、吸引外来投资创造了良好的口岸环境。一是进出口货物量保持较快增长。2018 年，成渝地区一类口岸累计进出口货物 968. 35 万吨，集装箱 59. 87 万标准箱，同比分别增长 27. 8% 、14. 6% 。二是出入境人次加快增长。2019 年重庆机场口岸出入境人员突破 341 万人次，成都航空口岸出入境人员突破 700 万人次，成为全国第 4 个出入境人员流量突破 700 万人次的一类航空口岸，仅次于上海浦东、北京首都、广州白云国际机场。三是“单一窗口”不断深化。截至 2019 年底，重庆“单一窗口”累计业务量约 1714 万票，四川“单一窗口”累计处理业务 951 万票，货物通关时间分别较 2017 年压缩 68% 、30% 。四是智慧口岸建设初见成效。重庆果园港已在水运口岸进口率先实现智能理货，铁路口岸“大围网”和航空智慧口岸建设正加速推进，成都铁路口岸已实现 90% 智慧化无人操作。

二、成渝地区口岸建设情况存在的问题

（一）区域口岸整体规模相对较小

成渝地区地处内陆，与沿海口岸城市相比，无论从进出口规模、出入境人次、外贸货物吞吐量，还是实际利用外资、实际对外投资等各项体现口岸经济功能的重要指标来看，差距都比较大。同时，一类口岸数量相对较少，陆上口岸包括铁路、公路均为临时口岸，不利于服务长江经济带、西部陆海新通道等国家战略和“一带一路”倡议的实施。2019 年成渝地区口岸发展与东部沿海地区比较情况见表 3。

表 3　2019 年成渝地区口岸发展与东部沿海地区比较情况

地区	外贸进出口值（亿美元）	全国占比（%）	实际利用外资（亿美元）	全国占比（%）	实际对外投资（亿美元）	全国占比（%）	一类口岸个数（个）	口岸入境人数（万人次）	进出口货物（万吨）
北京	4164.6	9.1	142.1	10.3	82.7	6.0	2	2689.5	9018.0
天津	1066.5	2.3	47.3	3.4	44.0	3.2	3	416.9	27640.9
上海	4939.1	10.8	190.5	13.8	104.9	7.7	3	4626.9	40550.7
江苏	6295.2	13.8	261.2	18.9	51.2	3.7	26	670.9	33867.4
浙江	4472.2	9.8	135.6	9.8	89.5	6.5	10	796.1	50371.7
山东	2970.0	6.5	100.2	7.3	102.4	7.5	18	856.9	86225.4
广东	10366.3	22.6	171.43	12.4	167.0	12.2	59	42908.4	46000.0
成渝	1823.5	4.0	116.0	8.4	30.8	2.3	3	1035.7	968.4①

注：①数据为 2018 年数据。

（二）区域口岸出入境联动有待增强

口岸是提供人员出入国境的重要平台，其中：签证便利化是提升口岸人员流动的重要途径。经过积极争取，自 2019 年 12 月 1 日起，重庆和四川省境内包括成都、乐山等 11 个市行政区域的过境免签从 72 小时延长至 144 小时，适用国家增至 53 个。但 144 小时过境免签政策的实施范围仅限两地本地区域，尚未实现外籍居民从成都口岸入境而由重庆口岸出境，或者从重庆入境

由成都出境等出入境更加便利化的服务。与国内京津冀、江浙沪等地均已实行144小时过境免签政策联动相比，成渝地区口岸在推动与国外的商务和旅游人员往来，加强与各国的交流等方面还存在一定差距。

（三）区域口岸物流合力尚未形成

由于成渝两地主导产业、贸易发展相似，口岸物流运输方式、路线、目的地等几乎相同，无序同质化竞争问题突出。在陆路口岸方面，公路口岸枢纽和通道班列（车）缺少联结合作机制，存在争抢货源现象。在水运口岸方面，寸滩、果园与泸州港等主要港口的定位、外运路线高度重合，存在互相“吃不饱”情况。成都地区货物宁愿推高整体物流成本，也要越过重庆港直达中游港口转运。在航空口岸方面，两地航线高度重合，且由于管理体制等原因，重庆在基地航空公司能力建设、国际航线航权分配、空域和时刻资源释放方面处于劣势。

三、推动成渝地区双城经济圈口岸发展的建议

（一）构建推进成渝口岸合作发展体制机制

两省市政府加快推动一体化发展体制机制建设。一是搭建综合运营平台。以西部陆海新通道建设为契机，发挥成渝两地优势资源及条件，探索共建跨国跨区域的合作机制，共同打造国际贸易服务平台、跨区域物流信息平台、跨境物流金融服务平台和各地运营平台等子平台，提升通道综合服务能力。二是建立成渝地区大通关机制。促进两地口岸与沿线国家海关间的信息互换、监管互认、执法互助，全面实施保税货物跨关区便捷流转。三是推进成渝两地建立口岸功能共享共用机制。共享双方独有口岸功能，解决各自口岸资质困境，联合构建内陆口岸高地。

（二）共同争取国家政策支持

深化四川重庆合作推动成渝地区双城经济圈建设工作方案，全力争取国家新一轮政策支持。一是共同向国家口岸办争取，推动重庆铁路口岸、万州

五桥机场航空口岸、成都青白江铁路口岸、泸州港水运口岸正式开放，争取向川渝两地国际贸易单一窗口进行全口径数据下发，并以此为契机进行“单一窗口”跨区域合作试点，开展“单一窗口”跨区域合作，保证数据共享的完整性和准确性。二是共同向国家移民管理局、公安部、文化和旅游部等相关部门争取，支持扩展144小时过境免签政策免签区域。三是共同向国家发展改革委、国铁集团争取，支持成渝两地中欧班列高质量发展，对川渝两地间铁路通道以及陆海新通道、沿江班列等两地对外铁路通道给予量价挂钩的运输优惠政策，推进两地“公转铁”以及以重庆为“无水港”的铁水联运。四是共同争取国家部委支持设立更多的进口水果、肉类、粮食等特殊商品海关指定监管场地。

（三）加强重大物流项目合作

积极开展成渝两地物流规划对接，共建物流基地、培育物流企业。一是加快推进万州港扩能改造，为达州货物提供配套堆场，提供优先作业、费用最省等待遇，打造“达州—万州—长三角”铁公水多式联运物流体系，构建东中西大宗物资双向进出便捷大通道。二是共同推进建立长江口岸贸易物流便利化联动机制，提升外贸集装箱货物在港口装卸速度和通关效率。三是共建现代物流产业集群，强化重庆国家级陆港型物流枢纽功能，打造万州、涪陵、江津、永川、遂宁、泸州、自贡、内江、南充等商贸物流基地。引进国际国内物流龙头企业和综合物流服务集成商，发展供应链管理、物流总部经济、航运衍生服务等高端业态。

[重庆市综合经济研究院
主研：易小光　丁　瑶　余贵玲　王　利　夏　月　陈　殊
执笔：陈　殊]

建议提升欧洲重庆中心发展能级
推动重庆市对欧合作再上台阶

内容摘要：欧洲重庆中心于2020年9月在渝启动运行，通过产业合作、商会协会、企业联盟等方式，将重庆市对欧洲合作资源与中心进行链接，为欧方企业和机构到重庆投资兴业提供信息及对接服务，成为重庆对欧开放的新窗口。但实地调研发现，欧洲重庆中心运仍存在管理运营各自为政、统筹协调力度不够、业务贸易内重外轻等问题。为进一步提升欧洲重庆中心发展能级，推动重庆市对欧合作再上台阶，建议：一是强化高位推动，优化顶层设计；二是强化机制创新，密切协同联动；三是强化错位发展，推动优势互补。

为推动共建“一带一路”走深走实，形成重庆市对欧合作资源要素集聚，2020年9月，在第五届中欧绿色智慧城市峰会期间，欧洲重庆中心正式设立。作为重庆市与欧洲合作资源集聚的窗口和载体，欧洲重庆中心商贸服务、产业合作、政务服务、展览展示功能持续完善，已成为欧洲企业来渝投资高地，2022年涉欧企业营业收入超千亿元、贡献税收超十亿元。2023年是中欧建立全面战略伙伴关系20周年，当前重庆市正加快推动更多欧洲企业来渝投资兴业，着力在智能网联汽车、绿色能源、数字化建设等方面深化与欧洲有关国家和地区的合作。为此我们建议，抢抓中欧关系“升温期”和拓宽欧洲海外市场的“窗口期”，进一步提升欧洲重庆中心发展能级，推动重庆市对欧合作再上新台阶，助推加快建设内陆开放高地。

一、基本情况

（一）"1 +8" 管理运营机制基本建立

"1 中心"即两江新区国际合作中心。欧洲重庆中心以两江新区国际合作中心为集中办公展示区，积极引进各国商会、行业协会、涉外服务机构、总部企业、双边投资促进中心等机构，集聚了出入境管理局移民事务服务中心、涉欧人力资源服务机构、"一带一路"国际商事法律示范项目等对欧合作要素资源。"8 基地"即八个挂牌基地。首批 8 个欧洲重庆中心基地在 2022 年 7 月第四届中国西部国际投资贸易洽谈会上被授牌，包括中瑞产业园基地、国际物流枢纽基地、人力资源服务基地、新材料产业基地、国际经贸与人文交流基地、临空国际贸易服务基地、法律服务基地、智慧制造研究与技术转移基地。

（二）商贸服务合作不断拓展

成功争取中欧绿色智慧城市峰会永久会址落户两江新区国际合作中心，集中展示中欧合作成果及欧洲绿色智慧城市先进经验做法，成功引进欧美同学会、意大利商会、法国中小企业协会、中国瑞士商会西南分会、中国欧盟商会西南分会等 10 余家外国商协会及涉外机构。此外，中瑞产业园基地成功举办中欧城市与区域合作创新及可持续合作研讨会暨"曼海姆（莱茵—内卡）—重庆中心"挂牌系列活动；国际经贸与人文交流基地举办系列合作项目宣传推介会、落地签约会、成果发布会，为欧洲与重庆企业开拓双方市场提供便利化服务。

（三）产业合作逐渐走深走实

中瑞产业园基地重庆本部园区和海外科创孵化基地成为中欧产业创新合作基地，"中瑞（重庆两江）产业杯"国际创新创业大赛登陆智博会；智慧制造研究与技术转移基地加快推动中欧科创项目，双方企业及科研机构交流互访活跃，数字经济、新一代信息技术、绿色产业、"智能 +"产业等领域交流合作日益频繁；新材料产业基地集聚巴斯夫等 27 家“世界 500 强”，涉欧企业年产值超 100 亿元；临空国际贸易服务基地链接全球创新资源，与德国、保加利亚、白俄罗斯、葡萄牙、意大利等欧洲主要国家和地区建立常态化合作。

二、存在的问题

（一）管理运营各自为政，尚未形成合力

当前，“1 中心 8 基地”分属不同行业领域，建设主体涉及企业、协会、高校、国有平台公司、政府派出机构等，呈现层级低、类型多、力量弱等特点，加之上级主管部门层级不一，导致管理运行效率不高。如两江国际合作中心运营单位为重庆高科集团，其涉欧合作事项要通过两江产业集团—两江新区经济运行局、两江新区自贸办—两江新区管委会—市级部门层层上报。此外，“1 中心 8 基地”内部互动合作较少，重要信息、资源、平台尚未实现优化整合，未形成发展合力。如人力资源和法律服务基地等功能性基地为其他基地建设赋能不足，其他基地反映的企业“走出去”交易风险、国际化人才供给风险、海外人员健康安全风险等问题尚未得到有效解决；“1 中心 8 基地”之间尚未建立常态化沟通协调合作机制，在招商引资、商会协会入驻等方面互有竞争，部分基地行政审批、涉外服务等功能互有重叠、未成体系、未能互补。

（二）统筹协调力度不够，影响后续发展

“8 基地”由市发展改革委会同市工商联组织遴选，经过自愿申报、市级部门或区县发展改革部门初审推荐、专家评审、现场复核等程序选出，但后期运营发展以相关建设主体自发推动为主，市级层面统筹力度有待加强，市、区、镇（街）权责需进一步理顺。如人力资源服务基地急需市级层面指导其对欧合作，法律服务基地急需市级支持其开展实体化运营。同时，部分基地提出的加大财税金融支持力度、降低要素成本价格、拓宽对欧合作领域等诉

求亟须加强顶层统筹协调、出台配套政策。如“1中心8基地”日常运行缺乏市级财政资金支持；新材料产业基地拓展园区发展空间、申请绿电指标配额、增加天然气用气指标、降低天然气采购价格、拓展石油炼化业务等诉求强烈，长寿经开区从区级层面协调解决难度较大。

（三）业务贸易内重外轻，整体质效不高

前期受疫情影响，中瑞产业园基地欧洲企业、商会约有70%人员暂时回欧，科技经贸交流活动仍以线上为主；国际物流枢纽基地缺少水果、粮食等指定进口口岸及综保区功能，限制其进出口业务拓展，导致国际贸易结构单一、加工贸易占九成以上，中欧班列与长江黄金水道、西部陆海新通道等主要大通道联动不足、联运量仅占3.5%；临空国际贸易服务基地行政审批、涉外公共服务功能尚不完善、业务内容较为单一，急需进一步整合公安、商务、税务、海关等部门外事职能。

三、工作建议

（一）强化高位推动，优化顶层设计

建立欧洲重庆中心建设市级联席会议制度，定期研究解决工作中的重大问题。建立“市级统筹、一体谋划、分区负责”开发体制，明确“1中心8基地”各板块开发责任主体，协同推进欧洲重庆中心开发建设。积极对接国家发展改革委，年内申办疫后首届中欧绿色智慧城市峰会，发布中欧绿色智慧发展新版合作指南，争取IURC（欧盟国际城市与区域合作项目）更多优质项目在渝落地，在全国范围推广两江新区作为第三轮中欧区域政策合作中方案例地区典型经验做法，遴选若干实施效果好、具有引领性带动性示范性的成果，作为欧洲重庆中心标志性成果；建立成员单位定期沟通协商机制，常态化倾听企业诉求、服务企业发展，研究制定产业、科创、人才、投资、金融、财政、土地等配套支持政策，推动解决制约“1中心8基地”高质量发展的难点堵点问题。

（二）强化机制创新，密切协同联动

建立市级招商引资协调联动机制，畅通信息互动、资源共享渠道，加大宣传推介力度，提高项目对接效率。建立定期赴外交流合作机制，统筹组织适时赴欧开展合作交流，举行项目推介活动。建立基地定期遴选机制，研究出台基地遴选办法，滚动遴选产生一批新基地，推动基地扩容升级，提升欧洲重庆中心影响力、辐射力、带动力。建立基地内部利益联结机制，探索以信息互换、项目互推、市级激励政策引导等方式，促进基地间相互分享行会、商会、企业资源。建立外部合作交流机制，常态化开展赴京津冀、长三角、粤港澳大湾区等对外合作密切及外向型经济发达地区学习交流活动，学习先进、交流经验。

（三）强化错位发展，推动优势互补

依托“1 中心”作为重庆市与欧洲合作资源集聚的窗口和载体，积极打造自由贸易试验区、中欧国别合作园区、中欧区域政策合作、中欧人才服务、中欧技术服务、中欧金融服务等对欧合作平台；加强双方在数字经济、新一代信息技术、绿色产业、“智能 +”产业等领域交流合作，使之成为中欧双方产业合作和科研成果转化高地。推动“8 基地”差异化发展，支持中瑞产业园基地推进二三期项目及海外创新孵化中心建设，加强与德国曼海姆 Manifex 技术中心科技交流合作；支持国际物流枢纽基地建设中欧班列欧洲海外仓、物流分拨中心和贸易促进中心，推动北部回龙坝片区实施片区开发；支持人力资源服务基地搭建涉欧人力资源服务业务对接平台，支持在欧洲主要国家（地区）设立海外联络站；支持新材料产业基地在谈欧洲重大项目尽快落地，搭建欧洲目标客户库和外资重点招商项目储备库，针对天然气用作化工原料给予价格和用量指标优惠支持，支持天然气下游产业链式延伸，给予绿电指标支持；支持国际经贸与人文交流基地完善国际经贸、人文交流、政务服务三大功能，完善涉外服务一站式窗口功能；支持临空国际贸易服务基地拓展产业载体平台，构建集贸易、金融、结算、仓储、办公于一体的临空国际贸易示范区；支持法律服务基地在欧洲设立法律服务中心，重点为欧洲企业“引进来”和中国（重庆）企业“走出去”提供全方位服务；支持智慧制造研究与技术转移基地申请国家级国际合作联合实验室，加速国际化技术转移和转化。

［重庆市综合经济研究院
执笔：曹　亮］

强化双城经济圈与“美丽中国中脊带”城市群产业合作 带动西南西北地区加快发展

内容摘要：加快促进西南地区与西北地区合作互动，推进西部大开发形成新格局，是国家“十四五”规划纲要明确的重大任务。着力强化双城经济圈与“美丽中国中脊带”城市群产业合作，对于提升成渝地区产业能级，推动构建全国现代产业体系，保障产业链供应链安全，意义重大。建议：一是联合打造汽车、电子信息、装备制造三大世界级产业集群，着力构建世界级先进制造业和“美丽中国”文化旅游两大走廊；二是深化与“中脊带”沿线以及南北区域合作，加速释放“中脊带”联动东中西的黏合功能和传递效应，推动西部地区产业和城镇协同发展；三是统筹推进新型基础设施建设，打造对接东部、引领西部、西南西北协同的新型基础设施体系；四是有序承接国内外产业转移，力争在全球产业链重构中占据高位、走在前列。

著名人口地理学家胡焕庸先生于1935年提出了我国近代人口密度分布的突变线（后人称之为“胡焕庸线”），即以“瑷珲—腾冲”为界，将全国分为东南和西北两部，当时该线东南半壁占全国国土面积36%，却居住着全国96%的人口。近90年来，该线西北方人口占比由1935年的约4%提高到2018年的约6%，变化甚微，一直是我国东西区域发展不平衡的典型分界线。近年来，围绕“胡焕庸线”的研究，尤其是围绕李克强总理在2013年提出的胡焕庸线“该不该破？能不能破？如何破？”三个问题的讨论和研究渐趋热烈。中科院学部设立了《“胡焕庸线”时空认知：聚焦“总理三问”》项目进行专门研究，郭华东院士团队深入研究后提出，根据建设“美丽中国”的要求，围绕这条在中国版图上成45°的“胡焕庸线”，加强其周边的都市圈、城市群建设，构建一条“生态”“开放”和“高质量发展”的“美丽中国中脊带”，作为破解东西、南北发展不平衡、不充分的战略抓手，该战略构想获得了国家领导人的高度肯定。“美丽中国中脊带”提出后几年来，已引起学术界、政治界和社会的广泛共识和多层次探讨，对于推动我国区域开放协同发展形成了积极影响。

“美丽中国中脊带”串联了我国东北至西部的大部分地区，包括东北段的黑龙江、吉林、辽宁，中段的内蒙古、山西、河北、陕西、甘肃、宁夏、青海，西南段的四川、重庆、云南，面积约240万平方千米，成45°纵贯我国东北—西南区域，既是“一带一路”建设与国内区域、流域、城市群发展战略的集中交汇区，也是促进我国东西联动、南北协同的重要连接带和动力传递带。“美丽中国中脊带”西南段和中段大部分地区地处我国西部，产业层次较低、协同性不足，整体发展相对落后。发挥成渝地区双城经济圈产业优势，强化成渝与关中、黔中、滇中等城市群产业合作，加快培育世界级产业集群，协同打造南北相通、承东启西的现代产业走廊，既是促进西南地区与西北地区合作互动，协同推进西部大开发形成新格局的重要抓手，也是依托产业带动人口集聚和城镇建设，推动“美丽中国中脊带”高质量发展，渐进突破“胡焕庸线”的有效途径。

一、重要意义

（一）有利于推动西南和西北地区融入全国现代产业体系，协同推进西部大开发形成新格局

“美丽中国中脊带”串联了我国东北至西部的大部分地区，是我国重要的装备、能源、材料、汽车、电子等产业的集中区域。东北地区的装备制造、华北地区的能源产业、西北关中地区的能源和电子、西南成渝地区的汽车和

电子以及消费品等产业实力雄厚，产业布局整体上呈现梯次分布态势。强化成渝地区双城经济圈与“中脊带”城市群产业合作，发挥各自在产业链、供应链、创新链上的突出优势，培育汽车、电子、装备制造等世界级产业集群和具有较强区域带动力的产业集聚区，在我国西部地区形成高质量发展的重要增长极，有利于发挥“中脊带”联动南北和衔接东中西的“节点传接”“轴带拓展”功能，助力提升西部地区产业基础高级化、产业链现代化水平，推进西部大开发形成新格局。

（二）有利于以产业发展带动人口集聚和城市群建设，增强“中脊带”联动西南和西北的黏合功能

城市群和都市圈既是人口的集聚地，也是现代产业的集中承载地。“美丽中国中脊带”涵盖西安、成都、重庆等超大城市，沈阳、昆明等特大城市以及银川、西宁、兰州等大城市，涉及京津冀、成渝、关中、哈长等国家级城市群和呼包鄂榆、滇中、兰西等省级城市群。其中，以重庆和成都为核心的成渝地区双城经济圈、以西安为核心的关中平原城市群，分别是带动我国西南和西北地区高质量发展的重要增长极。强化成渝地区双城经济圈与关中平原城市群等“中脊带”其他城市群产业合作，加快现代产业集聚和高质量发展，有助于以产业集聚人口、以人口支撑城市和城市群发展，培育形成成渝地区、关中平原等有实力有影响的都市圈和城市群，并逐步向周边辐射传导，进一步放大“中脊带”联动西南和西北的黏合功能、传递效应，加快促进西南地区与西北地区融合互动。

（三）有利于高效释放区域资源要素优势，进一步提升资源转化价值和能力

在推动高质量发展背景下，实现高效率增长、有效供给性增长、中高端结构增长、绿色增长、可持续增长、和谐增长是基本要求。“美丽中国中脊带”北联东北亚、西南接东盟诸国，沿线涉及的省（自治区、直辖市）自然禀赋好、生态条件优。深化区域产业合作，加快构建“中脊带”现代产业走廊，就是要通过产业结构调整、产业布局优化，统筹推动人口和产业向重点开发区集聚，提升资源要素利用效率，有效减少生态脆弱区域人口荷载，提高整体发展质量和资源转化价值和效率。推动成渝地区双城经济圈与“中脊带”城市群协同构建现代产业链供应链，有利于促进西南地区与西北地区资源统筹利用，进一步提升长江上游、秦岭等重点生态功能区绿色发展能力，形成绿色低碳生产生活方式，打造践行“产业生态化、生态产业化”两化路径的标杆和典范。

二、双城经济圈在“中脊带”产业发展中的主要特点

（一）“中脊带”产业梯次分布态势明显，双城经济圈中高端制造业与旅游产业特色突出

依托京津冀城市群、成渝地区双城经济圈、关中平原城市群、哈长城市群等国家级城镇群产业集聚辐射带动，“中脊带”产业梯次分布态势较为明显。东北段的黑龙江、吉林、辽宁是我国重要的粮食主产区，汽车、装备制造、石化等产业集群加快形成，面向东北亚、俄罗斯的跨境金融业、边贸物流、冰雪旅游会展业提速发展。中段的内蒙古、山西、河北等是我国重要的煤炭、钢铁、装备制造、稀土新材料及新能源产业基地；陕西、甘肃、青海、宁夏等地的装备制造、航空航天、能源化工产业发展迅猛。同时，中段省区冰雪运动、中蒙—中俄—中欧跨境物流商贸、黄河旅游等现代服务业快速崛起。西南段重点依托成渝地区双城经济圈，电子信息、装备制造、消费品等产业集群不断壮大，新能源汽车、高端装备以及新一代信息技术等高技术制造业比重日益增加，2021 年工业增加值 2.13 万亿元，增长 10%，增速比全国高 0.4 个百分点，规模以上工业高技术产业营业收入 2.51 万亿元，增长 19.5%。巴蜀文化旅游走廊加快建设，2019 年川渝两地旅游总收入达到 1.73 万亿元、接待国内游客 14.01 亿人次，分别占全国的 30% 和 23.3%。“美丽中国中脊带”重点产业分布现状见表 1。

表 1　“美丽中国中脊带”重点产业分布现状

分段	东北段	中段	西南段
相关省区市	黑龙江、吉林、辽宁	内蒙古、山西、河北、陕西、甘肃、青海、宁夏	四川、重庆、云南
依托城市群	哈长城市群	京津冀城市群、关中平原城市群、呼包鄂榆城市群	成渝地区双城经济圈
二产主导产业	汽车、装备制造、石油化工、农产品加工	钢铁、装备制造、石化、能源、新材料	电子信息、装备制造、能源化工、新材料、消费品
战略性新兴产业	生物医药、机器人、航天装备、海洋工程装备、光电信息、新能源、新材料	高端装备、新能源、新材料、生物医药	新一代信息技术、新能源汽车、高端装备、新材料、生物技术、节能环保
现代服务业	金融服务业、现代物流、信息服务、旅游会展、商贸物流、健康养老	医疗康养、冰雪运动、金融物流	金融服务、商贸物流、文化旅游、健康服务

（二）“中脊带”重大产业平台多元丰富，双城经济圈产业平台空间集聚水平较高

“中脊带”既布局有国家级新区、国家级高新区、国家级经开区等高能级开发平台，也有国家自贸试验区、综保区及各类口岸等开放平台，类型多元、功能齐备。目前，“中脊带”布局有各类国家级开发开放平台 170 余个，其中国家级新区 7 个、国家高新区 53 个、国家经开区 66 个、综合综保区 41 个、自贸试验区 7 个，分别占全国的 37%、31%、29%、24% 和 33%。其中，成渝地区双城经济圈布局国家级开发开放平台 40 余个，约占“中脊带”总数的 23.5%，包含国家级新区 2 个、国家高新区和经开区 24 个、自贸试验区 2 个、综合保税区 12 个。主要分布于重庆和成都两大都市圈内，其中国家级新区、自贸试验区核心区全部位于重庆与成都中心城区，川渝两省市一半以上的国家高新区、近一半的国家经开区以及 2/3 的综保区分布在成渝两大都市圈，空间集聚态势显著。

（三）“中脊带”创新水平稳步提升，双城经济圈创新能力和创新活力更加显现

近年来，“中脊带”科技创新水平加快提升，2020 年社会研发投入占全国比重达 18.6%，研发投入强度由 2016 年的 1.35% 增加至 1.74%，区域内集聚了全国 36% 的高等学校、25% 的国家重点实验室以及 17% 的高新技术企业。2020 年 R&D 人员 144 万人、国内专利授权数 53.7 万件，分别占全国的 19% 和 15%。成渝地区双城经济圈为我国西部创新能力较强区域，2020 年川渝两省市研发投入强度达 2.23%，高于“中脊带”平均水平 0.49 个百分点。具备成渝综合性科学中心、西部科学城、中国（绵阳）科技城等重大创新载体，重庆、成都 2 个国家新一代人工智能创新发展试验区（“中脊带”上仅 3 个）。2020 年，川渝两省市拥有高等院校 200 所、国家重点实验室 26 家、高新技术企业 12225 家，分别占“中脊带”总数的 20%、20% 与 26%。2020 年川渝两省市集聚 R&D 人员 45.9 万人，两省市国内专利授权数量达 16.38 万件，其中，四川是“中脊带”上唯一国内专利授权数量超过 10 万件的省级行政区。“中脊带”沿线创新资源情况见表 2。

表 2　“中脊带”沿线创新资源情况

区域	研发投入		创新平台		创新主体		创新人才	科技活动
	全社会研发投入（亿元）	研发投入强度（%）	国家重点实验室（个）	国家级科技企业孵化器（个）	高新技术企业（家）	高校数量（个）	R&D 人员（人）	国内专利授权数量（件）
全国	**27956.3**	**2.4**	**522**	**1173**	**275000**	**2738**	**7552986**	**3520901**
黑龙江	194.6	1.26	7	21	1932	80	66500	28475
吉林	183.7	1.3	13	23	2495	64	76601	23951
内蒙古	190.1	0.93	3	13	1000	54	46947	17958
辽宁	600.4	2.19	14	31	7000	114	171347	60185
河北	745.5	1.75	6	40	9400	125	196123	92196
宁夏	70.4	1.52	3	5	288	20	21158	7709
陕西	700.6	2.42	34	36	6100	96	167984	60524
山西	251.9	1.2	6	16	3188	85	89039	27296

续表

区域	研发投入		创新平台		创新主体		创新人才	科技活动
	全社会研发投入（亿元）	研发投入强度（%）	国家重点实验室（个）	国家级科技企业孵化器（个）	高新技术企业（家）	高校数量（个）	R&D人员（人）	国内专利授权数量（件）
甘肃	129.5	1.22	10	12	1229	50	43082	20991
青海	26.8	0.71	2	7	218	12	7773	4693
重庆	603.8	2.11	10	22	4065	68	166227	55377
四川	1214.5	2.17	16	41	8160	132	292729	108386
云南	281.9	1	6	15	1679	82	95071	28943
川渝合计	**1818.3**	**2.23**	**26**	**63**	**12225**	**200**	**458956**	**163763**
“中脊带”合计	**5193.7**	**1.74**	**130**	**282**	**46754**	**982**	**1440581**	**536684**
“中脊带”上西部省区市合计	**3027.5**	**1.91**	**81**	**138**	**21739**	**460**	**794024**	**286623**

数据来源：创新平台、创新主体、创新人才、科技活动数据为2020年数据，来自2020年《中国科技统计年鉴》、2020年部分省市国民经济和社会发展统计公报与科技统计手册以及科技创新“十四五”规划等。研发投入为2021年数据，数据来自2021年《全国科技研发经费投入统计公报》。

（四）“中脊带”交通网络加快健全，双城经济圈铁公水枢纽能力优势明显

“中脊带”内初步形成了以京津冀—成渝主轴、京哈走廊、成渝昆走廊为主骨架的立体交通网络，客货并举的交通枢纽加快建设，内畅外达的综合交通体系日益完善。2021年，“中脊带”铁路和公路营业里程数分别占全国的50.6%和44%，铁路货运占全国的69%，机场货邮吞吐量、港口吞吐量分别占全国的14.8%、20.3%，具备6个国际性综合交通枢纽以及13个全国性综合交通枢纽，国家物流枢纽数量占全国的30%。成渝地区双城经济圈为国家综合立体交通网主骨架4极之一，目前已构建“铁水公空”四式联运、“东西南北”四向联通的综合立体交通网络。2021年，川渝铁路、公路营业里程

数分别达“中脊带”上西部省份总量的28.2%、43.2%。中欧班列（成渝）突破2万列，航空旅客吞吐量、货邮吞吐量分别占“中脊带”上西部省区市总量的48.2%、54.4%。长江上游航运中心提速建设，2021年川渝两地内河航道通航里程、水运货物吞吐量分别占“中脊带”上西部省份总量的67.1%、97.3%。拥有国家物流枢纽城市4个，重庆是全国唯一兼有“水陆空三型”国家物流枢纽的城市。“中脊带”沿线交通资源情况见表3。

表3 “中脊带”沿线交通资源情况

区域	铁路		公路		水运		航空	
	营业里程（千米）	货运量（万吨）	营业里程（千米）	高速公路里程（千米）	货物吞吐量（万吨）	内河航道通航里程（千米）	旅客吞吐量（万人）	货邮吞吐量（千吨）
全国	**146300**	**477372.0**	**5280700**	**169100.0**	**1554534**	**127600.0**	**90748.3**	**17828**
黑龙江	6781	12512.2	168000.0	4520.0	396.0	5097.5	1485.7	108.9
吉林	5043	5912.0	108700.0	4314.9	—	1456.3	1129.0	94.5
内蒙古	14190.3	83128.0	212603.3	6984.6	—	2402.8	1597.9	61.1
辽宁	6626.8	23151.0	131587.8	4347.8	20057.0	413.0	1422.0	174.4
河北	7941.2	29205.0	207000.0	8084.5	92293.0	21.7	90.7	0.5
宁夏	1662.7	9422.7	37576.7	2078.9	—	129.9	721.5	43.0
陕西	5589.2	37894.0	183414.5	6483.9	—	1145.6	3311.0	411.1
山西	6251.0	102909.4	145000.0	5763.0	—	467.1	1318.0	65.2
甘肃	5112.8	6444.1	157000.0	5539.7	—	910.7	1257.2	73.4
青海	2974.8	3734.7	86200.0	4101.0	—	674.4	586.4	33.8
重庆	2355.8	1946.0	184106.2	3839.0	19804.0	4352.5	3700.5	478.0
四川	5311.9	7535.0	398898.9	8608.0	2044.0	10817.4	5494.5	679.2
云南	4220.4	5342.0	300889.6	9947.1	602.0	4590.2	3990.2	409.5
川渝合计	**7667.7**	**9481**	**583005.1**	**12447**	**21848**	**15169.9**	**9195**	**1157.2**
“中脊带”合计	**74060.7**	**329136.1**	**2320977**	**74612.4**	**135196.0**	**32479.0**	**26104.3**	**2632.5**
“中脊带”上西部省区市合计	**27227.6**	**72318.5**	**1348086**	**40597.6**	**22450**	**22620.7**	**19061.3**	**2128**

三、提升双城经济圈产业支撑能力的优化建议

发挥成渝基础优势，坚持以全局谋划一域、以一域服务全局，聚焦强链延链补链，不断强化“美丽中国中脊带”产业支撑能力，协同打造南北相通、承东启西的现代产业走廊。

（一）优化产业空间布局，联合打造世界级产业集群

加强与“中脊带”沿线城市群产业合作，联合打造汽车、电子信息、装备制造三大世界级产业集群，着力构建世界级先进制造业和“美丽中国”文化旅游两大走廊。一是以新能源和智能网联为主攻方向，建设世界级汽车产业研发生产制造基地，提升燃料电池、汽车电子、车载操作系统等核心零部件本地配套能力，联动长春在西南和东北地区形成两大万亿元级汽车产业集群。二是聚焦航空航天、数控机床、轨道交通等装备制造行业，建设高端装备研发中心与检验检测中心，加强与西安、沈阳、长春等“中脊带”沿线城市合作，共同开展数控机床、无人机、通用航空器及其零部件研发和制造，共同争取更多国家级高层次创新平台、基础科研平台、配套资源共享平台等，整体提升区域协同创新能力。三是围绕计算机、手机等智能终端和零部件以及半导体、集成电路、新型显示、新型电子元器件、网络安全等新一代信息技术，加快建设世界级电子信息生产研发基地，联合西安等西部城市争取国家重点研发计划、国家科技重大专项等的支持，辐射带动西部地区电子信息产业集群提质增效。四是依托巴蜀文化旅游走廊建设，联动丝绸之路旅游带、黄河生态文化旅游带、东北“白山黑水·林海雪原”旅游带，共建一批国家主题公园、跨区域特色旅游功能区，共推国家旅游风景道和自驾游精品线路，合力打造“美丽中国”文化旅游示范走廊。

（二）强化区域合作互动，推动产业与城镇协同发展

发挥成渝地区连接“一带一路”、长江经济带、西部陆海新通道的战略性枢纽作用，深化与“中脊带”沿线以及南北区域合作，加速释放“中脊带”

联动东中西的黏合功能和传递效应，推动西部地区产业和城镇协同发展。一是围绕丝绸之路经济带建设，联动关中平原城市群、哈长城市群、天水城市群、天山北坡城市群，重点加强与俄罗斯、中亚、西亚在大宗原材料供给、能源保障、现代农业等领域合作，增强产业链、供应链韧性。二是围绕西部陆海新通道建设，联动北部湾城市群、黔中城市群、滇中城市群，深化与东盟、东南亚地区在特色农产品、工业互联网、跨境金融、跨境电商、区块链等领域合作，丰富完善"中脊带"产业链供应链体系。三是围绕长江经济带建设，强化与长三角、长江中游城市群互动合作，大力引进"链主"企业、关键核心部件配套企业，有序承接承载生物医药、高端装备、新材料、绿色环保等战略性新兴产业，带动西部地区产业梯次发展和整体跃升。

（三）统筹新型基础设施建设，夯实产业发展基础支撑

统筹推进对接东部、引领西部、西南西北协同的新型基础设施体系建设，打造全国领先的新型基础设施标杆，夯实新基建引领传统产业升级和新兴产业发展强支撑。一是抢抓"东数西算"工程实施机遇，加快推进成渝信息枢纽港建设，引导大型、超大型数据中心向双城经济圈集聚，提升整体算力规模和效率，打通与内蒙古、甘肃、宁夏、贵州等国家枢纽节点之间网络传输通道，带动西南、西北地区相关上下游产业发展。二是加快构建以跨行业跨领域跨区域平台为主体、企业级平台为支撑的工业互联网平台体系，打造国内工业互联网一体化发展示范区，联合"中脊带"沿线城市共建工业互联网一体化公共服务平台，带动西部地区企业上云和工业App应用，为传统制造业转型升级赋能添翼。三是依托两江新区国家级车联网先导区建设，加快构建智能网联汽车产业生态，吸引车联网、自动驾驶算法、整车制造、集成服务等贯穿产业链上中下游的各类企业集聚，引导企业开展应用示范试点，打造一批典型应用场景标杆样板工程，以市场应用带动智能网联汽车在西部地区产业化发展。

（四）有序承接产业转移，示范带动西部产业转型升级

发挥成渝地区要素成本、市场和通道优势，有序承接国内外产业转移，着力打造国际产业分工和承接产业转移示范区，力争在全球产业链重构中占据高位、走在前列。一是充分利用成渝地区人口规模庞大、产业基础雄厚、市场空间广阔、内需潜力强大等优势，瞄准东部沿海地区电子信息、车辆及零部件、机械、光学仪器及医疗设备等出口摩擦较严重、出口转内销需求较大的高附加值产业，加大承接转移力度，带动西部地区向产业链核心环节和价值链高端跃升。二是聚焦集成电路、新能源汽车、高端装备、软件开发等行业，面向国内外承接招引一批头雁企业、龙头企业、链主企业，吸引产业链上下游配套企业同步跟进、抱团落地，不断增强产业生态集聚力、产业链建构力、高端要素运筹力，辐射带动西部地区产业链集群竞争力整体提升。三是创新跨区域共建园区和“飞地经济”等合作模式，探索与东部地区建立财税分成、地区生产总值分计等成本分担和利益共享机制，引进一批强链扩链型、集群配套型、龙头牵引型的重大标志性项目，形成一系列能推广、可借鉴的经验，示范带动西部地区产业转型升级。

[重庆市综合经济研究院
主研：易小光　丁　瑶　邓兰燕　李　林　苏　凡　贾静涛
郑秋霞　王志军　赵　燕]

成渝地区双城经济圈一体化发展财税金融政策改革的重点难点及相关建议

内容摘要： 成渝地区双城经济圈建设上升为国家战略，标志着成渝地区一体化发展迈入新阶段。财税和金融领域政策直接调节区域要素收入分配和流动，是推动区域一体化发展的基础保障，但当前成渝地区财税金融政策协同性不高，政策改革仍面临诸多难点卡点。为推动成渝地区加快实现高质量一体化发展，建议：一是健全统一地方税体系、探索构建地方税收分成机制，同步优化财政支出结构，促进成渝地区双城经济圈财税协同；二是围绕成渝两地共建西部金融中心，以及金融服务实体经济、防范金融风险两大根本，推进成渝两地金融服务和监管协同；三是加快经济区和行政区适度分离试点，打破行政壁垒，促进要素自由流动，提高资源配置效率；四是搭建顶层领导班子，加快政策规划编制，筑牢成渝地区双城经济圈财税金融政策改革的组织保障体系。

2021 年 10 月，中共中央、国务院正式印发《成渝地区双城经济圈建设规划纲要》，标志着成渝地区双城经济圈这一重大国家战略正式进入全面建设阶段。如何推动和促进成渝地区双城经济圈一体化高质量协同发展，需要财税和金融领域给予充分的制度和政策保障。目前成渝地区围绕促进区域一体化的财税金融调控方式仍存在政策工具缺失、改革难度偏大等普遍性问题，在区域地方税制协同、财税协同以及金融改革等方面还存在突出问题，需要开展区域性的先行先试。

一、当前成渝地区双城经济圈财税金融政策改革重难点分析

（一）地方税制协调统一较为困难

地方税体系的健全和完善是增强地方政府财力、维持地方公共服务的重要保障。川渝两地共同推进协调统一的区域地方税体系建设，有助于为成渝地区双城经济圈建设提供更加有力的财政支撑。但是，成渝地区在地方税体系建设、地方财力、地方税种和规模等方面存在突出问题，两地税制协调统一难度大。一是地方财力弱，改革动力不足。受疫情带来不确定性加大、进一步加大减税降费力度影响，加之当前全球经济下行、经贸摩擦、实体经济发展困难等，在财政收入增速总体放缓的同时，支出呈现刚性增长趋势，地方财政平衡难度加大，财力不足使得税收协调空间受限。二是地方税种少、规模小，改革空间受限。与税源面广、数额较大的中央税相比，地方税税种主要包括城市维护建设税、房产税、城镇土地使用税、车船使用税等，地方税税种较少、规模较小，使得地方政府以税收扩大财政收入的能力不足，在社会民生以及公共服务等领域刚性支出下，财政收入对基本支出的保障能力偏弱。三是部分地方税税率不统一，改革难度大。成渝两地在地方税税率执行上存在差异，如所得税地方留存部分，两地根据自身实际需要，执行不同的税率，税率的不统一导致区域一体化难度加大。

（二）财税协同机制仍未建立健全

财税政策直接调节要素收入分配，要素的自由流动会带来税收区域流向变动，特别是在当前成渝两地产业链、供应链更为紧密的情况下，税收区域共生特征明显，但当前成渝两地财税协同机制仍未建立健全，一定程度上阻碍了经济活动产出效益在两地间公平合理科学分配，进而制约区域一体化发展。一是财政体制存在差异，政策协调难度大。成渝地区属于不同的财政管辖层架，重庆属于中央、省（区、市）二级财政体制，成都属于中央、省（区、市）、市三级财政体制，地方税收分成比例不同，导致成渝地区财税政

策协同难度较大。二是利益分享机制不健全，改革分歧大。虽然当前合作共赢已成为成渝两地发展共识，但由于行政体制的现实分割，以及成渝两地对跨区域利益分享机制的认识不足、经验不足、模式创新不足等原因，在一些跨行政区域的重大事项和重大利益上仍存在分歧。三是竞争发展态势导致财税政策统一难。目前在重大项目招商及高层次人才引进方面，成渝两地更多为竞争关系，两地均会依靠有限的裁量权，实行弹性税收征管方式，或借助专项资金、购房补贴及其他隐性补贴等差异化财政扶持政策，进行招商引资、人才引进，这将容易导致区域内产生无序的税收竞争行为。

（三）金融改革创新协同难度较大

成渝地区金融业一体化发展存在较多的体制机制阻碍和短板制约，难以形成区域金融发展合力，亟须加大金融协同改革创新力度，在更广范围、更高水平上配置金融要素资源，为成渝地区双城经济圈建设提供有力的金融支撑。一是金融市场分割，改革推进难。成渝两地金融一体化发展顶层设计不足，金融市场行政壁垒较突出，没有形成统一金融大市场，两地银行等金融机构异地展业、开设分支机构较为困难，金融要素市场设置趋同，行业竞争大于合作，区域金融业融合发展水平不高。二是金融合作平台少，协同创新难。成渝两地缺少具有全国影响力的金融要素市场，金融合作平台打造不足，科技金融发展、金融业开放等金融政策对接协调不充分，没有形成区域性特色金融产品，两地金融协同发展处于较低水平。三是金融一体化监管机制不健全，协调难度大。成渝两地缺少统一的跨区域金融监管机构，两地信用系统尚未实现互联互通，金融信息共享、执法联动不够，区域金融风险防范难度较大。

二、相关建议

（一）探索推动成渝地区财税协同

通过健全统一地方税体系、探索构建地方税收分成机制、同步优化财政支出结构等方式，促进成渝地区双城经济圈财税协同。一是推进成渝地区双城经济圈税收政策协同。积极推动成渝地区城镇土地使用税、耕地占用税等地方税种征收条件和适用税额标准协同，制定成渝地区西部大开发企业所得税优惠税率适用的鼓励类产业名录，统一区域内企业所得税等税收优惠政策执行口径和标准，营造无差异投资环境。积极开展成渝联合税收改革创新试点，争取消费税、车辆购置税等中央税种改革在成渝地区先行探索，将消费税中的烟、酒、汽油、柴油等税目涉及的税收以及车辆购置税等划归地方。深化资源税、环境保护税改革，探索设立碳排放、固定污染物处置与再利用的相关税收制度。争取中央支持成渝地区扩大增值税进项抵扣范围以及增值税地方分成比例。二是构建成渝地方税收分成机制。完善跨省市总分机构企业所得税分享办法，建立省市间分配系数动态调整机制。针对跨行政区迁移企业，在一定年限内实行迁出地和迁入地税收分享。探索基于价值链供应链的产品和服务税收分享机制，对增值税、企业所得税地方分成部分，综合考虑企业跨区域资产规模、营业收入、就业带动、资源消耗等条件，探索税收分成制度设计。鉴于成渝两地人员流动的频繁性，探索个人所得税基于居住地和工作地的税收分成机制。三是协同优化成渝两地财政支出结构和方式。支持成渝两地共同研究策划区域战略性重大基础设施项目，配套设计发行政府专项债券，并争取国家给予限额和指标倾斜。积极探索共同设立专项基金，支持成渝地方政府联合国家部委、金融机构和社会资本等多方共同发起设立成渝地区双城经济圈产业发展统筹基金、基础设施建设投资基金、生态环保基金等重点领域发展基金，探索基金以股权形式统筹发展，实现更紧密的合作。

（二）深化推进成渝地区金融改革

借鉴“京津冀”“长三角”“粤港澳大湾区”三大金融发展极经验，争取国家层面出台支持成渝地区双城经济圈建设的财税金融政策和《西部金融中心建设规划》，共同打造中国“金融第四极”。一是建立完善区域性资本市场。争取成渝两地联合设立西部证券交易所，探索开展各类资产支持证券、证券融资、股权众筹、创新类债券、投资基金、股权交易转让以及企业境外上市辅导、技术信息合作等业务。积极推动成渝地区股转中心“双城通”，在交易制度创新、跨区域股权挂牌等方面协同突破。推动成渝地区共同开展私募股权投资基金和创业投资基金等创新试点。二是推动成渝要素市场协同发展。争取设立西部大宗商品期货交易所，围绕西部陆海新通道和西部优势大宗商品品类，开展大宗商品现货交易、期货交割以及仓单、衍生品等多元化服务。依托成渝两地联合产权交易所，推动建设成渝地区产权交易共同市场。三是协同推进成渝金融开放创新。积极争取国家层面支持成渝金融更高水平对外开放先行先试政策，在安全可控的前提下提升区域金融市场与全球金融市场的互联互通水平。围绕跨境金融结算和投融资需求，探索扩大外商直接投资、外债和境外上市资本项目外汇收入结汇支付便利化试点范围，深入国际陆上贸易金融创新，开展多元化跨境金融服务。积极开展金融科技监管创新试点，推进成渝地区共同开展大数据、人工智能、区块链、5G 等新兴技术研发攻关以及争取西部国家数据交易中心等国家级金融科技重大项目和平台落地。四是加强成渝金融一体化监管。探索建立一体化、市场化的成渝地区信用体系，扩大人民银行征信系统对地方新型金融机构覆盖面，完善跨区域市场主体信用信息共享机制。编制成渝金融稳定指数开展动态监测，推进成渝金融市场风险联防联控，建立成渝地区金融监管长效机制。

（三）加快经济区和行政区适度分离试点

加快落实细化《川渝毗邻地区合作共建区域发展功能平台推进方案》，推动万达开川渝统筹发展示范区等 9 个毗邻地区开展经济区和行政区适度分离试点探索，争取在规划统筹、政策协调、协同创新、共建共享等方面取得实质性突破，为成渝地区双城经济圈高质量一体化发展提供重要支撑。一是渐进式推进试点权限改革创新。采用渐进式思路逐步扩大示范区财税金融改革权限范围，初期一般行政事务仍由属地管理，试点任务涉及的权限逐步让渡给示范区，同时及时总结经验教训，加快推广、深化和进一步开发更多试点领域，力争形成一批首创性、可复制、可推广的经验。二是聚焦重点领域推进试点示范。探索实施项目审批、基础设施建设、市场监管等经济管理权限与行政区范围适度分离的体制，推动金融、能源、电信、医疗等服务范围与行政区范围适度分离。三是推进管理体制一体化。在示范区内建立统一编制、联合报批、共同实施的财税金融政策管理体制，建立各类规划衔接机制，实行多规合一，确保规划协调一致。

（四）筑牢财税金融政策改革的组织保障

通过搭建顶层领导班子、成立具体事务管理机构、加快政策规划编制等举措，筑牢成渝地区双城经济圈财税金融政策改革的组织保障体系。一是加强组织领导。成立推动成渝双城财税金融政策一体化协同的领导小组，统筹指导和综合协调成渝地区双城经济圈财税金融一体化发展战略实施。设立成渝地区双城经济圈财税金融一体化组织管理机构，主要从事重大合作项目建设、协同招商引资企业落地运营等具体事务的财政支出、税款征收以及解决负面阻碍等问题。搭建成渝财税金融一体化网络信息服务平台，实现地方办税服务平台数据交互，探索异地办税、区域通办。加强政策实施情况跟踪分析、督促检查、综合协调和经验总结推广，重大问题及时向党中央、国务院报告。二是加快规划编制。紧抓成渝地区双城经济圈建设上升为国家战略机遇，配合国家政策规划，协同推动成渝地区双城经济圈的财税金融规划编制，理顺区域内部发展思路，优化重大项目布局，完善重大政策协同和专项规划对接，促成“1+N”的规划政策体系。集中开展专题调研，加强统筹动员部署，编制支持双城经济圈财税金融建设具体方案，引导要素合理流动和高效配置，形成竞争有序、共赢共享的制度格局。

[重庆市综合经济研究院
主研：易小光　丁　瑶　余贵玲　邓兰燕　苟文峰　张　超
张　佳　施小兰　杨　梅　郑淑媛　李　霞　夏　月
执笔：张　超　张　佳　施小兰　李　霞　夏　月]

推进成渝地区绿色金融协同改革创新的有关建议

内容摘要：成渝共同推动绿色金融[①]改革创新是共建西部金融中心的重要任务和战略抓手。当前成渝地区绿色金融发展处于起步阶段，存在整体基础薄弱、专业服务能力建设不足、两地协同发展的体制机制不健全等问题。建议：一是提高金融机构参与度，深化绿色金融产品创新，提高环境信息披露水平和强化气候风险管理，推动金融机构加快绿色转型；二是加快补齐人才短板，完善中介服务体系，强化金融科技支撑，提升绿色金融专业服务能力；三是建立健全统筹协调和信息共享机制，完善区域绿色金融标准体系，探索绿色金融协同立法，携手共筑“碳交易”圈，促进提升合作效能。

发展绿色金融是响应国家“双碳”要求、支撑产业转型升级和助力生态产品价值实现的有力抓手。近年来，随着《成渝地区双城经济圈建设规划纲要》联合实施方案、《成渝共建西部金融中心规划》等政策文件先后出台，成渝两地绿色金融发展取得明显成效，跨区域协同发展的市场和制度基础不断完善，但还存在诸多不足。为此，抢抓成渝地区双城经济圈和西部金融中心建设契机，探索成渝地区绿色金融改革创新和协同发展路径，对两地深化“双碳”合作、推动区域产业转型发展和建设“绿色经济圈”具有重要意义，有助于打造国内区域绿色金融协同发展新样板。

---

① 绿色金融是指为支持环境改善、应对气候变化和资源节约高效利用的经济活动，即对环保、节能、清洁能源、绿色交通、绿色建筑等领域的项目投融资、项目运营、风险管理等所提供的金融服务。

一、成渝地区绿色金融改革创新进展

（一）绿色金融产品与市场体系持续完善

一是绿色信贷和绿色债券快速发展。截至 2021 年 6 月，重庆和四川绿色贷款余额分别超过 3300 亿元和 6000 亿元，同比分别增长 34.0% 和 32.3%，高于各项贷款增速 20.8 个和 18.4 个百分点。截至 2021 年 9 月，重庆和四川绿色债券余额均超过 370 亿元，同比分别增长 62.0% 和 81.7%。西部首单“债券通”绿色金融债、首单专项支持“碳达峰、碳中和”的绿色金融债、首个“排污权抵押贷”等创新产品相继落地成渝地区。

二是环境权益市场发展取得积极成效。重庆和四川碳市场分别在碳配额（CEA）交易和国家核证志愿减排量（CCER）交易取得较大突破。截至 2021 年底，重庆碳市场碳配额累计成交量 2793 万吨、成交额 5.14 亿元，配额累计成交量超过北京、上海、天津，在 7 个试点碳市场中居第 4 位；截至 2021 年 11 月，四川碳市场累计成交 CCER 约 3194.27 万吨、金额约 4.06 亿元，CCER 成交量和金额均居西部首位、全国前列。此外，四川和重庆分别作为国家用能权和排污权交易试点地区，相关交易制度、监管措施和技术体系不断完善，有力促进了地区能源要素的高效配置和主要污染物排放总量控制。

三是专业化组织架构加快完善。重庆已有 5 家银行机构设立 11 个绿色金融专营部门，3 家银行设立 4 家绿色专营支行；四川首家绿色支行也于 2021 年底顺利开业。两地法人银行机构积极采纳“赤道原则”（EPS）[①]、联合国

① “赤道原则”（EPS）由世界主要金融机构根据国际金融公司和世界银行的政策和指南建立，是旨在决定、评估和管理项目融资中的环境与社会风险而确定的金融行业基准。它广泛运用于国际融资实践，并发展成为行业惯例。

“负责任银行原则”（PRB）[①] 等绿色金融相关国际准则与制度框架，截至目前，两地共有 3 家[②]地方性“赤道银行”，占全国“赤道银行”总数的 37.5%，重庆三峡银行、四川天府银行分别成为两地首家联合国负责任银行。

（二）绿色金融基础支撑不断增强

一是综合信息服务平台持续完善。2020 年以来，重庆“长江绿融通”和四川“绿蓉融”绿色金融大数据服务系统相继上线运行，成为集政策宣传、产品孵化、数据统计、环境信息披露、环境效益测算、全流程融资对接服务等功能于一体的综合信息服务平台，有力促进了两地绿色金融服务和监管质效提升。

二是信息共享机制加快健全。“绿蓉融”实现与四川省金融信用信息综合服务平台（“天府信用通”）互联互通，截至目前，共入驻企业超2500 家、金融机构 57 家，促成融资超 50 亿元。截至 2021 年底，“长江绿融通”共接入全市 70 家银行机构和 1 家财务公司，当年向金融机构累计推送碳减排重点项目 226 个，对其中 14 个项目授信 51.22 亿元，13 个项目放款 8.73 亿元。

三是气候与环境信息披露取得新突破。截至 2021 年 7 月，重庆全辖 38 个区县 71 家金融机构完成了 2020 年度环境与气候信息披露，成为全国首个环境信息披露基本覆盖全辖所有银行的省（区、市）。截至 2021 年底，四川全省发电、石化、化工、建材、钢铁、有色、造纸、航空、金融行业共计 238 户企业完成环境信息披露，其中成都银行、成都农商银行等 6 户银行业存款类金融机构首次开展了环境信息披露。

四是绿色标准开发和项目库建设顺利推进。四川于 2019 年出台了省级绿色企业（项目）认定标准，重庆也已出台绿色金融相关地方标准 2 项、团体

---

① “负责任银行原则”（PRB）由联合国环境规划署金融倡议组织（UNEP FI）制定，于 2019 年在联合国大会上正式发布。该原则要求签署银行将一致性、影响与目标设定、客户与顾客、利益相关方、公司治理与银行文化、透明与责任等六条基本原则嵌入业务领域，并通过执行指引等一系列文件，明确签署银行的发展战略和业务经营，应与《联合国 2030 年可持续发展议程》及《巴黎气候协定》相适应，是商业银行推动可持续发展的重要国际标准。

② 重庆农村商业银行、重庆银行、绵阳市商业银行。

标准 1 项、企业标准 2 项，其中以碳排放绩效为指标的绿色项目（企业）认定标准属全国首例。与此同时，两地分别依托“绿蓉融”和“长江绿融通”平台建立了省级统一的绿色企业（项目）库，企业和金融机构对接更加便利、精准、高效。

（三）绿色金融政策引领作用不断发挥

一是地方绿色金融政策体系持续完善。截至 2020 年底，川渝累计发布 5 项省级绿色金融政策，包括《重庆市绿色金融发展规划（2017—2020）》《四川省绿色金融发展规划》等顶层设计规划。在市县级层面，两地累计发布 28 项绿色金融相关政策，其中四川以 25 项政策数量排名全国首位，覆盖所辖 17 个市和 8 个县（区）。

二是绿色金融市场实践经验加快积累。近年来，重庆市两江新区、万州区，四川省广元市、雅安市、成都新都区、南充市、阿坝州等地结合发展需求，积极开展绿色金融创新试点，在政策设计、标准制定、信息披露以及产品创新方面持续探索，形成了部分可复制可推广的举措和经验。

三是多重激励政策相继落实。两地金融主管部门积极运用再贴现、再贷款等政策工具定向支持绿色项目融资和企业碳减排。重庆实施“绿易贷”再贷款、“绿票通”再贴现专项支持计划，2021 年前三季度累计支持绿色发展领域 635 户、14.9 亿元；四川在全国首创碳减排票据再贴现专项支持计划（“川碳快贴”），截至 2022 年 2 月底，共办理 754 笔、51.86 亿元，对应年碳减排量 103.87 万吨。此外，两地积极发挥财政资金引导作用，采取贴息奖补等手段鼓励金融机构增加绿色资产配置，通过建立健全绿色担保机制和绿色信贷风险补偿机制引导金融资源向绿色项目倾斜。

川渝绿色金融创新试点地区（部分）改革举措及成效见表 1。

表1　川渝绿色金融创新试点地区（部分）改革举措及成效

地区		绿色金融有关实践及成效
重庆市	两江新区	出台《绿色金融支持碳达峰碳中和工作方案》，通过强化政策扶持，推动金融产品和模式创新。截至2022年3月末，两江新区绿色贷款余额约1366亿元，占全市绿色贷款余额的31%，居全市第一
	万州区	引导银行业金融机构推出“长江保护贷”“基金补贴贷”等绿色信贷产品，以“碳汇+”模式发放绿色信用贷款。设立智能循环型工业发展专项资金3亿元，采取事后补助、贴息、奖励等方式，扶持工业企业绿色发展
四川省	雅安市	通过“绿色信贷+碳汇交易”建成国内首个拿到“碳中和”双证书的国家绿色数据中心。采用“绿色担保+PPP模式”助力民生环保项目建设，创新采用收费权作质押为环保PPP项目提供担保，入选国家发展改革委绿色政府和社会资本合作（PPP）项目典型案例
	成都市（新都区）	探索制定了地方绿色企业（项目）标准，建成成都绿色金融综合服务平台（“绿蓉通”），现已入驻企业1632家，帮助336家企业获取授信40.35亿元，其中绿色授信超过20亿元
	广元市	以绿色金融助推生态产品价值实现。推出“农产品+”“生态旅游+”“资源权益+”模式，因地制宜创新金融产品和服务，累计发放支持特色农业贷款5亿元、累计“文旅贷”贷款余额1.72亿元、累计开发“排污贷”等绿色信贷产品30个

二、成渝绿色金融协同发展的不足与挑战

（一）金融机构发展绿色金融的基础仍较薄弱

一是参与积极性不高。当前国家和川渝两级政府层面多通过指引性措施引导金融机构开展绿色金融业务，尚未建立有效的评价体系和激励约束制度。因绿色投资项目多具有周期长、投入高、短期效益低等特点，银行机构作为绿色金融实践的主体，出于成本效益和风险考虑，推行绿色金融的积极性不高。

二是产品与服务创新不足。当前成渝及全国绿色金融产品多元化不足，以绿色信贷和绿色债券为主，种类单一、规模较小，绿色保险、绿色信托、绿色融资租赁、绿色指数产品等其他产品类别尚不普及，对私产品较为缺乏，

碳金融产品体系建设处于探索阶段。截至目前，全国绿色信贷仅占贷款余额10%左右，绿色债券占信用债比例不到2%。

三是信息披露水平不高。我国上市公司和绿色债券发行人环境信息披露标准和制度尚不完善，不同主管部门所掌握的企业环境信息相对独立，且未与金融部门实现共享，导致两地金融机构在开展信息披露和气候风险防范时信息不足、信息不对称等问题较为突出。加之主体差异、技术、成本、配套措施等多重因素影响，金融机构在信息披露形式一致性、披露指标完善性、指标测算方法科学性等方面还有待提高，影响了对气候风险的识别、分析和管理。

（二）绿色金融专业服务能力建设有待加强

一是专业化人力资源储备不足。绿色金融业务涉及融资主体环保信息判断、项目环境风险和商业可行性评估、金融产品定价等多个方面，对环保技术、法律、金融等专业知识要求较高。两地金融机构相关复合型人才整体较为缺乏，相关的系统设施和知识储备尚不完备，对绿色金融相关业务开展形成一定制约。

二是第三方专业服务机构发展不足。成渝地区绿色产品认证、绿色信用评级、绿色资产评估等新型绿色金融中介服务发展相对滞后，现存咨询公司、律所、评级机构等中介服务机构鲜有涉及绿色金融业务。中国绿色产品标识认证信息平台数据显示，成渝地区目前仅3家绿色产品有效认证机构，占全国的3.5%，较北京（44家）、广东（10家）等省市差距较大。

三是金融科技支撑有待加强。两地目前针对不同绿色金融产品、不同业务流程阶段的金融科技工具体系尚不完善，相关实践和创新多以金融机构为主导。受行业政策指引和“监管沙盒”支持不足等因素限制，金融科技企业针对新产品和业务流程开发相应科技工具的主动性不强，预判和挖掘市场需求的能力不足。加之成渝金融科技产业发展的基础和生态较北京、上海、杭州、深圳等城市尚有一定差距，金融科技赋能绿色金融还有待进一步增强。

（三）成渝协同发展的体制机制尚不健全

一是缺乏统筹协调机制。当前成渝共建西部金融中心的组织领导体系和统筹推进机制有待进一步完善，两地共同推进成渝地区绿色金融改革创新的协作机制还不健全。因统筹协调不足，两地绿色金融监管体系、市场体系和基础设施尚未形成有效互动。

二是区域绿色金融标准体系尚不完善。“十三五”以来，两地绿色金融标准制度建设取得积极进展，各自出台了省级绿色企业认定标准、绿色项目库项目标准等地方标准，但相关标准的互认对接还有待探索。此外，企业绿色信用评价、信息披露、绿色金融统计与共享等领域的标准创新还有待加强，区域绿色金融标准体系还需进一步完善。

三是区域信息共享机制尚不健全。当前两地绿色金融服务信息共享渠道匮乏，绿色项目（企业）库、信用信息库、智力资源等方面的互通机制尚未形成，区域绿色金融信息与资源的整合不足，对两地深化绿色金融合作、推动区域绿色金融协调发展形成了一定制约。

四是法治保障有待跟进。当前成渝尚无绿色金融地方性法律法规，绿色金融市场实践过程中主要参照、沿用国务院及有关部委制定的法规文件，因操作性不强、约束力不足等因素存在，部分政策在实践中难以得到有效执行和落实，相关违规行为难以得到有效规制，一定程度上影响了绿色金融市场的培育和发展。

三、对策建议

（一）推动金融机构加快绿色转型，夯实绿色金融发展基础

一是提高金融机构参与度。完善资金激励制度，优化业绩考核和财政贷款贴息、担保、分险等支持机制，丰富政府、第三方、绿色保险等增信方式，推动银行机构加大绿色农业、绿色消费、绿色小微企业等重点领域绿色信贷

投放。引进和培育绿色投资管理机构，鼓励机构投资者开展ESG① 投资，尝试引导保险资金等更多社会资本参与地区绿色发展。向两地金融机构积极传输绿色金融理念，鼓励其强化绿色金融顶层设计与组织机制建设，推动更多地方法人机构加入国际绿色金融组织。

二是深化绿色金融产品创新。加大专项奖补支持力度，引导两地金融机构加强绿色贷款、绿色债券和碳减排支持工具创新，推动绿色金融与科创金融、普惠金融融合发展，与转型金融有序衔接，促进绿色企业融资增量扩面。探索开发绿色科创贷、绿色普惠贷、绿色供应链金融、绿色基础设施REITs、碳金融等产品，加强可持续发展挂钩债、“碳中和债”、绿色ABS等绿色债券创新，不断丰富绿色金融产品体系。鼓励金融机构加大绿色理财、基金、保险等对私金融产品创新力度，积极拓展绿色金融适用领域。

三是提高环境信息披露水平。建立环境信息披露评估和激励机制，鼓励两地金融机构按照中国《金融机构环境信息披露指南》要求，参考TCFD② 等国际主流ESG信息披露框架及时有效披露环境气候信息，推动信息披露规范化、全覆盖，促进更多社会资本更加精准投向绿色领域。强化科技赋能，指导两地金融机构积极运用大数据、人工智能等技术强化碳信息管理。按统一原则联合启动成渝地区碳账户体系建设，定期归集、更新企业碳账户和环境信用等信息，建立面向辖内金融机构的信息推送机制，促进提升金融机构环境信息披露效率和质量。

四是强化气候风险管理。借鉴新加坡经验，制定一套专门针对金融机构的气候风险管理指导文件，引导金融机构完善气候风险管理框架。加快相关技术标准的完善与推广，指导并鼓励金融机构前瞻性开展气候风险压力测试

---

① ESG为Environmental（环境）、Social（社会）和Governance（治理）的缩写，是一种关注企业环境、社会、治理绩效而非财务绩效的投资理念和企业评价标准。

② TCFD：气候相关财务信息披露工作组，由G20辖下的金融稳定委员会于2015年成立，旨在议定一套一致性、自愿性的气候相关财务信息披露建议，协助投资者了解相关实体的气候风险。企业、城市，甚至是非营利组织等实体都可以采用TCFD的建议来衡量气候风险，并向其股东或利益相关者报告。

和情景分析，加强对气候风险的识别、量化及适当披露。逐步完善上市公司和发债企业强制性环境信息披露制度，同时借鉴浙江湖州经验，探索打造开放的区域性 ESG 评价数字化系统，实现融资主体绿色评价智能化、全量化和价值化，持续提升绿色金融市场透明度，助力金融机构有效识别、防范气候风险。

（二）强化配套保障，提升人才与科技要素支撑能力

一是加快补齐人才短板。依托西南财经大学、四川大学、重庆大学等相关高校的专业特色与智力优势，推动创建西部绿色金融研究中心，打造高层次绿色金融研究平台和专家智库。系统化开展研讨和专题培训，加强国际交流，促进提升两地金融机构在气候风险管理、信息披露、产品创新等方面的专业能力。鼓励金融机构结合自身特点制定人才发展战略，充分利用两地人才引进相关政策，培养、引进专业复合型人才，夯实绿色金融人才队伍。

二是完善绿色金融中介服务体系。加快培育、引进气候风险评估、绿色信用评级等专业中介服务机构，鼓励会计、法律、信用评级等机构积极开展绿色金融业务，提供绿色项目评估和投融资等定制服务，促进提高绿色项目运转效率。推动共建第三方绿色认证中介机构库，做好跟踪评价和监督管理，促进两地绿色企业（项目）认证与评级更加专业化、社会化、规范化。

三是强化金融科技支撑。探索共建西部绿色金融科技创新中心，为两地绿色金融科技开发者、应用者和参与者搭建协同合作平台。深化成渝金融科技“监管沙盒”试点，充分发挥两地金融科技企业、科研院所、金融机构等多元主体作用，坚持数据驱动和场景驱动，鼓励针对不同绿色金融产品和业务流程，发展专用金融科技工具和提供多样化解决方案。深化人工智能、大数据、区块链等技术在绿色资产高效识别、环境权益交易平台建设、气候风险管理等环节的应用。

（三）完善绿色金融协同改革创新体制机制，促进提升合作效能

一是完善统筹协调机制。推动在成渝共建西部金融中心工作领导小组下设立“成渝绿金小组”，加强对成渝地区绿色金融协同改革创新的组织领导，协调解决重要事项和重大问题，更加高效地统筹推进两地绿色金融协同改革创新工作。细化责任分工，建立动态调整的工作机制，在政策制定与推广、市场培育与监管、科技应用与创新、国际合作等领域加强协同协作与跟踪评价，提升区域绿色金融合作效能。

二是完善区域绿色金融标准体系。两地金融监管部门加强协作，充分发挥两地绿色金融专业委员会、行业协会、智库联盟和公共机构作用，主动对接国内外绿色金融基础标准体系，打造区域共认的系统性绿色金融标准框架。推动两地现有绿色信贷统计、绿色项目库入库、绿色中小企业认证等重要业务环节标准的对接、互认和融合，推动两地碳信息采集、碳排放统计核算、碳效评价等标准加快统一，切实提高相关数据的准确性、时效性和权威性。

三是健全信息共享机制。推动两地绿色企业（项目）库资源共享，建议于“长江绿融通”“绿蓉融”设立成渝地区双城经济圈绿色金融服务专区，共同打造绿色金融数字化发展平台，完善政策解读、信息公开、产品发布等各项功能，促进两地企业与金融机构高效、精准对接。积极推进区域间企业碳信息和环保信用信息互通共享，统一监管标准，建立防止企业“漂绿”“洗绿”等风险行为的联防联控机制，提升两地绿色金融协同监管质效。

四是探索绿色金融协同立法。依托两地人大围绕立法工作建立的协同机制，立足《关于协同助力成渝地区双城经济圈建设的合作协议》框架，探索推动将绿色金融纳入两地协同立法项目。在充分借鉴国内外前沿研究成果和实践案例、深入开展调研论证的基础上，适时推进两地省级绿色金融条例起草和出台，为协同推进成渝地区绿色金融改革创新提供坚强的法制保障，为全国绿色金融法治化发展提供先行示范。

五是携手共筑“碳交易圈”。依托两地已有的碳排放权交易体系，整合各自在碳配额和CCER交易领域的优势，在碳市场开放、碳普惠机制、生态价值产品实现等方面探索合作路径。推动共建西部环境资源交易中心，做好与国家碳市场的有效衔接，携手打造有效率、有活力、规模合理的特色区域碳市场，发挥其对西部其他地区的辐射作用。加强同新加坡全球碳交易所合作，探索碳权交易、绿色项目融资等跨境合作模式，拓展中新金融双向开放格局。

［重庆市综合经济研究院
主研：易小光　丁　瑶　余贵玲　李　霞　李　俊
执笔：李　俊］

第八部分

城乡融合

“十四五”时期推动重庆城乡融合发展的路径与对策

内容摘要： 国家“十四五”规划建议明确提出，要推动形成工农互促、城乡互补、协调发展、共同繁荣的新型工农城乡关系。重庆要抢抓成渝地区双城经济圈建设的战略机遇，紧扣全市“一区两群”协调发展格局，从城乡空间、人口、产业、要素等关键领域着手，提前谋划“十四五”时期重庆城乡融合发展路径：一是加快推动全市“一区两群”协调发展，筑牢区（县）镇（乡）两级城镇支撑，健全城乡融合发展空间布局体系；二是着力增强城市综合承载能力，高质量推动农业转移人口市民化；三是打造一批特色小城镇、农业园区、美丽乡村等城乡产业协同发展平台，推动要素跨界配置和产业互补融合；四是以减少要素价值的城乡落差为导向，推动资金、人才、土地等关键要素合理配置、向乡村适度倾斜。同时，还需梯次推进城乡融合发展试点，强化考核评价，建立健全农村权益有偿退出机制，推动城乡融合发展行稳致远。

建立健全城乡融合发展体制机制和政策体系，是党的十九大作出的重大决策部署。随着全面建成小康社会顺利收官，我国城乡关系即将站上新的起点。因此，提前谋划重庆“十四五”时期城乡融合发展路径，推动形成工农互促、城乡互补、协调发展、共同繁荣的新型工农城乡关系，对重庆实现“两地”“两高”目标、发挥“三个作用”、建成社会主义现代化具有重大意义。

一、重庆城乡融合的主要制约因素

经过直辖20余年来的快速发展，特别是党的十八大以来，重庆城乡经济社会发展成效显著，但城乡融合发展的深层制度障碍依然存在，城乡差距依然较大，城乡融合发展之路仍然面临诸多制约。一是城市承载支撑能力不足。中心城区之外区域城镇发展缓慢，主城新区尚无次级增长极“双百城市”，两群地区城市经济规模整体偏小，对乡村的辐射带动作用有限。二是乡村振兴内生动力不足。农村劳动力老龄化严重，“空壳村”现象突出，特色小镇、田园综合体、农业公园等新型乡村产业协同发展平台搭建滞后，龙头企业和品牌培育不够，乡村旅游、农村电商等农村服务业整体还处在低水平发展阶段。三是城乡要素流动不畅。城乡二元结构体制障碍仍然存在，人才、土地、资金等要素的城乡流动不畅，农村向城市“输血”的状况仍未得到根本性扭转。四是城乡公共资源配置差距明显。农村道路、电力、公共服务、网络等基础设施建设有待完善，基础设施“重城市轻农村”等现象依然存在；农村公共服务水平与城市的差距较大，农村优秀人才向城市流动趋势明显，人才“引不来、留不住”现象突出。

二、重庆城乡融合发展路径

立足重庆大城市、大农村、大山区、大库区的市情特点，要突破以上城乡融合的制约因素，“十四五”时期，重庆必须始终坚持新型城镇化和乡村振兴“双轮驱动”，抢抓成渝地区双城经济圈建设的战略机遇，紧扣全市“一区两群”协调发展格局，以城乡空间优化、人口有序流动、产业协同发展、要素合理配置为城乡融合发展的关键路径，加快形成新型工农城乡关系。

（一）优化城乡空间布局，推动形成城乡融合新格局

坚持人口资源环境相均衡、经济社会生态效益相统一，综合考虑城乡各自的生产生活形态和人口集聚特点，按照主体功能定位统筹优化城乡发展空

间，构建高质量发展的城乡融合发展新格局。

一是推动全市“一区两群”协调发展。强化成渝两地空间规划和项目布局衔接，全面落实成渝地区双城经济圈建设战略部署。强化主城都市区在成渝地区双城经济圈建设中极核辐射带动作用，率先推动中心城区和主城新区同城化发展和城乡融合发展。强化渝东北三峡库区城镇群在三峡库区及秦巴山区生态保护、山地特色城镇化发展、生态产业体系构建上的示范作用，优化主体功能布局。强化渝东南武陵山区城镇群在筑牢生态屏障、促进文旅融合、联动武陵山区周边地区发展上的先行先试作用，合理引导常住人口向城镇梯度转移。

二是筑牢区（县）镇（乡）两级城镇支撑。区县层面，加快推进城市规模面貌扩容提质、环境卫生设施提级扩能、市政公用设施提档升级、公共服务设施提标扩面、产业配套设施提质增效，稳步提升城镇化发展水平，增强区县城人口经济承载能力和可持续发展能力。乡镇层面，充分认识小城镇作为城乡资源要素交换汇集地的重要性，发挥小城镇联结城乡的重要作用，因地制宜优化拓展建设空间，提升公共服务水平，引导农村人口集中居住，增强小城镇对乡村的辐射带动能力。

（二）增强城市综合承载力，提高转移人口市民化质量

以新型工业化和新型城镇化为重要抓手，推动城市练好内功、持续发展，海纳百川、广聚英才，实现城市综合承载能力和农业转移人口市民化质量协同提升。

一是着力增强城市综合承载能力。一方面，以人口吸引集聚为导向，深入推进新型工业化。不断提高经济密度、创新强度，做优做强产业集群，推动中心城区产业高端化发展，推动主城新区产业集聚化发展；大力发展先进制造业和现代服务业，前瞻性布局战略性新兴产业，促进数字经济与实体经济深度融合。另一方面，以满足人的需求为核心，深入推进新型城镇化。统筹城市规划建设管理，提升交通、能源、环保、市政等基础设施与城市规模、

功能定位、人口密度的匹配度，重点织密新建城区设施网络、推进老旧城区改造更新，着力建设海绵城市、韧性城市；扩大养老、教育、医疗服务供给，加快补齐公共卫生、安全、应急等短板，不断提高城市治理水平。

二是高质量推动农业转移人口市民化。持续加快推进农业转移人口市民化，鼓励在城镇稳定就业的新生代农民工、农业转移人口及随迁人口和其他非户籍等重点人群进城落户。建立健全进城落户农民依法自由有偿转让退出农村权益制度，鼓励有条件的地区探索利用城镇闲置过量房源、稳定就业岗位等对转户农民进行合理化补偿。推动户口迁移更加自由便利，实施以经常居住地和稳定就业地登记户口制度。推动城镇基本公共服务覆盖常住人口，建立健全以居住证为主要依据的教育、医疗、住房、社会保险等基本公共服务供给机制，重点为农业转移人口提供全方位公共就业服务、全周期职业技能培训。保持房地产市场平稳健康发展，有效增加保障性住房供给，探索支持利用集体建设用地按照规划建设租赁住房，扩大保障性租赁住房供给。

（三）搭建产业协同发展平台，实现城乡产业互补融合

立足城乡资源禀赋特点和三次产业形态差异，以打造城乡产业协同发展平台为重要抓手，推动要素跨界配置和产业互补融合，促进“全面升级、全链升值”。

一是以优势产业为支撑着力建设一批特色小城镇。在“一村一品、一镇一业”的基础上，围绕服务城市需求，加快引入城市要素，充分利用前沿科技成果，引导各地创建农业产业强镇，以产业融合驱动产城融合。以承接城市产业转移、农产品精深加工、农村电商、乡村旅游、康养避暑、智慧农业、互联网应用、文化创意等为重点，孵化培育、做精做强、集聚发展特色产业，强化特色小城镇产业支撑。

二是以产业融合为重点提升改建一批农业园区平台。全面升级打造现代农业产业园、农业科技园、农村产业融合发展示范园等园区平台，合理调整原有产业空间，增加布局强链补链产业和农商文旅融合产业空间，围绕新产

业、新业态增配和提档基础设施。重点推动产业链、价值链、供应链的“三链重构”，促进产业集聚发展、价值延伸、节本增效，提升园区平台的全链化竞争力。

三是以复合功能为导向连片打造一批美丽乡村。以资源、产业、交通为主要考量，打破行政界限，集中连片打造一批富有巴渝特色、承载田园乡愁、立足乡土社会、注入现代文明的升级版美丽乡村。以资源保护性开发、继承性利用为核心，用好用活各类乡村资源，促进乡村生态保护、农业生产、文化传承、休闲旅游等复合功能发挥，推动乡村资源连片整合、多元增值。引导农村集体、社会资本等广泛参与乡村建设，以乡村环卫设施建设运维、田园综合体整体打造、乡村民宿建设经营等为重点，大力发展乡村美丽经济。

（四）促进城乡要素双向流动，培育乡村内生发展动力

以减少要素价值的城乡落差为导向，建立健全有利于城乡要素合理配置的体制机制，推动发展资源向乡村合理倾斜，为乡村内生发展注入新动能。

一是健全工商资本下乡促进机制。鼓励工商资本发展乡村新产业新业态，重点介入资金或技术门槛较高的“蓝海”产业。着力优化乡村营商环境，在产业用地、财政补贴、税收减免等方面给予充分支持，建立从项目策划、项目审批、项目建设到项目运营的全程服务机制。建立健全工商资本入乡的风险防范和资本退出规则，保障多方利益。

二是完善人才入乡激励机制。以重大平台布局、高新机构设立为牵引，促进技术类、管理类、经营类等各类人才到乡村创业就业。以提高待遇保障、允许兼职兼薪、健全容错机制为关键突破，加强人才入乡激励，拓宽人才发展空间。着力缩小城乡就业收入和生活水平差距，不断完善乡村引才、育才、用才的政策和环境。

三是深化农村土地制度改革。推进宅基地“三权分置”改革试点，探索放活宅基地和农民房屋使用权的具体路径和办法，加强农村宅基地管理。在认真总结大足试点经验基础上，积极研究制定农村集体经营性建设用地入市的具体政策细则等，主动承接国家建设用地审批权委托试点，争取打造全国样板。夯实和拓展重庆农村土地交易所功能，按照国家统一部署，稳妥推进城乡建设用地市场一体化。

三、相关政策建议

为推动重庆城乡融合发展行稳致远，当前需加快制定全市“十四五”期间城乡融合发展任务书和路线图，完善城乡融合成效考核评价机制，以农村权益有偿退出为突破口赋能城乡资源要素，构筑城乡融合发展的制度框架基础。

（一）梯次推进城乡融合发展试点

紧扣全市“十四五”发展思路目标和“一区两群”协调发展格局，突出城乡融合先行先试和梯次推进。主城都市区优先推进重庆西部片区国家城乡融合发展试验区建设，率先在城乡人口迁徙、农村权益退出、集体经营性建设用地入市、城中村合作改造、城乡产业协同等体制机制上探索突破，推动城乡居民收入和生活水平不断缩小；“两群”地区首先要补齐城乡融合发展的基础设施短板和基本公共服务弱项，加快探索城乡基本公共服务均等化发展、农民持续增收、生态产品价值实现等体制机制，重点推进以人为核心的新型城镇化，强化区县城和小城镇承载能力建设。

（二）强化城乡融合成效考核评价

坚持重点督导和全面检查、内部督导和外部评估相结合，对城乡融合发展各领域的进展情况开展定期自评和不定期督查，将城乡融合发展成效纳入地方和干部考核体系。按照系统性、科学性、可比性、动态性原则，加快建立城乡融合发展评价的指标体系及相应的统计体系。推动重大改革任务“一事一考”，综合评估改革方案、推进过程和实际成效等。适时委托第三方机构对区域工作进展、单项试验任务等开展评估，及时通报重点工作、重大项目进展情况。建立健全创新容错纠错机制，构建容错免责处置程序，激发各级政府自主探索、干事创业的主观能动性。

（三）建立农村权益有偿退出机制

按照依法自愿有偿原则，探索农民流转承包地经营权、宅基地和农民房屋使用权、集体收益分配权，或向农村集体经济组织退出相关权益的具体办法，解决进城落户农民的后顾之忧。探索设立农村土地承包经营权有偿退出收储基金，建立健全承包地有偿退出机制；探索建立宅基地使用权收储中心，借鉴义乌“集地券”、成都“货币补偿+社会保障”等经验，创新农村宅基地有偿退出补偿方式；在全面完成农村集体产权制度改革整市试点基础上，发展壮大农村集体经济，探索农民集体资产股份有偿退出、继承、抵押的条件和程序。

[重庆市综合经济研究院
主研：易小光　丁　瑶　苟文峰　赵炜科　邹於娟　邓吉敏
汪　婧　郑秋霞
执笔：苟文峰　邹於娟　邓吉敏]

推动成渝地区新型城镇化与产业结构升级高效联动发展的建议

内容摘要：成渝地区总体上正处于城镇化、工业化快速推进期和经济结构转型关键期，要打造带动全国高质量发展的重要增长极和新动力源，必须顺应当前发展环境和条件的变化，促进新型城镇化与产业结构升级高效联动。与京津冀、长三角、粤港澳大湾区等城市群相比，成渝地区还面临区域一体化发展机制不健全、次级节点城市发展能级较弱、“四新经济”发展水平不高、城镇化与乡村振兴衔接不足四大短板。为此建议：一是破除新型城镇化与产业结构升级联动的一体化制度障碍，建立就业—户籍—土地联动机制和产业协作机制；二是增强新型城镇化与产业结构升级联动的枢纽节点城市的动力支撑，强化城市产业分工协作培育新的增长极，结合人口流动趋势优化拓展中心节点城市管辖范围和市区规模；三是大力发展“四新经济”促进新型城镇化与产业结构升级深度耦合，强化人口与产业协同集聚的新型平台建设，促进智慧都市圈和数字经济协同发展；四是强化城乡融合的制度创新和经验推广，搭建城乡产业协作平台，促进新型城镇化和产业发展整体水平提升。

当前我国正进入以城市群、都市圈为主体形态和以人为核心的新型城镇化发展阶段，城镇化与产业结构升级二者有机联动是促进发展提质增效和提升区域竞争力的重要动力。成渝地区双城经济圈要打造带动全国高质量发展的重要增长极和新动力源，必须顺应当前发展环境和条件的变化，促进新型城镇化与产业结构升级良性互动。

一、当前成渝地区新型城镇化与产业结构升级联动发展面临四大短板制约

当前我国正加快构建国内国际双循环新发展格局，成渝地区作为中国第四增长极，总体上正处于城镇化、工业化快速推进期和经济结构转型关键期。随着科技革命和产业变革的不断孕育突破，国家高度重视数字经济发展和智慧城市建设，加大对新型基础设施建设的投入，推动城市群和都市圈引领区域协调发展，这将对促进新型城镇化和产业发展高效联动带来新的机遇并创造有利条件，必将有力推动成渝地区城镇空间体系的优化，促进产业由过去的低水平集聚和中低端化发展向结构高级化转型。但从发展现状来看，当前成渝地区新型城镇化和产业结构升级联动仍面临四大短板制约。

一是区域一体化发展机制不健全。当前川渝一体化发展体制机制正加快逐步建立并取得了较好成效，但同长三角和粤港澳大湾区城市群相对成熟的一体化市场机制相比差距依然较大。特别是在探索经济区与行政区适度分离，促进跨行政区域要素公平自由有序流动、就业—户籍—土地有效联动、产业链协同布局优化、招商引资政策对接统一、重大基础设施共建共享、城乡融合制度创新等方面还存在明显不足。直接导致川渝毗邻地区融合不够，也不利于优化整个区域生产力空间布局并增强成渝地区的人口和经济承载能力，新型城镇化与产业结构升级的联动协调效应不强。

二是次级节点城市发展能级较弱。引领成渝地区发展的“双核”重庆都市区中心城区和成都市都是人口超过千万的现代化大都市，按照城市群（都市圈）发展规律，次级节点城市（区域中心城市）市区人口达到300万~500万人才会形成城市群的有效联动。目前经济体量最大的次级城市绵阳市城区常住人口仅109万人左右，双核之外的“双百”① 城市均在四川的仅7个。

① “双百”城市是指常住人口数量过百万和市区建成区面积上百万平方千米的城市。

2020年绵阳市GDP占成都的比例约17%，万州GDP仅占重庆主城区的10%左右，区域中心城市和重要的节点城市经济规模偏小、城市功能相对较弱，很多城市常住人口城镇化率在50%左右。再加上连接各城市之间的交通路网密度不大，譬如目前成渝地区铁路密度仅3.5千米/百平方千米，远低于2017年长三角（4.6千米/百千米^2）、京津冀（4.2千米/百千米^2）、粤港澳大湾区（3.8千米/百千米^2）的水平，次级节点城市难以发挥支撑成渝地区高质量发展的枢纽节点作用，导致成渝中部、川南、川东北、渝东北等区域发展动力不足，城镇化质量提升和产业结构升级转型较为困难，区域发展不平衡问题依然突出。成渝地区双城经济圈"双百"城市及部分区域中心城市见表1。

表1 成渝地区双城经济圈"双百"城市及部分区域中心城市

指标	"双百"城市							重庆中心城市	
	绵阳	泸州	自贡	内江	南充	宜宾	达州	万州	黔江
城区人口（万人）	109.3	119.1	113.4	67.6	118	120.1	117.2	73.3	30
城区建成区面积（平方千米）	167.6	173.5	130	100.2	160.5	167.6	130	77.4	27
全域经济总量（亿元）	3010.1	2157.2	1458.4	1465.9	2401.1	2802.1	2117.8	970.7	245.2
常住人口城镇化率（%）	54.1	52	54.1	50.6	49.7	51.2	47.1	67.5	59.2

注：表中常住人口城镇化率为2019年数据，其他数据为2020年数据，城区人口与建成面积指地级市（区）政府所在的市区，不含下辖县（市）和城镇。

三是"四新经济"发展水平不高。以"新技术、新产品、新业态、新模式"为内涵的"四新经济"正成为新型城镇化和产业结构升级耦合联动的重要助推器，也是各地区"十四五"抢先布局投资的热点。由于网络化、平台化、智能化、数字化发展的"四新经济"具有明显的创新性、引领性和分散性发展特征，对人力资本和数据资源等新型要素依赖程度较高。同沿海发达地区相比成渝地区"四新经济"发展相对滞后，不仅不利于构建基于城市（镇）群协同创新的现代产业体系，引导社会资本进入新基建、智慧城市等重大城镇化建设工程、促进基础设施共建共享，也不利于促进人口向不同规模等级的城市集聚并优化城镇空间布局。以反映新经济发展水平的"独角兽"企业数量、数字经济占GDP比重和R&D研发经费投入强度三大指标来看，成渝地区水平均远低于京津冀、长三角、粤港澳等城市群（见表2）。

表2　2020年成渝地区与国内主要省（市）新经济比较

指标	全国	重庆	四川	北京	上海	天津	广东
R&D投入占GDP比重（%）	2.4	2.11	2.17	6.44	4.17	3.44	3.14
数字经济占GDP比重（%）	38.6	25.5	33	55.9	55.1	—	46.8
“独角兽”企业（个）	251	3	5	80	44	9	31

注：“独角兽”企业数据根据新经济智库长城战略咨询发布的《中国独角兽企业研究报告2021》整理。

四是城镇化与乡村振兴衔接不足。城镇化与乡村振兴双轮驱动是促进城乡融合和产业结构升级的内在要求。2020年，成渝地区常住人口城镇化率超过60%，但户籍人口城镇化率仅40.2%，农村户籍人口中有44.2%的农民外出就业，其中到沿海发达地区的农民工人数超过1600万人，占农村户籍人口总量的约22%，区域产业发展对农民工回流吸引力依然不足，制约劳动力资源优势向人力资本优势的转化，不利于产业转型升级。同时，由于农村土地等重大改革步伐较慢、城乡产业融合发展的平台载体缺乏，导致城市资本、技术下乡动力不足，短期内人口、资金等要素由乡入城的单向流动趋势难以根本改变，制约着农业转型升级和县域经济发展。2020年成渝地区户籍人口城镇化率及农村劳动力转移情况见表3。

表3　2020年成渝地区户籍人口城镇化率及农村劳动力转移情况

地区	农村劳动力转移就业（万人）	在本省（市）内劳动力转移就业（万人）	在省（市）外劳动力转移就业（万人）	转移到成渝地区之外就业人数占农村户籍人口比例（%）	户籍人口城镇化率（%）
重庆	736.6	214	522.6	30.2	49.3
四川	2573.4	1458.8	1114.6	19.4	36.8

注：表中转移就业数据来自四川、重庆两地人社局2020年统计公报，户籍人口数据来自四川（2020）、重庆（2021）统计年鉴。

二、推动成渝地区新型城镇化与产业结构升级联动发展的建议

（一）破除新型城镇化与产业结构升级联动的区域一体化制度障碍

围绕人口集聚和产业发展，实施两大重点突破。一是深化完善“就业、户籍、土地”区域联动的新型城镇化机制。加快建立城乡、城际间统一的劳动用工制度、职业资格认证制度和就业信息共享的人力资源市场体系；推进户籍及住房保障一体化，彻底消除城乡和区域间的户籍壁垒，统筹推进本地人口和外来人口市民化，推进购房和公共租赁房申请在成渝地区完全放开；建立与人口流动方向一致的土地供应制度，重点增加人口持续增长的区域中心城市和节点城市的土地供应。二是加快推动经济区与行政区适度分离建立产业协作机制。探索建立税收分享机制，推进成渝两地研、产分离项目以及产业转移项目输出地与承接地区，按一定比例分计 GDP 和地方税收分成；建立健全飞地园区各方以及企业总部与分支机构所在地的财税利益分享机制；优先在川渝毗邻合作区域，逐步统一川渝两地产业招商政策和水电气要素价格，消除税收返还、土地租金等地方差异，防止恶性招商竞争。

（二）增强新型城镇化与产业结构升级联动的枢纽节点城市的动力支撑

围绕成渝地区一体化发展和轨道上的都市圈建设，以“双百”城市为重点加快培育新的经济增长极。一是强化都市圈城市的分工协作。推动重庆主城中心城区和成都两大超大城市的非核心功能向周边中小城市疏解转移，推动区域创新链、价值链、产业链、供应链一体化协作，因地制宜打造先进制造业基地、商贸物流中心和区域专业服务中心。重点加快万达开、泸永江等毗邻区域联动发展，大力提升绵阳、乐山、宜宾、南充、涪陵、黔江等区域中心和节点城市的产业发展能级，增强对周边区域的辐射带动作用。二是优化区域中心城市的管辖范围和市辖区规模。结合区域资源禀赋、产业基础和近年来人口增长态势，适当调整部分现有中心城市的管辖范围，增加医疗、

文化、体育等公共服务资源供给；科学规划并拓展城区规模，完善市政功能，改善人居环境，提升城市品质，增强对外来人口的吸引力。同时，顺应人口老龄化趋势，在交通便捷的城市郊区加快布局一批集文化、娱乐、锻炼、疗养、陪伴等功能于一体的健康养老综合体，引导人口和相关产业合理布局。

（三）大力发展“四新经济”促进新型城镇化与产业结构升级深度耦合

充分发挥“四新经济”的引领渗透作用，促进城镇化质量和产业结构同步提升。一是强化人口与产业协同集聚的新型平台建设。加快成渝地区西部科学城、国际消费中心城市、数字经济创新试验区、自贸协同创新区等核心平台载体建设，统筹推进各类产业园区产业升级与空间优化，推动城市群创新链与产业链耦合发展，打造高端化、智能化、绿色化的新兴产业链，积极发展服务型制造，加快培育新型消费，拓展职住平衡、商住平衡的新空间，引导人口和产业合理布局。二是推动智慧都市圈与数字经济协同发展。围绕打造成渝智慧都市圈，统筹推进城乡新型基础设施与传统基础设施一体化规划建设。加快布局5G、人工智能、物联网等新型基础设施，推动跨城际部门的数据互通共享，加强数字社会、数字政府建设，推动智能交通、智慧管网、智慧水务、智慧医疗、智慧教育、智慧养老、智慧社区等场景应用。加快构建成渝地区数字产业体系，推动数字经济与实体经济融合发展，积极发展大数据、物联网、人工智能、高端软件与信息技术服务业和智能网联汽车、智能机器人等先进制造业，促进平台经济、共享经济健康发展。

（四）强化推动城乡融合创新促进新型城镇化和产业发展整体水平提升

充分发挥成渝两地部分区域作为国家城乡融合发展改革试验区的先行先试优势，加快构建新型城乡关系，促进城乡产业协同发展。一是加快城乡融合的制度创新和经验推广。重点聚焦建立城乡有序流动的人口迁徙制度、进城落户农民依法自愿有偿转让退出农村权益制度和农村集体经营性建设用地入市制度进行改革试点，创新城市人才入乡通道，为城市资本、技术参与“三农”建设和乡村产业发展创造有利条件。二是搭建城乡产业协作平台。推动成渝地区国家农业科技（产业）园区高质量建设，大力发展精品农业、设施农业、景观农业、休闲农业等都市农业，推动形成集种植养殖循环、农产品精深加工、消费体验于一体的全产业链融合发展模式。推动“双创”向农业农村延伸，立足地区资源禀赋条件，规划建设一批农民工返乡创业园，实施返乡创业带头人计划。充分发挥特色小镇、小城镇连接城乡的节点和纽带作用，完善产业扶持政策，加快基础设施和公共服务建设，强化产镇融合，提升对产业和人口的集聚力和承载力，打造一批高品质特色小镇。

[重庆市综合经济研究院
主研：易小光　丁　瑶　苟文峰
执笔：苟文峰]

增强重庆市“两群”产业发展内生动力的建议

内容摘要：推动“两群”高质量发展，是促进重庆市“一区两群”协调发展的重要举措。基于对“两群”部门和企业的调查问卷分析，发现“两群”产业发展普遍存在的企业竞争能力弱、产业协作水平低、企业生产经营难、要素保障能力差等问题依然严峻，产业发展内生动力不足。亟须通过“一区”和“两群”协同发力、市内与市外双管齐下、载体建设和链条延伸多措并举，精准施策，加快提升“两群”产业发展内生动力，不断增强全市产业发展的协同性整体性。建议：一是强化产业外引内育和转型升级，做大做强“两群”特色产业；二是建设多种类型的“飞地园区”，搭建跨区域产业合作平台；三是完善“区群”产业协同发展机制，增强“两群”产业发展内生动力；四是搭建多种形式的产业联盟，以联盟促进产业资源整合、产业标准提升和产业协同共进；五是围绕“两群”市场主体发展诉求，以“实招”精准助企纾困解难。

推动渝东北三峡库区城镇群、渝东南武陵山区城镇群（以下简称“两群”）高质量发展，是促进重庆市“一区两群”协调发展的重要举措。2022年以来，世纪疫情持续蔓延、乌克兰危机影响加深，“需求收缩、供给冲击、预期转弱”三重压力远超预期，高端原材料供应紧张，大宗商品价格大幅上涨，产业链供应链持续受到冲击，尤其是重庆市下半年异常天气、疫情反复以及防控措施优化背景下，叠加“两群”产业链条短、位次低、能级小、抗风险能力差等因素，“两群”产业持续发展内生增长动力严重不足，已成为影响全市“一区两群”协同发展的重要因素。稳定和增强内生动力的关键在于扬长避短，提升产业核心竞争力和发展质效。这就要求，必须清醒认识“两群”产业发展面临的困境，精准施策、对症下药，加快打通“两群”产业链供应链卡点堵点，破困局、开新局，筑牢产业稳定发展的基础，增强产业发展内生动力，不断提升全市产业发展协同性整体性。

一、“两群”产业发展短板和亟须解决的突出问题

为充分掌握“两群”产业发展短板，我们对“两群”17个区县有关行业部门、重点企业发放了调查问卷，共收回72个部门问卷和185份企业问卷。课题组经过深入分析，对“两群”产业发展突出问题归纳如下。

（一）企业竞争能力“弱”

“两群”企业规模小、研发能力弱，整体处于价值链中低端，缺乏市场竞争力。一是企业规模小、分布散。“两群”消费品、绿色建材达到300亿级规模，汽车、电子、医药（中药材）达到100亿级规模，但调查的185家相关企业中年营业收入超过20亿元的企业仅6家且均分布在渝东北，营收2亿元以上农产品加工企业仅占14.7%，缺乏带动能力强的链主企业和龙头企业。二是研发能力弱、投入少。从整体看，“两群”科研机构、创新型企业严重缺乏，2021年R&D经费投入强度仅0.55%，远低于全市2.16%的平均水平。其中，企业普遍缺少研发环节，规模以上工业企业R&D经费仅占主营业务收入的1.1%，低于全市1.6%的平均水平；非工业企业R&D经费占全市比重不足1%。三是产品标准较低、品质不高。“两群”主要工业产品中，缺乏“一区”急需的铸造、PCB相关产品、大小“三电”等配套产品，已有的锂电池、覆铜板、二极管等电子零部件以及汽车线束等汽摩零部件等工业产品质量和产量均无法满足下游企业当期采购质量要求。同时，“两群”柑橘、猪牛肉、榨菜、茶叶、中药材等特色农产品质量参差不齐、产出标准不一，下游企业无法开展大规模采购。

（二）产业协作水平“低”

“两群”和“一区”主导产业原材料供应市场、销售市场“两头”在外的现象短期难以改变，“区群”之间、“两群”内部产业协作不足。一是“两群”内部产业协作不够。无论是渝东北工业基础较好的“万开云”板块，还是“梁垫”“丰忠”“奉巫巫”板块，受访企业原材料和配套环节鲜有来自自身板块内部及周边区县，产业本地化配套不足、协同发展水平低。渝东南区县农产品加工“单打独斗”现象明显，原材料大多来自本区县，规模难以做大。二是与“一区”协作配套不足。“两群”与“一区”仅在汽车、电子、生物医药等领域开展配套合作，如万州江东机械、武隆民康电器、石柱万力联兴等企业均为长安汽车配套，梁平平伟实业为渝北力华科技配套，奉节蔷薇药业为九龙坡天江一方药业配套，装备制造、食品加工、新材料、文旅等产业领域合作较少。三是承接东部地区产业转移主动性不足。“两群”近五年承接产业转移中约30%的项目来自东部沿海地区，主要集中在种植养殖业、眼镜制造、电子制造、农产品加工、材料加工等资源依赖型、劳动密集型产业，“两群”有明确承接意愿的66个项目中仅有17%的项目与东部沿海目标企业进行了对接。

（三）企业生产经营“难”

“两群”企业稳健发展面临原材料短缺、成本上升、市场不景气等因素制约。一是原材料保障不足。近20%的被调查企业反映原材料供给不足，如忠县新润星科技反映来自我国台湾的线性滑轨、滚珠螺杆等原材料紧张，梁平平伟实业反映芯片SGTMOS、VDMOS、TRENCHMOS等原材料紧缺，黔江南海制药、垫江天圣制药等存在黄檗、金银花等中药材供给短缺问题。梁平渝美滋、巫山清露茶叶、石柱果本生物等面临大豆、茶鲜叶、木瓜等上游农产品货源不足。二是生产经营成本上升。超20%的企业反映成本上升较多，如万州中国船舶重工集团反映铜、铝、镍等大宗商品涨幅过快，忠县特瑞新能源反映碳酸锂、磷铵、电解液等新能源电池原材料价格大幅上涨。七成以上的企业反映物流、用工、研发、用地、融资、能源等成本过高，对企业正常生产经营形成严重制约。三是市场业务量减少。受国内经济下行及疫情反复影响，“两群”游客量锐减且游客购买能力降低，餐饮、住宿、旅游企业营业收入大幅下降，重庆乌江画廊公司酉阳分公司等存在负债经营情况。订单外流、消费能力下降等因素也导致万州江东机械等装备企业订单下滑，梁平真本味食品、石柱百福食品等食品加工企业反映销售持续疲软。

（四）要素保障能力“差”

人、财、物、地等要素保障不足制约“两群”产业发展。一是专业人才较缺。“两群”生物医药、智能装备、新材料等行业研发人员严重缺乏，具有一定工作经验的熟练型技术工人短缺明显。例如，开州凯德实业、梁平巨源不锈钢均反映紧缺高端材料类专业人才和新材料研发技术人员，梁平平伟实业反映技术工人用工缺口达 300 人，巫山速腾鞋服、石柱永昌鞋业均反映针车等环节的技术工持续短缺。二是资金保障较难。“两群”企业普遍反映信贷支持不够、融资渠道较少、流动资金短缺，企业经营壮大受困，传统行业企业新产品研发认定无法享受政策支持。三是土地保障较弱。部分区县产业建设用地审批难、周期长、费用高，闲置工业用地及厂房收回难度大，企业用地成本高、项目建设周期长、落地慢、改扩建难。四是环保要求较高。“两群”生态保护红线面积占全市 51%，产业项目环保考核门槛高。万州、黔江、忠县等区县项目能耗、产业准入、生态环保要求普遍高于毗邻的四川区县，如重庆对出渝流域国控断面的水质优良比要求保持在 100%，而四川为 95%。

二、对策建议

（一）持续做大做强“两群”特色产业

牢牢把握当前全球产业链重塑机遇，强化产业外引内育和转型升级，深度融入和服务全市及全国产业链，加快提升“两群”产业发展能级。一是培育壮大本土优势产业。发挥“两群”产业基础和资源优势，重点发展中药材、茶叶等农副产品加工和文旅产业，集中力量培育特色消费品、绿色建材、汽车制造、电子信息、清洁能源等特色产业，引育一批具有核心技术的龙头企业，支持本地企业与市内外企业加强在产品质量、产品研发等方面的合作。二是积极承接主城都市区产业延伸布局。发挥“一区两群”对口协同发展机制引导作用，加大“一区”对“两群”产业帮扶力度，鼓励“两群”区县瞄准“一区”汽车制造、电子信息、智能装备、生物医药、特色消费品等重点产业，大力发展原辅材料、零部件、包装件、区域物流等配套产业。三是因地制宜承接东中部产业转移。依托鲁渝协作、库区对口支援等机制，深化与东部地区合作，共同谋划重大产业项目，搭建特色产业合作平台。建立健全“一行业一专班、一企业一专员”机制，重点承接东部地区玩具、服装、电子配件等加工贸易和以边缘计算为特征的大数据产业转移。完善支持政策，推动返乡创业人员和在东部地区就业的科技人员、管理人员等将东部地区产业项目引回家乡。

（二）建设多种类型的飞地园区

以合作共赢为目标，建设“区群”产业合作示范园区和承接沿海产业转移示范区等跨区域合作平台，促进产业高质量发展。一是积极搭建“区群”协作飞地园区。结合“两群”自身产业基础和政策、资源等优势，重点瞄准两江新区、重庆高新区、西永保税区、永川高新区、涪陵高新区、江津工业园区等千亿级国家级园区，结对成立产业、创新、开放等领域飞地园区、飞地综合体或园区共同体，提升“两群”产业园区发展能级。二是积极搭建东西协作飞地园区。用活东西协作机制，主动对接对口协作省市和沿海地区，以飞地共建的方式，共建一批跨区域产业合作园区。万开云同城化板块和万州、黔江等区域性中心城市，探索联动主城都市区共同对接东部发达城市，以“一园多地”的模式打造三峡库区、武陵山区东西协作示范性飞地园区。三是推动“反向飞地”协作模式。鉴于“两群”区县大多产业基础薄弱、发展要素支撑不足、吸引发达地方园区来本地开设飞地的传统正向飞地合作模式的市场边际效应有限，建议可在主城都市区或沿海发达地区设立“反向飞地”，快速获取先进地区的人才、区位、资金、技术等优势，实现“逆向承接发展”。

（三）完善“区群”产业协同发展机制

加强市级统筹，完善“区群”产业协作机制，增强“两群”产业发展内生动力。一是加大“区群”产业协作支持力度。支持“两群”用地条件和经济发展较好的区县适度扩大城镇空间，强化“区群”合作重要载体和区域用地保障。加快完善交通基础设施网络，降低“两群”综合物流成本，提高承接“一区”产业转移竞争力。支持和引导“一区”尤其是中心城区重点产业链配套环节向“两群”延伸布局和有序转移，形成“区群”产业发展合力。二是深化“区群”招商信息共享。完善全市统一招商信息共享平台服务功能，支持“一区”将本地暂不具备落地条件，而“两群”有条件落地的有效投资信息，有序推荐给“两群”区县。鼓励“两群”区县利用库区对口支援、东西部协作、中央单位定点帮扶等政策资源，与“一区”开展联合招商引资。三是完善“区群”闲置土地指标共享和盘活利用机制。学习借鉴海南“土地超市+闲储置换”制度，探索建立“区群”土地指标跨区域交易机制，推动土地指标随项目迁移而有偿流转和盘活限制土地资源，避免重大项目因指标受限导致无法落地。对“两群”引进的对全市产业链具有重要支撑作用、对区域产业升级发展具有重大牵引作用的先进制造业和生产性服务业项目予以预支土地指标保障，重点加强万开云、区县城、园区等重点区域的土地要素供给保障。实施新型产业用地（M0）及工业项目“标准地”出让，鼓励支持土地用途混合利用，提高土地集约利用效率。四是建立健全能耗指标“随企迁移”机制。探索建立“区群”用能权交易机制，对于“一区”转入“两群”的具有较强带动性的企业，能耗指标由转移企业带入转入地区。指导“两群”区县研究解决能耗指标和承接产业的匹配问题，对于落地“两群”的产业链关键环节的重大项目，争取国家能耗指标单列。

（四）建设多种形式的产业联盟

推动建立多种形式“政府搭台，市场唱戏”的产业联盟，促进产业资源整合、产业标准提升和产业协同共进。一是建立“两群”特色产业联盟。鼓励“两群”围绕特色消费品、农产品加工、绿色制造、大健康、文化旅游等领域成立特色产业联盟，发挥联盟在项目招商、技术帮扶、资源整合、信息共享、资金和用工等方面的优势，共同建设“两群”特色产业生态圈。二是积极参与行业质量标准制定。聚焦“两群”中榨菜、中药材、柑橘、茶叶、蚕桑、中蜂等山地特色农产品，联合制定和完善特色食品和绿色（有机）食品质量标准，做靓“三峡农家”“武陵农家”特色品牌。围绕原料供给、生产加工、物流运输等行业领域，形成行业自律和统一的服务标准。开展“两群”质量管理体系升级行动，推动重点领域主要消费品质量标准与国际接轨，提升“大三峡”“大武陵”品牌影响力和认知度。三是强化“两群”与“一区”及东部产业联盟对接合作。鼓励“两群”企业、联盟、协会“走出去”，与“一区”以及东部地区特色消费品、中药材、文旅等产业联盟、行业协会协同对接，推动“两群”产业在开放合作中实现集团化、品牌化、特色化发展。

（五）千方百计助企纾困解难

稳市场主体是稳经济的基础。围绕“两群”市场主体发展诉求，以“实招”精准助企纾困解难。一是降低企业用水用电用网成本。落实中小微企业和个体工商户用水、用电、用气“欠费不停供”政策，根据实际设立费用缓缴期，缓缴期间免收欠费滞纳金。积极落实 2022 年中小微企业宽带和专线平均资费再降 10% 的政策。二是强化就业信息推送和用工推荐。整合“两群”优质企业用工需求信息，利用招聘会、新媒体等手段及时发布岗位信息。支持市级农民工返乡创业园发展，做好返乡农民工稳岗就业组织引导，保障重点企业、重点项目用工。建立健全高校毕业生、创新人才、专技人才等到“两群”就业交流的长效机制。三是加大金融扶持力度。鼓励、引导金融机构将新增、盘活的信贷资源向民营企业倾斜。推动“信易贷·渝惠融”平台与市内其他信用贷款平台互联互通，扩大信用融资覆盖面及额度。支持银行向文旅、餐饮住宿等行业企业发放特别贷款。四是落实落细中小企业帮扶政策。构建“政策落实+跟踪服务”服务体系，确保产业政策应享尽享，强化政策效果评估，动态调整和细化政策举措。加强部门政策推进落实日常调度，充分发挥企业服务专员作用。五是强化社会信用体系建设。推动“两群”区县信用信息平台互联，强化跨领域、跨行业、跨层级信用信息整合，推动区域信用记录和市场主体信用档案共享。强化信用承诺、信用分级分类监管、信用联合奖惩跨区域协同。

[重庆市综合经济研究院
主研：易小光　丁　瑶　邓兰燕　李　林　汪　婧　郑秋霞
执笔：邓兰燕　李　林　郑秋霞　汪　婧]

推进成渝地区双城经济圈土地市场一体化的思路建议

内容摘要：土地市场一体化发展对优化成渝地区双城经济圈土地空间配置、提高土地利用效益、促进土地要素流动具有重要作用，是加快推进成渝地区双城经济圈建设的必然要求。四川、重庆两省市的土地制度改革一直走在全国前列，在市场培育、土地流转等方面的探索创新成效明显，但城乡土地市场受制度约束仍然明显，在规划统筹、市场联结、土地利用等方面还有待加强和完善。建议：一是推进重庆农村土地交易所功能完善和服务升级，打造成为成渝地区统一的土地交易服务平台和全国性的跨省指标调剂交易试点平台；二是强化两地土地管理政策和改革协调联动，探索建立土地制度改革联动机制，构建成渝地区城乡土地统一规划及管理体系；三是健全工业用地市场供应体系，稳慎探索混合产业用地供给，推动产业用地市场化配置。

2020 年 1 月，习近平总书记指出，推动成渝地区双城经济圈建设，在西部形成高质量发展重要增长极，标志着成渝地区一体化发展步入具有更高国家战略定位的发展新阶段。2020 年 4 月出台的《关于构建更加完善的要素市场化配置体制机制的意见》提出，城乡建设用地指标审批权下放到省级、建立健全城乡统一的建设用地市场、探索建立全国性的建设用地和补充耕地指标跨区域交易机制等多项土地改革举措。2021 年 1 月印发的《建设高标准市场体系行动方案》再次明确，推动经营性土地要素市场化配置，开展土地指标跨区域交易试点，探索建立全国性的建设用地指标跨区域交易机制。土地要素对经济增长的贡献显著，其配置的结构和效率，影响着区域产业结构的优化布局和区域经济的分工协作与协调发展。土地市场一体化正是实现土地资源最优配置的必然选择。早在2007年，国家就赋予重庆、成都开展统筹城乡综合配套改革试点，在新发展阶段，更需要加强土地统筹管理的改革联动，探索土地市场一体化发展，推动两地建设用地匹配、人地挂钩从单纯的城与乡匹配转向跨行政区域的匹配，促进土地资源优化配置和集约节约利用。

一、成渝地区双城经济圈土地市场发展现状及问题

四川、重庆在土地制度改革方面一直走在全国前列，基本构建起城乡土地市场体系，形成了灵活的土地管理体系，城乡土地流转途径更加多元化、形式更加多样化，形成了一批可复制、可推广的改革创新成果，为建设统一的土地市场提供了探索与创新的经验和政策基础。如重庆地票制度改革在确保土地集体所有制、保护农民既得利益、用地性质不变的前提下，通过农村闲置建设性用地复垦—验收—挂牌—拍卖，保障了城市化进程中的增减挂钩、占补平衡，为土地要素市场化改革提供了经验借鉴和参考。但改革尚在路上，依然任重道远，目前川渝两地城乡土地市场受制度约束明显，在规划统筹、市场联结、土地利用等方面还有待加强和完善。

（一）现行制度及政策制约明显

随着农村三块地改革、农村产权制度改革及城乡融合发展体制机制改革等的加快推进，关于土地流转、土地管理的体制机制不断完善，但土地在城乡之间、区域之间流动的制度限制仍然较多。一是城乡土地要素平等交换的制度障碍仍然存在。新《中华人民共和国土地管理法》（以下简称新《土地管理法》）进一步加强了与《中华人民共和国物权法》《中华人民共和国农村土地承包法》等的衔接，破除了农村集体经营性建设用地入市的法律障碍，改革和完善了土地征收制度、农村宅基地制度，对国民经济和社会发展的促进作用明显，但对“市场决定资源配置”方面的回应相对较少，仅允许占比较少的农村集体经营性

建设用地与国有建设用地同权同价、同等入市，对农民享有的宅基地使用权、收益权、处置权等仍有较多限制。二是土地管理机制有待完善。地区间、部门间协同联动不足，审批效率有待提高，项目落地速度和发展需求不匹配；部分地方重发展轻保护、重增量轻存量的思想倾向还未根本转变，依法用地意识不强，违法违规用地现象仍然存在。三是土地指标跨省市流动的制度有待丰富。随着户籍制度改革不断深化，对于流动人口在就业、居住、养老、医疗、教育等方面的权益保障不断增强，但针对流动就业人口的土地等发展权益跨省市转移还存在政策空白，土地指标跨省市流动和交易的制度也处于萌芽阶段。新《土地管理法》关于宅基地等方面修订前后比较见表1。

表1　新《土地管理法》关于宅基地等方面修订前后比较

类别	修订前	修订后
土地征收方面	①按照被征收土地的原用途给予补偿，按照年产值倍数法确定土地补偿费和安置补助费，包括土地补偿费、安置补助费、地上附着物和青苗补偿费 ②征地批后公告	①首次明确为公共利益需要，确需征收农民集体所有的土地的六种情形，可以依法实施征收 ②征地补偿费、安置补助费标准以区片综合地价确定，并在原来基础上，新增农村村民住宅补偿费用和被征地农民社会保障费用 ③征地批前公告，征地报批以前，县级以上地方政府必须与拟征收土地的所有权人、使用权人就补偿安置等签订协议
集体经营性建设用地方面	除乡镇企业破产兼并外，禁止农村集体经济组织以外的单位或者个人直接使用集体建设用地，只有将集体建设用地征收为国有土地后，这幅土地才可以出让给单位或者个人使用	①允许集体经营性建设用地在符合规划、依法登记，并经本集体经济组织三分之二以上成员或者村民代表同意的条件下，可通过出让、出租等方式交由集体经济组织以外的单位或者个人直接使用 ②使用者取得集体经营性建设用地使用权后，还可以转让、互换或者抵押
宅基地方面	①规定“一户一宅” ②农村村民住宅建设经乡（镇）人民政府审核，由县级人民政府批准 ③农村村民建房要符合土地利用总体规划 ④宅基地使用权流转方式：出卖、出租	①增加宅基地“户有所居”的规定：人均土地少、不能保障一户拥有一处宅基地的地区，县级人民政府在充分尊重农村村民意愿的基础上，可以采取措施按照相关标准保障农村村民实现户有所居 ②国家允许进城落户的农村村民依法自愿有偿退出宅基地，鼓励农村集体经济组织及其成员盘活利用闲置住宅 ③下放宅基地审批权限，明确农村村民住宅建设由乡镇人民政府审批 ④农村村民建房除了要符合土地利用总体规划外，还要符合村庄规划 ⑤宅基地使用权流转方式：出卖、出租、赠与

（二）土地利用规划统筹不足

与全国其他城市一样，川渝两省市在土地利用方面虽然也对降低容积率、舒缓房地产供求关系等规划因素作了一定的考量，但更多考虑的仍是土地出让财政收入的保障及土地市场形势，尚未建立起城市规划引领土地利用的有效机制。一是空间规划引领不足。目前川渝两地的城市规划和土地规划均未完全覆盖农村地区，村庄规划编制尚在推进中，规划编制进度与成渝地区双城经济圈建设要求不匹配，不利于城乡和区域之间土地资源合理配置，重庆与四川的毗邻市区县在发展定位、产业布局等方面的功能相近。二是土地供给的结构性矛盾突出。成渝地区地形条件复杂，特别是成渝主轴优质耕地分布与城镇化地区高度重叠，城镇、农业、生态空间矛盾突出，城乡之间、区域之间土地供给不平衡，三条控制线协调难度大。

（三）土地利用效率有待提高

由于长期以来城乡建设以外延扩张的发展模式为主，工业用地综合效益不高、农村宅基地闲置等问题较为明显，土地利用效率亟待提升。一是土地投入产出效率不高。成渝地区开发区土地利用程度、用地结构、用地强度不高，如长寿经开区（0.7）、成都高新区（0.49）、成都经开区（0.87）等开发区工业用地综合容积率仍低于全国（0.9）平均水平；开发区工业用地固定资产平均投入约8000万元/公顷，每公顷比全国平均低近1000万元。二是农村土地闲置浪费严重。由于农村人口转移速度快于建设用地退出速度，农村人均建设用地仍然保持在200平方米以上，“一户多宅”、空心村等现象大量存在，土地资源粗放利用问题突出。

（四）城乡土地市场联结不够

重庆大足区和四川郫都区、泸县三地以国家农村土地改革试点为契机，针对农村集体经营性建设用地、宅基地、农用地改革，在建立城乡统一的建设用地市场、提高农村土地利用水平等方面进行了探索创新，但在城乡二元结构背景下，农村土地及其配套制度仍以单向的城市化服务模式为主，城乡土地入市交易的差异仍然较大。一是城镇建设用地和房屋可以自由买卖交易，但农村的房屋和宅基地只能在本村内部买卖。二是城镇土地可以进入出让市场（一级市场）进行使用权交易，实行公开透明的招拍挂制度，而农村土地除集体经营性建设用地外均只能进入转让市场（二级市场），与城镇土地市场处于隔离状态，农村土地无法取得与城镇土地同样的增值收益。川渝地区农村土地改革试点做法梳理见表2。

表2　川渝地区农村土地改革试点做法梳理

主要做法	重庆市大足区	四川省郫都区	四川省泸县
形成完善的政策体系	出台《重庆市大足区农村集体经营性建设用地入市管理办法》等7个规范性文件和《重庆市大足区城乡统一建设用地使用权基准地价评估技术规范（试行）》等8个技术规范	印发《郫都区农村集体经营性建设用地入市规定》等28个农村土地制度改革配套文件	出台《泸县农村集体经营性建设用地入市管理暂行办法》及配套文件5个
推进集体经营性建设用地入市	入市途径：就地入市、集中区入市（对村庄内零星、分散的集体经营性建设用地按计划调整到本区范围内的产业集中区入市） 入市方式：出让（协议、招标、拍卖或挂牌）、租赁	入市途径：就地入市，调整入市，城中村集体建设用地整治后入市 入市方式：从单一的挂牌出让扩展到就地出租、自主开发、作价入股等多种方式	入市途径：就地入市，调整入市，城中村集体建设用地整治后入市 入市方式：出让等有偿使用方式入市，在使用期限内可以转让、出租、抵押
建立收益分配机制	形成“三分两不分”分配机制	形成“二八”比例分配规则	形成1:2:2:5分配标准

二、推进成渝地区双城经济圈土地市场一体化的建议

从长三角、粤港澳、京津冀三大经济圈的发展实践看，都把要素市场特别是土地市场一体化改革放在推动区域协调发展的重要位置。成渝地区双城经济圈要促进区域一体化协调发展，必然要促进以土地为首的要素在区域之

间自由流动和高效集聚，就需要从共同发展和争取支持的角度，加强川渝两地的联动协调，推动土地市场一体化发展，形成土地资源统一规划、统一标准、统一管理的科学配置格局。

（一）打造统一的土地交易服务平台

抓住成渝地区双城经济圈建设契机，积极推进重庆农村土地交易所功能完善和服务升级，将重庆农村土地交易所打造成为成渝地区统一的土地交易服务平台。

一是依托重庆农村土地交易所打造覆盖成渝地区的统一的“线上+线下”交易平台。围绕“互联网+”和数字乡村建设，强化重庆农村土地交易所数字化、智能化支撑，完善重庆农村土地交易所线上交易平台功能，各市区县依托现有公共资源交易中心增挂成渝地区双城经济圈资源共享服务中心分中心牌子，以土地供需、价格等信息公开查询和远程交易“一站式”服务，实现川渝两地土地市场信息畅通、资源共享。

二是将重庆土地交易所打造成为全国性的跨省指标调剂交易试点平台。依托重庆农村土地交易所，共同争取国家支持，开展成渝地区双城经济圈与长三角城市群土地指标跨省调剂交易试点，推进成渝地区双城经济圈产生的城乡建设用地增减挂钩节余指标、耕地占补平衡指标等上市交易，长三角相关省市可购买相关指标用于自身建设和发展。同时进一步拓展“地票”功能，探索生态地票在成渝地区双城经济圈全面推广，促进生态区人口向重点发展区转移，拓展土地要素市场。

（二）推进成渝地区土地管理及政策一体化建设

强化川渝两地土地管理政策和改革协调联动，探索建立成渝地区土地制度改革联动机制，构建成渝地区城乡土地统一规划管理体系。

一是强化土地资源统筹管理。强化沟通协作，争取共同推进跨区域国土空间规划编制，建立跨区域统筹用地指标、盘活空间资源的土地管理机制，统一基准地价，统筹安排建设用地指标，认真贯彻国家城市住宅用地“两集中”等政策文件，统筹平衡年度土地收储和出让计划，合理配置跨区域用地。探索建立跨区域的人地挂钩制度，推动农村土地、城市土地跨区域自由流动。

二是推动土地供应和利用精细化管理。强化土地供应量、开工建设情况的分类动态监测。推进成渝地区土地出让金跨省统筹，研究建立存量税收留存各地、增量税收按照比例分成的税收分配制度，设立以区域土地出让金为资金来源的专项建设资金。在大足区、郫都区、泸县试点基础上，依法推进农村集体经营性建设用地入市改革，盘活区内土地存量。

三是强化土地制度及政策的改革联动。研究建立成渝地区统一的区域土地制度，破除土地资源流动障碍，合理布局与规划土地利用结构、基础设施建设、资源开发利用和环境整治保护；探索建立统一的用地标准、相同的土地配套政策，减少税收、吸引外资等多方面政策优惠差异。探索设立跨行政区域的土地执法机构，以协调不同地区的土地政策和行政行为，统一执法，促进无差别土地法律政策环境的形成和土地资源的优化配置。

（三）推动成渝地区产业用地市场化配置

结合国家对成渝地区双城经济圈的建设要求，加强成渝地区的沟通与合作，积极调整完善产业用地政策，推动产业用地市场化配置，促进产业转型升级。

一是健全工业用地市场供应体系。探索研究统一的工业用地出让方式、出让年限、价格标准，完善产业用地租赁、弹性年期出让、先租后让、租让结合制度，开展工业项目“标准地”出让试点，实行土地全生命周期管理，加强建设项目批后监管，构建土地监管共同责任机制，及时淘汰落后产能、“僵尸”企业，提高土地利用效率，挖掘存量用地潜力。

二是鼓励盘活存量建设用地。加强川渝两地部门沟通协作，探索建立低效闲置用地信息库，实现产业发展数据与土地信息资源共享。创新城镇低效用地再开发模式，大力开展闲置土地和批而未供处置，多渠道盘活国有企业存量土地和低效用地。深化农村宅基地制度改革试点，鼓励农村集体经济组织及其成员和社会企业通过自营、出租、入股、合作等方式盘活利用闲置宅基地和住宅。

三是稳慎探索混合产业用地供给。按照新型城镇化“产城融合”要求，综合考虑产业集聚发展趋势及新型用地主体（特别是创业型用地主体）多元化的用地需求，创新土地使用方式，推动不同产业用地类型合理转换，实现产业用地“混合型、复合化”利用，如产业园区除办公空间外，规划预留酒店、咖啡厅、健身房等配套设施建设用地。

［重庆市综合经济研究院
主研：易小光　丁　瑶　邓兰燕　邓吉敏　罗宇航　张　佳
　　　张　超　邹於娟　施小兰　邱　婧
执笔：邓吉敏］

第九部分

公共服务

协同推进成渝地区双城经济圈现代化治理的建议

内容摘要： 协同推进成渝地区双城经济圈现代化治理，既是落实党中央推动国家治理体系和治理能力现代化的客观要求，也是成渝地区双城经济圈高质量一体化发展的重要内容和打造高品质生活宜居地的重要保障。因此，需要在深刻理解区域一体化现代治理内涵要义基础上，加快补齐治理短板和不足，构建现代化、一体化的治理体系。建议：一是转变人口治理思维，以“实际管理服务人口”为标准，推动基础设施和公共服务配套；二是逐步破除行政壁垒和城乡分割格局，推动大中小城市分层协同、城乡联动的整体性治理；三是补齐智慧城市在治理领域的短板，推动数据优势向大数据优势转变，提升整体治理效能；四是推进毗邻地区一体化治理，打造一体化治理先行区和示范区。

2020 年 1 月，习近平总书记在中央财经委员会第六次会议上明确提出，推动成渝地区双城经济圈建设，使成渝地区成为高品质生活宜居地。推动成渝地区双城经济圈一体化治理，既是落实党中央推动国家治理体系和治理能力现代化的客观要求，也是成渝地区双城经济圈高质量一体化发展的重要内容和打造高品质生活宜居地的重要保障。因此，必须认真审视疫情暴露出的城市治理短板和问题，强化治理观念模式和体制机制创新，打破行政壁垒，积极构筑一体化的成渝地区双城经济圈现代化治理格局，以一体化治理推动成渝地区成为全国高品质生活宜居地。

一、主要短板和不足

近年来，成渝地区双城经济圈在基础设施互联互通、公共服务共建共享、生态环境联防联治等领域的区域协同治理持续走深走实，取得较大成效。对比“高品质生活宜居地”目标要求依然存在短板，抗击疫情过程中也暴露出诸多不足，主要表现在：

（一）对流动人口关注度不够导致大城市公共服务供给结构性矛盾明显

当前，成渝地区双城经济圈内各城市的公共服务普遍按照常住人口规模（少数地方、部分领域还在按户籍人口规模）来配置供给，对商务旅游等短期流动人口需求考虑不足，导致重大节假日、节庆活动及突发性危机事件下的公共服务供给短缺现象明显。此外，在侧重城市区域、大城市发展和治理思维导向下，成渝地区广大农村区域和小城市、小城镇的公共服务配套薄弱，城乡之间、城际之间的公共服务标准差距大、布局不均衡等问题较为突出。同时，疫情危机也充分暴露出，小城市和农村地区的卫生医疗和应急救援等公共服务物资储备总量不足，服务功能不健全，难以充分满足当地居民和“钟摆式”流动人口需求。

（二）行政区划边界的政府治理模式造成城际、城乡、部门间治理分割化碎片化现象突出，协同性不足

在当前行政管理体制下，成渝地区双城经济圈内各地方政府之间、地方行政层级之间以及各职能部门之间在跨区域治理中地域分割和功能裂解的状况客观存在，导致跨区域公共事务上的治理绩效低下。在基础设施共建共享方面，毗邻地区由于缺乏有效的沟通和规划衔接，建设时序不一致、建设标准不统一，存在多处“瓶颈路”和“断头路”。在生态环境共治方面，多头管理、重叠管理、政出多门、“公地悲剧”等现象时有发生。在公共服务共享方面，异地就医结算不便、优质教育资源垄断等问题依然存在。与此同时，

行政分割下跨行政区多方应急联动、协同治理体制机制不健全，也导致成渝地区双城经济圈对重大突发性公共事件、偶发事件和非常事件的准备不足、协同处理能力不强。

（三）大数据技术与城市治理融合不足导致治理精准化、智慧化欠缺

近年来，成渝地区在运用智慧手段进行城市治理方面进行了有益探索，城市治理水平得到显著提升。但大数据技术与城市治理的深度融合依然不够，城市治理精准化、智慧化水平还不高。在行政分割、条块管理模式的现实背景下，跨省市、跨区域、跨部门数据信息对接共享不足，“信息孤岛”现象依然存在，数据信息资源未完全转化为开放共享的大数据优势，医疗、教育、交通、治安、民政、应急等领域的大数据分析与应用水平不高，成渝地区范围内城际之间相互联动的网络化“城市大脑”管理体系尚未建立，提升城市治理和区域治理的智慧化、精细化水平难度依然较大。

二、推动成渝地区双城经济圈现代化治理的建议

当前，国内京津冀、长三角、珠三角地区的区域治理水平相对较高，其核心治理经验有两条：一是打破行政壁垒，以毗邻地区为先行区域，强化制度创新，全面推进城市治理协同；二是大力推进智慧城市建设，突出数据化治理。因此，成渝地区双城经济圈高水平一体化发展，必须充分借鉴长三角、珠三角经验，围绕“高品质生活宜居地”发展目标，谋创新补短板，加快打破区域治理行政壁垒，强化大数据技术手段的治理应用，构建现代化、一体化的成渝地区双城经济圈治理体系。

（一）坚持以“实际管理服务人口”为导向的治理理念

随着成渝地区吸引力逐渐提升，以重庆主城、成都为核心承载地，来成渝地区双城经济圈商务旅游、就医疗养等短期驻留人口规模越来越大、人力流动频度越来越高，成渝地区实际管理服务人口规模在不断增加。鉴于这一客观事实，必须加快转变人口治理思维，借鉴北京、上海、广州等超大城市

治理经验，在常住人口基础之上，考虑半年以下暂住人口、跨市域通勤人口、短期商务旅游和探亲访友等流动人口需求，探索根据“实际管理服务人口”规模，按照合理的弹性比例，规划配置成渝地区双城经济圈交通、能源、应急救援等基础设施和医院、文化、体育等公共服务设施，强化应急战略物资储备。

（二）推进跨行政区、大中小城市分层协同、城乡联动的成渝地区双城经济圈整体性治理模式

成渝地区双城经济圈一体化发展必须打破行政分割壁垒，以“全域统筹、整体推动”的思路实现一体化治理。一是建立大中小城市分层协同的公共服务配置机制。继续强化重庆主城、成都的高层级公共服务设施布局，增强双核城市在成渝地区双城经济圈及西部地区的高水平公共服务供给能力。重庆作为国家战略大后方，应率先争取国家支持，超前谋划建设国家级医学中心、战略物资储备中心、应急后援保障中心等。与此同时，推动长寿、涪陵、万州、泸州、南充等大中城市适度超前布局区域性公共服务设施，增强小城市的本地公共服务能力和水平。二是强化城际制度对接和公共事务协同治理。推动成渝地区公共安全、环境保护等领域的城际间、部门间制度对接，深化区域公共事务的常态化联合治理。三是补齐农村公共服务和治理体系短板。结合乡村振兴战略，加大乡村公共卫生体系、应急管理体系建设投入力度，提升农村基层医疗卫生资源配置规模和质量，建立健全乡村突发公共卫生事件应急机制和医疗物资储备等应急物资保障机制。

（三）推进智慧城市大数据优势转为现代治理效能

加快成渝地区智慧城市建设和联动，切实提升区域治理智能化水平，提高治理联动性、预见性、精准性、高效性。一是强化智慧设施布局。统筹公安、交通、环保、城管、民生等各领域需求，加快部署5G、人工智能、物联网等新型基础设施，补齐基层社区的智慧设施、智慧系统布局短板，全面推动成渝地区基础设施智能化升级，强化数据实时采集能力，夯实城市数据化治理“硬基础”。二是推动跨城际跨部门数据整合共享。协同推动重庆主城、成都两大中心城市和支点节点城市的“城市大脑”建设，加快统一成渝地区城际间、部门间的数据接口标准、数据管理规范，推动数据资源在成渝地区跨行政层级、跨城市区域、跨部门系统的开放共享和交互联动，消除数据孤岛，提升区域治理的协调联动、精准施策水平，推动大数据优势转化为区域治理效能。

（四）推进毗邻地区治理一体化

树立川渝毗邻地区整体化治理思维，以渝东北地区—川东北地区、渝西地区—川东地区为重点区域，先行先试推进一体化治理体制机制创新，将毗邻地区打造成为成渝地区双城经济圈一体化治理先行区和示范区。一是聚焦重点领域，构建毗邻地区一体化治理格局。加快开通毗邻公交，增强渝东北地区—川东北地区、渝西地区—川东地区互联互通能力。推动毗邻地区教育医疗等公共服务优质资源相互延伸，共享共用，探索建立跨行政区域的学校、医院等功能性服务设施。推进社会治理一体化，拓展区域网格化建设，强化治安、司法等社会治理领域的联动联勤联管联办。统筹规划毗邻区域生态保护、应急管理等功能设施布局和联动治理。二是创新毗邻地区一体化治理的财税机制。探索万州—达州—开州、大足—荣昌—永川—资阳—泸州、合川—潼南—广安—遂宁等毗邻地区组块建立区域性财政同盟，实施统一财政规则和一体化操作框架，统筹财权事权，推进财税资金区域性统收统支，强化区域一体化治理的财税保障，并适时将经验推广至成渝地区双城经济圈全域。

［重庆市综合经济研究院
主研：易小光　丁　瑶　苟文峰　李　林　汪　婧　郑秋霞
执笔：李　林　汪　婧　郑秋霞］

川渝毗邻地区公共服务一体化存在的问题、成因及对策建议[①]

内容摘要：川渝毗邻地区是深化川渝合作、推动成渝中部加速“崛起”的核心载体，但由于与各自行政中心距离较远，毗邻地区公共服务资源配置普遍较弱，公共服务供给水平整体不高，一体化发展水平相对滞后。究其原因在于，各市区县发展阶段和行政层级不同，导致公共服务保障力度不一、政策协同和工作协调难度大。因此建议：一是从规划和制度上强化区域统筹协调，推动公共服务资源协同布局；二是从服务标准和数据标准上加强对接统一，建立公共服务信息共享平台；三是积极争取上级财政支持，持续优化内部支出结构，通过“三个倾斜”保障各地公共服务投入协同增长；四是充分发挥重庆直辖体制优势，率先强化重庆毗邻地区公共服务资源配置，增强对四川毗邻地区的辐射和服务能力。

川渝毗邻地区[②]是重庆深化川渝合作、推动成渝中部加速“崛起”的核心载体，也是加快探索经济区和行政区适度分离，推动成渝地区双城经济圈打造高质量发展重要增长极的重要支撑。随着人民群众对高品质生活追求不

---

① 市社科规划项目《成渝地区双城经济圈建设中的公共服务共建共享研究》（2020YBJJ66）、《川渝毗邻地区公共服务一体化发展动能研究》阶段性成果。

② 本文所指的毗邻地区包括四川和重庆相邻的区市（县）。其中，重庆范围涵盖渝北、合川、潼南、铜梁、大足、荣昌、永川、江津、长寿、梁平、万州、开州、垫江、城口等14个区县；四川范围涵盖达州、广安、遂宁、资阳、内江、泸州6个市下辖的万源市、宣汉县、开江县、达川区、大竹县、邻水县、华蓥市、岳池县、武胜县、蓬溪县、船山区、安居区、安岳县、东兴区、隆昌县、泸县、合江县等17个县级行政单元。

断升级，当前，区域公共服务供给能力已经成为影响人口流动聚集的重要因素，公共服务一体化水平也已成为区域一体化发展的重要体现。由于川渝毗邻地区与各自行政中心距离较远，公共服务资源配置普遍较弱、供给水平整体不高，因此，通过加强区域合作、弥补资源配置不足、推动川渝毗邻地区公共服务一体化，对加快成渝地区双城经济圈建设、强化普惠民生具有重要意义。

一、存在主要问题

成渝地区双城经济圈建设战略实施以来，川渝毗邻地区在公共服务领域逐步深化区域合作，已取得初步成效。但与成渝地区双城经济圈高质量一体化发展要求相比，川渝毗邻地区公共服务的部分领域一体化发展水平依然较低。

（一）川渝毗邻地区公共服务供给水平整体不高

川渝毗邻地区多项公共服务供给质量不高，难以担当引领和促进区域一体化发展的重任，在教育、医疗卫生、体育设施建设等方面表现较为明显。教育领域，基础教育供给水平总体不高，高质量的名校不足，高等教育资源较为匮乏。2019 年毗邻地区共有高等院校和高等职业院校 59[①] 所，占川渝两省高等院校总量的 19%（常住人口占比为 22.53%），数量配置不足，且无一所“985”“211”工程的高校，高校层次总体较低。卫生领域，毗邻地区医护比仅为 1∶1.19，低于四川省的 1∶1.22、重庆市的 1∶1.24，儿科、精神卫生、康复、疗养、医学培训、老年护理等领域服务能力较为薄弱。体育领域，体育场馆设施建设不足，除渝北区、万源市、宣汉县、开江县等区（市、县）外，其余大部分区（市、县）人均体育场地面积均未达到 1.8 平方米的国家标准。

---

① 统计范围为：重庆市毗邻的 14 个区县和四川省毗邻的 17 个县。

（二）公共服务资源分布不均衡、结构不合理

毗邻地区区域间、城乡间资源配置不均衡，服务水平差异较大，在教育、医疗卫生、文化设施建设等方面问题较突出。教育领域，毗邻地区中四川省下辖区县仅有2所高等院校和5所高职院校，重庆市下辖区县拥有26所高等院校和25所高职院校。优质职业教育资源主要集中在泸州、达州、万州等地，县域内的职业教育学校较少。卫生领域，毗邻地区拥有三甲医院15家，拥有量最多的泸州市拥有5家，均不在毗邻县内。毗邻地区重庆范围内永川、江津、垫江均拥有2家三甲医院，潼南、荣昌、梁平、城口暂无三甲医院。毗邻地区拥有中医院56家、中西医结合医院19家，重庆区县分别占43%、84%。文化领域，从广播、电视综合人口覆盖率来看，川渝毗邻地区尤其是四川毗邻地区总体低于重庆、四川平均水平，广播“村村响”、电视“户户通”惠民工程还需加快推进。

（三）缺乏辐射力强的大型公共服务设施及特色领域

毗邻地区为川渝两省市的区县，公共服务设施投入以保障基本公共服务为主，合作共建大型项目和特色服务相对较少。大型公共服务设施建设方面，基于保障基本公共服务的出发点，毗邻地区各类公共服务建设坚持“尽力而为、量力而行”的原则，主要满足行政区内基本社会服务需求，鲜少有辐射能力强、影响范围广的大型基础设施。特色领域建设方面，毗邻地区各地区各类设施雷同性强、差异性小，以职业教育专业设置为例，由于近年来川渝两地在产业发展方向上趋同化，导致毗邻地区职业院校的专业设置大部分以汽车、电子信息、旅游、文化和创意服务为主，职业院校办学模式趋同、专业设置千篇一律，不利于川渝毗邻地区职业技术人才的优势互补和人力资源良性流动。

二、形成原因分析

公共服务不均衡问题已经成为川渝毗邻地区高质量一体化发展的重要瓶

颈之一。制约川渝毗邻地区公共服务一体化进程的原因多样，主要在于以下几个方面。

（一）区域发展阶段不同导致公共服务保障力度不一

川渝毗邻的四川区域和重庆区域在经济发展、产业化和城镇化的发展阶段不同，从而导致重庆毗邻地区和四川毗邻地区的财政保障水平差距较大，而财政是基本公共服务供给的主体，因此区域经济发展不同决定了公共服务的供给水平必然存在较大的不同。一是经济发展水平和发展总量差异较大。从人均 GDP 来看，2020 年川渝毗邻的重庆地区为 77233 元，四川地区为 38845 元，都已经进入工业化中后期，但是重庆地区人均 GDP 是四川毗邻区县的约 2 倍；从常住人口城镇化率来看，重庆毗邻地区的城镇化率为 62.4%，处于工业化成熟期，四川毗邻地区为 46.8%，处于工业化中期。根据发展经济学关于工业化、城镇化进程的发展阶段标准综合判断，川渝毗邻的重庆区域处于工业化中后期，毗邻的四川地区处于工业化初中期。二是财政收入差距较大。按总量计算，2020 年一般公共预算收入最高的达州市达到 112.33 亿元，最低的城口县为 4.41 亿元，按常住人口计算，2020 年川渝毗邻地区人均一般公共预算收入最高的长寿区达到 6048 元，最低的内江市为 2110 元，前者为后者的约 3 倍。三是一般公共服务财政预算支出差距大。2020 年川渝毗邻地区的财产预算支出在用于教育、卫生健康、社会保障和文体等公共服务方面，最高的是四川的达州市达到 436.67 亿元，最低的是重庆市的垫江县为 59.50 亿元，两者相差 8 倍多。川渝毗邻地区发展阶段判断见表 1。

表 1　川渝毗邻地区发展阶段判断

判断指标	参考标准	发展阶段	发展水平	
			重庆范围	四川范围
人均 GDP（美元）	1490～2980	工业化初期	12872	6474
	2980～5960	工业化中期		
	5960～11170	工业化后期		
	11170 以上	后工业化阶段		

续表

判断指标	参考标准	发展阶段	发展水平	
			重庆范围	四川范围
产业结构	第一产业 > 20%	工业化初期	8.8∶45.1∶46.1	16.7∶38.0∶45.3
	第一产业 < 第二产业			
	第一产业 < 20%	工业化中期		
	第二产业 > 第三产业			
	第一产业 < 10%	工业化后期		
	第二产业 > 第三产业			
城镇化率	30%～50%	工业化初期	62.4	46.8
	50%～60%	工业化中期		
	60%～75%	工业化后期		
	75% 以上	后工业化阶段		

（二）行政层级体制不同导致公共服务难以协同发展

重庆直辖市体制与四川省级架构的行政层级不同，导致毗邻的重庆和四川市区县在资源配置、行政效率、信息互联、结算互通等方面的协调能力存在差异。一是不同行政层级导致资源配置能力上差异明显。川渝毗邻的四川区域以县级行政区为主，重庆作为直辖市，毗邻的重庆区县享受“省直管县”的体制优势，更为扁平化的行政管理体制使得重庆区县在统筹公共服务规划布局、基础设施建设等方面的决策和行政效率更高，城乡公共服务供给能力和协调能力相对更强。二是行政层级多导致公共服务数据信息碎片化难以整合共用。公共服务信息来源于教育、医疗、文化、体育、社保、医保等多个部门，且毗邻地区各级政府众多，各地“互联网＋政务”建设缺乏统一的顶层设计、系统规划、设计人才和资金配套，导致各地政务网相互分割，“碎片化”发展，系统数据通道难以打通，导致公共服务各领域推进电子证照跨地区互认互信、共享应用实质性进展缓慢。三是行政等级差异导致多领域结算互通难度大。川渝毗邻地区重庆范围大多数属于区级行政区，四川范围则属于县级行政区，不同行政等级在财权和事权领域差异性明显，导致在公共服务供给中承担的责任和任务、行使的财权不同，以致在公共服务领域实现跨区域直接结算难度大。

（三）协调机制尚不健全导致政策协同工作协调难度大

川渝毗邻地区公共服务共建共享仍处于探索阶段，政策环境不一致，合作协调机制不健全，缺乏明确的制度保障，部分领域尚未建立常态化沟通渠道，“协而不同”现象依然存在。一是缺乏规划统筹引领。推动成渝地区双城经济圈建设战略实施以来，出台了《川渝两省市毗邻地区合作共建功能平台推进方案》，但尚未出台教育、医疗、文化、社保等公共服务协同发展规划或方案，导致合作方向目标不明确。二是缺乏相应的制度法规保障。目前，毗邻地区出台的《合作协议》《合作备忘录》大多为倡导性文件，缺乏刚性约束和具体指导，尚未形成行之有效的财政保障机制、管理运行机制、基层人才培养机制、分工协作机制和监督评估机制，难以解决经费保障、机构协调、人员统筹、服务对接等诸多的现实壁垒。三是缺乏统一的建设服务标准。公共服务一体化在多领域存在标准差异，多领域程序对接“堵点”依然存在。教育领域，川渝毗邻地区没有形成统一的教育考核标准，从职业教育来看，没有形成统一的专业职业能力考核规范和技能人才的评价体系，无法构建毗邻地区特色产业职业体系。医疗卫生领域，医疗救助“一站式”结算、参保人员跨省医保关系转移统筹基金清算等还在推进过程中。养老服务领域，川渝毗邻地区奖补标准、护理分级标准不相同，在准入、运营和管理方面也没有统一的规定。

三、相关对策建议

针对川渝毗邻地区公共服务一体化当前存在主要问题和形成原因，一方面，要推动各地在资源布局、信息共享、财政投入等方面加强统筹协同；另一方面，重庆要勇于作为，在川渝毗邻地区公共服务一体化进程中作出更大贡献。推动毗邻地区协同构建配置优化、共建共享、流转顺畅、一体发展的公共服务体系。

（一）强化区域统筹协调，推动公共服务资源协同布局

统筹谋划毗邻地区公共服务资源配置和布局，着力提升机构和设施服务效能，避免重复建设和资源浪费。一是建立统筹协调制度。联合四川省、重庆市相关部门以及毗邻地区各市区县政府，建立川渝毗邻地区公共服务一体化发展联席会议制度，定期讨论公共服务领域重大事项，共享项目建设和事业发展信息，谋划和建设一批辐射力强的大型公共服务设施和特色化服务机构。二是联合编制专项规划。在建立联席会议制度基础上，推动毗邻地区联合编制公共服务一体化发展专项规划，摸清毗邻地区公共服务机构设施家底，共同协商区域定位和不同领域分工，统筹布局新建设施，联合争取国家级、省（市）级机构落地。三是达成区域布局导向共识。推动毗邻地区树立大局意识，在统筹谋划公共服务资源配置和布局方面形成共识。一方面，要以常住人口和经济体量为导向，与区域常住人口规模、当前和未来经济规模、城镇建设规模相适应。另一方面，要以补短板和强优势为导向，充分考虑各市区县人口结构、产业结构和公共服务基础现状，既要增强优势，放大辐射效应，又要补齐短板，促进民生普惠。

（二）促进服务标准对接，建立公共服务信息共享平台

促进数据共建共享和平台互联互通，推动公共设施建设和服务标准对接统一，提升毗邻地区公共服务便利化、标准化、一体化水平。一是推动公共服务标准统一。建立完善两地公共服务标准体系，统筹推进公共服务设施标准化建设，建立公共服务标准的动态调整机制，实现公共服务资源的一体化管理和一体化配置。以教育考核标准、人才评估标准、护理分级标准、社会救助标准、医疗报销标准等为重点，加快推动毗邻地区公共服务标准对接统一。二是推动政府间数据开放对接。探索建设川渝毗邻地区公共服务数据共享清单，实现数据标准化、清单化、集成化管理。推动数据资源体系架构对接统一，促进数据平台全方位对接。建立健全公共服务数据跨区域开放制度，明确制定数据开放计划时间表，有序推进建设毗邻地区统一的公共服务政务

数据资源开放共享平台。三是促进公共服务政策有效对接。破除公共服务区域性户籍限制，推动教育、就医、住房、就业等公共服务政策面向两地居民开放。梳理“同城化无差别”受理事项清单，推动“渝快办”和“蓉易办”开设通办事项专门窗口，就企业搬迁、人口迁移、社保转续、异地就医结算等高频受理事项开辟审批服务“绿色通道”，实现两地群众和企业公共服务事项“异地可办”。

（三）加大财政保障力度，建立财政投入协同增长机制

积极争取上级财政支持，持续优化内部支出结构，通过“三个倾斜”保障各地公共服务投入协同增长。一是争取上级公共服务投入向毗邻地区倾斜。有鉴于基层政府财力普遍较弱的现实状况，毗邻地区各市区县需联合向中央和川渝两省份积极争取加大民生投入，重点向毗邻薄弱地区、民生短板领域倾斜，建立财政保障机制，确保各级财政转移支付用于毗邻地区公共服务的资金只增不减。二是毗邻地区各市区县财政投入向公共服务领域倾斜。合理划分各级政府关于各类公共服务支出责任，平衡经济产业领域、城市建设领域和公共服务领域的财政投入结构，着力摆脱以往重“面子工程”、轻公共服务的泥潭，强化公共服务供给和相应领域财政投入。三是公共服务投入重点向一体化项目倾斜。毗邻地区在保障各地基本公共服务供给前提下，合理增加促进公共服务一体化的事项支出，重点打造公共服务一体化平台，加快促进双方公共服务办理程序和标准对接衔接，着力推动川渝共建的重大项目，密切开展公共服务领域技术和人才培训交流活动。

（四）发挥直辖体制优势，率先强化重庆地区资源配置

充分发挥重庆作为直辖市具有更为扁平化的行政管理体制优势，率先强化重庆毗邻地区公共服务资源配置，增强对四川毗邻地区的辐射和服务能力。一是加强优质教育资源配置。鼓励南开、巴蜀等重庆优质名校与毗邻地区学校联合办学或到毗邻地区设立分校区，推动共建基础教育校长及教师培训联动平台，大力发展远程教育，让川渝毗邻地区师生同等享受中心城区优质教

育服务。二是提升医疗卫生服务能力。鼓励西南医院、新桥医院、重医附二院等与川渝毗邻地区医院合作组建医疗联合体或到毗邻地区设立分院，支持毗邻地区医院与中心城区三甲医院在远程医疗、紧急救援协作、卫生人才培养、学术交流等方面开展合作，实施名医定期到毗邻地区授课坐诊计划。三是加强住房保障。发挥重庆公租房运营管理体系完善和国家住房租赁试点城市的优势，加大毗邻地区保障性安居工程建设力度，鼓励工业园区、专业市场建设配套住房、人才公寓、保障性租赁住房等。降低毗邻地区保障性住房准入条件，不分城乡区域户籍向务工人员提供住房保障，吸引周边地区劳动力来渝就业定居。

［重庆市综合经济研究院
主研：易小光　丁　瑶　邓兰燕　李　林　贾静涛　邹於娟
邱　婧　孙茂曦　郑秋霞
执笔：邓兰燕　邹於娟　邱　婧　孙茂曦］

推动成渝地区双城经济圈涉外事务互办互认的对策建议

内容摘要： 重庆以建设中西部国际交往中心为引领，在涉外事务领域改革开放以及推动成渝地区双城经济圈涉外事务互办互认上已取得较大进展，但两地协商合作机制仍有待健全，过境免签政策尚未联动，国际人才互认和兼职创业创新政策仍受制约，涉外公共服务共享和重大活动合作仍处于起步阶段，建议：一是全面加强外事资源合作共享，共同拓展两地国际“朋友圈”；二是积极争取144小时过境免签政策联动，共建联动互通的国际旅游免签线路，进一步为外国人来渝提供便利；三是共建国际人才服务体系，创新外籍人才工作居留许可管理，共同优化外籍人才创新创业环境；四是进一步完善涉外公共服务体系，打造便捷共享的国际生活圈。

广义的涉外事务是指国家机关与外国政府、国际组织、国际机构、外国企业、团体、外宾、华侨所进行的政治、经济、文化、法律、军事、旅游等一切交涉、会谈和活动，可以说一切涉外工作和涉外部门都可以叫作“外事”[①]。地方涉外事务是党和国家对外工作的重要组成部分，对地方开展对外交往合作、促进经济社会发展具有重要推动作用。开展成渝地区双城经济圈涉外事务的互办互认可行性研究，有利于加速跨国居民、国际人才等人员流动，有利于加速跨国机构等平台交往，提升全市经济外向度、城市美誉度和

① 朱建兴、邓平：《最新外事工作管理百科全书》，中国经济科学出版社2007年版。

国际事务参与度，加快建设内陆改革开放新高地、中西部国际交往中心。

一、成渝地区双城经济圈涉外事务合作的现状及问题

（一）重庆涉外事务发展现状

出入境服务质效持续提升。近年来，重庆与全球主要国家（地区）人员交往更加密切。一是重庆居民出入境增速高于全国平均水平。2019 年重庆出入境边防检查总站全年共查验出入境人员 341 万余人次、出入境航班 2300 余架次，同比增速均高于全国平均水平，出入境人员查验量在中西部机场口岸中位列第三（成都为 700 万人次）。二是赴渝留渝外籍人士和国籍数量均大幅提升。2019 年重庆航空口岸出入境外国人同比增长 7.2%，入渝外籍人较多的国家分别是韩国、泰国、美国、马来西亚、新加坡等，共办理外国人签证近 2 万件次，全市国际吸引力持续增强（见图 1、图 2）。

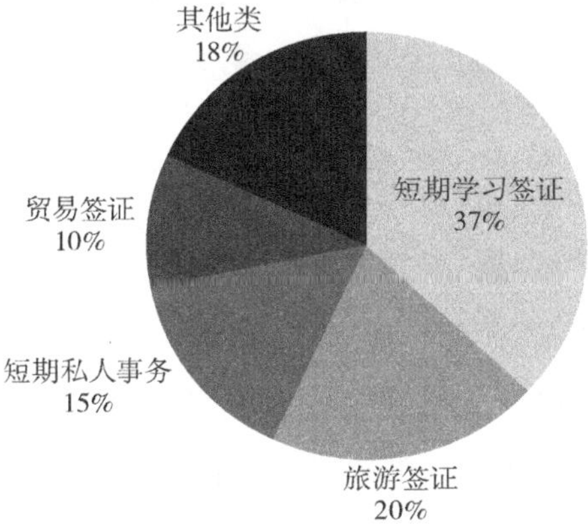

图 1　2019 年重庆居留许可证发放情况

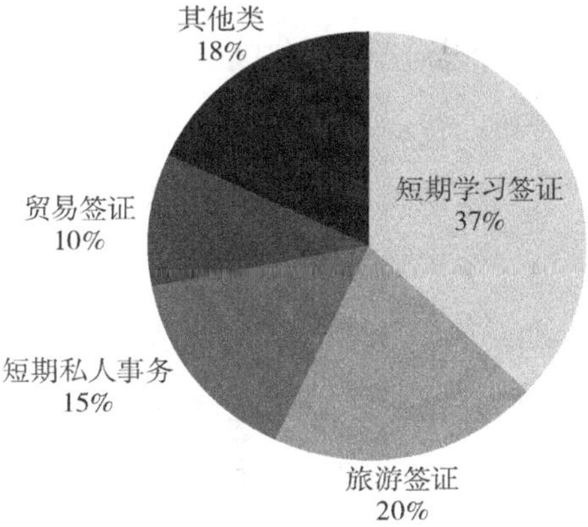

图 2　2019 年重庆普通签证发放情况

外籍高层次人才加快集聚。持续扩大外国人才申请永久居留、签发长期签证等对象范围，提高外国人服务管理水平，促进外籍高层次人才加速集聚。一是外籍人才入境政策创新发展。创新性设置了中国“绿卡”的市场化准入渠道，给予重点园区主管部门外国人永久居留推荐资格，现为西部地区移民

出入境政策最优最全的城市。二是外国人才签证制度实施成效明显。重庆是全国首个向市内所有区县下放邀请接待单位备案、外国人签证证件受理、审批等权限的省市，目前签发的《外国高端人才确认函》超过200份，为外国高端人才发放工作许可证达800余份。

科教文卫国际化提速发展。科教文卫体等社会领域有序对外开放。一是科技国际合作深化发展。成功引进新加坡国立大学等知名大学和科研机构，深耕“一带一路”东欧国家的技术成果转移转化，2020年重庆与俄罗斯等国家共同申报科技部国际合作项目达12项。二是教育国际合作交流加快。深化与俄罗斯、泰国等国家教育交流合作，举办高水平中外合作办学机构，2020年全市新增5个中外合作办学项目。三是国际文旅融合发展加快推进。出台《入境旅游三年行动方案》，“一带一路”商品展示交易中心建设成效明显，具有国际范、中国味、巴蜀韵的世界重要文化旅游目的地建设加快。四是国际医疗合作成效明显。已将外籍医师来华短期行医行政审批权限调整到两江新区、高新区和自贸区，目前共有8家外资医院，20余位外籍医师拥有在渝注册短期行医资格。

口岸通关便利化持续提升。现已形成立体化口岸通关体系，全力保障机场口岸7×24小时通关。一是口岸功能持续增强。重庆航空口岸已实现覆盖全域的144小时过境免办签证，同时开设“一带一路”沿线国家专用通道。二是航空枢纽国际通达性持续提升。2020年重庆累计开通国际（地区）航线101条，初步构建了覆盖欧、美、澳、亚、非的客、货运航线网络。三是智慧边检大力提升通关效能。持续优化出入境旅客自助查验通道，出入境通关时间进一步缩短，全市机场口岸出入境旅客使用自助通关占总人数的62.2%，自助通关人员比例进一步扩大。

国际交往日益频繁。近年来，重庆国际交流合作持续深化，国际影响力大幅持续提升。一是国际友好城市“朋友圈”不断拓展。新设白俄罗斯总领事馆，驻渝领事机构达12家，国际友好城市49对、友好交流城市104对。二是国际会议会展活动成功举办。圆满举办了智博会、西洽会、重庆英才大会、重庆全球旅行商大会等重大会议活动，积极承办上合组织地方领导人会晤等国家系列多（双）边外事活动。三是国际性赛事活动创新发展。持续打造中国杯世界花样滑冰大奖赛、永川国际女足锦标赛等一批品牌性赛事，提档升级重庆国际马拉松赛等赛事，重庆国际知名度进一步提升。

（二）成渝地区双城经济圈涉外事务合作的现状

涉外事务协作机制逐步建立。川渝两省市密切配合、共同谋划，目前已建立起党政联席会议、常务副省（市）长协调会议、联合办公室、专项工作组等四级合作机制，签署了多项合作协议，重点在外事互办互认、国际人才对等互认、协同推进教育国际交流、医疗卫生国际化、共建巴蜀重要旅游目的地、推动两地外籍人才创新创业、涉外公共政策联动等方面展开合作。

出入境管理服务同城化发展。川渝两地出入境管理服务互办互认进程加快。一是建立起成渝两地往来港澳商务备案互认模式，企业在注册地备案后，即可在两地任一县级及以上公安出入境窗口申请到港通行证及商务签注。二是川渝居民出国（境）证件跨区域办理更便捷，成渝户籍居民在两地任一县级以上公安出入境接待窗口即可申请往来港澳台签注（赴台定居除外），证件办结时限进一步缩短为 7 个工作日。三是“高精尖”外籍人才实现跨区域就业，在两地重点高等院校、科研院所和知名企业工作的外籍高层次人才，经工作单位和兼职单位同意，在出入境管理部门备案，即可兼职创新创业。

高层次人才对等互认取得积极进展。积极推动川渝两地外国人才资源和引智成果共享。一是共同争取设立国家级人才管理改革试验区，选派国内外高端人才到双城经济圈引领建设国家实验室、大科学装置、高等学校和研究机构。二是积极推进人才政策协同，重庆联合四川举办 2020 年重庆英才大会，积极探索建立区域一体化的人才评价制度，分级分类推动双城经济圈高层次人才评价、职称、技能等级、外籍人才居留等方面互认。三是协同开展引才育才，两地积极共建川渝籍在外高端人才数据库，推行院士专家产业园、工作站等，协同开展招才引智工作。

涉外公共服务政策联动增强。加快补齐两地教育、医疗、就业等涉外公共服务领域短板。一是深化两地国际科技合作交流，共建“一带一路”科技创新合作区和国际技术转移中心，共同筹备“一带一路”科技交流大会，持续优化成渝地区科技创新环境。二是持续推动教育对外开放协同发展，联合成立“成渝双城国际理解教育联盟”“西部陆海新通道职教国际合作联盟”等，共享中外人文交流重大理论和实践成果。三是川渝卫生健康加快一体化发展，积极探索实施公立综合医院检查检验结果互认、信息互通、“智慧医院”共建共享。四是联合开展巴蜀文化旅游营销推广，共同发起成立“144小时过境免签政策推广联盟”，面向全球合作开展巴蜀文化旅游走廊宣传推广。

外事交流合作进一步深化。川渝两地积极共享外事资源、共商协同发展。一是合力建设成渝双城国际商务中心，进一步提升各类国际驻蓉、渝机构的管理服务水平。二是积极筹划成渝地区双城经济圈全球推介会活动，共同争取重大外交外事活动落户两地，持续扩大成渝地区双城经济圈涉外活动的辐射力和影响力。三是共同争取两地试行文书领事认证互办互认，探索建立一体化领事认证工作平台，推动两地驾照、学历等民事涉外公证书申办实现互办互认。四是共享国际友城资源，在友城交往中注入“双城经济圈”元素，大力推动两地民间组织“走出去”，深化民间对外合作交流。

（三）成渝地区双城经济圈涉外事务合作面临的问题

外事合作联动仍显不足。一是两地在使领馆及国际友城设立方面竞争大于合作。成渝两地在使领馆、国际友城落户方面竞争较为激烈，目前还未找到合适路径来规避这一竞合问题。二是“大友城”理念需要进一步强化，相关合作机制仍不完善，与两地友城间实质性交流与合作需要进一步加强。三是共办重大外事活动协商协调机制仍有待健全，对于一次性的重大外事活动的举办等问题，仍未找到合理方式来规避和解决。

过境免签政策联动有待增强。目前，两地现有的144小时过境免签政策的实施范围仅限本地区域，不能实现外国人在两地自由选择任一口岸出入境的便利化。相较于国内京津冀、江浙沪等地均已实行144小时过境免签政策联动，重庆在外国商务会展和旅游入境等领域加速要素流动所带来的政策红利还存在一定差距。此项政策须经国务院批准，公安部等部门验收，但受疫情、国家安全以及需求规模不足等因素影响，目前还很难实现联动。

外籍人才两地互认及跨区域兼职创新创业不足。一方面，外籍高层次人才职称互认机制事权在中央，两地对外籍高层次人才职业资格对等互认、职称互认、国际奖项的互认等尚无法实现。另一方面，外籍人才跨区域工作（兼职）受制度、政策等因素制约较大。目前，市内外籍高层次人才均依附地域严格管理，跨区兼职只能限定在国家移民管理局出台的《12项移民出入境便利政策措施》框架下实施，而粤港澳大湾区、京津冀、长三角等地在移民局、外交部、人社部、科技部等部门的大力支持下，已探索实施外籍人才区域一体化地域范围的互认，并给予原工作地许可证注销过渡期。

涉外公共服务共享发展行政壁垒依然存在。由于行政体制的分割，涉外公共服务平台隔离和数据壁垒仍然存在。医疗卫生服务方面，虽川渝两地医保结算早已互通，但各地因担心医保基金的流失，不愿意让本地就职的外国人去其他区域通过医保结算的形式就医。教育方面，因担心外籍人才的流失，即使本区域国际学校不能满足外籍人才的就学需求，外籍人才子女仍不能跨区就读其他地方的国际学校。人力社保方面，目前成渝两地外籍人才社保缴纳转移接续机制仍不健全，外籍人才在川渝地区流动任职社保接续尚未完全实现。

国际活动合作仍处于起步阶段。成渝地区双城经济圈全球推介会即将举行，该次会议主要由外交部和川渝两地合作举办，但两地在具体推介方式、宣传片的制作、成果展示等方面还需进一步细化。此外，两地合作举办重要国际会议活动受疫情影响较大。2020年重庆近半数重要国际会议活动因疫情影响已取消、延期或异地举办，智博会、中新（重庆）战略性互联互通示范项目金融峰会等重要国际会议活动均采用线上形式举行，这将为两地合作举办国际活动的方式及内容等带来挑战。

二、实现成渝地区双城经济圈涉外事务互办互认的对策建议

以建设中西部国际交往中心为引领，在重庆方面，进一步发挥市委外办统筹全市涉外事务的职能职责，整合优化全市外事、公安、司法、科技、教育、卫生、人社、文旅、口岸、经济等领域涉外资源，加强与四川的合作共建，形成发展合力，更好地服务于内陆改革开放高地建设。

（一）全面加强外事资源合作共享

加强两地领馆事务合作，强化国际友城资源共享，共同拓展国际“朋友圈”。一是加强成渝两地领馆事务协同合作。在涉外证照颁发、文书领事认证等方面积极探索，推动相关涉外业务线上办理，推进同一平台开展民事商事领事认证，同步实行国内文书领事认证互办互认，提高两地领馆事务合作联动水平。二是推动更多领事机构落户成渝两地。共同争取外交部政策支持，共建共享国际友城交往平台，力争更多“一带一路”沿线国家、RCEP 成员国、欧美等国家，特别是与川渝缔结了友好城市的国家在川渝设立总领馆或开设领事办公室，开办签证业务。三是共同推进国际友城拓展。依托“渝新欧”“蓉欧”等大通道，密切与“一带一路”沿线城市的官方和民间往来，以成渝地区双城经济圈名义加强与东亚、东南亚等主要城市的友好交流，创新开展旅游互推、人文互鉴、教育医疗资源互享等全方位合作，推进共建国际姊妹校、国际化医联体，共同拓展两地国际友好城市。

（二）积极争取过境免签政策联动

加强出入境管理服务同城化，共同提升两地过境免签政策吸引力。一是积极争取两地 144 小时过境免签政策联动。共同协商划定好两地实施 144 小时过境免签政策联动区域范围，积极向国务院、公安部等部门争取，在两地实施外国人 144 小时过境免签政策联动，实现前往第三国（地区）的外国人可自由选择从重庆和四川任一口岸入境或出境，进一步为外国人来成渝地区

双城经济圈从事商务、旅游、探亲等短期活动提供便利和政策储备，形成加速外籍人员流动的合力优势。二是共建联动互通的国际旅游免签线路。依托两地过境免签和口岸签证政策，加强航空公司、机场等联动合作，推进两地口岸与景区联动，完善 144 小时过境免签联程产品，丰富两地航路组合，实现成渝两地外籍人士免签旅游便捷化。三是发挥政策优势吸引更多外国人来访。依托境外推广中心等平台作用，加大免签政策在海外宣传推广力度，深化国际旅游合作，完善相关配套措施，加快川渝旅游“走出去、请进来”步伐。

（三）共建国际人才服务体系

加强国际人才服务体制机制创新，共建国际人才综合服务体系。一是共优外籍人才发展环境。研究出台统一的成渝地区双城经济圈海外高层次人才引进计划，共建欧美、日韩等引才专线，共建双城经济圈外籍人才服务窗口、创新创业平台以及成果产业化基地，提升各领域项目引才、环境引才、事业引才服务效能。二是共建互惠互利的外籍人才合作机制。加强两地国外职业资格认证统筹协同，增强两地国际人才认证政策执行一致性，逐步实现外国医师、外籍教师以及国际技能职业工种等职业资格互办互认。共建一体化的国际人才评价制度，统一海外人才评价办法，实行外籍人才居住积分统一在线管理。三是创新外籍人才工作居留许可管理。共同优化资格审批流程和时限，推行容缺机制和承诺制，积极推进“零费用”最优惠办理待遇。对持证外籍高端人才给予其配偶、未成年子女相同期限、多次入境、相应种类签证。深化两地外籍人才跨区域创新创业备案制，推动更多外籍专家在川渝两地开展科研、创新等工作。

（四）共建共享国际化生活圈

进一步优化完善涉外服务体系，打造便捷共享的国际生活圈。一是协同推进涉外公共服务一体化。加强国际社区和国际化特色人居环境建设，完善外籍人士生活、工作集聚区域的商业、教育、医疗、文化等配套设施，推动两地外籍人才社保统筹管理与转接便捷化。推动两地涉外定点医院医疗、结算等服务一体化，共同加强涉外学校建设，鼓励外商投资各类民办教育，加强国际教材及国际考试机构的引进，增强涉外教育供给。二是提升涉外管理服务水平。推行涉外政务服务“一站式”办理模式，抓住口岸、银行等关键环节加强外籍人员“一卡通”管理，推动两地建立涉外管理联席会议制度，加强涉外服务专项项目的设立。三是增强国际化服务能力。共同推进涉外事务标准体系建设，提升双城经济圈国际化标识水平，加强涉外服务人才培养，提升涉外窗口管理、涉外医疗教育等行业人员国际化服务水平。

（五）合力举办国际交往活动

不断丰富国际交往活动，提升双城经济圈国际交往层次和水平。一是共建多元化国际交往平台。依托智博会、西洽会、西博会等共同打造国际会展名城。共建三峡国际旅游精品线路，共办世界级康养大会、绿色发展国际论坛、温泉与气候养生国际研讨会等主题活动，实施中国川剧节等节会活动培塑工程，联合申报承接大型国际性体育赛事项目，以专题分置等形式健全两地轮流举办国际活动的体制机制。二是加强人文教育的国际交流合作。充分发挥国际化教育窗口学校作用，积极开展国际优质资源引进以及中国特色国际课程开发推广，强化“留学巴蜀”“感知重庆”等品牌项目。推动建立“成渝孔子学院”联盟、川渝中外人文交流专家库等平台，加快两地文化教育“走出去”步伐。三是共同举办对外文化交流活动。共同策划和承接外交部、文化和旅游部等大型交流活动，参与国家“逢五”“逢十”庆祝建交周年演出，共同组织文艺团体赴外献演，以文化交流服务国家外交大局。

（六）共同推动国际形象推介

加强两地外宣统筹协调，讲好成渝地区双城经济圈故事。一是加快建设国际传播平台。协同挖掘历史文化、三峡文化、长江生态文化等国际交往价值，加快建设巴蜀文化走廊，共同规划成渝外交外事历史陈列馆，加强重庆国际传播中心等平台建设，合力打造川渝海外传播平台矩阵。二是增强“双城记”外宣合力。共同加强海外宣传，加快设计成渝地区双城经济圈形象推介语、宣传片和形象Logo，在国家外交外事活动中加强“双城经济圈”全球推介。加强与外国驻渝、蓉领馆以及国（境）外驻渝媒体合作，共同策划讲述“双城经济圈”故事，增强国际吸引力。

[重庆市综合经济研究院
主研：易小光　丁　瑶　邓兰燕　成秋明　王志军　李　霞
赵　飞　黎　慧
执笔：邓兰燕　成秋明　王志军　李　霞]

从互联网数据看成渝地区双城经济圈人力资源需求特征及对策建议

内容摘要：2021年，经济下行叠加产业升级背景下，成渝地区双城经济圈新增招聘岗位数量呈明显收缩趋势，企业招聘需求向“少而精”转变。民营企业招聘需求相对偏弱，服务业需求明显不足，房地产/建筑、教培等行业招聘需求大幅缩减。与四川相比，重庆高技术制造业薪酬竞争力相对偏弱、新经济新业态用人需求也相对不足。建议：一是聚焦重点领域、企业、群体，加强就业风险防范与帮扶工作。精准施策促进就业转化，挖掘劳动密集型生活服务业就业潜力，扩大就业市场容量；二是以龙头企业培育、产业布局优化、应用型人才集聚为抓手，从供给侧出发，大力促进新增就业和空间合理分布；三是高度重视对新经济新业态的孵化培育，加大新型基础设施建设投资力度，充分拓展就业新空间。

习近平总书记在2021年9月召开的中央人才工作会议上指出“人才是衡量一个国家综合国力的重要指标。国家发展靠人才，民族振兴靠人才”。人才是撬动所有资源的首要要素，也是推动成渝地区双城经济圈建设，在西部形成高质量发展的重要增长极的首要保障。

当前，随着互联网技术的快速发展，网络招聘已经成为人才获取的重要途径之一。特别是疫情以来，网络招聘方便快捷等优势更加凸显，市场规模占比逐步提高，对区域人力资源需求发展变化的反馈也将更为准确。我们使用大数据技术采集2021年第一至第四季度前程无忧51job招聘网站上川渝两地各单位（企业）发布的百万条全样本招聘信息，对数据进行清洗整理之后，通过深入挖掘分析，发现成渝地区双城经济圈人力资源需求变化情况呈现以下特征。

一、互联网招聘下两地人力资源需求特征

（一）人力需求高度集中在两核地区，重庆主城都市区招聘需求整体低于成都市

2021 年，各类市场主体面向川渝地区共发布有效招聘岗位 89.2 万个。其中，成渝地区双城经济圈[①]新增招聘岗位数占比超过 95%，其招聘需求高度集中在重庆主城都市区、成都市“两核”地区，分别占 23.8%、61.8%。成都高新区、成都武侯区、重庆渝北区人才需求最为旺盛，分别占双城经济圈招聘数的 9.7%、8.5%、7.2%。与此同时，派往川渝以外地区工作的新增招聘岗位比重约为 3.5 %，主要面向上海、西昌、深圳等城市。此外，还有近 1.5% 的招聘岗位分布在川渝非双城经济圈区域，主要集中在四川攀枝花、广元等地。

（二）经济下行叠加产业升级背景下，企业招聘需求逐步向“少而精”转变

2021 年以来，成渝地区双城经济圈内企业新增招聘岗位数量呈逐月减弱的趋势。第一季度新增岗位数量占全年招聘总量的 45.9%，第二、三、四季度则分别下降至 24.1%、18.9%、11.1%，与招聘市场传统季节性波动特征出现背离。与此同时，新增招聘岗位的薪酬水平则逆势略有提升。2021 年第一至四季度新增招聘岗位平均年薪分别为 8.05 万元、8.26 万元、8.57 万元、8.84 万元。这在一定程度上表明，在经济下行压力加大、产业转型升级步伐加快等环境下，企业大规模招聘需求减少，但对紧缺型人才的需求仍较强烈，

---

① 本研究整理的成渝地区双城经济圈数据中，重庆范围包括重庆市的中心城区及万州、涪陵、綦江、大足、黔江、长寿、江津、合川、永川、南川、璧山、铜梁、潼南、荣昌、梁平、丰都、垫江、忠县等 27 个区（县）以及开州、云阳全域。四川范围包括成都、自贡、泸州、德阳、绵阳、遂宁、内江、乐山、南充、眉山、宜宾、广安、达州、雅安、资阳等 15 个市。

更倾向于通过提高薪酬竞争力吸引人才。2021年企业新增招聘岗位比重和平均年薪季度变化情况见图1。

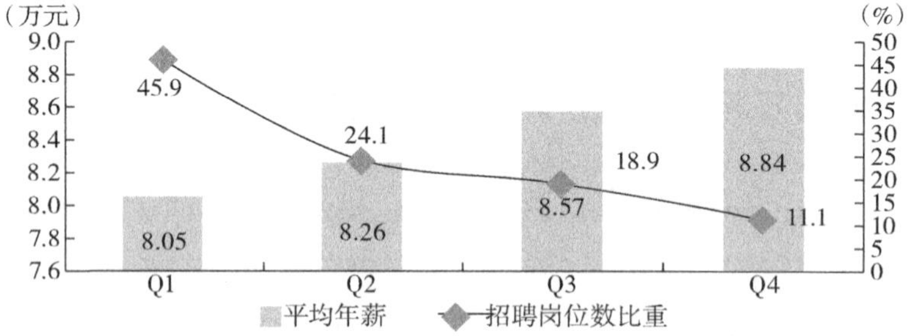

图1　2021年企业新增招聘岗位比重和平均年薪季度变化情况

（三）民营企业招聘需求相对偏弱，民营小微企业总体略好于大中型民营企业

2021年，成渝地区双城经济圈民营企业新增招聘岗位数量占招聘总量的78.3%，是用人需求最大的市场主体。但与国有企业相比，民营企业招聘需求缩减更为明显，薪资增长相对较少。第四季度，民营企业新增招聘数较第一季度减少76.9%，降幅比国有企业高出9.6个百分点；平均薪酬增长8.6%，较国有企业低3.4个百分点。民营小微企业总体略好于大中型民营企业，第四季度民营企业中50人以下的小微企业新增招聘数较第一季度减少72.5%，岗位缩减幅度最小；同时，平均年薪增长14.0%，薪资涨幅仅次于万人规模以上企业，小微企业发展活力在政策支持下正在加快修复（见图2）。

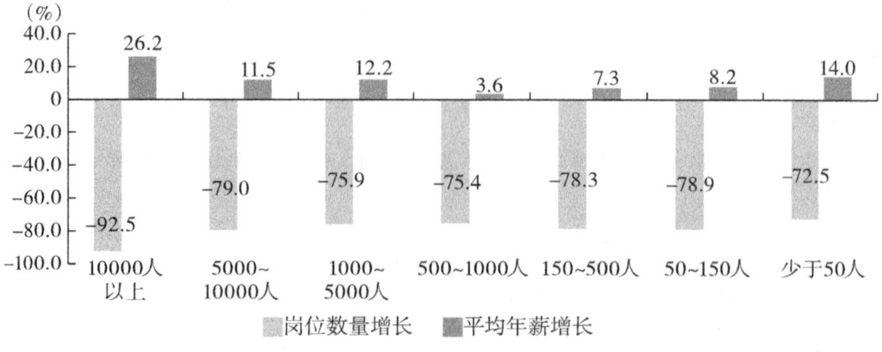

图2　2021年第四季度民营企业招聘岗位数量和平均年薪较第一季度增长情况

（四）制造业薪资有所上涨，第四季度反超服务业

在出口较快增长、企业利润改善、工业转型升级进一步加快等因素带动下，2021年成渝地区双城经济圈制造业薪资水平呈现上涨态势。第四季度，制造业新增招聘岗位平均年薪达到8.87万元，较第一季度增长了15.2%，反超服务业208.13元。其中，仪器仪表/工业自动化、汽车及零配件、原材料和加工行业薪资增幅较大，分别提高了21.3%、21.1%、20.7%。与制造业相比，服务业薪酬增长较慢，第四季度服务业新增招聘岗位平均年薪较第一季度增长9.5%，低于制造业5.7个百分点。其中房地产、金融、物流运输等主要领域第四季度平均年薪较第一季度分别增长7.2%、13.6%、10.4%，而受疫情影响较深的美容/保健、娱乐/休闲/体育、公关/市场推广/会展等细分行业则分别下降了14.7%、7.8%、6.2%（见图3）。

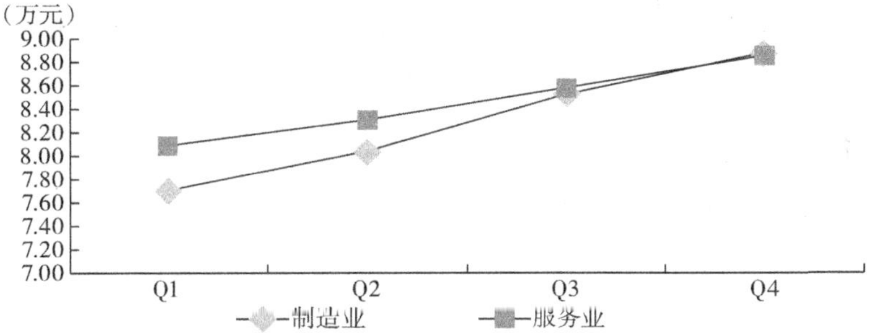

图3　2021年制造业、服务业平均年薪季度变化情况

二、重庆互联网招聘中存在的主要问题

（一）房地产、教培等行业招聘需求大幅缩减

2021年下半年房地产市场迅速降温，岗位招聘需求也呈现“前热后冷”的特征。第一季度，房地产/建筑行业新增招聘数占全部行业的31.6%，第二、第三、第四季度则逐步下降到28.0%、25.1%、18.4%。其中[①]，地产企

① 51job招聘网站中，房地产/建筑行业中下设房地产、家居/设计/装潢、建筑/建材/工程、物业管理/商业中心、中介服务、租赁服务六类细分行业。

业、中介服务、家居/设计/装潢、建筑/建材/工程、租赁服务五类细分行业第四季度新增招聘数占全行业比重较第一季度分别下降了 6.8%、5.7%、0.4%、0.4%和0.2%，仅物业管理/商业中心岗位需求占比逆势提高了 0.3 个百分点。此外，教培行业在“双减”政策背景下招聘需求明显收缩，第四季度，教培行业新增招聘数占全行业比重较第一季度减少了 3.6 个百分点。房地产/建筑、教培行业作为吸纳应届毕业生就业的重要领域①，其用人需求的大幅缩减或将对后期大学生就业带来较大的压力。

（二）高技术制造业薪酬竞争力相对偏弱

2021 年，成渝地区双城经济圈制造业和服务业平均年薪分别为 8.1 万元和 8.3 万元，其中，重庆范围分别为 7.98 万元、8.21 万元；四川范围分别为 8.16 万元、8.34 万元。具体来看，重庆汽车及汽车零部件、机械/设备/重工业、医疗设备/器械等行业薪酬具有一定优势，但电子技术/半导体/集成电路、仪器仪表/工业自动化等高技术产业平均年薪分别约为四川的 90.9%、92.2%，薪酬竞争力相对不足。两地金融业、科学研究和技术服务业、住宿餐饮业、租赁和商务服务业薪资水平基本持平，但重庆文化体育和娱乐业、教培业、批发和零售业、软件和信息技术服务业平均年薪分别仅为四川的 87.9%、93.0%、94.8%、95.0%。此外，重庆年薪 20 万元及以上中高端岗位相对较少，重庆范围制造业、服务业中高端岗位招聘数量比重为 2.5%、3.0%，分别较四川范围少 0.9 个、0.2 个百分点。

（三）新经济新业态用人需求相对不足

2021 年第一、第二、第三、第四季度，成渝地区双城经济圈微商电商、即时配送等新经济新业态招聘岗位比重分别为 2.2%、3.7%、4.0%、4.4%，呈逐步上升趋势；同时平均年薪逐季分别达到 8.6 万元、8.8 万元、9.2 万元、9.9 万元，远高于全行业平均薪资水平，新经济新业态已成为吸纳年轻人

---

① 重庆市教委发布的《重庆市 2021 届高校毕业生就业情况报告》中指出，“从就业单位的行业划分来看，毕业生主要在教育、信息传输（软件和信息技术）服务业、制造业和建筑业等行业就业”。

就业的新引擎。相较于四川，重庆新业态发展活力相对不足。一是新业态岗位招聘数量明显少于四川。当前成渝地区双城经济圈新业态用人需求主要集中在成都市，其招聘岗位数量占比超过了65%，而重庆仅有27%。二是新业态岗位的薪酬竞争力相对偏弱。2021年，重庆新业态岗位平均年薪为8.6万元，而四川范围达到了9.1万元，薪酬竞争力高于重庆。新经济新业态岗位主要类别见图4。

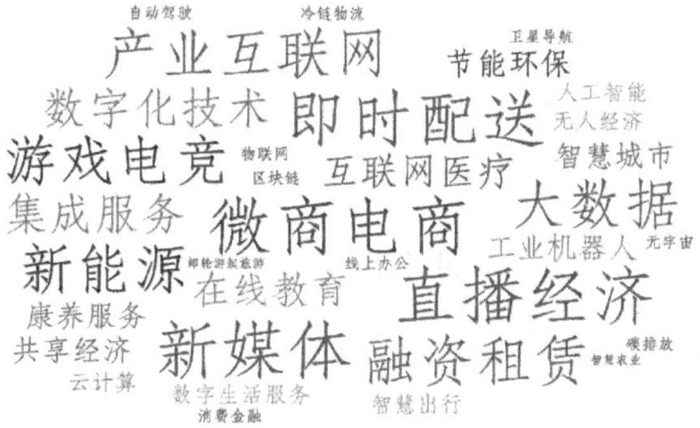

图4　新经济新业态岗位主要类别（字体越大代表岗位数量越多）①

三、对策建议

（一）聚焦重点领域和重点群体加强就业风险防范与帮扶工作

针对房地产/建筑、教培等主要“就业蓄水池”行业招聘需求明显收缩带来的就业风险问题，积极采取各项应对措施。一是聚焦重点领域重点群体，精准施策促进就业转化。针对房地产企业、中介服务行业等用人需求下降较大的领域，组织专场招聘会，促进设计、工程、信息化等专业技术较强的人员跨行业就业；针对教培行业，支持向在线教育、素质教育、成人教育等方向转岗就业；针对农民工、应届大学生等重点人群，鼓励开展新经济新业态

① 根据《关于支持新业态新模式健康发展激活消费市场带动扩大就业的意见》（发改高技〔2020〕1157号）、赛迪智库《数字经济新业态新模式发展研究报告》等资料梳理形成。

就业或灵活就业。二是充分挖掘劳动密集型生活服务业就业潜力，扩大就业市场容量。依托重庆老年人口规模优势，积极培育老年消费市场，加快老年教育、居家服务、老年助餐等适老服务业发展；推动物业服务向老旧小区改造、养老、托幼、社区电商等多元化业务延伸，激活更多社区服务需求，增强物业服务行业就业吸纳能力。三是扩大国有企业就业规模，稳定民营企业就业生力军作用。在经济调整压力增大、新增岗位大幅缩减情况下，加大国有企业就业岗位投放力度，重点帮扶民营行业龙头企业、骨干企业，特别是关注房地产、建筑等吸纳就业规模较大的企业政策需求，保持就业稳定，避免剧烈波动；稳定中小微民营企业纾困优惠政策，高度重视"专精特新"中小企业发展，营造良好创新生态，以创业带动就业，拓展就业新空间。

（二）推动制造业高质量发展和优化布局进一步挖掘就业空间

重庆高端制造业主要集中在主城区，主城都市区乃至渝东北、渝东南城镇群中高端制造业和高技术产业发展仍相对滞后，要以龙头企业为牵引进一步优化产业布局，促进新增就业空间合理分布。一是加大龙头骨干企业和领军企业培育力度。推动本土产业链头部企业做强做优，促进产业链链群企业加快集聚发展；聚焦制造业高质量发展需要，加快引进培育一批自主创新能力强、技术水平先进的领军企业，培育一批"专精特新"企业和制造业单项冠军企业，拓展和培育新的产业链条。二是引导劳动密集型产业和中高端制造业在主城都市区合理布局。依托两江新区、重庆高新区等国家级产业发展平台，联动周边区域共同推进万亿级、千亿级先进制造产业集聚区建设，抓住东部产业转移机遇，重点在主城都市区布局消费品工业等劳动密集型产业以及重庆主导优势产业的配套加工基地，构建形成大中小城市优势互补、协同发展的制造业产业体系。三是加强制造业中高端应用型人才培育。聚焦产业基础再造和产业链提升工程，加大科研院所和高等院校引进力度，推动在渝高校优化学科专业设置，加强中高端应用型人才储备。同时，加快构建科研院所与企业中高端人才联合培养机制，从供给侧发力，将人才优势培育转化为制造业发展优势。

（三）重视对新经济新业态的孵化培育不断扩大就业容量

加快推动新经济新业态发展，为增加内需和扩大就业注入新的动力源。一是鼓励发展新个体经济，拓展就业空间。发挥新个体经济就业容量大、进出门槛低、灵活性和兼职性强的功能，鼓励发展微商电商、即时配送、新媒体、直播经济等新个体经济业态，大力促进灵活就业。2021 年，以上四个行业新增招聘数分别占新经济全部岗位的 20.4%、15.5%、14.0%、9.7%，总占比接近 60%，增长潜力较大。二是培育新兴数字经济企业释放多元化就业需求。结合重庆教育、医药、电竞产业发展基础，加快培育在线教育、互联网医疗、游戏电竞等新业态产业企业，充分发挥数字经济新业态创新引领性强、易于复制推广、辐射带动作用大等特点，以优势龙头企业带动产业集群化发展，做强数字经济产业体系，促进更多的年轻人在渝创业就业。三是加强为新经济新业态发展配套的新型基础设施建设。加大 5G 网络、数据中心等新型基础设施建设投资力度，夯实数字经济发展基础，促进高技术人才、应届大学生、农民工等多层次群体就业。

[重庆市综合经济研究院
主研：易小光　丁　瑶　邓兰燕　江　卓　夏梁颖
执笔：邓兰燕　江　卓　夏梁颖]

成渝地区人力资源市场协同发展存在的问题及对策建议

内容摘要：人力资源作为最重要的资源要素，成为落实国家战略的关键，人力资源市场是保持人力资源流动性的重要支撑平台，目前，成渝两地人力资源市场依然存在着区域分割和政策制度壁垒，阻碍了成渝人力资源市场跨区域协作、一体化发展，亟须创新市场协同体制机制，统筹协调两地政府、产业园、市场主体，充分发挥各自作用，为双城经济圈建设发展提供人才支撑。建议：一是理顺两地政府与市场分工协作的关系；二是构建成渝地区统一的人力资源服务体系；三是激发人力资源市场主体发展活力；四是正确处理两地人才市场协同与竞争的关系；五是加强成渝两地人力资源市场监管力度；六是强化成渝两地人力资源服务政策支持。

当前成渝地区双城经济圈建设已上升为国家战略，人力资源作为最重要的资源要素，成为落实国家战略的关键，人力资源市场是保持其流动性的重要支撑平台，但跨区域人力资源市场存在区域的分割和政策制度壁垒等因素，阻碍了人力资源市场的协同发展。因此，需破除协同发展的障碍和壁垒，创新市场协同体制机制，构建统一开放跨区域的人力资源市场，促进人力资源要素的有序流动，进而发挥成渝地区建设“两中心两地”的引领作用，助推区域经济高质量发展。

一、成渝地区人力资源协同发展存在的问题

自国家正式提出建设成渝地区双城经济圈以来，川渝各部门、各市（州）区（县）、各领域，开展了系列交流、互动、合作签约活动，也得到人力资源和社会保障部对川渝地区开展人力社保区域协作的大力支持。但在协作过程中也存在体制机制不完善、地方保护主义现象、市场服务水平较低、人力资源供求矛盾突出、信息共享程度不高等方面的问题。

（一）协同发展机制还不够完善

成渝两地、各辖区的人才政策、机制按行政区划相对独立，区域人力资源战略和人力资源规划尚未统一，资源要素合理流动的行政壁垒尚未完全破除。由于目前成渝两地在物价水平、工资收入水平、消费能力以及地区文化背景等方面存在诸多差异，导致两地人力资源市场价格标准差距较大，不利于两地市场的协同发展。尽管两地已签署协同发展战略合作协议，就建立经营性人力资源服务机构行政许可互认、分支机构设立、从业人员资格互认、人力资源市场协同监管等工作达成共识，但两地协同的人力资源市场处于浅层次的协作局面，人力资源服务市场价格标准不一、产业发展人才引进竞争激烈现象仍然存在。

（二）地方保护主义现象依然存在

由于成渝地区人力资源服务业还处于发展初期，两地经济发展水平、人力资源市场影响力和人力资源吸引力等方面存在一定的差异，两地人力资源市场“一盘棋”发展、相互协同合作和资源互补的意识不强，区域协同发展理念未深入人心，协同发展的主动性、积极性不够，“1 + 1 > 2”的正协同效应还未充分显现，地方保护主义、市场分割等壁垒依然存在。两地在引进人才过程中，各自为政、相互竞争的情况比较明显，高校、企业、研究院所等单位进行招生、引才时，相互排斥的现象不同程度地存在；产业园区之间有效协同配合还不足，不利于成渝双城经济圈“大市场”的形成和良性互动。

（三）市场服务水平还较低

两地人力资源服务从业机构户均从业人数较少，2020 年，川、渝人力资源服务机构户均从业人数分别不足 16 人和 12 人，不到北京、上海、广东等地的 1/2；从业人员总体素质不高，缺乏统一、规范的准入门槛，来源较复杂，专业化程度较低，大学本科及以上学历人数占比仅 28.2%，管理型、复合型高层次人才缺乏；高级人才寻访、人才测评、管理咨询等中高端服务产品供给不足，整体服务水平还较低。

（四）高层次人才供求矛盾较突出

区域吸引力没有优势，尖端人才相对匮乏，高端人才发展平台的不足、平台功能发挥不够充分、创新创业集成功能不强成为成渝地区集聚人才的短板，再加上收入水平、发展前景、引才环境等因素影响，缺乏吸引力，造成高层次人才供求矛盾。成渝地区“两院”院士、国家“千人计划”“万人计划”专家 810 名，仅为京津冀的 16.9%、长三角的 18%（见图 1）。

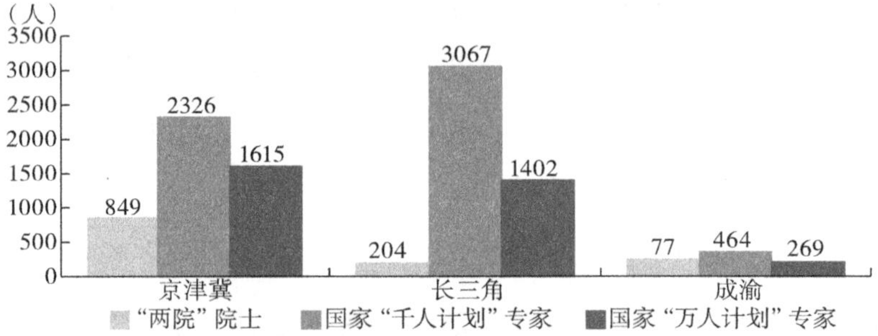

图 1　区域高端人才现状情况

（五）信息化及信息共享程度不高

两地缺乏基于人力资源供需双方的公共信息共享平台，公共就业和人才服务信息网络建设共享程度不高，人力资源数据库信息化程度不高，信息网络服务平台比较单一，运用大数据分析等信息技术先进手段还不太强。各中介机构各自为政，部分知名人力资源机构已搭建自己的专属平台和人才数据库，各自聚集了大量的供求信息，导致两地人才服务相关信息资源处于分散、条块的状态，降低了推广共享信息的传播效率，影响信息时效性、实用性。

二、成渝地区人力资源市场协同发展的对策建议

（一）理顺两地政府与市场分工协作的关系

加强成渝地区人力资源市场协同发展，理顺两地政府及相关部门、人力资源服务产业园区以及市场主体的分工协作关系，按照创新驱动、统筹协调、优势互补和共建共享的原则共同推进区域人力资源市场协同发展。一是政府间体制机制协同。以两地政府为引导，做好协同发展顶层设计，强化规划引领，破除制度壁垒，保障服务落实，厘清职能履职界限，加强项目、相关政策对接，共同推进人力资源重点任务、重大项目建设，形成各有侧重、优势互补的人才发展格局。二是产业园开发平台协同。以成渝两地国家级人力资源服务产业园为载体，构建成渝两地大数据、大市场、大平台的互联互通、信息共享，推进宽领域、深层次协作，形成人力资源集群网络平台。三是市场主体供给协同。激发市场主体活力，突破信息资源共享障碍，打造招揽海内外人才线上线下的品牌活动，提高市场服务水平，形成一体化市场服务平台。四是规范区域协同管理。在人力资源市场准入、市场事中事后监管、市场创新培育、市场主体诚信等方面两地政府要加强协同管理，建立中介机构行业自律、诚实守信等统一监管指标体系，提高协同发展水平。成渝地区政府与市场分工协作关系见图2。

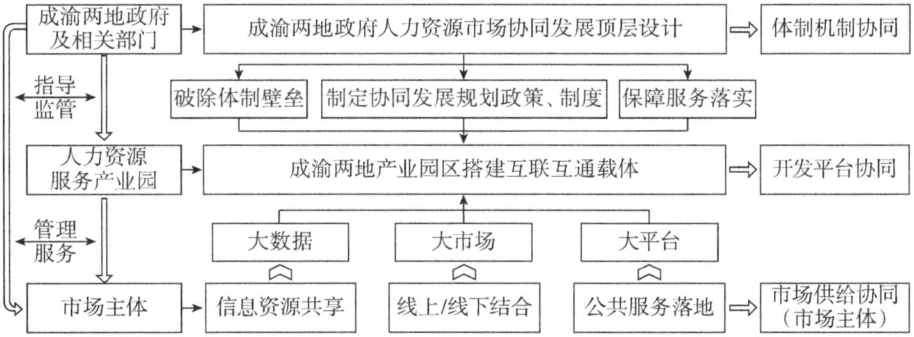

图2　成渝地区政府与市场分工协作关系

（二）构建成渝地区统一的人力资源服务体系

一是规范人力资源服务行业标准。进一步规范成渝两地人力资源服务资质许可门槛、服务内容等，形成两地统一的产品价格（基准价、浮动价及质保价），开展服务规范有序。二是联合建立成渝地区人才供求信息数据库。以两地人力资源服务产业园区为载体，根据发展需求，搭建人才供求信息数据库，集聚用人单位、大专院校人才就业需求及社会人才供给等动态信息，成为服务用人单位和个人的桥梁纽带。三是建立全过程、专业化、“一站式”公共服务体系。简化人力资源服务中介机构行政审批和服务事项流程，形成覆盖面广、功能齐全、操作方便的人才工作服务网络，实现人才服务、项目申报等网上直接办理。四是完善人才服务保障政策，强化对国内外高层次人才及其家人的落户、医疗和子女上学、配偶工作的保障服务。五是鼓励两地社团共同组织引才交流活动和院校毕业生招聘活动、创新创业大赛、论坛等人才交流活动，做好人力资源引才服务。

（三）激发人力资源市场主体发展活力

一是引导人力资源服务从业机构走品牌化道路，重点培育打造一批具有实力和竞争力的本土品牌，支持人才项目储备、鼓励开展对外交流合作，带动人力资源服务行业水平的整体提升。二是引进国内外有影响力的专业人力资源公司参与两地人力资源服务产业园区管理运营，开展高层次人才寻访、人才评估、管理咨询等，提高管理服务水平。三是激发创新型服务产品研发。随着疫情的影响、政策环境的变化、科学技术的进步以及新生代就业理念的变化等快速发展，激励行业内市场主体对人力资源服务业的发展趋势、理论创新等方面的研究，促进市场主体创新发展活力。

（四）正确处理两地人才市场协同与竞争的关系

一是加强川渝（成渝）人力资源政府及部门的沟通交流。充分利用“成渝地区双城经济圈人力资源服务产业园联盟”平台，促进两地人力资源服务的合作交流、信息共享、互通有无，联合举办各类人力资源中高端服务活动，共同吸引人才。二是破除地方保护主义思想。成渝两地政府及相关部门要解放思想，理顺政府与市场的关系，消除地方保护主义，共同把人力资源服务市场“蛋糕”做大，为成渝地区产业发展提供新动能。三是引导两地人力资源市场形成良性竞争。根据各自产业发展重点，围绕打造装备制造、交通物流、生物医药等重点产业链协同，聚焦大数据、云计算、人工智能等前沿创新领域，实现产业链与人才链动态匹配，带动科教文卫领域人才有序流动和集聚，形成“优势互补、你追我赶”的良性竞争。四是建立成渝地区区域人才联合培养培训体系，发挥四川大学、电子科技大学、重庆大学、西南大学专业学科优势，互增招生指标，联合培养产业发展急需人才，加强优势学科与优势产业的深度融合。

（五）加强成渝两地人力资源市场监管力度

一是构建公平正义的法治环境，建立完善诚信、知识产权保护、行政执法改革和行政许可等制度，激发市场活力，营造公平的人才创业氛围。二是建立市场协同监管机制。成渝双方政府主管人力资源市场的职能部门明确监管职能，探索建立一体化人力资源市场监管体系和监管标准等。三是建立人力资源市场准入规则和事中事后过程监管。设立两地统一规范的市场准入标准，平等公正地参与市场竞争；建立健全中介服务事项事中、事后过程监管制度，设置监管服务热线、人才服务评分制等，监督中介服务机构提供优质服务。四是加强对人力资源市场机构及人员队伍的监管。对人力资源市场管理人员、中介机构及工作人员实行服务质量、信息保密、数据安全、信用评价、政府扶持资金合规使用等监管措施，提高风险防范能力，规范工作行为，提高服务质量。

（六）强化成渝两地人力资源服务政策支持

一是加大人力资源服务业投入力度。政府部门每年安排专项资金支持人力资源服务业发展，建立人力资源服务业产业投资基金；鼓励天使基金、风险投资基金等社会资本投资人力资源服务业领域；争取国家人才服务项目、就业补助、引才补助等资金支持。二是出台政策鼓励支持人才服务项目建设。为搭建线上平台、数据库等平台建设项目提供专项资金保障；结合区域发展实际以及中长期规划，确保人才招聘会、人才峰会、论坛、研讨会等相关线下活动的开展；优化财政和税收支持政策，对人力资源服务机构设定评分指标，达到优秀水平的机构给予税收减免优惠支持，制定与税收挂钩的奖励制度；给予投融资政策支持，通过贷款担保、贴息等方式，加强金融服务对人才项目建设支持。三是探索激发人力资源市场主体各项优惠政策。采取政府购买服务、引才奖励、猎聘补助、品牌奖励、展位补助、培训资助、高管年薪资助、知名机构引荐奖励、小微企业扶助等政策举措，支持人力资源企业做大做强。四是打破地方行政阻碍，服务柔性引进人才。针对柔性引进的高层次人才，不受地域、户籍、身份、人事关系等制约，以科研交流、技术投入等方式柔性引进。

[重庆市综合经济研究院
主研：易小光　熊　艳　幸雅妮　王力为　赵　伦　刘　培　李秋姝
执笔：熊　艳　王力为　刘　培]